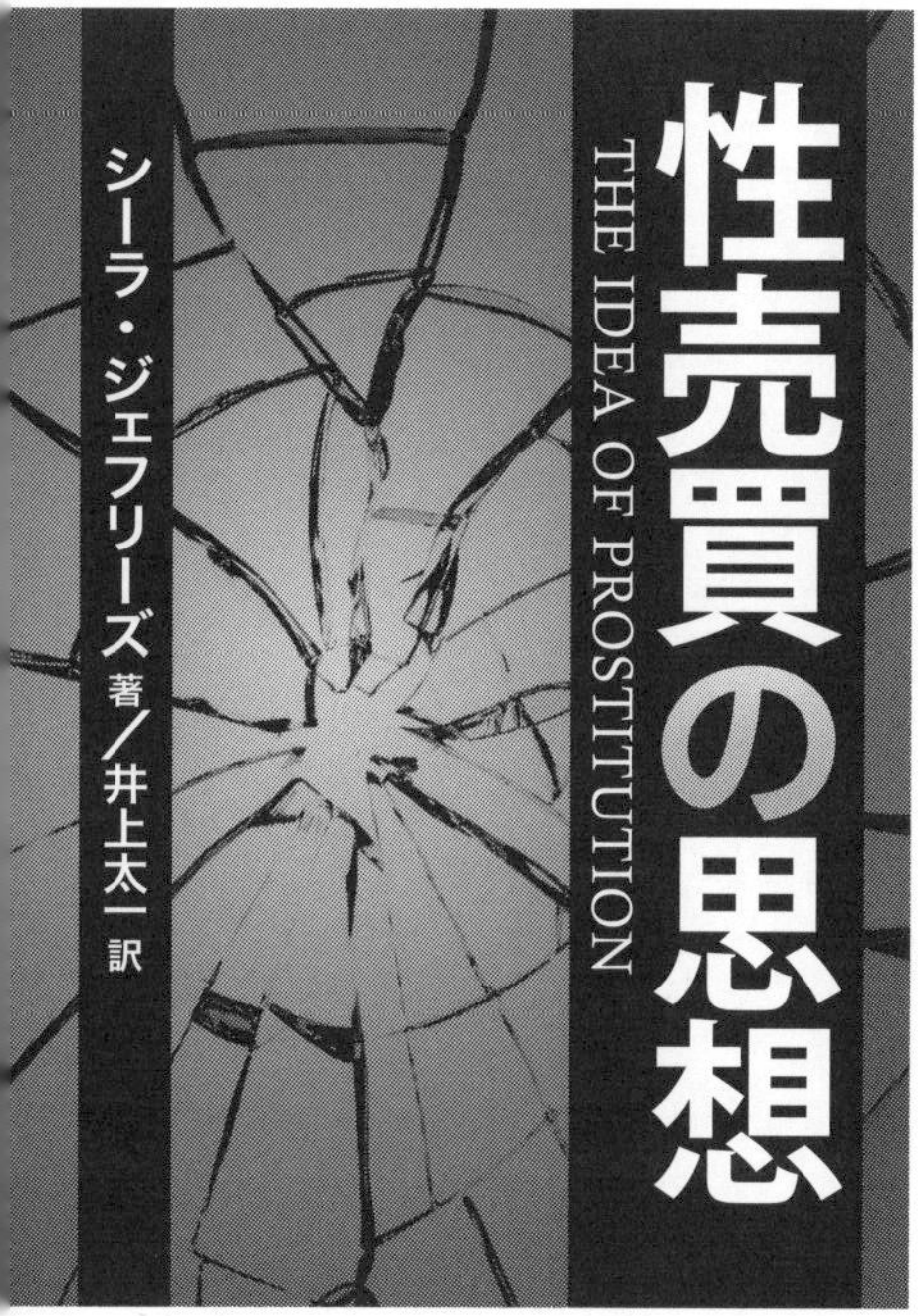

緑风出版

THE IDEA OF PROSTITUTION
by　Sheila Jeffreys

Japanese translation rights arranged with
SPINIFEX PRESS
through Japan UNI Agency, Inc., Tokyo

アン・ロウェットへ、愛を込めて

性売買の思想◉目次

凡例　13

訳語解説　14

略称一覧　17

二〇〇八年版　緒言　19

産業の成長　20

性売買の合法化　22

供給ライン——性売買向け女性人身取引　24

謝辞　27

序論　29

第1章 女性人身取引、フェミニズム、国際連盟 37
白人奴隷取引は存在したか 41
一九一四年までの人身取引と国際法 43
国際連盟における人身取引 44
女性人身取引とは何だったのか 46
フェミニズムの分析 51
性売買の防止 58
女性非難 61
平等な道徳基準の追求——戦術的限界 66

第2章 買虐者たちの叛乱——性売買と性革命 71
性科学 73
性売買のセクシュアリティを構築する 78
性売買の歴史 87

ビクトリア朝の性売買を再評価する　94
性売買の社会学　101
性売買と性の自由　104

第3章　性売買を普通化する——性売買当事者の権利運動　109

性売買当事者の権利運動の誕生　112
国際的組織編制　119
クイアの視点　121
フェミニストたちの論争　124
フェミニズムへの敵意　127
性売買パフォーマンス・アート——性産業の広報活動　134

第4章 同性愛と性売買　145

性的マイノリティ　146
男性の性売買と女性の性売買の違い　158
トランスセクシュアルの性売買　172
ゲイ男性のポルノグラフィ擁護　175
レズビアンの政治学における性売買　182

第5章 「選択」としての性売買　191

リベラルの理論における選択の概念　193
性売買への同意という選択　199
被害者非難　204
性と生殖のリベラリズムと選択　209
選択と女性の主体性——ポストモダンのアプローチ　213
被害者主義　217

選択の制約 221
女性を信じるということ 226
選択を超えて——抑圧を理解する 230

第6章 ほかと同じただの仕事?——「労働」としての性売買 233

性売買はどのような労働か 234
労働の尊厳? 241
平等な契約としての性売買 248
性売買と奴隷制に共通する特徴とは? 252
性売買は男性至上主義の構築物 259
苛烈な身体経験 264
性売買を労働と認めるとどうなるか 270
性売買はほかと同じただの仕事ではない 273

第7章 「なぜ車が？ 誰が運転を？」――性売買とセクシュアリティの理論化 275
本質主義 277
社会構築 280
無意味さの性の政治学――シンボリック相互作用論とポスト構造主義 282
ラディカル・フェミニズム 286
機会平等フェミニズム 290

第8章 「セックス」としての性売買 297
性売買と男性のセクシュアリティ 298
女性からみた「セックス」としての性売買 305
スティグマ 310
性交 313
ポルノグラフィと性売買 320
性売買とセクシュアリティの構築 327

第9章
男の性暴力としての性売買 335
定義 337
名付けの力 345
性売買における不払い暴力 351
小児性虐待と性売買の結び付き 353
性売買は商業的な性暴力 357
性売買における性暴力の種類 359
性的ハラスメント 362
性売買と性暴力の作用 367
解離 372

第10章
性暴力、フェミニズムの人権理論、性売買の除外 377
権利への疑念 378

国際的人権の概念に対するフェミニズムからの批判　388
人権と女性に対する侵害　395
なぜ性売買は除外されてきたのか　398
軍事性奴隷制　404
前途　410

第11章 人身取引、性売買、人権

今日の女性人身取引　414
一九四九年条約　424
人身取引に関する性売買肯定派の立場　426
性売買と国際人権コミュニティ　435
人身取引に関する反性売買の立場　440
性搾取禁止条約　444
加害者を処罰する　448

結論
性売買を一般化する 451
緒言参考文献 464
参考文献 467
邦訳一覧 493
訳者解題 497
廃絶主義とセックスワーク論 499
ジェフリーズとトランスジェンダー 506
訳語について 510

凡例

＊　性差別的な表現を改める意図から、訳文では「嫌」を「慊」で置き換える（例：「嫌悪」→「慊悪」）。
＊　本文中の［　］は著者による補足、〔　〕は訳者による補足を指す。

訳語解説

prostitution　性売買

性交や性的行為を金銭で取引する行為。従来「売春」と称されてきたが、この言葉は当の取引に関与する買い手の存在を覆い隠すのに加え、買い手の目線にもとづく「春」という婉曲表現によって取引の本質をゆがめる点で、二重の欺瞞を含む。そこでのちに買い手を可視化する「買売春」などの言葉も考案されたが、近年では「春」の字を廃し、より正確に実態を言い表した「性売買」という表現が用いられるため、本書も原則としてこれに準じた。「売春宿」を意味するbrothelも「性売買店」を基本訳とする。ただし、男性目線で書かれた文章の引用などはそのかぎりではない。また、性売買を意味する古い隠語のviceは、「悪徳」という意味を持つ不適切な言葉であることを踏まえ、あえて「売春」や「売買春」を対応させた。

「売春婦」と訳されてきたprostituteは市井の女性たちが考案した「性売買当事者」という代替語に改め、買い手を可視化する意図から著者が用いるprostituted womanという表現には「性を買われる女性」という訳語を当てる。

john　買虐者《ばいぎゃくしゃ》

性売買において他者の性的利用権を買う者。日本のフェミニストたちは「売春」行為を問題視する世の風潮に異を唱え、性売買における買い手の責任を追及する狙いから「買春」という概念を創出した。それは「売春」概念に対する抵抗の語彙として今日もなお使われているが、「春」という婉曲表現をとどめているため、他者の性を買うことに伴う暴力性を伝えきれない恨みがあった。当事者の人々による訴えから窺い知れるのは、性売買の本質が――身体的暴力の有無によらずそれ自体で――虐待かつ人権侵害であるという事実であり、本書の著者も同様の分析を行なっている。よって本書では「買春」に代えて「買虐」という語を用い、その担い手を「買虐者」と称することにした。「買春者」の中に暴力的な「買虐者」がいるのではなく、「買春者」すなわち「買虐者」である。

pimp　女衒《ぜげん》

女性に性売買をさせ、客の手配や金の管理をする人物。「ヒモ」「ポン引き」などの訳語もあるが、今日では「ヒモ」というと女性の稼ぎに依存する怠け者の男、「ポン引き」は性売買の客引きを指すことが多く、性売買の仲介者とは必ずしも一致しない。「女衒」は古い語であるが、現在でも性売買を批判する市井の文脈で使われるため、この問題を扱う際の常用語とされてよいと判断した。なお、同じく女衒を指すフランス語の souteneur は、もともと「保護者」を意味したことを踏まえ、pimp と区別するために「抱主《かかえぬし》」と訳した。

abolitionist　廃止主義者／廃絶主義者

性を買われる人々の取り締まりに反対しつつ性売買の全廃を求める者。ただし、その意味するところは時代によってやや異なる。一九世紀から二〇世紀初頭のヨーロッパでは、国家による性売買の規制管理という名目で、警察が性売買当事者の不当な弾圧を行なっていることが大きな問題とされていたため、規制の廃止によって性売買当事者を非犯罪化することが「廃止主義者」の目標だった。ところが二〇世紀後期以降は、同じく性売買当事者の非犯罪化を支持しながらも、性売買を正当な商取引とみて擁護する「セックスワーク論者」の立場と、性売買を買い手による暴力とみてその廃絶を求める立場が分かれたため、前者（セックスワーク論者）に対する後者の立場を「廃絶主義者」と称するようになった。すなわち、かつての「廃止主義者」が性売買規制という国家制度の廃止をめざしていたのに対し、今日の「廃絶主義者」は性売買そのもの、あるいは買虐行為そのものの廃絶をめざす。訳文ではこの意味的な違いを反映し、文脈によって abolitionist の訳語を使い分けた。

patriarchy　父権制

男性が権力を握る社会体制。フェミニズム関連の書籍では「家父長制」と訳されることが一般的であるが、この語は日本の文脈で家制度や家族内の男性優位を指す含みがあり、現にその用法で使われることが珍しくない。そのため、patriarchy を社会全体におよぶ男性支配型の権力構造かつ抑圧システムと捉え直したラディカル・フェミニズムの文脈では、語弊をなくすためにも「父権制」という語が再評価されてよいのではないかと考えた。なお、ラディカル・フェミニズムの古典文献であるケイト・ミレット著／藤枝澪子訳『性の政治学』（ドメス出版、一九八五年）では「父権制」が用いられている。

略称一覧

ＡＭＳＨ　道徳的・社会的衛生協会
ＡＳＩ　反奴隷制インターナショナル
ＣＡＴＷ　女性人身取引反対連合
ＣＯＲＰ　カナダ性売買当事者の権利協会
ＣＯＹＯＴＥ　古びた陳腐な倫理を投げ捨てよ
ＥＣＰ　イングランド性売買当事者団
ＧＡＡＴＷ　女性人身取引反対世界同盟
ＨＩＲＥ　売春は真の雇用
ＳＡＧＥ　グローバル搾取に反対する会
ＷＥＤＰＲＯ　女性教育開発生産性研究機構
ＷＨＩＳＰＥＲ　性売買システムに害され反旗を翻す女性たちの会

二〇〇八年版　緒言

本書が世に出て一〇年が経つ。あいにく、『性売買の思想』が分析と応酬の対象とした性売買推進思想、すなわち性売買は普通の労働、女性の選択と主体性の一例、さらには「性の自由」の一形態とみなすべきだという思想は、この間に影響力を弱めなかった。むしろその思想が支えとなって、過去一〇年間に性売買の非犯罪化がオランダ、ドイツ、ニュージーランド等の国々で実現された。性売買推進思想は巨万の富を生むグローバルな性産業の成長を促すイデオロギー基盤となり、くだんの産業はいまや多くの国でGDPの相当部分を占めている。これらの思想が育ち始めたのは一九八〇年代、すなわちネオリベラリズムの政治と経済が支配的となった時期にあたる。事実、性売買推進思想はこの哲学と実にうまく噛み合う。例えばネオリベラル哲学の長老ミルトン・フリードマンは、ポルノグラフィと性売買の規制を撤廃し、これらを市場のルールにしたがわせるべきだと論じた。

『性売買の思想』はこのような性売買擁護論がいかにして生まれたかを示し、それに対抗して――一九世紀からこのかた、性売買に関わるフェミニズム活動において非常に長く語られてきたことであるが――、この有害な文化慣行（Jeffries, 2004）は女性抑圧の一側面かつ男性の暴力の一形態であり、なくさねばならないものであるとの見解を打ち出す。実のところ、このフェミニズム的観点は過去一〇年間に影響力を強めた。性売買の非犯罪化や合法化を拒んだ一部の国々は逆の道を歩んだ。スウェーデンは一九九九年に施行した法律で性の買い手を処罰対象とし、女性を非犯罪化した（Ekberg, 2004）。ノルウェーはこのモデルを二〇〇八年に敷こうとしている。ここに見て取れるのは、世界規模の熾烈なせめぎ合いである。一方には女性たちの身体を商品として世界市場に流通させる国際性産業と、その取引で潤《うるお》う諸国家、そして性産業の弁明者たちからなる勢力が存する。他方には女性たちの平等ならびに危害からの自由を保証すべく、この男性行動をなくそうと努める人権活動家たち、フェミニストたち、諸政府が立ち並ぶ。

産業の成長

グローバルな性産業は多くの国々が性売買店の合法化など、許容政策とリベラルな法的枠組みに移行するのと軌を一にして飛躍的成長を遂げた。過去一〇年に諸国の性産業と国際性産業は驚くべき成長と収益に浴した（IBISWorld, 2007; Poulin 2005）。結果、いまやこの産業に内在すると認められている多くの問題——女性や少女の健康被害（Farley, 2003; 2004）、組織犯罪と腐敗（Sullivan, 2007）、人身取引（Farr, 2005; Monzini, 2005）、少女のセクシュアル化（American Psychological Association, 2007）など——が急拡大している。この一〇年で性売買はさらに産業化し、グローバル化した。キャスリン・バリーが述べたように、一九七〇年代以降、「性売買に起こった最も劇的な変化はその産業化、普通化、そして広く地球全体に行き渡る拡散だった」（Barry, 1995, p.122）。この展開は本書『性売買の思想』の初版が刊行されたのち、目を見張る勢いで進んだ。産業化の影響は産業の規模に表れているが、それとともに、かつては路上性売買や小規模な店舗でしか行なわれていなかったことが、いまや無視しがたい市場部門と化した現状にも映し出されている。それを明瞭に示すのがオーストラリアやドイツのような合法化の道を歩んだ国々で、その体制下では非常に大きな産業化した性売買店が何百人もの女性を囲い込んでいる（Sullivan, 2007）。この産業はグローバル化も遂げた。女性身体市場はもはや国境の内にとどまらない。人身取引、セックス観光、メールオーダー花嫁ビジネスは、富裕国男性による貧困国女性の性的購買を可能とし、女性たちの深刻な不平等が国境を越えて移転される事態を招いている（Belleau, 2003）。性産業の企業、ストリップクラブ、アダルトショップ・チェーンは世界中でフランチャイズしている。

性売買はいまや国家経済の大きな市場部門をなす。一九九八年の国際労働機関による報告書『セックス部門』は、アジア諸国でGDPの二～一四パーセントを占める性売買が、各国政府により公認されないまでも、その利益性に鑑《かんが》み適法と認められるべきだとまで論じた（Lim, 1998）。違法部門の規模とこの業界を取り巻く全体的な不透明性ゆえに、国内経済における国内性産業の価値は測りがたい。韓国政府は二〇〇二年、国内の性売買当事者女性が常時一〇〇万人を数えるとの試算を示した（Hurt, 2005）。性産業はGDPの四・四パーセントを占めると見積もられたが、これは林業・漁業・農業の合計（四・一パーセント）を超える。ただし、多くの性売買形態は調査できないので、この値は控え目とされる。試算では一国の女性六～一〇人に一人が何らかの性売買部門に関わった経験があるという（Hurt, 2005）。州政府と地方政府は性売買店産業を合法化する充分な経済的動機を持っている。政府は女衒《ぜげん》となり、性売買の収益を財源としうる。一例として、ドイツのケルンは性売買が合法化されているのをよいことに税を設定し、性を買われる女性たち各人に毎月一五〇ユーロの支払いを課す。おかげで二〇〇六年の歳入は前年よりも大きく伸び、計八二万八〇〇〇ユーロにもなると見込まれた(Cologne, 2006)。

性売買の合法化

性売買の合法化はこの拡張を促す大きな基盤であり、だからこそ業界はこの政策決定を求めている。合法化に伴う成長をとりわけよく示すのはオーストラリアの例で、その人口最多諸州では店舗性売買が合法化もしくは非犯罪化されている。それによって近年、業界は隆盛を迎えた(IBISWorld, 2007)。性売買店を最初に合法化したのはビクトリア州で、一九八四年のことだった(Sullivan, 2007)。オーストラリア首都特別地域、ニューサウスウェールズ州、クイーンズランド州での合法化、および性売買店を公式に黙認する西オーストラリア州とノーザンテリトリー州の事実上の合法化政策は一九九〇年代に始まる。オーストラリアではいまや、投資を検討している者や性売買事業の立ち上げを計画している者たちに向けた性産業の市場報告書『IBISワールド』が発刊されている。性売買店とストリップクラブの歳入は二〇〇五~六年に前年比で一一パーセント伸び、二一億豪ドルに達したと試算される(IBISWorld, 2007)。性産業に身を置く「セックスワーカー」の数は、季節により一万五〇〇〇~二万人を数える。ピークを迎えるのはメルボルンのグランプリレースなど、スポーツ大会の開催時期である。「性サービス」と繋がりがあり、ゆえに業界の拡張による経済的恩恵にあずかる多数の産業には、製薬・化粧品卸売部門、広告代理店、洗濯・ドライクリーニング店などが含まれるという。『IBISワールド』は性売買が今後も良好な成長を遂げ、二〇〇九〜一〇年末までにその歳入は年率換算で六・八パーセントの増益を経て、二四億七五〇〇万豪ドルに至るものと見込んでいる（IBISWorld, 2007）。報告書いわく、ストリップクラブの活況は「特に揺るぎない」。

性産業はその社会的地位と規模を伸ばすにつれて男性たちのビジネス界に組み込まれ、女性たちが平等な機会を得ることを不可能とする。交渉にあたるビジネスマンらは性売買店やストリップクラブで取引を行ない、見返りやもてなしの一環でこれらの店舗に招待される。『IBISワールド』によれば、年間収益二〇〇〇万豪ドルを誇るオーストラリア最大のエスコート代理店、ロイヤルティ・サービスは「一晩五〇〇〇豪ドル〜一月一三万豪ドルの柔軟な価格帯で、モデル歴のあるコールガールを顧客に」提供する（IBISWorld, 2007, p.23）。なお、「業務の大部分はビジネスマンの訪問であり、彼らは愛顧に与《あずか》ろうとする諸企業の接待を受けている」。『IBISワールド』のオーストラリアに関する業界報告書は、性売買に対する容認的態度の強まりが業界の継続的成長を支える鍵であることを至極はっきりと示している。してみればフェミニストの団体や理論家の一派が性売買推進論に与《くみ》している事実はいよいよ穏やかでない。彼女らはこの有害な産業の音頭取りを務めているともいえるだろう。

本書『性売買の思想』が出版された時、オーストラリアは店舗性売買を合法化した唯一の国だった。性を買われる女性たちへの暴力、組織犯罪、人身取引のより広汎な影響は、ビクトリア州でメアリー・サリバンが行なった秀逸な調査によって詳しく確かめられている（Sullivan, 2007）。あいにく、二〇〇〇年代に入ってオランダ、ドイツ、ニュージーランドはオーストラリアの「失敗した社会実験」（Jeffries, 2003）の後を追い、それぞれの性売買店産業を合法化した。今ではこの政策による有害な影響を調べた報告書が提出されている。例えばオランダでは二〇〇六年、組織犯罪と女性人身取引が増えたことから、市の性売買観光地区で性売買店の三分の一を閉鎖する旨がアムステルダム市長によって発表された(Shared Hope International, 2007)。

供給ライン——性売買向け女性人身取引

本書『性売買の思想』が説き明かすように、一九九〇年代には性売買の擁護者たちにより、性売買目的の女性人身取引は撲滅可能な逸脱であって、「自由」性売買の産業とは何の必然的繋がりもないという議論がなされる傾向にあった。現在ではこれが間違った考えであることがよりはっきりしている。ヨーロッパにおける人身取引と性売買を調べた研究によれば、女性を借金拘束する人身取引——現代の奴隷制——の問題は性売買と継ぎ目なく繋がっており、西欧で性を買われる女性たちの大部分はいまや人身取引の被害者からなる(Agustin, 2001, p.3; Dickson, 2004)。マドリッドで性を買われる女性たち五万人のうち、九〇パーセントは移民であり、その七〇パーセントは性奴隷状態にある(Alvarez, 2003)。これらの数字から、人身取引と性売買の区別はいよいよ妥当性を失いつつあることが分かるが、それというのも多くの国では人身取引がこの産業の圧倒的大部分を構成するからである。

性売買と人身取引の区別が薄れゆく中、性売買を正当な労働と言い広め、産業の非犯罪化を求める者たちは課題に直面している。人身取引の問題は性売買を労働ではなく奴隷制のようだと見せかねない。そこで国際組織セックスワーク事業ネットワーク(NSWP)のようなセックスワーク組織や学界の擁護者からなる「セックスワーク」ロビーは目下、言葉を変え、人身取引の美化に努めることを余儀なくされている——一九八〇年代に性売買を「セックスワーク」へと改め美化したように(Jeffries, 2006)。新しい言葉では、借金拘束型の性売買へと流されることを知りながら女性たちが人身取引される事態を「労働を求めての移住」というようになった。人身取引される女性たちは「契約職員」、さらにはポストモダン流の誇大表現で「勇敢な越境者」や「世界市民」と称されだした(Agustín, 2002)。人身取引業者は「ブローカー」になった。

しかし過去一〇年のあいだに、人身取引をめぐる国際法にも重要な発展がみられた。二〇〇〇年の「国際的な組織犯罪の防止に関する国際連合条約」を補う人身取引議定書は新たな人身取引の定義を設けたが、これは国際的なフェミニズム・キャンペーンで大いに活用されてきた。くだんの定義は、あからさまな強制力や詐欺の行使を条件とする少数者の問題として人身取引を捉える過ちを避け、力ある立場の利用や被害者の親類に対する金銭授与など、他の手法が使われうることを明確にしている。同意の問題についても、議定書ははっきり述べる。「(a)に規定する手段が用いられた場合には、人身取引の被害者が(a)に規定する搾取について同意しているか否かを問わない」(第三条b)。議定書は供給側の女性だけでなく「需要」に焦点を当てた点でも前進といえる。第九条は締約国に需要の削減努力を求める。

女性人身取引と闘い、女性たちの業界脱却支援をめざす人権組織、フェミニスト活動家、NGOの大きな懸念は、「セックスワーク」の立場をとる者たちによって即座に否定される。その文脈でヘレン・ワードとソフィー・デイは、当の懸念を「ヒステリー」と称し、「性産業での労働を強いられる人身取引被害者の女性と児童をめぐるヒステリーは、今日の性売買政策に関する議論を大幅に覆っている」と述べる（Ward and Day, 2004, p.6)。フェミニストの歴史家や解説者が指摘してきたように、自身の健康や状況について不満を口にした女性たちは、常にヒステリカルと形容されてきた——それは子宮を持つことに関係する状態といわれる。女性を「ヒステリカル」とけなすのは反女性的な戦法である（訳注1）。

これらの術策が用いられながらも、性産業に対抗し、性搾取と性暴力を逃れる女性たちの権利を擁護する国際キャンペーンは牽引力を蓄えつつある。この『性売買の思想』新版が、今後も性売買を普通化する議論の解体に寄与し、女性たちの生を犠牲に勢力圏と利益の拡大を狙う性産業のグローバルな進撃を打ち破る一助となることを願いたい。

訳注1　「ヒステリー」はギリシャ語で「子宮」を意味するヒュステラー（ὑστέρα）に由来する。子宮の変調で起こる女性の病と考えられていた。

謝辞

性売買について詳しく論じようという考えは一九八〇年からあり、私はイングランドのリーズで同年に開かれた性暴力会議へ向けて、この主題に関する短い論文を書いた。男性による性売買での女性虐待は女性抑圧のまさに中核をなすと考え続けて二〇年になる。本書に示す私の思想は、ポルノグラフィと性売買に反対するラディカル・フェミニズムの活動家たちとこの年月に行なってきた取り組みの成果にほかならない。この問題に関し気づきを与え、私の考えを導いてくれた全てのフェミニストたち、イギリスのロンドン革命フェミニスト反ポルノグラフィ・グループ、女性への暴力に反対する女性会、父権制研究グループ、サドマゾヒズムに反対するレズビアンの会の皆にお礼申し上げる。メルボルンで心を鼓舞してくれたシスターたちは、女性人身取引反対連合の地域支部を担うマリリン・ボーン、ヴァネッサ・ボーン、ジェーン・ガスリー、ブリジェット・ヘア、サム・ホースフィールド、メアリー・サリバン、レナート・クライン、キャロル・モシェッティ、ライ・センジェン、キャロライン・スペンサー、ジル・スペンサーである。

女性人身取引反対連合の初代理事キャスリン・バリーに深謝する。彼女が築いた思想枠組みと組織は、私や多くの国々のフェミニストたちが性売買に挑むことを可能にした。現理事のドルヒェン・ライドホルトとジャニス・レイモンドはこの闘いの存続を支えている。彼女たちにも謝意を表する。

この問題に関する私の考えは、幸運にも一九九五年に参加できたフィリピンのセックス観光に関する研究ツアーを組織したフェミニストの反性売買活動家たち、とりわけセシリア・ホフマンとアイダ・サントスのおかげで、遥かにはっきりした形をとるに至った。アメリカのＷＨＩＳＰＥＲ、性売買代替協議会、ＳＡＧＥや、その各国支部など、男性による性売買での女性虐待をなくすことに献身してきた諸団体のフェミニストたちの取り組みに感謝を捧げたい。その取り組みは性売買を終わらせる情熱的な国際闘争の核心にある。本書がこの闘争に寄与することを願いたい。

シーラ・ジェフリーズ

一九九七年八月、メルボルンにて

序論

本書は性売買についての考え方を扱うことから、題を『性売買の思想』という。狙いは性売買に関するフェミニストたちの考え方が二〇世紀末に大きく分極化した次第を説き明かすことにある。あるフェミニストたちは男性による性売買での女性利用を性暴力の一種と定義するのに対し、他のフェミニストたちは「セックスワーク」を女性にとっての手頃な労働として普通化・正当化しようとする。このように対立する立場は、いずれもみずからを「フェミニズム的」と称するが、常に存在していたものではない。一九世紀後期から二〇世紀初頭にかけてのフェミニストたちの態度は遥かに足並みが揃っていた。「伝染病法の撤廃を求める全英婦人協会」で中心メンバーの一人となったエリザベス・ウォルステンホルム・エルミーは、当時の典型的なフェミニストの見方を表明し、性売買を「女性たちの尊厳と個性に対する冒瀆」と言い表した（Jeffreys, 1997, p.34より）。当時、性売買をなくそうというフェミニストたちの決意は強固で、国際的な連携を築いていた。違うのは性売買をなくすべき理由とその目標を達成する方法についての分析のみだった（Jeffreys, 1985, ch.1を参照）。本書の第1章では、第一次世界大戦前の一九二〇～三〇年代にフェミニズムの反性売買キャンペーンが国際化した経緯を振り返る。さまざまな国や組織のフェミニストたちが女性人身取引を違法化する条約を求め、そのキャンペーンは一九四九年、新たな人身売買禁止条約〔人身売買及び他人の売春からの搾取の禁止に関する条約〕へと結実した。先人の女性たちが残したこの歴史・思想・言語・戦術を知ること、また第2章で取り上げる性売買擁護者の男性らによる反応を知ることは、同じ争点をめぐる今日の論争を理解するうえで欠かせない。早期のフェミニストたちによる洞察の多くは今日にも直接当てはまるものであり、私たちが車輪の再発明をする必要はない。

一九六〇年代後期以降、ラディカル・フェミニストの理論家たちは妥協のない分析を通し、性売買は女性を売買可能な性的客体へと落とし込む企ての極致であって、この婚姻と性売買の基底をなす性奴隷制は女性抑圧の土台を形づくっていると論じてきた（Millett, 1975; Barry, 1979, 1995; Dworkin, 1983）。しかし過去二〇年のあいだに、多くのフェミニストは性売買についての見方を変えた。本書はなぜ初期の糾弾の強さが失われたのか、いかなる経緯で一九八〇〜九〇年代に大きく異なる声が立ち現れたのかを説明することに努める。一九八〇年代に台頭した性売買当事者の権利運動は、性売買が他のあらゆる労働と同じく、女性たちによって自由に「選択」される労働であると唱えた（Delacoste and Alexander, 1988; Pheterson, 1989a; Bell, 1987a）。性売買当事者の権利団体に属する幾人かの代表者は、性売買が女性たちの性の解放を体現するとまで論じた。労働、選択、セックスといった言葉は、性売買推進活動家の議論に説得されたと語る一部のフェミニスト理論家や学界人にも取り入れられた（Bell, 1994; Sullivan, 1994）。

一九九〇年代に、国際人権活動の領域で「フェミニズム的」と称する新たな立場が広く受け入れられだした。そこでは、性売買が自由市場資本主義によって女性たちに与えられた素晴らしい恩恵であり、女性たちはそれによって主体性に必要な行為者性と自由意志を用い、「性を売る権利」を手にするとされる（Klap et al. 1995）。ラディカル・フェミニストと反暴力フェミニストたちは、性売買を女性たちに対する犯罪と言い続け、反暴力闘争と国際人権論の言語から得た洞察によって分析を磨いているが、性売買を終わらせなければならないという立場を示すことはますます困難になっている（Barry, 1995; Raymond, 1995）。

本書の書名にはさらに、「思想」は男性による性売買での女性利用行為に先立つ不可欠の要素だという意味も込めている。私は、性売買を自然なこと、生物学的衝動にもとづくこと、あるいは不可避のこととみる一切のアプローチから、自分のそれを区別したい。性売買に関する性科学やその他ほとんどのアプローチは、男性による性売買での女性利用行動が単に生物学的命令にもとづく振る舞いだという前提から話を始める（Forel, n.d.; Benjamin and Masters, 1965）。男性は自然に起こる行動をとっているとみなされる。私は対照的に、性売買での女性利用を選択する男性の行動は社会構築されたもので、その根源には男性の支配と女性の従属化があると考える。個々の男性が女性をセックス目的で買おうという発想に至るには、その頭に一種の「性売買の思想」がなければならない。それは、女性がそのように利用されるために存在するという思想であり、性売買が女性利用の適切な選択肢だという思想である。この思想は、女性をそのように利用するのは性的興奮を呼び起こす行為だという考えなしには成り立たない。

性売買を、そこに含まれる虐待に光を当てる形で論じるためには、性売買当事者の権利運動が導入した新しい語彙《ごい》をしりぞける必要がある。この新しい語彙では、性売買は「セックスワーク」と呼ばれ、性売買で女性を虐待する男は「顧客」と称される。虐待行動を示せる有効な用語は何一つない。加害者は何と呼ぶべきか。より妥当な用語の選択肢がないので、本書では《john》という語を用いる。これは性売買当事者の女性たちによって発案された言葉で、うまく侮蔑の意を込めている。また、この言葉は性売買で女性を利用する男たちが一般的な男性であり、区別がつかないという含みも持つ。この語を使うことで、私は《顧客》という語を用いつつ性売買を労働として正当化しようと図るアプローチから、自身のアプローチを区別したい。ただし《女性殴打者》や《レイプ犯》に匹敵する語、かつ虐待の責任を虐待者に負わせる語が考案される必要はある。《性売買虐待者》は考えられるが、座りのよい表現とはいえない〔邦訳ではjohnを「買虐者《ばいぎゃくしゃ》」とする〕。

男性の解説者による伝統的な性売買の定義は、性売買を女性の性活動とみなしてきた。買虐者――反暴力の観点でいうところの加害者――は、完全に定義から除外され、ひいては今日に至るまで、ほとんどの性売買の研究や分析において勘案されていない。私はラディカル・フェミニズムのアプローチを反映するよう伝統的定義を書き換えたい。アブラハム・フレクスナーは、性売買研究の基本文献としてしばしば参照される『ヨーロッパの性売買』（一九一三年）を著した人物で、性売買を次のように定義する。

> 交換取引、乱交、感情的無関心という三要素のさまざまな組み合わせを特徴とする行動。金銭や他の報酬を求めて習慣的もしくは不定期に大なり小なり乱交的な性関係を持つ者はいずれも性売買当事者に該当する。
>
> 〔Ellis, 1946, pp.152-3 より〕

この定義は性売買で利用され虐待される人々に的を絞り、虐待者への言及を欠いている。しかし《性売買虐待者》という語をフレクスナーの定義に差し挟むと、性売買を男性の性行動の一種として表現する形にこれを再構成することができる。本書の目的に照らし、性売買は次の意味とする。

交換取引、乱交、感情的無関心という三要素のさまざまな組み合わせを特徴とする男性の性行動。自身の性的満足を求め、金銭や他の報酬を用いることで習慣的もしくは不定期に他の人間を性的客体へと落とし込む男はいずれも性売買虐待者に該当する。

私は女性身体に手や口やペニスを接触もしくは挿入する諸々の男性行動に的を絞る。それとは異なる男性の性行動、例えば対人や誌面や動画で女性が裸体にされ侮辱される様子を見るために金を支払う、あるいは同様の効果を求めて電話口で女性と話すために金を支払うことに伴う女性の従属化も、明らかにこの定義に収まる。これらについては、本書では詳述しないが、間違いなくそれぞれの詳細なフェミニズム分析を要する。

性売買当事者の権利運動を担う性売買推進勢力は、一九八〇年代に、《性売買》の代替語として《セックスワーク》という語を広め始めた（Jeness, 1993）。この用語法の変化は、性売買の地位が逸脱した性行動から他のあらゆる職と同じ単なる仕事へと変わったことを示す意図にもとづく（第3章を参照）。私は《セックスワーク》という語を使わない。これは性売買を普通化する言葉だと考えるからである。この言葉を受け入れると、性売買を暴力の一形態かつ女性に対する犯罪として概念化することが困難になる。私は女性身体が買虐者によって購買され利用される実態に合わせ、《セックスワーク》ではなく《性売買》という語を用いる。また、同様の理由から《性売買当事者》よりも《性を買われる女性》という語を用いる。この言葉の長所は一九九五年にセックス観光の研究ツアーに参加した際、フィリピンの反性売買キャンペーンに取り組むフェミニストたちから指摘された（Santos, 1992, 1995を参照）。《性売買当事者》は目に見えるが、買虐者は違う。《性売買当事者》は、例えば《キーボード入力者》などと違い、一つのアイデンティティとみられうる。他方、《性を買われる女性》という語は加害者を構図の中に入れる。女性が「性を買われる」には、彼女に対し誰かが何かを行なうことが条件となる。《性産業》という語は多様な性搾取のグローバルな産業化を指すために用い、その範囲は双方向のインターネットを介したストリップショーや電話セックス回線から、性を買われる女性の膣で射精する古いタイプの性売買にまでおよぶ。そこから性産業の経営者や政府に属するその後援者といった第三者らが儲けを生み出す。

本書『性売買の思想』は、性売買の捉えられ方を変えていくプロセスに寄与すべきものと位置づけられる。目下、女性たちを「最後の植民地」として搾取する巨大な資本主義産業が世界に広がりつつある（Mies, et al. 1988）。性売買は単なる「労働」であり「選択」であり「セックス」だという思想は、この残忍な搾取を直接的に下支えする。性的リベラル、クイア理論家、女衒《ぜげん》、株取引で値が付く性売買店の経営者、性売買推進活動家、セックス観光客らは、いずれも同じ言葉を用い、自身らの事業や快楽に対するフェミニズムや他の批判に抗う決意において全面的に一致団結しているとみえる。以下では、性売買が女性に対する男性の性暴力の一種であり、虐待される女性たちへの影響において他の暴力形態、特に小児性虐待と一致することを論じる。そして今日の国際性搾取産業に立ち向かう最も意義深い方途は、性売買を女性の人権侵害とみてこれと闘うことにあると提言する。このアプローチは加害者、すなわち女性を虐待する男とその虐待から利を得る者たちの両者に狙いを定める一方、虐待を被ってきた女性たちの非犯罪化と実生活上の支援を求める。

性売買に対するフェミニズム闘争で中核をなす理論と活動を形成したキャスリン・バリーは、性売買なき世界を想像することは一八二〇年代のアメリカにおいて奴隷制なき世界を想像するに等しいと語る（Barry, 1995, p.316）。奴隷制はいまや人権活動家からも圧倒的大半の政治理論家や政府からも受け入れがたいものとみなされている。しかし、例えばイギリスでは一八世紀、この人権蹂躪を正当化する多くの言説が唱えられた（Fryer, 1988）。奴隷制についての考え方を変える闘い、反対できないと思われていた制度をほぼ世界共通の批判対象とする闘いは、長く困難な道のりだった。が、それは目を見張る成功へと至った。世界各地にはいまださまざまな形の奴隷制が存在するとはいえ、国際連合において奴隷制を擁護する主張が温かく受け入れられることはない。性売買に反対するフェミニストの活動家と理論家は、性売買に関し同じ目標を持つ。私たちは男性による性売買での女性利用を擁護もしくは許容する主張が、いかなる全国的・国際的政治フォーラムでも衝撃と非難によって迎えられる日を見たいのであり、私は本書がその目標に貢献することを願っている。

第1章

女性人身取引、フェミニズム、国際連盟

女性たちの立場と尊厳の全体に関わる問い……。

[Madame Avril de Sainte-Croix, League of Nations Minutes, 1928, p.27]

二つの世界大戦に挟まれた時代、フェミニストたちは国際連盟を通して女性人身取引と性売買そのものに対しキャンペーンを起こした。広範囲にわたる長期的かつ国際的なキャンペーンで、驚くべき成功を収めたが、今日のフェミニストたちにはほとんど知られていない。この初期のキャンペーンの思想と戦略は、今日の女性人身取引反対連合のような団体によるフェミニストの反性売買キャンペーンと見比べた時、その共通性と差異の双方において注目に値する。性売買当事者の権利団体や多くの人権活動家は今日、強制的な性売買と自由な性売買を区別しており、その認識では「自由」性売買が合理的な選択行為とされるが、この区別は初期においても明確な問題だった。もっとも以下でみるように、フェミニストは誰一人として区別を設けておらず、フェミニストに反対する男たちだけが区別を行なっていた。

この初期のキャンペーンを担ったフェミニストたちは、性売買の元凶が女性ではなく男性の需要にあるという認識を打ち立てるために闘った。彼女らが求めたのは需要をなくすための公教育キャンペーンだった。今日、反性売買キャンペーンを担うフェミニストたちはやはり性売買に関する男性の責任が認識されることを求め、虐待的男性を可視化することに努めている。この第二次大戦前のフェミニスト活動家たちにみられる結束と明晰さは、二〇世紀末に一部のフェミニスト理論家やフェミニスト活動家が性売買を女性の選択や労働や性の解放とみる性売買肯定イデオロギーの支持へと流れた混乱を浮き彫りにする。

セクシュアリティの歴史研究者は、白人奴隷取引の名で知られることとなった一九世紀後期の問題に対する懸念を「モラルパニック」と片づける傾向があった。その懸念は現実にはあまりに些末な現象に向けられており、真の懸念は表向きの危惧対象とは全く違うものにあった、と考えられてきたからである。ジェフリー・ウィークスはこの時代、他の社会不安によるパニックがセクシュアリティの問題に向けられたと論じる（Weeks, 1981）。私は、白人奴隷取引をめぐる問題意識が、現に人身取引以上のものに関係していたと述べたい。フェミニストたちにとって、白人奴隷取引への反対キャンペーンは性売買全体に対する闘いの地歩を固める方途だった。二つの大戦に挟まれた時期、人身取引は国際連盟の者をはじめ、影響力を持つ男性らの後援を得るための争点として選ばれた。行動計画を慎重に練れば、男性による性売買での女性利用を廃するという最終目標へ向け、前進を遂げられる。ただし女性人身取引はそれ自体が大きな問題だった。一九二〇〜三〇年代にフェミニストたちが目を向けた人身取引は、女性たちが他国へ流され性売買をさせられるというものだったが、そこでは必ずしも、また常習的にも、詐欺や強制力が用いられたわけではない。以下でみるように、女性たちは自分が性売買をさせられると理解しているのが普通だった。

一般的には、人身取引というと強制力や暴力を伴い、被害者の意思に反してなされるものと思われている。が、そうした特徴のみられる人身取引の確たる証拠は少なく、むしろ国際連盟の報告書が示すように、遥かに多くの証拠によれば、人身取引される女性たちは自分が何に利用されるかを知っていた。キャンペーンは一八七五年、イングランドのジョセフィン・バトラーによる取り組みから始まった。これに先立ち伝染病法への反対キャンペーンを行なったバトラーは、性を買われる女性たちの性病検査や性売買店への免許発行といった形をとる国家の性売買規制に対抗した。これらの管理による虐待は、道徳のダブルスタンダードと男性による性売買での女性利用を通した女性たちの貶めに公的承認を与えるものと思われた(訳注1)。バトラーは規制の結果でありそれと不可分に繋がった関連問題として人身取引に光を当てた。いわく、人身取引は「さらに大きな不正、すなわち公式に認められた性売買が生むもの」であり、ゆえに「性売買は男性に必要で、そのためには女性たちを破壊することも必要だと考えるあらゆる政府や官吏の認識」に対して闘いを続けなければならない(Butler, 1881, p.5)。バトラーを旗手に立ち上

訳注1　伝染病法による性売買規制では、性病の蔓延を防ぐという名目のもと、性売買当事者とみなされた女性に対する不当な尋問や投獄、侵襲的な女性器検査が行なわれた。外を出歩く女性たちが無差別的に警察の標的とされる一方、男性の取り締まりは一切行なわれなかった。バトラーのキャンペーンは、買虐者を自由放任しつつ女性を抑圧するこのようなダブルスタンダードに抗議するものだった。詳細はキャスリン・バリー著／井上太一訳『セクシュアリティの性売買——世界に広がる女性搾取』(人文書院、二〇二四年)の第三章を参照。

げられた全英少女保護組合連盟は、防止策によって白人奴隷取引と闘うことを使命とした。第一次世界大戦以前、この連盟は旅程にある少女たちに五一八軒の宿泊所を提供し、年間二万七〇〇〇人にもなる彼女らを白人奴隷商人の魔手から遠ざけた。

キャンペーンは一八七九年の末に勢いづく。きっかけはジャーナリストのA・S・ダイヤーが、意思に反しブリュッセルの公認性売買店に囚われたイギリス人少女を発見し、これが広く報じられたことにあった。ジョセフィン・バトラーはダイヤーの発見に感心し、一八八一年、バーミンガムの婦人たちへ向け「行動喚起」を書いた。この「現代の奴隷取引」は世界規模で行なわれていると彼女は述べ、女性人身取引を大西洋奴隷取引と結び付けたうえで「奴隷制が存在するところには必ず奴隷貿易がある」というベルギーの経済学者の言葉を引用した。バトラーいわく、この問題を調べるために立ち上げられた貴族院の議事録によれば「過去の長きにわたり白人女性の奴隷取引は組織的に続けられてきた――その恐ろしさ、残忍さ、卑劣さにおいて、これは黒人奴隷貿易に関し伝えられてきたあらゆる記録を上回る」(*ibid*., p.9)。しかし残されている証拠が示すところでは、性売買目的の白人女性取引は、卑劣には違いないにせよ、黒人奴隷取引に比肩するものではなかった。

ダイヤーのような男性と活動することで、バトラーはキャスリン・バリーがいうところの「保護者気《パターナリス》取《ティック》りな男性らとの連合政治に頼る戦術上のミス」を犯した(Barry, 1995, p.109)。また、児童性売買を暴露すべく一三歳の少女エリザ・アームストロングを買い取ったジャーナリストのW・T・ステッドを後援したことで、バトラーの闘いはどこか不穏な戦術を用いるものとみなされた。彼女が犯したもう一つの戦術上の過ちは、バリーいわく、人身取引の本質と思われているところの「強制」性売買に的を絞った結果、「自由性売買と強制性売買の偽区分」を通し、「日常化した路上や店舗での性売買を正当と」位置付けてしまったことにある。

白人奴隷取引は存在したか

イギリスでは問題意識が高まり、一九一二年に白人奴隷取引の違法化をめざす法案が可決された。フェミニストたちは法案可決委員会に関与し、女性らが白昼堂々街道で攫《さら》われるといった奇談を広めた者とみなされた。テレサ・ビリントン＝グレイグは人々を説得する「白人奴隷制の真実」という記事を著《あらわ》し、くだんの人身取引は神話だと主張した。婦人参政権論者の彼女は、反人身取引キャンペーンで特に目立つ存在だった女性社会政治同盟（ＷＳＰＵ）の好戦的手法をよしとしていなかった。ビリントン＝グレイグが危惧を抱いたのは、「こうした逸話があまりに多く、いずれも事の本質からしてあまりに心を掻き乱すものであるため、何千もの無垢な人々は警戒と狼狽《ろうばい》で頭が一杯になってしまう」からだった（Billington-Greig, 1913）。逸話は『女性たちの落とし穴』などの本に収められており、そこでは「春の夜明けにふいと草の葉にきらめく露のごとく純なるイギリス人少女らが餌食となる」いくつかの個別事例が語られる（Anon., n.d., b, p.5）。

『白人奴隷商人に摑まれて』の表紙には、悲痛な面持ちで目を見開いた白衣《びゃくえ》の無垢な少女が、大きな手によって胴をきつく握られている様子が描かれている（Anon., n.d., a）。『女性たちの落とし穴』は、失踪した少女たちがことごとく人身取引の犠牲者になったと語る。ビリントン＝グレイグは反人身取引団体や人身取引事件を扱う警察から事例を集めて真実を見出そうとしたが、一件の裏付けも得られなかった。これはキャンペーンの強度と憤激に翳《かげ》りをもたらす。彼女は失踪した少女の数が失踪した少年と大差なく、数はそもそも少なく、ほとんどの少女は発見されたことを証明した。一九一四年以前、かくも大きなフェミニストたちの労力と共感が、何千もの女性たちを性売買で利用する男性らの行ないではなく、白人奴隷取引をめぐる懸念に向けられたのは皮肉なことだった。例外が日常よりも重視され、現に「自由」性売買ではなく「強制」性売買への注目が形づくられてしまった。

法案可決委員会と関わりのあった全英自警協会のジャーナル『自警録』は、裁判に至った人身取引事件の報告を多数収めている。一九一一年三月付の「ありうることか」と題した記事は、白人奴隷取引に関するジャーナルの報告を信じない読者がいる問題を取り上げ、それらの物語が誇張されている可能性に触れた。それを覆すのが、偽りの目的のもとにロンドンへ連れて来られ、路上性売買を強いられた一八歳の少女、アンナ・ソルケンの物語だった。彼女は逃げ出し、周旋人《しゅうせんにん》は訴えられた（*Vigilance Record*, No.3, p.18）。こうした事件は毎年いくつか報告されていた。しかし、白人奴隷取引の名で報告される事件の一部は通常の性売買で、人身取引があったことを示す明確な要素を含まない。例えばジャーナルの中には、一四歳の少女が女衒《ぜげん》に囲われ、暴力によって路上に立たされた事件なども収められている。騙《だま》しや力ずくによる人身取引は確かに存在したが、その規模は小さかった可能性が高い。より重大な問題は、同意している女性の人身取引だった。

一九一四年までの人身取引と国際法

人身取引への反対キャンペーンは一八九九年、ロンドンで白人奴隷取引に関する初の会議が開かれたことを契機に国際化した。会議でなされた「衝撃的暴露」によれば、「主として未成年の女性たちが儲かる仕事を約束されたのち、忌むべき運命が待ち構えているともつゆ知らず、海外の国へ送られたあげく無一文で淫蕩《いんとう》の館に放り込まれていた」(League of Nations, 1921, p.3)。

ロンドン会議の結果、国際委員会と国際事務局が創設された。続いて一九〇二年と一九一〇年に二度の外交会議が開かれ、それを契機に二つの国際条約が打ち立てられた。最初の条約が調印されたのは一九〇四年、次のそれが調印されたのは一九一〇年である。一九〇四年条約の締約国は人身取引に関する情報を管轄する中央当局を設ける。港や駅では女性や少女を統べる周旋人の監視が行なわれ、担当の当局に通知が行く。希望する少女や女性は本国に送り届け、外国での働き口を見つけた雇用機関は監視を行なう。一九一〇年の条約はさらに大きな前進を遂げた。締約国は「他の人物の劣情を満足させるために」女性や少女を勧誘または周旋した者を罰することに合意する。女性や少女が二〇歳未満であれば「本人の同意があろうと」勧誘者や周旋人は処罰の対象になり、二〇歳以上であっても「暴力、脅迫、詐欺、または何らかの強制力」が介在していれば同じく処罰される。戦争によって国境が閉ざされ、人身取引が困難になる前の一九一二年、一三年にも、さらなる会議が続けられた。

国際連盟における人身取引

戦後処理の中で人身取引が明確に断罪されたのは、フェミニストや他の人々による力強い戦前のキャンペーンがもたらした成果である。国際連盟規約第二十三条は、女性と児童の人身取引に対する行動を連盟に求める。連盟は国際規約の監督義務を負った。一九二〇年には、理事会が事務局配属の役員を指名し、「白人奴隷取引関連のあらゆる問題を追う」特別任務に当たらせることに合意した（*ibid.*, p.4）。この任に当たったのはレイチェル・クラウディというフェミニストで、彼女は友人のキャサリン・ファースとともに、第一次世界大戦のさなか、フランス救急看護奉仕隊を結成した人物だった。当時のフェミニストは国際連盟に大きな期待を寄せていた。とはいえ、この連盟は全面的に男性が統べる組織である。クラウディは一部局、すなわち薬物と女性の取引を扱う社会部の長に選ばれた点で例外だった。前進が遂げられる見込みは薄かったが、平和だけでなく社会問題を扱う国際組織が存在することは、当時のフェミニストたちにとって非常に大きな機会と思われた（国際連盟に対するフェミニストたちの態度に関しては Miller, 1994 を参照）。

一九二一年、国際連盟におけるこの問題の大きさを象徴する出来事として、連盟は人身取引に関する会議を開き、そこで第三の国際条約が発案された。これは先立つ二つの条約の条項を確認・追認したのに加え、実際の性売買周旋とともに周旋の「企て」をも射程に含め、周旋の罪に問われた被告や受刑者の送還、および保護年齢を二〇歳から二一歳に引き上げる変更を盛り込んだ。雇用機関の免許制や監督、他国で働き口を求める女性や児童の保護、移民船で海を渡る女性や児童の保護、駅や港における警告の設置などに関する条項もある。一九二〇年代、三〇年代の女性人身取引委員会は、条約をより効果的にするための方途を議論した。その結果、一九三三年には第四の条約がつくられた。これは周旋罪の範囲を広げ、同意のある成人女性を周旋した者をもその対象としたが、このような条項は自国内の女性人身取引を介し性売買店の新人募集をする者にも影響しうると危惧する規制主義国家の利益を保護するために、「他国での〔周旋〕」という言葉が差し挟まれ、射程が限定されてしまった。

一九三二年まで、一〇年にわたり女性人身取引委員会を率いたレイチェル・クラウディは、取り組みの初期には明確に「国際」人身取引といえるものに的を絞る必要があると説明した。しかし委員会メンバーの多く、特に任意団体の代表者たちは性売買廃止主義者で、性売買そのものは無理でも性売買の国家規制は廃したいとの意思を固めていた。クラウディ自身は強い信念を抱くフェミニストの廃止主義者で、国家規制については「乱交的な性関係が必要と信じる」政府が「そうした性関係を市民にとって最大限に得やすいものとすべく、性売買店を許容して統制し、政府自体が囚われの女性たちの医療検査に責任を持ち、必要とあらばそれらの店舗に補助金を与える」システムだと捉えていた（International Bureau, 1943, p.38）。彼女の立場は機略を要した。ある政府代表者は彼女に、もしもこの諮問《しもん》委員会が「少しでも公認店舗の問題を」議論しようものなら、委員らはそれをかぎりに罷免《ひめん》されるだろうと告げた（Crowdy, 1949, p.19）。しかしそれから二〇年にわたり、フェミニストと廃止主義者は、少なくとも部分的には国際連盟での議論を上首尾に運んだ。廃止主義者は国家規制を廃する方向に絶えず連盟を動かし、規制は人身取引の土台だと論じた。フェミニストたちはさらに踏み込み、性売買一般の真の元凶と思われるもの、すなわち男たちの需要に連盟の委員会が目を向け、対策を講じるよう促すことをめざした。

連盟は人身取引の調査を行なって一九二七年と三三年に報告書を刊行し、その結果、一九三七年までに新たな条約の草案が用意された。条約案は性売買店を所有または管理する者、何らかの形で他人の性売買から利を得る者を例外なく罰する内容であり、公認の性売買店に死を告げた。一九三八年には、二年後に会議を開き、草案をもとに最後の条約を作成することが奨励された。これは第二次世界大戦の勃これは第二次世界大戦の勃発によって不可能となるが、戦後、「女性と児童の人身取引の抑制をめざす国際事務局」は、国際連合に条約の検討を求めて掛け合った。かくして条約は若干の修正を経て、一九四九年に合意へと至る。止主義者は続いて条約への署名を得るために立ち回った。もっとも、進展は遅々として、集まった署名はわずかにとどまった。それはおそらく、一九六〇年代の「性の革命」へと至る性道徳の変化により、男性の性的権限を抑える試みに支持が集まりにくくなったことによる。

女性人身取引とは何だったのか

国際連盟が人身取引問題を扱いだした頃、問題の定義に変化が生じ始めた。一九二一年の会議では「白人奴隷取引」という表現が誤解を招くとして即座に取り下げられ、代わりに「女性と児童の人身取引」という題が用いられた。連盟による人身取引の定義は速やかに強制力や策謀を必要条件から外した。加えて連盟は二度の大々的な人身取引調査も行なった。一度目はヨーロッパ、南米、北米の国々を対象とした一九二七年のそれ、次は東洋の人身取引を調べた一九三三年のそれである。当初より、調査対象は女性たちがおおよその行き先と目的を把握している人身取引と理解されていた。一九二七年の定義でいう人身取引は「一名またはそれ以上の性的欲求を満足させるべく、海外の国へ女性や少女を運ぶ利益目的の直接的・間接的な周旋および移送」を指した（League of Nations, 1927, p.9）。国際事務局のセンプキンス氏は、委員会の一九二七年報告書に触れた際、この定義変更を同報告の最も意義深い特徴とみた。いわく、「一般層のあいだでは、人身取引というと無知な女性や誘拐された女性の取引を指すとの誤解が広まっていた」（League of Nations Minutes, 1928, p.22）。この広い定義に則れば、人身取引の事例を大量に見つけ出せたが、報告書は正確な数字を得ることの難しさに言及している。述べられているのはただ、「膨大な人身取引が横行している」ということだけだった（League of Nations, 1927, p.10）。

多数のヨーロッパ人女性が人身取引で中南米やエジプト、チュニス、アルジェリアの都市に流されていた。ほとんどはオーストリア、フランス、ドイツ、ギリシャ、ハンガリー、イタリア、ポーランド、ルーマニア、スペイン、トルコの出身者からなる。目的地の都市で性を買われる女性たちのうち、外国人女性は時に七〇〜八〇パーセントを占めた。ブエノスアイレスはヨーロッパからの女性人身取引の大きな目的地と見定められた（Bristow, 1982）。同市で性を買われる外国人女性は推定四五〇〇人、そのうち七五パーセントは人身取引で流されてきた女性と考えられた。女性たちは「疑わなかった、あるいは無防備だった」わけではない。彼女らは「罠にかかった」のでも、旅の「真の目的を知らなかった」のでもない。しかし彼女らは人身取引被害者といえる、と連盟の報告書は指摘する。なぜならこの女性たちはみずからの計画で旅立ったのではないからである。彼女らは《抱主《かかえぬし》》すなわち女衒とともに、あるいはその命令を受けて海を渡った。人身取引業者は渡航の案を持ち出し、金を貸し、旅の手筈を整えパスポートを用意した。出発に当たって女性たちは何も知らなかったわけではないが、旅路の果てに彼女らはしばしば女衒に完全支配される苦境に置かれた。

言語も習慣も知らない遠い国に外国人の娘が連れて行かれ、家庭や友人から隔てられると、抱主の力はそれに比例して大きくなり、ゆえに彼女は地元の娘たち以上に恰好の脅しの標的となる。ここに国際人身取引と不可分に結び付いた当調査対象の残忍行為と奴隷制が潜んでいる。

[League of Nations, 1927, p.15]

一九二七年報告書は、公認性売買店の形をとる規制が人身取引を駆り立てていると強く断言した。公認性売買店は人身取引された女性たちを囲う倉庫となり、不断の新人参入を求める需要をつくり出すとで取引を促進した。こうして規制の危うさが公式に認められたことは廃止主義者にとって有利な追い風となったが、この報告は地理的に限定されたもので、東洋の人身取引についても同程度に詳しい報告を求める声が上がった。

東洋の調査は一九三三年に公刊されたが、これは特異な困難に行き当たった。国際連盟の委員会は国家規制の禁止を促す証拠の蒐集《しゅうしゅう》に取りかかり、委員会の代表を務める各国政府（主として西洋諸国）は徐々に廃止主義者の主張を認めつつあった。しかし東洋諸国の政府に調査協力への合意を取り付けるには、くだんの調査が「当問題の国際的側面のみにはっきり限定された」ものであると理解させる必要があった（League of Nations, 1933, p.14）。調査官は「地域風習への干渉を伴いかねない特定の問題に立ち入ることを避ける」べきとされた。「地域風習」という婉曲語《えんきょくご》は、具体的には児童婚の習慣とインドのデーヴァダーシー（少女が幼くして寺院性売買に献じられる風習）の問題を指していた。伝統と風習の保護はいくらか極端なレベルで図られた。言い分の一つによれば、東洋諸国の性売買はなぜか独特で自然な行ないなのだという。A・ド・グラーフは、人身取引に関する一九二一年の国際連盟会議でもこの奇妙な正当化が用いられたと説明する。彼によると、委員会は「何らかの対策を講じる必要があると感じ」、東洋の人身取引に関する専門家に意見を仰いだ。

［専門家たちは］即座にそのような人身取引の存在を否定し、東洋ではそれによる何らの害も生じていないと言った。東洋人女性の立ち位置は極めて独特であり……、女性たちは利益を求め、自由意志で身売りをするという。

［League of Nations, 1921, p.52］

地域風習の保護論は、デーヴァダーシーのシステムを擁護するインドの代表者によって用いられた。インドは条約に署名しなかった国であり、同国代表者のS・M・エドワーデスは、このような「地域風習」において定着した最低年齢制限を、条約で求められるところの二〇歳に引き上げることは許されないだろうと論じた。それは一般的な正統派説の先を行くのに加え、「確証された肉体的事実」にも反することになる、なんとなれば「周知の通り、インドではその気候条件ゆえにヨーロッパよりも早い段階で成熟が訪れる」からである、と彼は説明した（*ibid.* pp.56-7）。エドワーデスの考えでは、「社会風習に国家が安易な介入を」行なうべきではなく、「遥かな昔にさかのぼる、西洋に例のない」風習である

「寺院への女性献上」もその一例に数えられる、とのことだった。

報告書が突き止めたところによると、東洋の人身取引では「西洋人の性売買当事者が東洋へ向かう流れ」が見られるが、「他の行き先へ向かう流れはほとんどない」(League of Nations, 1933, p.21)。西洋人女性に関しては、中国北部や満州に流れるロシア人難民女性の問題が最も深刻だった。他方、人身取引の大半はアジアの一国から他国へ向かう流れからなり、最大集団は中国人女性、次いで日本人、朝鮮人、シャム人、フィリピン人、インド人、イラク人、イラン人、シリア人がこれに取り込まれた。今日のセックス観光と違い、女性たちは西洋の観光客らに奉仕するのではなく、外国へ赴き「同じ国を出身とする現地男性から客を探した」。いずこにおいても「店舗の客に異国風の新鮮味を提供すべく異人種の女性を差し出す試み」はなかった(*ibid.*, p.22)。中国北部のロシア人女性は二つの集団を形成した。一つはソビエト・ロシアを逃れた労働者階級の女性たちからなる集団であり、彼女らは難民ルートで困難に陥った。女性たちや子どもたちは金が尽きると中国人家族ともども中国の小村へ逃げ込んだ。男の働き手は率先して金を稼ぎに出かけ、女を求めて帰ってくる。男が戻ってこなければ女性たちは中国人男性を客に迎える地元の性売買店で働かされる。もう一方の集団はおもにロシア人が鉄道建設を行なっていた〔沿海地方の〕ハサン地区で中国のロシア人に奉仕させられた。この集団に属する女性たちの多くはプロのダンスパートナーとして働いた。

中国人女性の人身取引被害者は相当の数にのぼった。当局が公式に把握している一九三〇〜三一年の数字によれば、インドシナでは五〇人、シャムでは一〇〇〇人、フィリピンでは数人、オランダ領東インドでは不明、イギリス領マラヤでは五〇〇〇〜六〇〇〇人、イギリス領インドでは三〇人、香港では四〇〇〇人、マカオでは一〇〇〇人、日本租借地の関東州では八〇〇人となる。中国人女性の被害者がこれほどの数にのぼる背景には、報告書いわく、中国人少女の低い地位と、人口圧ならびに貧困があった。中国人少女の非公式の養子縁組制度も虐待の温床となった。妹仔《ムイツァイ》の制度では、引き取られた少女が使用人と家族の末席の中間的地位に置かれる（Jaschok, 1988）。少女は家族メンバーからの性虐待を受ける危険にさらされたが、売られて性売買に流されることは基本的になかった。これ以外の養子縁組は無条件の庇護となり、家族は一切少女と接触しなかった。少女たちは女優として劇団に譲渡され、時には直接売却されて性奴隷にされた。

フェミニズムの分析

この時期に存在したフェミニズム独自の性売買分析は、女性人身取引委員会の内部や国際事務局の会議で生じた紛糾《ふんきゅう》を通して概観することができる。「女性と児童の人身取引の抑制をめざす国際事務局」は全英自警協会の姉妹組織だった。後者はフェミニズムの影響を多分に受けていたが、第一次大戦の前後、自身らは「売春」と闘うべく、性を買われる女性たちの自由を制限するつもりだという立場を明らかにした。これにより、同事務局は国際廃止主義連合のイギリス支部で、国家による性売買規制の廃止を求めてきたロンドンのフェミニスト組織、道徳的・社会的衛生協会（ＡＭＳＨ）と衝突することになった。女性たちの権利と自由をめぐる同様の衝突はさらに、国際連盟の委員会内部においても、国際事務局の代表者らと女性団体の代弁者やフェミニストの観点を代表する人々とのあいだで繰り返された。性売買の元凶として男性に目を向け、性を買われる女性たちを訴追から守ろうとするフェミニズムならではの視点は、AMSHの季刊誌である『ザ・シールド』の文章に見て取れる。同誌は「伝染病法の撤廃を求める全英婦人協会」によって一八七〇年に発刊され、当初からジョセフィン・バトラーや他のフェミニストたちの観点を反映していた。元参政権論者のアリソン・ネイランズはこの組織の優れた幹事だった。『ザ・シールド』は人身取引に関する国際連盟の歩みを逐一記録してコメントを付し、世界の女性団体による反応を詳しく伝えた。

フェミニズムの観点が窺えるもう一つの優れた情報源はイギリス連邦同盟である。この組織は一九二五年、国際婦人参政権連合のイギリス海外委員会とイギリス領女性市民組合から生まれた。代表にはAMSHにも属するミセス・マージョリ・コルベット・アシュビーが就いた。創立委員はM・チェイヴ・コリソンで、同じくAMSHのメンバーだった彼女は、アリソン・ネイランズの死後、同団体の幹事となった。AMSHは参加団体の一つで、『ザ・シールド』の誌面やイギリス連邦同盟の会議報告書には同じ女性たちの多くが顔を見せている。イギリス連邦同盟は帝国会議で女性たちの平等な権利や利益を求め、大英帝国の女性たちを取り巻く諸問題を扱うために立ち上げられた。同盟は性奴隷制の問題として妹仔《ムイツァイ》の風習、インドの児童婚、「女性器切除」、デーヴァダーシーないし寺院性売買などを扱った。

国際連盟の委員会による仕事を牽引することに努めたフェミニストたちは、女性人身取引を奴隷制と捉えるフェミニズム的理解へと委員会を導こうとした。第一次大戦前に参政権論者として活動したニナ・ボイルは、一九三〇年代にセーブ・ザ・チルドレン基金で働いた。彼女は一九三一年に『ザ・シールド』で、国際連盟が女性の性奴隷制を奴隷制と認めないとして怒りを表明した。性奴隷制は一九二五年の反奴隷制条約でも言及されなかった。ボイルは同条約の根本をなすのが「何人《なんぴと》も男子の人格、より具体的には賃労働者の人格を所有もしくは処分してはならない」という原則であることを説き明かした（Boyle, 1931, p.136）。女性が奴隷にされない権利を持たないのは「女性が『人格』の資格を持たない」からだった。女性たちは「真の人格的自由権」を有さない。条約は「奴隷制［と］『善意の結婚習慣』を仕分ける課題」を避けて通った。ボイルは性売買目的の女性人身取引と、結婚もしくは養子縁組を通した性売買への少女売却を「女性だけが被害を受ける」奴隷制の形態と見定めた。彼女によれば、香港の妹仔制度は性奴隷制ではなく家内奴隷制に関わるものだったがゆえに人々の義憤を誘ったが、性的利用目的の少女売却にはほとんど関心が寄せられなかった。認知されうるのは「労働者」の利益を脅かす奴隷制のみで、性奴隷は「いかなる労働市場でも競争しないため、産業関係者の脅威とはならない」（*ibid.*, p.137）。

イギリス連邦同盟のフェミニストたちは、売られて結婚した女性たちの性奴隷制を奴隷制の一形態として真剣に認めさせようと決意を固めていた。同盟による一九三〇年会議の決議文は、イギリス帝国会議が国際連盟を後援し、性奴隷制への対処を行動計画に含める奴隷制委員会を立ち上げさせるべきだと要求した。「同委員会はとりわけ、女性が夫の親族や他の者により所有権を行使される地位に置かれる奴隷制形態に関し、その究極的な廃絶を視野に検討を促すものとする」（British Commonwealth League, 1930, p.14）。決議文の指摘にいわく、男性たちは売られる事態からみずからを解放したが、「女性たちはいまや仲間の女性たちのために同じことをしようと努めている。ただし後者については売却や交換や相続が奴隷制でありながら家族風習の装いをまとっている」。ニナ・ボイルはこの会議の講演で南アフリカの状況を批判した。同地では父親が娘を男に売り、期限内に金が支払われなければ、子を産んだあとでも娘を取り戻し、再び売ることができる。ボイルはさらに性売買における女性の奴隷制にも注目を集めた。

私はいまだ、公刊されたいかなる本の中でも、日本の劣悪な女性奴隷制について読んだことがない。隷属させられた女性たちは南京錠のかかった檻に閉じ込められて大衆の欲望に供され、誰もが眺められるおおやけの場に晒される。地震が起きて東京が業火に覆われた時は三〇〇〇人もの女性たちが誰からも見放されて焼け死んだ。一人としてこれらのことを語らない。 [*ibid*., p.40]

国家規制への反対はフェミニストたちのキャンペーンで中核をなした。マダム〔アドリエンヌ〕・アヴリル・ド・サント＝クロワは、委員会にフェミニストの視点を入れる点で常に信頼できる人物だった。彼女は女性たちの国際組織である国際女性協議会、国際参政権連合、キリスト教女子青年会、女性国際平和自由連盟、ヒンズー女性協会、聖ジョーン社会政治連合を代表した。彼女いわく、公認店舗における性売買の規制をめぐる問いは、公衆衛生と公共秩序の問いへと矮小化されてしまったが、それはいまや「あらゆる性売買と女性たちの尊厳に関わる問い」である（League of Nations, 1928, p.27）。公認店舗の抑え込みが秘密店舗を生んだとしても、そこには収穫がある。「そうなれば国家は全女性が唾棄《だき》するものを許容・是認しているようにはみえなくなるのだから」。彼女がみるに、性売買の公認は男性らに女性を従属者として扱うよう教え込むことに等しかった。

彼女が代表を務めた女性たちの協会は、若い人々に女性を尊重するよう指導が行なわれても、その指導を担う学校のそばに公認の性売買店が立ち並び、当の尊重が徹底的に無視され破壊されているようでは意味がないと考えた（*ibid.*, p.28）。フェミニストたちの関心は、市民的リバタリアニズム風(訳注2)の法の前における男女平等概念や、国家による個人の権利侵害の不正だけにとどまらなかった。人身取引と性売買規制への懸念は、明らかに有力なフェミニストたちの目標というべきものを推進するために、戦略的に利用された。ミス・ブランチ・レッピントンは一九二一年に『ザ・シールド』でこれを至極的確に言葉にした。フェミニストが人身取引問題を強調するのは「釘が入るところに釘を打ち込む――さらにいえば、そのための効果的なハンマーを見つけられるところに釘を打ち込む」必要があるからだと彼女は言う。人身取引は性売買の存在に無批判な男たちを動員できるかもしれない問題だった。

> 性売買は文化生活から追放できる、という提言を嘲《あざ》笑う多くの男たちも、詐欺や暴力によって罪なき少女を陥れ、売春生活をさせることは間違いなく共同体に反する行為であると認めるだろう。なんとなればそれは今日の国家にとって最高の価値を持つと認識されているところの、将来的な妻および母の役割から女性たちを連れ去り、有害で反社会的な営為に就かせる行ないだからである。
>
> ［*The Shield*, April 1921, p.139］

訳注2　リバタリアニズムは個人の自由に至高の価値を置く政治哲学。市民的リバタリアニズムはその中でも、市民的自由の保障と拡張を求める立場。リベラリズムとリバタリアニズムは一見似ているが、公共政策をめぐる考え方として、前者は不平等などの社会問題に介入する政府の役割を認めるのに対し、後者は経済活動の自由を最大化すべく政府介入の縮小を求めるといった違いがある。本書第10章の議論も参照されたい。

女性の神聖な独自領域を守らねばという、このパターナリスティックな問題意識こそが「いまや大々的となった白人奴隷取引禁止運動の力」となり、これを追い風に当の運動は「一般男性の普通の良心と常識」に訴えるものとなった。性売買はなくせないと思い込んでいた男性たちは、人身取引の違法化が「性売買の最も大きな供給源の一つを断ち切るという、達成不可能ではない目標」になると納得するかもしれない（*ibid.*, p.140）。

「自由」性売買は容認できると考える男性たちも、「強制」の問題をめぐっては動員できるかもしれなかった。この点は一九二四年時点ではっきりAMSHの念頭にあった。この年、国際連盟専門家委員会のスノー博士はAMSHの事務所を訪れ、人身取引に関する組織の見解を請うた。AMSHは書簡を送り、強制人身取引への反対キャンペーンが容易ではあるが充分ではない理由を説いた。「男性たちのほとんどは、望まない若い女性を狙い、暴力や詐欺や偽りの説明を用いて行なう人身取引に対しては、糾弾し禁止を求めるだけの意欲がある」（*The Shield*, November 1927, p.34）。しかし現実の人身取引に取り込まれるのは、物理的強制を被らず、人身取引の目的が性売買であることを知っている女性たちなのだとAMSHは主張した。

フェミニストたちは女性を差別する決議案を通さないよう女性人身取引委員会に働きかけようとした。差別の問いを生む問題の一つは、性を買われる女性たちの強制送還だった。性売買を行なう外国人女性は本国に強制送還すべきである、外国人女性は性売買規制を廃していない国の公認店舗ないし黙認店舗で働くことを許されるべきでない、といった提案は委員会で受け入れられつつあった。「女性と児童の人身取引の抑制をめざす国際事務局」は強制送還を支持し、その見解は影響力を持った。しかし一九三〇年の第八回会議では、市民的リバタリアンの男性らが女性差別への反対を掲げて立ち上がった。ポーランドのムッシュ・トモロヴィチは抗議した。いわく、自分はこの「誤った事務局の主張」を認めない。「高水準の道徳を達成し保持することが、ある性別の特定階級に対する処置〔強制送還〕への反対を押し切るだけの重要性を持つ」とは考えられないうえ、外国に性売買当事者が入ることを防ぐための抑圧政策は「行政と警察のまやかし」になるだろう、と（International Bureau, 1930, p.92）。スイスのムッシュ・リールフスも反対し、理由として「性売買当事者は土地から土地へと追いやられる特殊階級と捉えられてきた」と述べた（*ibid.*, p.96）。

フェミニストたちは外国人女性を公認性売買店から除名することにも反対し、そのような除名は国際連盟による性売買規制への介入、ひいては性売買の容認とみなされうる、と論じた。連盟委員会におけるイギリスの公式代表者だったS・W・ハリスは、フェミニストの反対を激しく非難した。本人いわく、彼はイングランドのあらゆる女性団体に意見を請うたが、その圧倒的多数は決議案を支持していたという。

> 一、二の団体は、決議案が採択されると連盟が公認性売買店のシステムに一種の公式の認可を与えることになりうるとの懸念から不信感を抱いていた。この議論は巧妙だが歪んでいた。さらに、いくつかの女性団体は完全な廃絶を望み、一切の妥協を受け入れようとしなかった。
> [League of Nations, 1923, p.22]

結局、強制送還の決議案は賛成四、反対二、棄権二、不在一で通過した。

性売買の防止

女性人身取引委員会は当初、くだんの取引に議論を絞ろうとしていたが、一九三〇年代までにその関心は、性売買そのものを防ぐにはどうすればよいかという、より大きな問いへと向かっていった。これは性売買の責任に関し男性を糾弾するフェミニストたちと、女性を糾弾する男女らのあいだで甚だしい見解不一致のある争点だった。防止のためには原因の分析が要される。女性を非難する者たちは、女性が性売買を始めるのはなぜかという点に目を向ける。対してフェミニストたちは、性売買の原因が断じて女性ではなく男性らの需要にある以上、女性非難者らの考え方は性売買をなくすうえで実りが少ないと考える。男性らの需要が性売買の原因であるという考え方は、一九世紀後期のフェミニズムの議論で主軸をなし、キリスト教徒と自由思想家、市民的自由を守る伝統の出身者と社会浄化運動の参加者を統合した（Jeffreys, 1997 を参照）。女性を病理化して性売買を説明しようと試みる女性非難のアプローチは性科学や心理学などの科学が影響力を強める中で一般化した。その広め役には一部の反人身取引活動家もおり、例えば反市民的リバタリアンの観点に立つ社会衛生協議会のシビル・ネヴィル・ロルフもその一人だった。女性を非難する者たちにとって、女性の自由を制約する提案は妥当に思われた。これらの鬩《せめ》ぎ合う説明は、社会的・経済的要因に注目する説明と相まって、一九三〇年代後半から四〇年代にかけ、国際連盟の刊行物で論じられた。

一九世紀後期の社会浄化フェミニストたちにとって、性売買を男性の責任とみる考えと、「救出」活動を有効とみる考えは繋がっていた。が、救出活動は性を買われる女性たちを更生施設へ追いやるプロセスを伴い、第一次大戦後には好まれなくなった。その取り組みは非効率であるうえに、根底において望ましからぬ女性非難のイデオロギーをよりどころにしていると目された。一九一六年、『ザ・シールド』の記事でコンスタンス・タイトはその有用性に疑問を呈した。彼女が述べるには、救出活動の発想は「男性にとって売買春は自然であり、女性にとってはそうではない」と示唆するものであり、一部の救出活動家は現にそう語っていた。そのような思い込みがあるために「数知れぬ堕落した女性たちを救出しようという努力に時間と金と労力と献身ぶりが延々と費やされる一方、男たちの需要を暗に下支えする世論にはほとんど、ないし全く目が向けられないでいる」(*The Shield*, July 1916, p.39)。救出活動の必要性を擁護する者たちは「救出されるべき娘らが何かを失っているという信念」に寄り掛かっていたが、おそらくその「何か」とは「処女性」を指していた。タイトは婚外での処女性喪失を「独特にして修復不能の道徳的喪失」とみる態度は受け入れられないと論じた。そして救出活動を廃し、あらゆる女性たちの訓練と支援を行なう包括的枠組みへと舵《かじ》を切ることを唱えた。

主流のフェミニズム的アプローチは、女性たちに非難を向けず、特定の女性集団に対してもそれをしなかった。アメリカ人のフェミニストであるモード・E・マイナーは、一九一六年の著書『性売買の奴隷制』で、性を買われる女性たちは夜間法廷に呼び出され、保護観察に付されるが、マイナー自身もニューヨークで保護観察の仕事に携わった経験上、彼女たちは「他の少女や女性たちと変わらなかった」と振り返る（Miner, 1916, p.x）。マイナーが説明するに、この普通の娘たちは周旋業者の手練《てれん》手管《てくだ》によって性売買を強いられていた。彼女らの周旋では結婚の約束、偽装結婚、労働者募集の広告、雇用代理店、綺麗な服と高い賃金の約束、それに腕力や暴力が用いられた。マイナーがいうところの「侵入方式」では脅迫や恐怖、保護の約束、愛情も利用された。

国際連盟は性売買当事者の社会復帰訓練に関する研究を実施した。きっかけは一部の規制主義国家が、性売買店の閉鎖に伴って追い出された女性たちをどうするかという問題に関し、連盟の委員会が解決策を考案するなら政策の変更を検討してもよい、という態度を示したことによる（League of Nations, 1939）。社会復帰訓練の研究では救出活動に目が向けられ、これは効果的でないとの判断が下された。非常に若いうちに「救出」されるのでもなければ、女性たちは矯正されたいという望みを長く持たない。というわけで、委員会は社会復帰訓練が防止ほど効果的ではなかろうとの結論に至った。防止に関する研究の報告書は一九四三年に刊行された。最初のパートは性売買の歴史に光を当て、女性が性売買に手を染める理由という、それまで最も重要とされてきた問題が意味を失いつつあると指摘する。「貧困と苦悩はもはや……性売買の主要因としてかつてのごとく重要な役割を占めなくなった」（League of Nations, 1943, pp.15-16）。女性たちはさらに一定の解放を達成した。性売買の決定的原因はいまや間違いなく男性らの需要にあるとされた。報告書は指摘する。「需要という原因は供給に至る原因ほどの注目を集めてはこなかった」。報告書はこの需要の背景に、結婚時期の遅れや変化を求める男性たちの好み、情緒的結び付きがないことによる良さなどがあると説明するが、それとともに、当の需要は「供給を生み出せる」状況でのみ、すなわち「女性たちが社会的に、知的に、そして何より経済的に男性たちの従属下にある」状況でのみ「効果を有し」うると論じた（*ibid.*, pp.25, 44）。

防止措置を検討するくだりで、報告書はそれが「需要を生む原因」に狙いを定めるものと「供給を生む原因」に狙いを定めるものの二つに分かれると指摘する。需要は供給を決定するので、「前者を抑え込む措置はより根源的で、性売買の継続的削減効果を生む見込みが最も高い」（*ibid.*, p.33）。幼い少女の保護や性売買当事者の救出に費やされる時間と労力は、「性売買が存在し続ける根本的な原因と闘う取り組みを伴うのでなければ」大部分が徒労に終わる。報告書いわく、需要は若い男性らの関心を逸らす娯楽施設の増設によっても減らせると思われる。が、最も重要なのは世論を変えることである。「規制主義の国でも廃止主義の国でも、一般の世論は性売買が圧力を介さず自由に行なわれるかぎり、それを許容する」（*ibid.*, p.34）。ゆえに人々の指導、特に性教育が必要となる。

女性非難

しかし防止に関する国際連盟の報告書は、デンマークのターゲ・ケンプ博士による女性非難の医学モデルも含んでいた。それは性売買の責任を女性たちに投げ返すものだった。ケンプは「性売買の身体的・心理的原因」を研究した。能力が損なわれる病気は性売買の結果なのか原因なのかを彼は問うたが、後者と判断したのは明らかだった。ケンプによれば、疾患は性売買当事者をあらゆる他の労働に不向きとする。彼の性売買当事者研究にみられる身体疾患の一覧は極めて網羅的なものだった。

視覚障害、重度の斜視、難聴、心疾患、心的外傷の後遺症、先天的畸形、小児麻痺の後遺症、佝《く》僂病《るびょう》、リウマチ熱、小舞踏病や狼瘡《ろうそう》、……慢性の胃潰瘍や腸潰瘍、腎炎、腎石、重度のヘルニア、腹部腫瘍や（時に卵巣摘出を伴う）腹部手術の影響（癒着など）、静脈炎、血友病、乾癬《かんせん》、重度の湿疹や深刻な火傷の後遺症。 [*ibid.*, p.45]

もちろん彼が調べた女性たちはこうした病を二つかそれ以上抱えていることが多かっただろう。しかしケンプは対照群との比較を行なわなかったので、自身の研究が単に貧しい労働者階級の女性たちにみられる健康問題を明らかにしただけではないのかという点を判断できなかった。

精神的な面で、ケンプは性売買当事者を並以下の人間とみなし、その退屈な凡庸さに同情を示した。彼女らの「精神体質」は「単調」だと彼は記す。彼女らは「生まれつき欠けているところがあり、その生涯は楽しくもなければ興奮も夢もなく、悲しく精彩を欠いて同情に値する凡庸なものになることが運命づけられている」（*ibid.*, p.47）。多くの研究が「知的機能の発達不良、感情生活の未発達（感情発育不全）、体質的な劣等性（サイコパス）、狂気」を発見している、とケンプは述べる。彼は「現代的な精神医学の検査法にしたがって実施された」新しい研究を引用するが、例えばフランクフルトのシヒェルによる研究は、性売買当事者一五二名中、四八名（三一・六パーセント）は精神発育不全（知恵遅れ）、一六名（一〇・五パーセント）は精神薄弱とヒステリー、三六名（二三・七パーセント）はサイコパス、九名（五・九パーセント）は他の異常を抱えているとの見解を示した。

ケンプ自身がコペンハーゲンで行なった研究では、性を買われる女性たちのわずか二九・四五パーセントのみが精神的に正常と判断された。精神薄弱とサイコパスのほか、ケンプは七パーセントの女性たちに他のさまざまな注目すべき障害があることを発見した——「麻痺性痴呆、ヒステリア、循環気質または統合失調症質、顕著な苦労性、神経衰弱、際立った精神退行、更年期の精神異常、飲酒癖もしくは心因性抑鬱症」などである（*ibid*., p.48）。他の女性たちには「アルコール中毒、犯罪気質、仕事ぎらい、放浪癖、精神不安定、気弱な性格、精神未発達」がみられ、数人には「性欲過剰や他の性的異常」がみられた。シリル・バートは同じ文献の中で「少女らを性的非行に向かわせる全要因のうち、性欲過剰の体質は最も広くみられ、かつ最も直接的な要因である」と断言したが、ケンプは「性欲過剰や色情狂」の事例を多く見つけられず、性売買は「遺伝的病質」の観点から生物学的に説明できると考えた。

ケンプの生物学的決定論はこの時代にみられた女性非難にもとづく説明の唯一のタイプではない。精神分析は流行となりつつあった。国際事務局の刊行物で、エドワード・グローバーは性売買に行き着く女性たちが発達停止を抱えている点で他の性的逸脱者の女性たち、すなわちレズビアンと同様であると説明した。「つまり売春は退行的特徴の表れであり、性的発達の初期段階を示す。一種の性的遅滞である」（Glover, 1943, p.27）。彼の調査では、性売買当事者の八六パーセントに「一定の知的・感情的遅滞」がみられたという。

女性非難的な性売買の説明は、当然にして女性たちの自由を制限する防止措置の提案へと結び付いた。精神異常者の保護管理と監督、若い女性労働者の道徳的保護ならびに飲食店・接待業・街道・公共空間への立入り禁止、雇用主による家内使用人の余暇制限などがそれである。さらに不穏なことには、不妊化が実施されるおそれもあった。一九世紀後期のイギリスでは、「低能者」の生殖活動を認めることによる優生学的観点からの影響が科学・医学コミュニティで大きな懸念材料となっていた（この時代に優生学が持っていた重要性についてはBland, 1995を参照）。一九二〇～三〇年代には、不適格者の不妊化が解決策として持て囃《はや》され、アメリカやドイツなどの国々ではその実施が採択された。マドモアゼル・ウルフベックは、「女性と児童の人身取引の抑制をめざす国際事務局」の一九三七年会議で、一九三四年にノルウェーで敷かれた特別法は不妊化の可能性を開いたこと、「遅滞と精神薄弱」の境界に位置する患者はしばしば「性的逸脱」を理由に保護施設へ送られることを説明した（International Bureau, 1937, p.8）。一九三七年の国際連盟会議に提出されたイタリア反人身取引委員会の報告書は、施設への収容が自発性によらないことを明言した。すなわち、性を買われる女性たちは「職業訓練を提供する事実上の道徳的矯正」を受けるが、「これは処置を受ける女性たちが放任されたままでは叶わない」という（*ibid.*, Report from Italian Committee）。

『ザ・シールド』の立場は優生学に批判的だった。一九三一年には『人間向上のための不妊化』に対する辛辣な書評を掲載した。書評執筆者いわく、いまだ「信頼に足る経験も良質な科学的判断も充分には蓄積」されていない一方、「病気や欠陥を抱える人々の中にもうまく家庭を切り盛りできている良い親が見つかり、悪い遺伝形質を持つ人々であっても人生で成功することは珍しくない」（*The Shield*, December 1931, p.223）。フェミニストは基本的に、性を買われる女性たちが何らかの点で生物学的な不適格者だと語る女性非難の主張に徹底して異を唱えた。一九三七年の会議で、スウェーデンのフェミニストのマダム・スンドクヴィストは、罪を犯してもいない女性たちを事実上投獄する国々の政策を、フェミニストの観点から批判した。彼女が説明するに、女性たちは「放浪者とされ、警察によって一種の矯正施設に送られる。施設は牢獄とは称されず、女性たちに再教育を施すことを目的とする」。しかし男たちは「決して自堕落な性関係を理由にそうした矯正施設へ送られることがない」（International Bureau, 1937, p.21）。

ポーランドのマダム・ヴァンダ・グラビンスカは、性売買の医学的原因に関するシリル・バートの論文に応え、経済的要因の大きさを強調したが、それよりも「女性の性売買の主要因は男性が生み出し支える需要であるという点」を「何度でも強調」したいと述べた（International Bureau, 1943, p.20）。自分は「性売買当事者を買う客の道徳的・心理的特徴に関する記述を一度も読んだことはおろか聞いたことすらない」と彼女は指摘した。この「新規制主義」と目された政策に対するフェミニストたちの警鐘は、第二次大戦後の時期に強まった。ミス・K・B・ハードウィックは『ザ・シールド』で、国際廃止主義連合の一九四七年会議にみられた「不穏な傾向」への危惧を表明した。それは「非廃止主義者、さらには一部の廃止主義者まで」が、性売買当事者を「サイコパスの反社会的人物」とみなしがちだったことである。その帰結はまたも女性たちの自由の制約へと至る。「新規制主義の措置」によってこの「サイコパスの人物ら」を管理する必要があるという立場は、「危険なまでに流行化した見解」となりつつあった（*The Shield*, December 1948, p.7）。

この新規制をめぐる議論は、一九三七年の条約案が再検討に伏された一九四〇年代後期に頂点を迎えた。AMSHならびに他のフェミニスト団体は、女性非難的とみられる修正を加えない形で一九三七年草案を再提出しようと試みた。彼女らが異議を唱えたのは新たな第十七条で、これは締約国に「性売買の防止と性売買当事者の社会復帰訓練に特化した社会サービスの設置」を付託するものだった（*ibid.*, p.88）。この構想の問題は次の通りである。

他の箇条と併せると、この箇条は社会問題の中核をなす存在として性売買当事者に的を絞る内容となっている。これは一九三七年条約の目的から懸け離れていた。性売買における男性の責任に目を向け、その乱交や他の性的逸脱を理解し研究する必要性を認めたことは大きな前進だったにもかかわらず、その点は無視され、再び性売買当事者が諸悪の核心に据えられている。これは後退にほかならない。 [*ibid.*]

フェミニスト団体は修正案の箇条により、性を買われる女性たちが法律のもとで不当に扱われることを危惧した。防止と社会復帰訓練の発想は条約最終案においても第十六条の形で残った。フェミニストたちは反対したが、これを防ぐことはできなかった。

平等な道徳基準の追求――戦術的限界

フェミニストたちは女性と男性が平等な道徳水準のもとに置かれることが重要であるという観点から性売買への反対を表明した。フェミニズム的理解では、法のもとの平等という発想は平等な道徳基準、つまり尊敬に値する女性が体現すべきとされる貞操と道徳を男性らも見習わねばならないとする考え方と不可分に結び付いていた。道徳のダブルスタンダードは、特定階級の女性たちを男性らの利用に供するものとして確保しておくことを求め、性売買を招来した。キリスト教色の強い道徳観のもと、この立場を支持するＡＭＳＨ幹事のアリソン・ネイランズは、その限界を示している。『ザ・シールド』に寄せた一九一九年の記事「国際廃止主義連合の原則」で、ネイランズは述べる。「廃止主義者は性売買が犯罪ではなく悪習《あくしゅう》、法的な罪ではなく道徳的な罪であると考える」（*The Shield*, May – June 1919, p.128）。「人類にとって最悪の身体的・精神的劣化」を避けるための「唯一高潔な手立てがそれであるなら、性衝動は抑えられる」ということを男女とも理解する必要がある、と彼女は考えた（*ibid*., p.131）。一九二〇年、彼女は若い未婚女性や戦争寡婦《かふ》など、戦争による男女比への影響ゆえに結婚の望みがほぼ絶たれた女性たちが「個人としての感情的欲求や肉体衝動をみずから擲《なげう》ち」、単一の性的道徳基準を守って「未来世代のために清く健全で幸福な世界を」築かねばならないと論じた（*The Shield*, March – April 1920, p.6）。一九二六年にもなおネイランズは乱交と性売買の違いについて混乱をあらわにしている。「性売買は取引ではなく、乱交的な男女が互いに嵌まり込む反社会的習慣であり……金銭は何の意味も持たない」（*The Shield*, February – March 1926, p.6）。

　しかし時代は変わりつつあった。第二次大戦から何十年かのうちに、平等な道徳基準の思想はＡＭＳＨの重荷となった。ネイランズや他のＡＭＳＨメンバーは、男女双方に係る貞操という単一の道徳基準を一九四〇年代まで、幾人かは一九六〇年代まで重視し続けた。第一次大戦ののちには既に性行動の変化があり、反性売買活動家にいくらかの混乱をもたらしていた。グラディス・メアリー・ホールは一九三三年の著書で、戦争の影響と性的抑圧や性心理の新概念による影響ゆえに行動の変化が生じたため、自身の研究「性売買――調査と課題」では「今日の性売買問題の一環として『金銭授受の有無を問わない乱交的性関係』」を射程に含めると説明した（Hall, 1933, p.21）。

この立場は第二次大戦後、特に一九六〇年代の「性革命」の時代にますます異端となった。一九六〇年代にAMSHはジョセフィン・バトラー協会へと転身する。古参の反性売買活動家は多くが寿命を迎えつつあったか既に寿命を終えていた。アリソン・ネイランズは一九四三年に世を去った。『ザ・シールド』の発刊は年一回となり、協会の会員不足と資金不足を嘆く声が頻々と聞かれた。この凋落《ちょうらく》は平等な道徳基準にこだわるジョセフィン・バトラー協会の立場に後押しされた感もある。当の基準はエドワード朝時代から変わらないままだった。元参政権論者で協会の古参メンバーであるデイム・マージェリー・コーベット・アシュビーは、変化した時代に平等な道徳基準を固守する難しさを語った。

> 一面で私たちは失望した。平等な道徳基準を求めた時、私たちは男性の性行為と道徳的責任の基準を、かつて女性に期待されていたそれへと引き上げることを考えていた。ところが今では、平等な道徳基準が両性の乱交を意味している感がある――もっとも、商業的性売買の勧誘についてはいまだ女性が罰せられ、男性は罪を問われないが。おそらくこの状況は私たちが両性の相互的尊重をよりよく理解するようになれば過去のものとなるに違いない。
>
> 〔Ashby, 1968, p.16〕

女性に貞操を求める呼びかけは、女性たちが性的快楽を経験する権利を主張しだす時代にあっては実を結ぶ見込みが薄かった。平等な道徳基準のアプローチは性売買における男女の行動を「乱交」と混同していたため、一九六〇年代の『ザ・シールド』の寄稿者たちは「性の自由」によって性売買が衰滅するだろうと誤信した（Catterall, 1968, p.5）。次章でみるように、性革命のセックス専門家たちも性売買の衰滅を信じた。彼らは性を買われる女性に対し男たちが期待するであろう全てのサービスを、性的に解放された女性たちが積極的にこなすはずだと考えた。この専門家たちもやはり、性売買のセックスを女性たちが自分のために選ぶ行為と混同していた。性革命時代の性科学文献は、ポルノ制作者や「偉大」な文芸作家による成果物と合わさって、性的リベラリズムのイデオロギーを形づくった（Jeffreys, 1990）。平等な道徳基準をめぐるフェミニストたちの議論は、もはや男性による性売買での女性利用を批判する基盤たりえなくなった。フェミニストたちのキャンペーンが次なる段階へ進むには、性暴力と人権を語るかつてなかった言語をもって、セックスにまつわる諸概念の装い新たな風景に対峙しなければならない。

第2章

買虐者たちの叛乱
――性売買と性革命――

セックスを楽しみ理解しよう、職業人に劣らぬ懇切さでしかも愛を込めつつパートナーの欲求に応えようと意志する女性は、あらゆる雇われ娼婦を出し抜くことができる。……彼女は高級娼婦が人を喜ばす技巧の宝庫だった時代と文化に学ぶことができるが、娼婦の技と称されるものは愛人の技と称されるのがふさわしい。愛を込めて変化に富む交わりを果たせる女性は職業人との競争を恐れなくてよい。

[Comfort, 1979, p.210]

男性による性売買での女性利用に反対するフェミニストたちのキャンペーンは、一九五〇年代までにいくらかの成功を収めつつあった。一九四九年の人身取引禁止条約は当時の時点で存在し、締約国政府も非締約国政府も条約が求めるところの公認性売買店の違法化を実施しようとしていた。長らくフェミニストたちの運動で矛先を向けられていた国々の多くは――一九四六年のフランスをはじめ――公認性売買店の閉鎖を進め、性を買われる女性たちに客が接することはかつてほど容易ではなくなった（Corbin, 1990）。この男たちの特権を制限しおおせた取り組みから間を置かずして、性科学者や歴史学者が大々的な性売買正当化のプロパガンダ活動を始めたことは注目に値する。この男性の物書きらは性売買を称揚・賞讃した。本章を「買虐者たちの叛乱」と題するのは、それらの文献を読むと、著者らは性売買の行為や店舗に学問的関心以上のものを抱いていることが窺えるからである。してみればフェミニストや進歩的な男性政治家が男性による性売買での女性利用に脅威を突きつけたことに対し、彼らが大きな懸念を示したのも納得が行く。

私はこれまでにも、性革命を通して形づくられた性的リベラリズムのイデオロギーを分析し、これが女性たちの利益に反すること、そのもとではセックスが男らしい性的攻撃欲求と位置づけられ、この欲求を満たすために女性たちは男性への降服と奉仕を望むのでなければならないとされることを論じてきた（Jeffreys, 1990）。本章ではさらに考察を進め、性革命を担った理論家や宣伝屋——マスターズとジョンソンのような性科学者や、アレックス・カンフォートのようなセックス相談医——が性売買を基盤にセクシュアリティの理論と実践を構築したと論じる（Masters and Johnson, 1970; Comfort, 1979, 1984）。性売買は効果的な性的役割遂行のモデルとなり、男性の性的実践は買虐者の、女性のそれは性を買われる女性の型に嵌《は》められた。

性革命の時期に構築された性売買の歴史は、性売買に正当性を付与する面でも重要な役割を果たした。それらは歴史上の性売買を華々しく描き、現代に至るその存在を正当化した。とりわけエンリケス、バッサーマン、ブロウなどの歴史家たちがこしらえた真実味のある起源説は、今日の性売買当事者の権利運動でも大いに援用される（Henriques, 1965, 1968; Basserman,1967; Bullough and Bullough, 1987）。この神話で中心を占めるのは、性を買われる女性たちが高い位を占めていたとされる二つの性売買「黄金時代」、寺院性売買の時代と古代ギリシャである。その歴史は、性売買自体に悪い要素は何もなく、ただ現在の社会的偏見だけが問題であり、性売買に再び過去の栄光をもたらすことは可能である、という議論のために引き合いに出されてきた。

性革命期の社会学も性売買の概念構築に大きく関わった。逸脱を研究する社会学者は、性を買われる女性を逸脱者の典型例と位置づけた（Goffman, 1974）。逸脱者といえば、彼女らを除けばほぼ男性の性犯罪者や薬物中毒者などであるが、その存在は対抗文化の傑物として美化された。性売買当事者を逸脱者とするこの見方は、「客」と虐待を視界から消し去った。買虐者たちはつまるところ逸脱者ではなかった。これらの有力者による影響からリベラルの文脈が形づくられ、性売買は立派な営みとして性売買当事者の権利運動により推進される次第となった。一九七〇年代以前には起こりえなかったことである。

性科学

フェミニストの歴史家やセックスの社会学者は、一九世紀後期から二〇世紀初頭の開祖らに始まり今日にまで至る性科学を痛烈に批判し、性科学者が女性の従属化を単にセックスとはそういうものだとしてエロス化しつつ、男性のセクシュアリティを普通化していることに光を当ててきた（Jeffreys, 1985, 1990; Jackson, 1994）。フェミニストの批評家たちとともに男性の解説者たちも、性科学の「科学的」地位に強い疑念を投げかけた。有名著作『精神疾患の神話』で知られるトマス・サスは、性科学の成果を厳しく批判し、これは性産業の一翼にすぎず、くだんの産業の行ないに科学的なお墨付きを与えるものだと論じた（Szasz, 1980）。本章でのちに取り上げる著書『もう一つのヴィクトリア時代』を書いたスティーブン・マーカスは、一九世紀の性科学について有用な洞察を示している。マーカスはこのセックスの「科学」が、ポルノグラフィの価値観と方法、性売買の実践を取り込んでいるとみる。いわく、一九世紀中葉のセクシュアリティの「科学知」は「公式のファンタジー」であり、多くの「性質をポルノグラフィそのものと同じくしている」（Marcus, 1970, p. 1）。ゆえにハリー・ベンジャミン、アレックス・カンフォート、ウィリアム・H・マスターズのような一九六〇年代の性科学者らが、性売買で行なわれることを単に「セックス」と捉え、性売買での女性利用において最も男の性的興味を満たす部分を正確になぞるように女性のセクシュアリティを再構築しようとしたのもさほど驚くにはあたらない。

ハリー・ベンジャミンとR・E・L・マスターズの著書『売春と性道徳』（一九六五年）は、性売買の真実を語ると主張する。この著書は性売買を持ち上げる無自覚な熱意と、そうした女性利用の特権を男たちのために固守する目的で動員される恥知らずなナンセンスによって、類書とは一線を画す。著者らは執筆時の一九六四年に、反性売買の立場が国際世論の主流となりつつあったことに憤ったと説明する。「近ごろでは禁欲主義のヒステリーが世界の大半を覆い、大変な害をもたらしている」（*ibid.*, p.4）。ヒステリーはもちろん、「女性的」な病である。ベンジャミンとマスターズは、国際連盟と国際連合を介したフェミニストたちの影響力に対し毒づいた。

なお、売春に関する国際連合の教義は、主としてフェミニスト、ならびに、いまや世界にとってお馴染みの「リベラル」のお節介者や憐れみ深い人々の理論的概念に範をとっている。……国際連盟は大々的な「白人奴隷制」をめぐる大衆の不安を煽ることに大きく寄与したが、いうところの奴隷制はヨーロッパでもアメリカでも決して広く行なわれているものではなかった。 [*ibid*., p.267]

彼らの理解する「白人奴隷制」は、物理的な腕力や誘拐を伴う性売買目的の人身取引であり、行き先を承知している女性たちのそれではなかった。後者は国際連盟によって充分に記録されている。

性売買の存続を脅かしたのは、フェミニズムの影響力もさることながら、社会主義の政治もしかりだった。ベンジャミンとマスターズは当時の典型的な政治的保守派だった。二人は性売買店を経営する女性の「マダム」に向けられる熱意が「それよりも共産主義者や悪名高い無法者やその他真正の犯罪者に向けられる」ことを願った（*ibid*., p.258）。進歩的な政治体制が性売買の抑制措置を講じる傾向は、彼らの心を乱した。東洋でも西洋でも、「強まりゆく社会主義の影響力や他のさまざまな要因の影響を背景に」多くの国々が性売買の違法化または反性売買の施策に踏み切った。ガンディーも性売買が女性たちの不平等な地位あってこそのものと「誤って」思い込み、インドで性売買を違法化した張本人であるとして糾弾される（*ibid*., pp.419, 422）。冷戦期の反共産主義ヒステリーに囚われていたベンジャミンとマスターズは、進歩的政治とフェミニズムの影響力ならびに「強まりゆく社会主義の影響力」のもと、性売買での女性利用に反対する国々を中心に世界各地で反性売買の法制度が敷かれつつあることを憂慮した。

二人の著書を読むと、彼らが個人的に性売買店に入り浸っていたことが察せられる。ベンジャミンは馴染みのマダムについて懐かしげに回顧し、彼女の「顧客」についてこう語る。「客はいずれも常連で、ニューヨークにある彼女の部屋を訪れればいつでも上等の酒や魅惑的な娘たち、それにマダムのポリー自身が主役を務めるおしゃべりや戯れに溺れて楽しい時を過ごすことができた」(*ibid.*, p.248)。店舗を閉じれば深刻な社会問題が生じるだろうとベンジャミンは危惧した。大々的な政府資金による調査事業で、店舗の閉鎖による影響を調べ、それが「同性愛、非行、性犯罪、家庭崩壊、違法行為、等々」を増やすことにならないかを確かめる必要がある、と彼は提言した。が、答は既に分かっている。彼に言わせれば、「そうしたことになるだろうと信じる根拠は充分にある」のだった(*ibid.*, p.255)。性科学者が折に触れ性を買われる女性やマダムと交流する習慣は、ベンジャミンが良き友人のマダムに紹介したアルフレッド・キンゼイにも伝播した。キンゼイはその後、マダムのもとの「嬢たち」にインタビューをした(*ibid.*, p.257)。マスターズも性売買店の常連客で、一五歳の時から学校の帰りに店を訪れていた。ある知り合いのマダムは店内で学生に交接のみを認めていたが、「時にはマリーみずから、店通いを始めて長い『生徒』を相手に、オーラルセックス禁止の規則を破ることがあった」(*ibid.*, p.259)。

これらの物書きは性売買当事者との性交をさまたげるべきでないのはなぜかという点に関し、科学・犯罪学・性科学を根拠に掲げつつ理由を示した。いわく、反性売買法制は「自慰・同性愛・不倫・小児性加害・性暴行」といった社会悪を招く。変質者は売春婦を利用しており、「売春は安全弁としての歴史と可能性を持つ」以上、これをなくせばレイプやレイプ未遂も増えるだろう(*ibid.*, p.431)。売春婦の利用は同性愛の防止にも欠かせない。「未分化の若い男性」は異性愛関係を経て自信を得なければ同性愛になるからである。よって解決策は「心地よい環境で働く手頃で健康な売春婦」へと行き着く(*ibid.*, p.432)。自慰は「肉体的にも心理的にも」正常な異性間性交ほどの満足を得られないので解決策にならない。心理的損傷は避けられず、自慰は同性愛を防ぐ点で売春婦利用ほどの効果を発揮しない（*ibid.*, p.434）。売春婦利用は男性の攻撃と暴力を抑える安全弁となり、異性愛の核家族を支える。最も重要な課題は男性の「性的欲求不満」を防ぐこと、あるいは「人々におよぶ害を最小に抑えつつ、最大数の者に性的満足を与えるにはどうすればよいかという問い」である（*ibid.*, p.118）。

ベンジャミンとマスターズは、フェミニストや他の反性売買活動家が提案する戦略は客の処罰など、男たちの「性的満足」を脅かすものであると認識し、この「売春十字軍」に対する並ならぬ敵意をあらわにした。「売春十字軍の中でも特に狂信的で、ゆえに危険な人種は、不能者、変質者、あるいはその双方」であり、かれらは「性心理的障害」を抱えている（*ibid.*, pp.361, 362）。「あらゆる非常識で有害な立法措置」の中でも最たるものの一つが「売春婦の顧客」処罰であり、この「絶えず浮上する提案」は「無分別なフェミニズムの産物」にほかならない。売春婦を罰するのはバカげているが、「それによる社会への損害は、そのような処罰が大規模かつ無差別に執行され、顧客が処罰された時の影響に比べれば微々たるものとなる」。売春婦が投獄されても「社会に甚大な損失」は生じないが、顧客は違う。「顧客は家族・企業・教会・国家・その他の機関で重要な支柱を担っていることが珍しくない」。キングスリー・デイビスやアブラハム・フレクスナーなど、性売買の研究者もこぞって客の処罰は「社会を壊し乱す」だろうと語った（Davis, 1937; Flexner, 1964）。何といっても、客には妻と子がいるからである。客は「売春婦よりも遥かに失うものが多い」ので、課題は平等な犯罪化だというのは正しくない（*ibid.*, pp.385-6）。男性は重要なので、女性と同じように扱われるべきではないのだった。

性売買のセクシュアリティを構築する

性革命時代の性科学とポルノグラフィを通して構築されたセックスは、性売買のセクシュアリティとみることができる。性科学者やポルノ作家は、性売買で女性が男性の支配階級的セクシュアリティに奉仕することを、単純に良いセックスとみて受け入れ、普通の行ないと位置づけて性を買われない女性たちにもそれを性の解放かつ夫への性的責任として推奨した。性革命時代の典型的なセックス指南書『ジョイ・オブ・セックス』を著したアレックス・カンフォートは、異性愛女性が性売買の行ないを取り入れ、自身と男性パートナーのためにセックスを「喜び」に満ちたものとすべきだと断言した。そこで彼の本は、女性が毛皮とラテックスの衣装をまとい、「蛇とアザラシの合いの子」のような身なりになることを勧める。全編を通し、カンフォートは男性と女性のセクシュアリティが異なることを強調する。いわく、女性は男性に対し、伝統的に性売買と結び付けられてきた衣装をまとい性的客体として振る舞うことを求めない。それを求めるのは男性だけである。女性がそれにしたがおうとしなければ、古臭く上品ぶっていると咎められ、夫に離婚裁判を起こされるだろうと脅される。

セックスを楽しみ理解しよう、職業人に劣らぬ懇切さでしかも愛を込めつつパートナーの欲求に応えようと意志する女性は、あらゆる雇われ娼婦を出し抜くことができる。……彼女は高級娼婦が人を喜ばす技巧の宝庫だった時代と文化に学ぶことができるが、娼婦の技と称されるものは愛人の技と称されるのがふさわしい。愛を込めて変化に富む交わりを果たせる女性は職業人との競争を恐れなくてよい。

[Comfort, 1979, p.210]

マスターズとジョンソンが性機能不全とみるもの（主として性的不能や早漏により男らしさが損なわれた男性のそれ）を治すために発案したセックス・セラピーの技法は、性売買の行ないに範をとった。マスターズは人間のセクシュアリティに関する研究の手始めとして、一一八名の性売買当事者女性と二七名の性売買当事者男性に「立ち入った長大な」インタビューを行なった。マスターズの友人にして普及者であるエドワード・ブレッヒャーは、性売買当事者は人間の性的反応を熟知しているので、マスターズがそうした人々を試験群として調査したのは「実に鋭い」か「稀な幸運に恵まれていた」かのどちらかだと語る（Jeffreys, 1990, p.136より）。性売買当事者は自分に関心を抱いてすらいない退屈した男をもオルガスムへ導く技を習得している点で専門家であるとされ、セックス・セラピーはそこに目標を定めた。というわけで、一九六〇年代以降、性交のあり方について西洋世界に教えを垂れることとなった有名なセックス・セラピーは、女性が金銭と引き換えに男の一方的な性的興味に奉仕する性売買を雛形《ひながた》として形づくられた。性売買の行ないは満足できるセックスの手本となった。

性売買の行ないを妻やガールフレンドに推奨したのは性科学者だけではない。一九六〇年代の性売買史家、ルヨ・バッサーマンは、美化した性売買史観を通して性売買の名誉回復を図る著書『最古の職業』（一九六七年）で同じことをした。その「歴史語り」を終えるにあたり、バッサーマンは大きな一節を割いて、妻は夫と結婚生活を他の女の手から守るために売春婦のごとく振る舞おうと努めるべきだと力説する（Basserman, 1967, p.261）。妻は内心「はしたない」と思う行動、「『倒錯』という曖昧な言葉のもとに」否定したくなるかもしれない行動をとる心づもりがなくてはならない、なぜならそれによって「初めて真の性的親交に要される雰囲気」が生まれるからであり、「夫は大抵、妻以上にそれを求めている」のだと彼は言う（*ibid.*, p. 262）。

妻は夫を興奮させるべく売春婦のように振る舞わなくてはならない、というこの要求を、バッサーマンは本人いわくアメリカの諺《ことわざ》になった一言にまとめる——「高いヒール、幸せな家庭」（*ibid.*）。要するに妻は夫のために自分を貶める不快なフェティッシュの性売買衣装をまとうべきだということである。ただし、妻が振る舞いを変えても、妻では務まらないことがあるので、性を買われる女性には依然、仕事がある。妻にできるのは「無害な変態行為」だけで、「より興奮するタイプの倒錯行為」は畑が違う。例えば性売買用の下着を妻に着せようとしても、夫にはあまり意味がない。「夫がしぶしぶ買った装飾的な下着を、ドキドキしながら妻に着せてみても、その見慣れた姿態は魅力を増さない。むしろただグロテスクになる……」（*ibid.*）。この描写に込められた悲哀は著者の本音とみえる。そうした次第なので、バッサーマンいわく、夫はなお、性売買用下着の本当の興奮を堪能すべく、なおも店舗へ通う必要がある。

アレックス・カンフォートは『ジョイ・オブ・セックス』シリーズの編者でしかないと述べているが、他の著者名はない。カンフォート以外に誰がいるのであれ、著者らは性売買における標準的状況の事細かな再現を新たな性の自由の先触れとして推奨する。彼らは熱烈なスワッピングの擁護者かつ実践者で、性売買店が男たちに提供する喜びの全てはこれによって得られると考える。

重要なのは、見知らぬ者らのあいだに生まれる異常な興奮がその開放的な態度によって消え去るや否や、この上なく熱狂的なセックスであるそれが、全く売春宿の雰囲気を醸《かも》さず、むしろ全面的に落ち着いた家庭の雰囲気を醸し、興奮や猥雑《わいざつ》さではなく天真爛漫さを基調としたことである。
[Comfort, 1984, p.139]

カンフォートの本で推奨される行ないの多くもまた、伝統的に男たちが性売買で堪能してきた行為をもとにしているように窺われる。例えばカンフォートはマッサージの節で三つ巴セックスを勧める。性売買かそれ以外かを問わず、三人性交の魅力の一つは、男たちが女性身体の同時利用を通して結束することにあるらしい。実際、『モア・ジョイ・オブ・セックス』での推奨箇所をみると、喜びは利用者たる男たちのものだということが明白であるように思える。

二人の女性と一人の男性であれば、三人でのオーラルセックスがとりわけ一般的かつ満足な形式となる。かたや二人の男性と一人の女性で、後者がマッサージされる側であれば、彼女が一方の男を口で迎え、他方を膣で迎える形式となりやすい
[*ibid.*, p.34]

性を買われる女性がこの行ないの経験を叙述する際は、それが女性にとって喜ばしいことではないと察せられる。リンダ・ラヴレースは一度に五人のビジネスマンに利用された体験を著書『試練』の中に

記し、それが虐待的であることを明確にしている。

サンドイッチのために呼ばれた男は仰向けになり、私は他の男たちによってその上に寝かされた。続いてもう一人の男が私の背に乗ったのが分かった。そこで理解した――かれらが語っていたのは人間サンドイッチのことなのだと。それまでアナルセックスをしたことがなかった私はズタボロにされ、すすり泣きの声を抑えられなくなった。
[Lovelace, 1981, p. 35]

女性たちが自分の性的満足のためにこうした行為を考えるとは思われない。指南にしたがい一人の女性を使う二人の男が熱狂しすぎることを見越し、カンフォートは念を押す。「時に三人マッサージはレイプのようなものになるが、そうではない」(Comfort, 1984, p. 34)。

男たちが伝統的に性売買店でのみ堪能できたもう一つの行ないは、他の男たちによる女性の性的利用を鑑賞するというものである。カンフォートは「鑑賞」を勧め、これは「興奮するだけでなく非常に教育効果が高い」と説く(*ibid.*, p.69)。気が進まない読者(ほぼ女性と思われる)を奮い立たせようと、彼は『モア・ジョイ・オブ・セックス』の執筆陣がこの性産業の行ないに通じていると語る。「そう、我々は何十組ものカップルを見てきたのであり、本書のコメントの多くは直接観察にもとづいている。……鑑賞し鑑賞されることには興奮があり、友情があり、激励がある――邪魔をされる感覚や困惑はない」(*ibid.*, p.70)。

『モア・ジョイ・オブ・セックス』はさまざまな推奨を行ないながら、親しげな調子でマッサージパーラーの性売買セックスに触れる。著者はそうした商業的セックスの限界、といっても男性からみた限界について、女性読者が知っておくべきことを説く。男をマッサージする女性パートナーはペニスにオイルを塗ってはならない。女性たちは「マッサージパーラーの娘らがするからといって惰性的に［オイルを］塗る」ようではいけないと注意される。「それを堪能する男性もいるが、一部の男性は感覚が鈍って刺激を感じ取れなくなるからである――特に亀頭をマッサージする際は」(*ibid.*, p.31)。性売買の行ないに馴染んだ男性の感覚をもととするこれらの助言は、そうした行ないを家庭に応用しつつ、性売買における細々《こまごま》とした問題を取り除こうとする試みにもみえる。性売買のセックスはほかにも、家庭での再現には当てはまらない欠点を抱えている。例えば、ポルノ映画の役者たちは「本当に楽しんでいる」わけではないので、本物のカップルが性行為におよぶさまを鑑賞するのは、ポルノ鑑賞よりも遥かに興奮できて勉強になるらしい。

同書が勧めるある行ないは、とりわけ明確に性売買での女性利用を再現する。セックス「代理人」の利用である。「代理人」とは性的問題を抱える男たちに性科学者らがあてがう女性ボランティアを指し、実地経験の形でセックス・セラピーを提供する。このような女性ボランティアの利用は、性を買われる女性の利用よりも効能があると評されるが、それは後者の利他性と情熱が足りないからだという。

未経験者や問題を抱える者がセックスを覚える最良の方法は、知識と経験に優れた、要求の少ない、乗り気のパートナーとそれを行なうことである。あいにく、普段のパートナーは同じく学習途上であることが多い。……娼婦は知識と経験に優れ、時に乗り気のこともあるが、彼女らの場合は特殊で、大抵は動機と経験ゆえに異性に対し敵対的なのが普通である。加えて、非常に値の張るコールガールでもなければ、時間に厳しく、せかしてくる。
[*ibid.*, p.185]

カンフォートらはいかにして敵対的な「娼婦」なり、せかされるなりの問題を知ったのか、と考えてみるのは興味深い。こうした問題に覚えのある男たちにとって、代理人、つまり男性の性的興味に滅私奉公する女性ボランティアは、より好ましい存在と映るだろう。早漏の男性や「同性との性交経験しかない」が「異性愛者のスキルを得たいと願う」男性には代理人が勧められた。「まとも」なセラピストは、そうした男性を代理人のもとへ行かせるよう助言された。

代理人は献身的に自分の体を性的利用に供するものとされるが、それでいて商業主義ゆえの欠点は伴わない。代理人は「必要なスキルを備えた女性で、セックスを楽しみ手助けをするが、要求はしない」(*ibid.*, p.186)。この女性は完璧な女性ステレオタイプの特徴を表しているようである。代理人は「顧客に関わり過ぎない」など、性売買当事者に期待される多くの性質を有しながら、なおかつ完璧な妻の性質も兼ね備える。「代理人たる女性はセックスを楽しみ、男性の問題を処理する知恵に通じ、温かく配慮に富む性格でなくてはならない」。しかし彼女は多くの文化圏で性を買われる女性たちに古来求められてきた仕事を任される――性の通過儀礼である。

相手の男性は女性の体に手を這わせた経験がないかもしれない。彼女の仕事は、怖がらせないように彼を力づけ、その能力を育み、床《とこ》での社交的・性的スキルを教え、当面の問題解消に力を注ぐことである。

一方、カンフォートらはこのような方式に対し寄せられるであろう批判に答えておく必要を感じ、説明を試みた。「女性搾取であるどころか、一部の代理人はこの仕事を額に汗する他の職種と同じく重労働ではあるが、みずからの欲求を形にする理想的な表現と捉えている」(*ibid.*)。『ジョイ・オブ・セックス』は代理人使用のあからさまな性差別バイアスに関し、ほんの短いコメントを記すにすぎない。

「男性が」「女性を」と書くのは、それが今日の世の習いだからである。男性代理人もいるが、長い文化的背景ゆえに女性は男性ほど異性の代理人を受け入れることができない場合が多く、ここには精神力学的な差異がみられる。男性代理人について充分なことが分かっていないので、それがどう影響するかは判断できない。

[Comfort, 1979, p.185]

マスターズとジョンソンも男性の「患者」に代理人をあてがう一方、女性にはそれをせず、そこに「ダブルスタンダード」はないと説明する。女性に男性代理人をあてがうのは「既存の価値体系」に反するので不適切なのだという(Masters and Johnson, 1970, p.147)。女性たちは性売買での男性利用に慣れておらず、それを文化的に期待されてもいないので、代理人の利用はその治療に適さないらしい。

男性らの価値体系は問われなかった。実のところ、マスターズとジョンソンの男性「患者」は総じて性売買での女性利用によくよく慣れ親しんでおり、この同情的な性科学者らによれば、性売買を通して自分の問題の多く（早漏など）を知ったという。「患者」たちはいずれも性売買の経験に不満を抱いているようだった。ある男性は性売買当事者に笑われたか早く射精させられたかで、自分の「男らしさ」を疑わざるを得なくなった（*ibid.*, pp.170-1）。別の一人は性を買われた女性の集団性交に加わった影響で苦しんでいた。マスターズとジョンソンはこれを上品な言い方で「同じ女性を共有する複数人の交接エピソード」と呼ぶ。この憐れな患者の問題は、彼が最後の手番で、「気が済んだ仲間やせっかちな売春婦から早くしろと言われた」ことだった。結果、「一定の時間枠で評価される性能要求を課された」彼は、性能を発揮できず、長期的な悪影響を被ることになった。彼は自分がもはや、性を買われる女性を前にしても、そうした女性たちを含めないと思しき「みずからの社会階層」に属する女性を前にしても、性的に機能することができないと知った（*ibid.*, pp.135, 136）。性売買での女性利用によって苦しんだこの不幸な男たちは、ボランティアの助けを必要としていた。男性バイアスの問題に関係なく、「計り知れない脆弱さを抱える未婚男性ら」はどうしてもそれを必要とする。マスターズとジョンソンいわく、性機能不全の治療は男性支配の政治要求を全うするためにも、男性たちにとって絶対に欠かせないのだった。代理人を使わなければ、不能の男たちは「社会で有能な役割」を果たせないという（*ibid.*, pp.140, 147）。

一九七〇年代のアメリカでは一時期、性産業が医学生の教育現場に直接雇われていた。医学生らはパートナーを連れてくるように言われ、講堂に横たわる。その天井には多種多様なポルノ映画が映し出され、ポルノグラフィに収められたあらゆる行為が示される（Szasz, 1980）。これはSARこと、性的態度の再配置といわれるもので、医師が患者の打ち明け話に対し道徳的中立を保てるよう、セックスについて裁断を下したくなる傾向を排することがその目的だった。セックスを教えるために性産業のこうした面が利用されたことからも、性革命がいかにたやすく性売買をセックスの規範としおおせたかが分かる。

性売買の歴史

新たな権威ある性売買の歴史を書くことは、性革命が構築しつつあった新しいセックス概念の支えとなった感がある（Basserman, 1967; Henriques, 1965, 1968）。これらの歴史で語られる逸話は、ハヴロック・エリスのようなそれ以前の性科学者らの著作で語られていた話と似ていなくもない。エリスも性売買の歴史を解釈するために新しい性的風潮を生むことが自身らの仕事にとって重要な意味を持つと考えていた。一九六〇～七〇年代には、性売買の歴史を書きつづることが再び性的リベラルにとって重要な作業となった。

性売買についての執筆は、性的満足を得られる点で魅力的だった可能性がある。ルヨ・バッサーマンは『最古の職業』を書くのが楽しかったと語る。「このような世紀を超える旅の魅力は、主としてそれがもたらす褒美にある。けれども私はさらに、それがほとんど最初から最後まで絶頂の連続だったことも心地よく感じた」（Basserman, 1967, p.x）。彼の著作はあからさまに性売買を普通化することを狙っていた。男性による性売買での女性利用に反対する者は精神病だと彼は断言した。「時おり目に入る売春婦や売春の存在そのものを不快と感じる者は絶対に精神科医のもとを尋ねたほうがよい」。彼は性売買、すなわち「性的満足の販売」が「人類の都市生活に組み込まれた構成要素」だと考える（*ibid.*, p.xi）。

バッサーマンによる「ヘタイライの時代」の記述は、当時が性を買われる女性たちの黄金時代だったという神話を構築するのに一役買った。

それはギリシャが二度と訪れない繁栄を迎えた時代だった。収穫されたネクタルは数百の美姫たちが飲み干すところのものだった。彼女らのために人生を棒に振る男たち、己がために集めた獲物をことごとくその足元に捧げる男たちを、彼女らは蔑《さげす》んだに違いない。……この時代、……解放されているという点においてヘタイライを凌ぐ女はごく稀だった。
[*ibid.*, p.26]

フェルナンド・エンリケスも同様の説を示す。古代ギリシャのヘタイライが富と独立と高い地位を有していたという話は、こうした歴史で語られる「事実」が無批判に受け入れられることで性売買伝承の一部となり、フェミニストですらそれを信じた。イギリスの社会主義フェミニズムの理論家であるエリザベス・ウィルソンは、『女性への暴力に関し何をなすべきか』という著書で、この説を無批判になぞっている。

ヘタイライ（「伴侶」や「友達」と訳される）は高級娼婦に近い存在だった。彼女らは古代ギリシャで最も、というより唯一教養に恵まれた女性たちで、有名な政治家や芸術家をみずからの「サロン」に招き、相当の自由がある生活を送り、讃美と尊敬を集めていた。
[Wilson, 1983, p.90]

この黄金時代神話は、明らかにバイアスを持つ男性歴史家の著作物に証拠を負うにもかかわらず、非常に根強い。今日の性売買当事者の権利運動も、出所の正確さをほとんど気にすることなくこの歴史を引き合いに出す。運動を担うニッキー・ロバーツは、著書『歴史の中の娼婦たち』で、これらの男性年代記作者に依拠しつつ同じ物語を広める。彼女もこの時代について、出典資料にみられる肯定的な論調で語る。その叙述は彼女の階級バイアスを反映しており、同時代に生きた大勢の奴隷的な性売買当事者――店舗に属するディクテリアーデスや踊り子のアウレートリデス――にはほとんど光を当てない一方、大きな儲けを生んでいたと思われる当事者にのみ的を絞っている。しかしいずれにせよ奴隷の身分は必ずしも問題ではなかった、と彼女は言う。「理論的には、アウレートリデスは奴隷だったが、人気も稼ぐ力も充分にあったので、その多くは自由を買い、引き続き自分のために一大財産を築くことができた」(Roberts, 1992, p.29)。というわけでロバーツは裕福な性売買当事者の営みを書きつづる。「夜、庭園には美しい女性たちとその客が集まり、恋の戯れや冗談や交渉の言葉が行き交った。その自由で洗練された生活様式は、結婚した女性たちの押し込められた薄暗い生活とこれ以上ない対照をなしていた」(*ibid.*, p.20, 21)。

男性の権威らと同じく、ロバーツはヘタイライを黄金時代の住人と描き、当時は性を買われない女性たちが家庭に閉じ込められる一方、性売買当事者たちが教養のある洗練された女性のモデルになれたと語る。その一人であるアスパニアは、ギュナエケウム、すなわち「野心あるヘタイライが教育を受け、取引を学ぶ学校」の主宰者だったという。

[彼女らは] 芸術や文芸・哲学・修辞学を学んだ。この学生たちはギリシャで最も賢く学のある女

性たちとなった。……

アスパニアや他のヘタイライが集うギュナエケウムは、五世紀アテネ人の「黄金」時代より数世紀前のギリシャにあったと言われる、かの有名な女性中心の大学を髣髴《ほうふつ》させる。

性売買礼讃の歴史をつづる男性の歴史家たちも、ローマ時代に関してはほとんど称えようがなかった。が、ロバーツはなおも肯定的な調子を変えない。いわく、「一般に古代ローマの性売買は人々に認められた普通の職業で、働く女性たちには何の恥辱も加えられていなかった（*ibid*., p.31）。

フェミニストの歴史家たちはいささか異なる歴史を語る傾向がある。エヴァ・クールズは古代アテネにおける性の政治学を扱った著書『ファロスの統治』で、ヘタイライの黄金時代神話をはっきり否定する。その指摘によれば、「性売買当事者の大半は奴隷で、意志や選択を完全に奪われていた」（Keuls. 1993, p.154）。クールズわいく、コリントやアテネの性売買店が一般にどのような環境だったかは何も分かっていないが、「それが商《あきな》いをするローマ人娼婦たちの暗い悪臭漂う穴蔵以上のものだったと考えられる根拠はない」。その穴蔵で、性を買われるローマの女性たちは剝き出しの地面に寝そべり男たちに使われた。アテネ人と「あらゆる階級の買われる女性たちのあいだでは、どこまでも男性が優位を握った」とクールズは述べる。「自由な地位、市民権、金銭、階級、ジェンダーの特権は男性のものだった」（*ibid*., pp.156, 174）。

クールズは主として壺絵を証拠としつつ、男性とヘタイライの性交渉は虐待や殴打を伴っていたと指摘する。ヘタイライは市民の家の「饗宴」に呼ばれたが、それは学問的活動を目的とするどころか、大規模な集団レイプだった疑いがある。多くの場合、性交は後背位で、肛門が使われたとも考えられ、クールズはそれが饗宴の目的の一つ、「若者の男性至上的な行動」を育てることへ向けた行ないだったとみる。背後からの性交、特に肛門性交は「される側にとって屈辱的と考えられていたので、通過儀礼のセックスには好適な型だった」（*ibid.*, p.176）。絵画に描かれている貨幣の入った巾着袋は「経済的男根」としての象徴的価値があった。

> 多くの壺絵には、男性がさまざまなものでヘタイライを殴っている様子が描かれている。少なくともその二つでは、年輩のヘタイライが性交よりも忌まわしいと思われていたであろう性奉仕を強要されている——フェラチオである。
> ［*ibid.*, p.180］

クールズはデモステネスを引用して饗宴に臨むアテネ人男性らの態度を示し、その集まりでは「性暴力が不可分の一部をなしていた」と論じる（*ibid.*, p.182）。「我々男性の一行は大きく一物を勃《た》てて集まり、情欲が湧き立つと好きな者を叩き、喉を絞め付ける」（*ibid.*, p.153より）。市内のヘタイライが「自分たちの生活に関し決定権を持つ、魅力と教養溢れる存在」だったという説を、クールズは「事実から程遠い」と評する（*ibid.*, p.153）。

ポストモダンの性売買論者、シャノン・ベルもヘタイライの神話を取り上げた（Bell, 1994）。ベルは男性らが書いた古代ギリシャの文書をもとに、アスパニアのようなヘタイライが本当に大きな権力と影響力を持っていたとする。ヘタイライの力を確かなものとしたうえで、彼女はアニー・スプリンクルやヴェロニカ・ヴェラのような性売買当事者のパフォーマンス・アーティストが、この女神と娼婦の側面を併せ持つ力ある祖先らの直系の末裔であることを示そうとする。今日における性売買当事者の力という、同程度に怪しげな説を支えるために神話が使われたのだった。しかしロバーツやベルといった性売買肯定派の物書きらがこの神話を用いてきたことは、その妥当性と重要性がいかほどのものかを示唆している。

現代におけるもう一つの性売買神話で、今日の性売買当事者の権利運動でも広く語られ、やはり男性の性売買擁護者による著作物に起源を持つものとして、聖なる性売買の神話がある。それによると、性売買の起こりは有史以前の聖なる性売買にあり、当時、女司祭と売春婦は同一の人物にして、セックスの聖なる力を通し権勢を振るっていたという。一九九六年、ビクトリア州性売買当事者団は見開きのチラシで歴史上の性売買当事者が高い地位にあったことを示した（*Working Girl*, Spring 1995, pp.8-9）。『歴史の中の娼婦たち』から引いた証拠は、性売買が女神への奉仕だったという尊い過去に関するニッキー・ロバーツの見解を伝える。ロバーツの説明によれば、性売買当事者の権利運動を担うのは「太古の栄光と功績を再発見しようとする……娼婦たち」だという。この「古き尊厳の奪還努力」は「過去二〇年間に世界で性売買当事者の権利運動を成長させる」結果をもたらした（Roberts, 1992, p.339）。

ロバーツは性売買の起源を寺院に特定する。「性売買の真の物語はここから始まる。寺院の女司祭は聖なる女性にして売春婦であり、史上初の娼婦だった」（*ibid.*, p.3）。女司祭はセックス預言者であり、性の自由の黄金時代を象徴する存在だった。

この有史以前の社会において……文化、宗教、セクシュアリティは、同じ女神の起源から生じ、互いに絡み合っていた。セックスはもとより聖なるもので、まじないをする女司祭は共同体の皆が参加する集団セックス儀式を執り行ない、生命力との恍惚とした結合を分かち合った……。

[*ibid*., p.3]

この起源神話によれば、母権制を破壊した家父長らは性道徳を発明し、性を買われる女性たちの地位を掘り崩した。「娼婦たちの力を決定的に覆そうとした男性エリートらは、聖なる女性を社会の下層民へと変えられるだけの否定性を持った性抑圧的な道徳体系を発明する必要があった」(*ibid*., p.9)。ロバーツが用いる出典はエンリケスやブロウなど、ほぼ全てが男性の歴史家による著作物で、性売買の再評価を試みる彼らの歴史叙述はこれまた古代の男性らが残した歴史資料にもとづくが、その客観性は後世の男性解釈者たちのそれと同程度に疑わしい。フェミニストの歴史家ゲルダ・ラーナーは、『父権制の創造』(一九八七年)〔邦題『男性支配の起源と歴史』〕でいささか異なるアプローチをとる。彼女は男性の歴史家によって「聖なる性売買」と称される現象を、商業的性売買の起源から切り分け、後者を奴隷制の発明および性売買のために売られる女性奴隷の獲得にさかのぼるものと捉える。ロバーツは男性の年代記作者による「聖なる」性売買の解釈がフェミニストたちに支持されていないことを把握していた。彼女の言葉によると、「中産階級に属するフェミニストの文筆家たち」は時に「より初期の性売買形態、より初期の文明にみられた宗教的慣習」に触れるが、「高い位にあった大昔の娼婦司祭と後世の街娼の類似性」を否定する(Roberts, 1992, p.xi)。ロバーツの著作はこの区別を葬ろうとするものだった。

ビクトリア朝の性売買を再評価する

一九六〇年代には、ビクトリア朝イングランドの性売買とポルノグラフィを再評価しようと試みる男性の性的リベラルによる著作物が大量に現れた。一部の者はビクトリア朝の人々がセックスに反対していたという神話をしりぞけ、「ビクトリア朝」道徳の偽善を暴くために、当時の男性らによる性売買当事者の利用をただ肯定的に記述した。この手の著作物としてはロナルド・パーサルの『つぼみの中の虫』やシリル・パールの『少女とスワンズダウンの椅子』が挙げられる。他の者はビクトリア朝の古典ポルノグラフィを再評価しようとした。例えばフィリス・クロンハウゼンとエーバーハード・クロンハウゼン両博士の夫婦チームは、ウォルターの『我が秘密の生涯』の注釈版を出版した。さらに他の者、例えばウェイランド・ヤングの『否定されたエロス』などは、ビクトリア朝の偽善に起因するとみられていたポルノグラフィの検閲を取り払おうと試み、官能作品の検閲にまつわる哀れな歴史と思われるものを詳述した。これらの本はビクトリア朝の性売買とポルノグラフィからなる闇の世界を単に自然なセックスとして示した。

シリル・パールの『少女とスワンズダウンの椅子』（一九五五年）は性革命に先立つが、古典として残り、のちの文芸に影響を与えた。その第一章「ビクトリア朝の神話」は、こうした「再発見」系書籍の雛型をつくった。パールはビクトリア朝道徳について一般化をしてはならないと述べ、「この一九世紀イングランドにおける愛すべき絵はがき風の性生活の情景は、エドワード・リアが描いたジャンブリーズ〔同名の詩作品の登場人物たち〕の暮らし程度には現実離れしている」(Pearl, 1980, p.1)。しかし代わりに彼が示す見方は性売買の礼讃であり、それは風景描写の肯定的な筆致からも分かる。「しかしそれは売春がはびこり目に余る時代でもあった。ロンドンのあちこちの通りはさながら肉体を並べる東洋風の市場のようで、贅沢なウェスト・エンドの飲み屋は朝方まで愛と酒を振る舞っていた……」(*ibid.*, p.5)。

ロナルド・パーサルの『つぼみの中の虫』(一九六九年)も似たようなスタンスをとった。同書が化けの皮を剝がすべき敵とみたのは、「自己抑制的な階級」に愛されるビクトリア朝の偽善だった(Pearsall, 1971, p.18)。ヒーローは買虐者たちである。

> こうした時代には、抑制の風潮に影響されない者たちが稀な明瞭さで際立っていた。スウィンバーンはセント・ジョンズ・ウッドの売春宿で鞭打ちへの執着を解消した。ロセッティは初々しいエリザベス・ブラウニングと肥った娼婦らのあいだを往来した。ボールトンとパークはストランド街の劇場で陽気に異性装を披露した——彼らは非凡なだけでなく、それなりに尊敬できる同時代人らを古い家族アルバムの色褪せた無表情な写真のように思わせる。
> [*ibid.*, p.19]

パーサルは性売買の世界を華々しくわくわくするもののように描く。「街道を行き交う売春婦たちはスピットヘッドの観艦式に旗を翻す何隻もの軍艦のようだった」(*ibid.*, p.21)。「陽気」な生活たる性売買の生活は「自分を抑えて苦しむ者らの人知れぬ陰鬱」と対に置かれた(*ibid.*, p.22)。いわく、性を買われる女性たちはこの時代、ビクトリアニズムに冒されていない素朴で情熱溢れる性的に無垢な者たちだった。貧しい娘らは売春宿で綺麗な生活環境と食事と一張羅《いっちょうら》を手にしたという。「娘らが見ず知らずの男に次ぐ男たちに股を開かなければならなかったことは大した問題ではなかった」とパーセルは楽観的に断言する。労働者階級については、売春を楽しんでいたに違いないと彼はみる。彼女らはつまるところ「犬のような労働者階級のセックスの世界」を堪能しただろう、と（*ibid*., p.357, 391）。これらの文献を紐解くと、性革命はビクトリア風の偽善を吹き飛ばし、性売買とポルノグラフィと売春宿のベッドを喜ぶ貧しい娘たちに満ちた罪なき性的熱狂の時代を呼び戻すものと期待されていたことが分かる。

「ウォルター」という人物の手になる『我が秘密の生涯』は、ビクトリア朝の性道徳を再検証した一九六四年の有名作、スティーブン・マーカスの『もう一つのヴィクトリア時代』で詳細かつ批判的に分析された。それに対し、フィリス・クロンハウゼン、エーバーハード・クロンハウゼンの両博士による注釈入りの一九六七年版は単なる賞讃となっている。クロンハウゼンらはアメリカのポルノ愛好家、特に時代物のそれで、その『チャタレイ夫人の恋人』に対する賞讃については別のところで論じたことがある（Jeffries, 1990）。性革命の頃、彼らによるポルノグラフィの喧伝は、医学的な肩書きによって偽りの権威性を帯びた。クロンハウゼンらは『我が秘密の生涯』をプロパガンダの道具に用い、男性が性革命によって勝ち取るだろうとされていた性の自由を持て囃した。同書の著者ウォルターは、年齢もさまざまな性を買われる女性たち数百人の利用遍歴を書きつづる。その詳細な叙述において、女性たちは常に情熱的で、ほぼ常に絶頂へ達し、男性のポルノ幻想に収まっている。ウォルターの企ては乱暴が多く、しばしば明確なレイプの形をとっており、一〇歳の少女の処女を買うなどはその最たる例となる。クロンハウゼンらはウォルターの企てをもとに「性的に盛んな男性の心理学」の章を書き、彼を典型例と想定する。いわく、彼は「性的に盛んな男性で、普通の性衝動以上のものを持っていた。というより正確に言えば、大半の者に比べ、文化的抑制から自由だった」(Kronhausen and Kronhausen, 1967, p.173)。「性的に盛んな個人、特に男性の特徴で最も目立つのは、多様さを求める強い渇望」であり、その意味でウォルターは男性のセックス心理をよく体現していた (*ibid.*)。ウォルターの著作に描かれた典型行動の一例はこうである。

それから並外れて上等の女たち〔性売買当事者〕と四分円街区《クオドラント》で会うのが朝の一一時から一時と、昼の三時から五時。昼食前に一人を味わって、昼食後にもう一人と会い、夕食を取ったら三人目の娘を買う。〔*ibid.*, p.174〕

クロンハウゼンらの見方では、ウォルターの行動は読者が考える以上に男性がとるべき行動の典型を示していたかもしれない。というのも「文化規範は人為的に弱められる……ことがあり、ウォルターのようなセクシュアリティは規範以上に普通だったとも思われる」からである。「性に関わる私たちの習俗や制度」は「満足な性的刺激も充分な性活動の機会も与えてくれない」ものであり、ウォルターはこれに対抗するための反骨精神をよく体現していた。この「社会的去勢」に反抗する人々はいつの世にもいて、「ウォルターはまさしくその好例にほかならない」(*ibid.*, pp.174, 180, 181)。

しかしウォルターは性の革命家の好例であるだけでなく、セックスの専門家、「アマチュアの性科学者」でもあり、女性が性的に感じる様子を熟知していたという。が、実際のところ、女性のセックス感覚をめぐる彼の繊細な洞察としてクロンハウゼンらが示す例を見れば、事実は逆だったという印象が強まりそうにも思える。

秘密と安堵の中、女性が初めて立派な硬い一物を握り、私はこれを思いのままに扱い見つめていいんだ、これが私を大の字に横たえて、うわさに聞く至高の快楽を与えてくれるんだと思う時、彼女はどんな喜びに包まれることだろう！ [*ibid.*, p.217]

イギリスの文芸批評家で、この著作をより鋭く批判したスティーブン・マーカスは、実際の女性は言うほど「硬い一物」に夢中にならないと指摘する。が、クロンハウゼンらは「この稀に見る広い女性経験に裏付けられたアマチュア性科学者による女性のセックス心理に関する深い理解」に読者が感心することを期待した。「このアマチュア性科学者による女性のセックス衝動の官能的理解」は「驚くべきもの」だとクロンハウゼンらはいうが、実際それはその正確さゆえというより、その空想的な内容ゆえに驚くべきものには違いない（*ibid.*, p.230, 223）。クロンハウゼンらのアプローチで最も興味深いのは、この両名が公然と、ビクトリア朝のポルノ作家は正確な知識を持つ性科学者ないしセックスの科学者だと述べていることである。これは性科学が性産業の一翼であり、そこに価値観の軸を置いているというトマス・サスの見解を裏づけている。

クロンハウゼンらは、ウォルターが性革命の精神を体現する人物というにふさわしいと結論する。彼は「自動化と平等主義と個人的率先力の麻痺を特徴とする時代に生きる私たちに何かを語りかけている」のかもしれない、と（*ibid.*, p.326）。両名は一九六五年の『タイム』を引用し、そうした状況に縛られている男性らに性革命が与えるものは平等であると総括する。さらには「セックス自体が本物の、ことによると最後の偉大なる冒険であり、文明の悪霊に悩まされる近代人男性が探検し挑戦し征服することを許された『最後のフロンティア』」でもあるだろうという（*ibid.*）。メアリー・デイリーが説明するように、悪霊（hag）という語が「がみがみ女、魔女」を意味する古英語の単語に由来することを思えば、男たちの「最後のフロンティア」に対する脅威が女性たちとフェミニズムによって突きつけられると考えるのもあながち的外れではないかもしれない（Daly, 1979, p.14）。

「性革命」なるものが社会的にラディカルな性質と結び付いたものだというのなら、マーカスが挙げるウォルターの性行動の例は到底、性の革命家を代表するものとはいえない。ウォルターは一〇歳の少女たちを調達して犯したが、マーカスのいうように、「この欲望がもたらしたものを書きつづった場面は本書の中で最もむごくおぞましい」（Marcus, 1970, pp.156-7）。マーカスは淡々とウォルターの言葉を引用する。いわく、「やった女はこれでおそらく……一二〇〇人といったところで、そのほかに間違いなく三〇〇人の女陰を愛撫したが、うち一五〇人は毛がなかった」（*ibid.*, p.188）。マーカスは、性の革命家の行動はむごいが、それは彼らの政治的理想を追求すると必然的にそうなる、と示唆しているように窺われる。覚えておくべきこととして、彼は言う――「性の自由を求める奮闘は、少なくとも個人の生活で行なわれる場合、他者の身体に大きく踏み入る企てを要する。自由の名のもとに犯罪がなされるのは政治革命にかぎったことではない」（*ibid.*, p.159）。

しかしながら、男性のセクシュアリティと女性を買う男性客の動機について、のちの時代のラディカル・フェミニズムとそう変わらない分析を示したマーカスも、ウォルターの行動に感嘆すべき要素があるという考えを保持しようとする。

ここで俎上に載っている活動が強制的な性格を伴わないものだったとしたら、それはそれなりに勇気のある振る舞いだったと見たくなるだろう——何にせよ、無意味さとの境で一生を送るにはいくらかの勇気が要る……。

『我が秘密の生涯』の著者にみられる多くの並外れた——かつ賞讃にも値する——特徴の一つに、強迫的衝動の勇気を持っていたという点がある。

つまり『我が秘密の生涯』は、ポルノ風の性的ファンタジーを実行に移した現実生活の記録として読むことができる。

[*ibid.*, p.196]

というわけで、マーカスが的確に論じた通り、ウォルターは女性や子どもにむごい男性的性加害を行使したにもかかわらず、彼は性革命を象徴する男性ヒーローにとどまる。男性の性的行動実践がその形を問わずどこまでも革命的な本質を持つと信じられていた一九六〇年代の状況は、おそらくここに映し出されている。マーカスほどの洞察を備えた男性注釈者でさえ、男性たちの性の自由が持つ前向きの革命的価値を疑うことはできなかった。

性売買の社会学

性革命の時代、男性の社会学者たちは性売買に関し逸脱アプローチをとった。ヘンスリンとサガリンのようなセックスの社会学者は、逸脱こそが研究の「主眼」でなくてはならないと論じた。研究しなければならないのは「社会の規範的期待に背く人々の活動」であり、その仕事は人々がそのような規範に背きたがる理由を理解することにあった。研究者はもちろん男性である。「彼〔研究者〕は規範への違背と規範の違背者を調べ、人々を逸脱へ向かわせ、かつ逸脱から遠ざける社会と文化の諸側面を特定する」(Henslin and Sagarin, 1971, pp.16-17)。

アーヴィング・ゴフマンは著書『スティグマ』で、研究されるべき逸脱者の筆頭に売春婦を挙げる。「逸脱」と題した研究の節で彼は説明する。

> 売春婦、薬物中毒者、非行少年、犯罪者、ジャズミュージシャン、ボヘミアン、ジプシー、カーニバル芸人、浮浪者、酒飲み、演芸家、専業賭博師、海辺の住人、同性愛者、都市の頑固な貧民——これらが含まれる。こうした者たちは社会秩序に対する何らかの集団的拒否をしていると考えられる。
>
> 〔Goffman, 1974, p.171〕

売春婦は逸脱者の最たる例という栄《は》えある地位に置かれた。このような男性社会学者たちは、女性が性売買の世界に入る理由について混乱するあまり、性売買当事者の「出世街道」を調べようとした。関心が向けられたのは、そうした女性がゴフマンいうところの「損なわれたアイデンティティ」をどう扱うかという問題だった。そこで彼らは、性売買当事者の出世街道が「見習い」期間を経なければならないという想定を設け、その間に彼女は本来ならば苦痛を感じる経験を処理できるようになると考えた。例えばギャノンとサイモンは、性を買われる女性たちがいかにして客との交渉術を体得するかを説明する。

この作業の最もややこしい部分の一つは、……性行為や性的嗜好について……オープンに話す能力を身に付ける過程である。売春婦とクライアントの会話構造は、一度体得すると、高度に儀式化され予測がつくものとなる。もっとも、これは顧客の社会階層によって違ってくる。

[Gagnon and Simon, 1974, pp.266-7]

逸脱アプローチはその全盛期にすら、政治的バイアスゆえに批判を受けた。

アレクサンダー・ライアゾスは一九七二年に説得力のある逸脱社会学批判を書いた。その指摘によれば、逸脱社会学という分野には三つの理論的・思想的バイアスがある。一つめは、「逸脱者」が私たちと変わらないことを示そうとするにもかかわらず、当人のアイデンティティやサブカルチャーを重視するせいでその目標を帳消しにしていること。二つめは、ある種の「逸脱」形態、特に経済的・政治的エリートのそれが無視されていること。三つめの最も良からぬバイアスは、性売買への応用をみるかぎり、逸脱社会学の分析は多くの宣言とは裏腹に、「逸脱」の指定における権力の働きを全く考えないことである。ただしライアゾスは逸脱社会学の男性バイアスには触れていない。

男性的な逸脱社会学は、逸脱した男とみられていた者たちを、社会への順応に逆らう英雄的反逆者と美化した。例えば性加害者は女性や子どもの視点を徹底的に抑え込むことでヒーローに仕立てられた。性暴力の犯行者をヒーローとする見方は、一九六九年の書籍『ねじれた小道』に代表される。同書には「社会学者」の肩書を持つトニー・パーカーが行なった八人の性加害者男性のインタビューが収められており、その口述記録は「計り知れないコストとこの上ない勇敢さを伴う個人証言」と称される。パーカーは、この男性らには感謝してもしきれないが、ただ「その勇気と高貴さに対する尊重と賞讃」を申し添えたい、と述べる。インタビュー協力者は、連続小児性虐待者二名、連続レイプ犯一名、路上で女性たちを捕まえ下着に手を忍ばせた性的ハラスメント加害者一名、不道徳な儲けで暮らしていた収監中の露出魔一名、それに同性愛行為で投獄された男性二名という顔ぶれだった。二人の同性愛者は「尊重」に値するであろうが、女性や子どもに苦痛をもたらした他の者にそれは要らない。「いくつかの付記」と題した末尾の節には、成人前後に性被害を受けた女性や男性の証言が載っているが、それらは当の出来事が自分に何の悪影響ももたらさなかった、自分は加害者男性を心から気の毒に思う、と語る内容である。同書の目的はこれらの行為を非犯罪化する、もしくはそのスティグマ〔汚名・不名誉〕を軽減することにあった。それが優れて「ラディカル」な逸脱社会学者たちのおおやけの目標だった。コリン・サムナーが著書『逸脱の社会学——ある死亡記事』（一九九四年）で述べるように、リベラル男性の逸脱社会学者たちは、自分が非犯罪化したいと思うものにのみ焦点を当てた。

フェミニスト社会学者は一九七〇年代後期までに、逸脱社会学がひどく男性至上主義的な価値観に染まっていることを指摘し始めた（Rodmwll, 1981）。その議論では男性の加害が英雄化され、被害者となった女性や子どもが無視される。男性の社会学者が目を向ける女性は性売買当事者だけで、しかもなぜか彼女らには男性の逸脱者に対する息を飲むような尊敬は向けられない。サムナーはこの分野における女性の不在は「目を見張るばかりだ」と述べる（Sumner, 1994, p.287）。彼がみるに、女性や子どもにおよぶ男性の暴力に向き合うことを余儀なくされていたら、逸脱の理論家たちはイデオロギーにもとづく逸脱の英雄化を続けられなかったと思われる。

独創的批評としての犯罪論、孤立集団の職務としての犯罪論、社会の矛盾に対する下位文化の解決としての犯罪論、あるいは逸脱に対する社会の過剰反応の危険に関する理論において、子に対する父の暴力が大きな興味の的となったゆえんを理解するのは難しい。 [*ibid.*, p.294]

性売買で女性を虐待する男たちは逸脱者ではなく興味深くもなかったので、逸脱の理論家たちは彼らを研究する必要に迫られなかったとみえる。逸脱に魅了された社会学者は男性の存在を曇らせ、またも性を買われる女性たちに性売買の元凶としてのスティグマを負わせた。

性売買と性の自由

性売買のセックスを「ただのセックス」とみなした性革命期の性科学者や社会学者は、しばしばこの革命のおかげで性売買が消滅する、あるいは少なくとも激減すると予言した。解放された女性たちは性売買が提供していた男性への性サービスを奪うだろう、と。アレックス・カンフォートは性売買の消滅を予想したが、もちろんそれは全ての女性が性売買のセックスを担いだしたあかつきには、という話だった（Comfort, 1977）。驚くにはあたらないが、女性たちの性の解放は性売買の衰退を招かなかった。性売買は「ただのセックス」ではないからである。女性たちは普通、金を支払われるのでもないかぎり、見知らぬ男に路地でフェラチオをするなどということに熱中するはずがなかった。性革命ののちも性売買は健在で、新たな形態に発展してグローバル化しつつあり、消滅する様子はなかった。

かたや一部の性的リベラルは、性売買が消滅するのではなく、一般にその金を捻出できない男性らにとってより公正な形で利用できるようになるだろうと予想した。社会学者のデビッド・スターンバーグは一九六〇年代の様子を語る。

> スウェーデンの精神科医、心理学者、社会活動家たちは、アメリカの平和部隊に似た「セックス部隊」の結成を半ば真剣に議論した。部隊は献身的な理想主義者の若い男女からなり、能力を失った人々、障害を負う人々、情緒障害のある人々に性サービスを提供する。ここには監獄、病院、精神病院の在監者や入院患者、および問題のある攻撃的な男性の外来患者も含まれる。
>
> [Sternberg, 1983, p.86]

一九六四年に著書『性愛マイノリティ』を発表したスウェーデン人医師のラーシュ・ウッラースタム

は、移動式性売買店を提唱した。彼の本は小児欲情者や死体欲情者、性欲の面で恵まれない者たちの孤独と性的欲求不満を解消することに目標を置く。移動式性売買店は「病院、精神病院、施設、麻痺した在宅患者、老人、ならびに自力でそうした機関に行けない制約を持つ個人」に資するという（Ullerstam, 1964, p.152）。職員は「陽気で寛大で才能と倫理観に優れた人々」から構成され、「性愛のサマリア人」と呼ばれる。固定式店舗は「青年や無収入の人々」など、費用を支払えない者に無料でサービスを提供するようになるだろう、という説明にはジェンダーバイアスが垣間見える（*ibid.*, p.151）。

性革命はセックスについて語る新しい言語を生み出した。それは抑制や阻害、性の自由の必要性といったふんだんな概念に彩られている一方、男性の性本能や性的特権をセクシュアリティの駆動力かつ決定因子と位置づける。性科学、歴史学、社会学の領域で性売買について筆を執った性的リベラルたちは、この主題をめぐる新しい議論風土を整えたが、それは一部の性売買当事者の権利団体が育てた普通化を求める衝動に親和的だった。性的リベラルは性売買のセックスを単なるセックスと喧伝した。かれらの成功は目を見張るものがある。キャスリン・バリーが論じるように、「一九六〇年代の性の解放運動とポルノ合法化が女性たちに残した遺産は、女性解放ではなくセクシュアリティの性売買だった」（Barry, 1995, p.59）。一九九〇年代には、バリーいわく、「性売買で買われ、ポルノグラフィで促されるセックス」は、もはや「レイプで強いられ、若者のデートで求められ、多くの私的関係でなされると思しきセックスと見かけ上大差ないものとなった」（*ibid.*）。この変化は性売買を推進する性売買当事者の権利運動が成功する鍵だった。性売買を他と変わらない単なる仕事、さらには性の解放の一種と語る運動は、第二次大戦前のフェミニズムの時代には考えられなかったが、「性革命」のあとには何が女性解放を構成するかについて、かつてない混乱が生じていた。性売買当事者の権利運動を支持した一部の者らは、これからみるように、一九六〇年代の性科学におけるセックスの専門家たちと同じく、男性への性的奉仕に女性たちの性の解放を見出した。

第3章

性売買を普通化する

——性売買当事者の権利運動——

もしもポルノグラフィと性売買を同時に合法化できていれば、私たちは今のこの国でそうなっているように、セックスと暴力の火薬樽《だる》に座ってはいなかったでしょう。

［Margo St James of COYOTE, Jeness, 1993, p.75より］

一九七〇年代に発達した性売買当事者の権利運動は、政策決定者や非政府組織、人権活動家、さらにはフェミニスト理論家による性売買についての考え方を変化させた。初期の団体は、フェミニストにも社会主義者にも強く訴える形で、性売買当事者が不当な法律と迫害および腐敗した警察機構に抑圧されていると論じたが、性売買を称《たた》えはせず、むしろそれは女性たちのひどい経済的欠乏から生じるとみていた。フェミニストたちはこの政治学に関してほとんど争うこともなく、多くの者は支援を行なった。が、一部組織の政治学は徐々に変質していく。そこでは、性売買が女性によって「選択」される他と同様の仕事であり、さらには女性たちの性の解放を象徴するもので、女性抑圧と繋がっているどころか女性たちの自由の最先端である、といったことが言われ始めた。一九八〇年代には、フェミニズム系出版社から新たな性売買推進政治を促す三つのアンソロジーが出版され、フェミニズム運動の中でこの問題をめぐり苛烈な論争が起こった（Bell, 1987a; Delacoste and Alexander, 1988; Pheterson, 1989a）。性売買当事者の権利運動は――アメリカの団体COYOTEの歴史をつづったヴァレリー・ジュネスの著書『ワークにしよう』の書名から察せられるように――さまざまな界隈で性売買の概念をセックスワークへと変えることに大きく成功した。一九九〇年代には、フェミニストの立場から性売買の根源が女性抑圧にあると論じることはいよいよ困難になった。

ケイト・ミレットは『性売買記録集』で、この激しい論争を予想していた。同書が書かれたのは一九七〇年の夏、彼女の主著にしてラディカル・フェミニズム理論の古典である『性の政治学』が完成して間もなくの頃である。ミレットによる性売買の分析は、明晰かつ情熱的なラディカル・フェミニズム・アプローチの一例だった。彼女がみるに、性売買は「女性が置かれた条件の典型かつ、ある意味でその中核」をなす。それは契約の背後に金銭的結び付きを隠した婚姻以上に分かりやすい形で、女性の「公然たる従属化」を表す。性売買は女性を買い取られるモノへと変え、その「物象化」をもたらす。女性は「女性器」にすぎないものとされる。

性売買当事者が売らされるのはセックスではなく貶めである。そして買い手、買虐者が金によって満たしているのは、セクシュアリティではなく権力、他の人間に対する権力であり、一定時間にわたり他者の意思を統べる主《あるじ》たらんとする浅はかな野心である。

[Millett, 1975, p.56]

一九八〇年代には、このような分析を行なうフェミニストたちは性売買当事者の敵であり、「娼婦のスティグマ」を強めることで当事者の生活を危険に曝しているとして、性売買当事者の権利を掲げる一部の活動家に攻撃されていた（Roberts, 1992）。ミレットは一九七一年の集会で起きた騒動を書き留めているが、これはやがてくる不和の予兆を示している。その女性解放運動大会には、性を買われる女性たちが数名参加し、会場のフェミニストらに大きな怒りを表した。とりわけ彼女らが憤《いきどお》ったのは、「性売買の一掃へ向けて」と題した討論が「性売買当事者以外の人々」を登壇者として行なわれた時だった（Millett, 1975, p. 15）。

事態はたちまち混沌に陥った。性売買当事者たちは自身の生活に対するいまだ言いようのない怒りを集め、それを即座に運動家の女性たちに向けた。後者は当事者たちの生活手段にほかならない性売買をすぐにも「一掃」しようとしているように映ったからである。 [*ibid.*, p.16]

とうとう揉み合いが起こった。しかしミレットは、性売買に関する本当の行動は当事者たち自身から始まらなければならないと考えていた。「性売買について究極的に何かがなされる、語られる、あるいは決められる必要があるとしたら、当事者たちこそが唯一それをするにふさわしい人々であるに違いない」（*ibid.*, p.15）。これはしかし、一九八〇年代には維持しがたい立場となった。性を買われる女性たちや買われてきた女性たち自身の見解が、性売買の肯定派と否定派に二極化したからである。そうした経験を持たないフェミニストたちは、性売買に関するどちらの「真実」を受け入れるかを決めなければならなくなった。性売買は一掃すべきだというフェミニストの分析が、性を買われる女性たちの一部に憎まれた結果、のちにみるように、真剣なフェミニズム理論家たちでさえ、後年、みずからのフェミニズム的理解から距離を置くようになってしまった。

性売買当事者の権利運動の誕生

イギリスとオーストラリアで最初期に誕生した性売買当事者の権利団体は、性売買の経済分析を伴っていた。性売買は賞讃されず、労働や選択ともいわれず、まして性の解放などといわれることもなかった。諸団体の目標は、性を買われる女性たちが面する法律上の差別や警察のハラスメントと闘うことだった。ヨーロッパにおける性売買当事者の権利運動は、一九七五年のリヨンで始まった。この年、フランスの当事者たちは警察の扱いに抗議すべく教会を占拠した。ストライキの参加者たちは、性売買当事者の相次ぐ惨殺があったリヨンで、警察が腐敗に染まり残忍な抑圧を行なっていることを糾弾した。このストライキに動かされたイギリスの女性たちは、性売買当事者の権利団体を結成し、イングランド性売買当事者団（ECP）と名付けた。ECPをモデルとする性売買当事者団はニューヨークでも立ち上げられ、オーストラリアでも他の団体が生まれた。

ECPのマーガレット・ヴァレンティノとメイビス・ジョンソンはストライキに加わったフランスの女性たちの伝記に序文を寄せ、ECPの立場を述べる分析を示した。二人の説明によれば、「性売買は家事労働の対価を得ようとしてきた女性たちの一つの闘い方だった——それは全ての女性が常に無料で行なうよう期待されてきたあらゆる性サービスの対価を得ることだった」（Valentino and Johnson, 1980, p.25）。性売買の根底には「貧困、そして女性たちによる貧困の拒否」があり、「女性たちの貧困がなくなれば性売買もなくなる」（*ibid.*, pp.26, 31）。ＥＣＰの方向性は賞讃ではなく廃絶主義だった。

けれども私たちは性売買を廃絶したいという人々に同意する。性売買は私たちが自分のためにも自分の娘のためにも望むことではなく、私たちの子どもや親戚が私たちのために望むことでもない。それは経験者の女性の大半も未経験者の女性もしたくないことであり、本書に現れる六人の女性たちはそれをはっきり示している。

［*ibid.*, p.30］

六人の伝記は一部たりとて性売買を美化しようとしない。それどころか、ヴァレンティノとジョンソンは、性を買われる女性たちの中に美化をしたがる人々がいる理由を説明する。「私たちがこの仕事を持ち上げる時があるとすれば、それは私たちが『正しい』生き方を知らないからこんなことをするんだという非難から自分を守るためである」（*ibid.*, p.22）。

一九七〇年代から八〇年代にイギリスで立ち上げられた他の性売買当事者の権利団体も力強い経済分析を行なったのに加え、社会主義のルーツを持っていた。バーミンガムの団体ＰＲＯＳに属するアイリーン・マクレオドは、ラディカル・フェミニストよりも社会主義フェミニストのほうが性売買当事者の権利キャンペーンを後援しやすいと説明した。

ＰＲＯＳの誕生当初、積極的な支援をしてくれたフェミニストたちは、女性抑圧を父権制そのものから説明する立場よりも、ウィメンズ・ボイス・グループのメンバーなど、女性抑圧の経済的・階級的原因を強調する立場に属する人々が多かった。……彼女らの主要課題は女性たちの相対的貧困と、労働者階級に属する性売買当事者のいわゆる被害者化にあった。[McLeod, 1982, p.134]

アメリカでは、性売買当事者の権利運動におよんだ社会主義の影響はより希薄だった感がある。性売買当事者の権利運動を担った最初の組織は、その年代記を書いたヴァレリー・ジュネスによれば、サンフランシスコのＣＯＹＯＴＥ、すなわち「古びた陳腐な倫理を投げ捨てよ」という名の団体だった。その創設は一九七三年の母の日で、母体はＷＨＯこと「娼婦と主婦とその他の会」、目的は「地域の性売買当事者に対する虐待に光を当て、女性たちや性売買当事者たちにさまざまなコミュニティ・サービスを提供すること」と定められた（Jeness, 1993, p.43）。牽引者のマーゴ・セントジェームズは性売買経験当事者で、グライド記念教会のポイント財団による資金提供、およびのちにプレイボーイ財団による一〇〇〇ドルの資金提供を受けた。性産業の資本家たちは、当初から自分たちの利益を支えるのにＣＯＹＯＴＥが使えるだろうと踏んでいた。セントジェームズは非公式の諮問委員会を設けるために五〇人の有力なサンフランシスコ市民を、また、改革を推し進めるために地元の性売買当事者を募った。「学生、性売買当事者の顧客、政治家、メディア関係者、活動家、他の活動団体の代表者などの利害関係者が招かれ、ＣＯＹＯＴＥへの加入を勧められた」（*ibid.*, p.43）。

ジュネスは性売買当事者の権利運動が立ち上げられた背景に、同性愛者の運動やフェミニズムからの着想があるとみる。いわく、「ゲイとレズビアンの運動は性売買当事者やその擁護者を支える社会政治的風潮をつくり出すことに貢献した。……ゲイとレズビアンの運動における言説テーマは性売買当事者の権利運動にも取り込まれた」。加えて、女性運動のテーマは「性売買当事者の権利運動を立ち上げる要因にも、その力を弱める要因にもなることが分かった」(*ibid.*, p.21)。この関連付けは多少の批判的分析を要する。レズビアンやゲイの権利と性売買当事者の権利は不可分に繋がっているという、しばしば繰り返される主張は、性売買当事者の権利運動が性の解放運動だという誤認にもとづいている。他方、性売買当事者の権利運動がフェミニズム運動の一部領域を動かした要因の一つは、この運動が女性たちの性の解放と分かちがたく結び付いていると喧伝したことにあった。

ＣＯＹＯＴＥはリベラルの男性らに人気があったとみえるが、これはフェミニスト団体として異例のことである。ジュネスが書き記すには、ＣＯＹＯＴＥの誕生初年、『シアトル・ポスト・インテリジェンサー』紙はこう報じたという。「マーゴは今年、世間の流行に乗っている。裕福なリベラルたちはさまざまな折に彼女を招聘《しょうへい》し、交流を求めている」(*ibid.*, p.44)。この組織がサンフランシスコで生まれたのは寛容な地域ゆえのことであり、その最初の諮問委員会には多くのリベラル男性が名を連ねた。性を買われる女性たちを募るのは困難で、その理由は性売買が違法だから、ということになっていた。ＣＯＹＯＴＥは資金調達と知名度向上を狙ってメディア向けの催しを立ち上げ、男性らの好評を博した。毎年のイベントとして年次娼婦集会と年次娼婦舞踏会が開かれた。最初の舞踏会は「誰もがたまには娼婦を欲する」というスローガンを掲げた。『シカゴ・トリビューン』紙によれば、「報道陣にとってそれは乱痴気騒ぎだった。記者らは気前よく視線をくれる女性たちを見つけてはフィルムや写真に収め、インタビューを行なった」（*ibid.*, p.59）。

ジュネスいわく、性売買当事者の権利運動は性売買の捉え方を覆すことに貢献した。性売買は「セックスワーク」へと変わった。

一九七〇〜八〇年代に新たな性売買のイメージが立ち現れ、性売買当事者を社会的不適合者や性奴隷、女衒《ぜげん》や薬物中毒の被害者、犯罪組織の道具とする伝統的な見方に異を突きつけた。性売買を「セックスワーク」と呼ぶことが流行となった。〔*ibid.*, p.1〕

ほどなく、この運動は「労働としてのセックス、セックスワーカーとしての性売買当事者、労働者としての性売買当事者の市民権を語る語彙」を確立した（*ibid.*, p.1）。性売買は「労働、選択、市民権のレトリックに」堅く収まった。

ジュネスが論じるに、この運動は「性売買の合法化をめざすだけでなく、その賞讃も行なう。それは性売買当事者の行動を賢明で道徳的と認める新しい倫理を打ち立てることで、一般的な性売買理解に対するラディカルな批判を育てたのである」（*ibid.*, p.4）。この「新しい倫理」は、性売買当事者の権利運動が起こった一九七〇年代のヨーロッパやアメリカでは、まだそれほどその執筆物に現れてはいなかった。運動は性を買われる女性たちが面する差別や暴力やハラスメントと闘うために、フェミニストたちに支援を求めた。フェミニストたちは性を買われる女性たちが、ケイト・ミレットいうところの「政治的囚人」であると認識していた。しかしそこに性売買を賞讃する意味合いはなかった。性を買われる女性たちの抑圧に反対しながら、なお彼女たちを男性による虐待の被害者とみることは充分に可能だった。私はECPの活動とフランスの性売買当事者によるストライキを受けて書いた一九七九年の論文で、殴打被害者の女性たちを支え、一定水準の保育と経済支援を行なう避難所を立ち上げたフェミニストたちが「婚姻」を賞讃しなければならないとは考えない、と論じた（Jeffreys, 1985）。男性至上主義や婚姻や性売買の慣習において女性たちが直面する不正と闘いつつ、同時にそれらの慣習の廃絶をめざすことは可能なはずだった。

COYOTEは他国の性売買当事者の権利団体と同じく、社会的地位を得て、国からの資金援助額も伸ばし、HIV／エイズが流行したのちは注目も集めた。感染を抑えたい政府は、性を買われる女性たちと繋がりがあり、安全なセックスを促すメッセージを広げられると思しき組織に頼ったのだった。似たような現象はレズビアンとゲイの運動周りでも起こり、ゲイの解放運動は高い地位を得て官僚体制化したのかをめぐり論争が起こった（Altman, 1994）。ジュネスがいうように、「性売買当事者の権利運動はフェミニズム的言説から公衆衛生の言説へと変容し、社会的に認められた形式に則り体制内で活動する機会を引き継いだ」（Jeness, 1993, p.103）。ゲイ・レズビアン運動との象徴的提携も築き、さらに世界保健機関、アメリカ自由人権協会、国連人権委員会、アメリカ公共都市問題協会などの主流組織とも同様の繋がりができていったとジュネスはいう。

一九八〇年代初頭、COYOTEは深刻な争いを迎える。性売買に関し全く違う分析をする当事者団体が、性売買肯定思想に反対し始めたのである。「性売買システムに害され反旗を翻す女性たちの会」（WHISPER）がエヴリナ・ジョッベによって創設された。彼女は性を買われていた女性で、性売買を商業的性暴力と定義する。WHISPERは性を買われる女性や買われていた女性たちと協力して支援や組合や訓練プログラムを提供する。性売買の賞讃はしない。WHISPERに続いて性売買代替協議会と、サンフランシスコの「グローバル搾取に反対する会」(SAGE)もつくられた。ジュネスは明確にCOYOTEの立場をとりつつ、WHISPERの信用を損ねようとする。いわく、この組織は「性売買生活から当事者を救おうとする有志の者、フェミニスト学者、聖職者からなる」と(*ibid.*, p.77)。実際のところ、WHISPERのニュースレターや資料にキリスト教的な善人ぶったアプローチを思わせる要素はない。にもかかわらず、ジュネスの文章は同組織が性売買経験のある女性たちを含まないという印象を強く与える。

これは奇妙な非難だった。ジュネスはCOYOTEが性を買われる女性や買われていた女性たちによって構成されているという説を徹底的に否定していたからである。著書のうち、「組織の神話を確立する」と題した一節でジュネスが説明するところによると、COYOTEが性を買われる女性や買われていた女性たちの組織だというのは神話にすぎない。この神話は組織に正統性を与えるもので、特にメディアに対し効果がある。メディアは神話を受け入れ広める。実際にはメンバーのうち、性売買当事者だった者はほんの少数しかいない。一九八一年にCOYOTEは三万人のメンバーを擁すると発表したが、性を買われる女性はそのうち三パーセントにすぎなかった。メディアの報道は神話を広め、COYOTEを「名乗り出た性売買当事者たちの組合」「娼婦の全国組織」「アメリカ最大の性売買当事者団体」「初の性売買当事者たちの同業組合」「初の性売買当事者組合」「娼婦組合」「娼婦組織」「性売買当事者の労働組合」などと称した(*ibid.*, p.114)。ジュネスは神話を否定するマーゴ・セントジェームズの言葉を引く。「メディアの理解にもとづくCOYOTEの形容はいずれも神話です。私は現役の性売買当事者ではありません。働いていたのもずっと前のことです。第一、性売買当事者の組合は現時点ではつくれません」（*ibid.*, p.115）。一時期COYOTEの理事と広報主任を務めたプリシラ・アレキサンダーは性売買の経験を持たない。COYOTEは実のところ、構成メンバーについて嘘を吐き、神話を維持していたとジュネスはいう。一九八八年のニュースレター『COYOTEホールズ』は、最初のページでこう告げた。「COYOTEのメンバーは多くが性売買の当事者または経験者で、そのほかに少数の連帯する非当事者がいます」（*ibid.*, p.116）。とするとCOYOTEはこの問題を扱う他の団体以上に性売買当事者女性の見解を代弁してはいないが、性産業寄りでフェミニズムの見方に反する特定の思想的観点を代弁してはいる。ジュネスが述べる通り、COYOTEは性売買の普通化をめざし、メディアに向けて性売買当事者を「人並みの生活を送ろうとする普通のよく適応した個人」として示す（*ibid.*）。これは性を買われる女性たちの見解ではなく、ひどく偏っている感がある。

国際的組織編制

性売買当事者の権利運動は一九八〇年代中期に国際的な組織編制を始めた。オランダのゲイル・フェターソンは一九八四年、カリフォルニア州でCOYOTEのマーゴ・セントジェームズと共同作業に取り組んだ。その性売買思想が形成されたのは一九八〇年代のオランダでのことだった。当時の公共政策は性を買われる女性たちの「選択」と「自主性」を認める方向に傾いていた。人身取引を扱う第11章でみるように、オランダのリベラルな性的風土の中で生まれた一部の思想や組織は、女性人身取引に関し性売買肯定的な立場を広める点で特に強い影響力を振るった。一九八五年、オランダで新たにつくられた性売買当事者の権利団体「赤い糸」は会議を開き、それをきっかけに「性売買当事者の権利を求める国際委員会」が立ち上げられた。一九八六年には第二回の国際会議で「世界性売買当事者の権利憲章」の草案が議論にのぼり承認された。この国際組織の政治学は性売買に肯定的だった。その「性売買とフェミニズムについての声明」は、性売買が「正当な労働」だと告げる（Pheterson, 1989a, p.193）。世界憲章は買虐者たちの擁護を含み、「顧客は性売買当事者と同じく……道徳的理由で処罰もしくは糾弾されてはならない」と説明する（*ibid.*, p.41）。性売買とポルノグラフィに反対するフェミニストたちは、買虐者たちと性を買われる女性たちの利益が対極にあると考えるが、性売買肯定派は前者が後者の生活基盤であり、彼らを否定的に見つめることはできないと考える。

セントジェームズはポルノグラフィに反対する強力なフェミニズム運動の台頭をみて、これに対抗する国際的な組織編制の必要性を感じたと述懐する（St James, 1989）。フェターソンとセントジェームズは既にキャスリン・バリーが論じたフェミニズムの反性売買分析（Barry, 1979）から完全に離れていた。バリーは一九八二年にロッテルダムの会議で、女性の性奴隷制に関し、同名の自著をもとに見解を発表したが、フェターソンはこれをしりぞける。彼女によれば、バリーは「性売買当事者が虐待歴や貧困を抱え、みずからの状況に関し客観的になれないことなどを指摘して、彼女らの言葉を無効化している」という（Pheterson, 1989b, p.20）。バリーが性売買を終わらそうとしたのに対し、フェターソンとセントジェームズは性売買を許容可能な労働とみなした。

クイアの視点

ゲイ男性の理論にもとづく性売買についての見解は一九九〇年代に影響力を持ち始めた。オーストラリアの性売買当事者団体スカーレット・アライアンスを率いるアンドリュー・ハンターはこの「クイア」アプローチの唱道者で、それが従来の性売買当事者の権利アプローチよりも遥かに急進的かつ進歩的だと考える。彼の説明によれば、メルボルン、シドニー、およびクイーンズランド州ゴールドコーストに散るオーストラリア性売買当事者団はもともと、イングランド性売買当事者団（ＥＣＰ）の傘下に属し、性売買は「経済状況を映し出すもの」だというＥＣＰの説明を受け入れていた。これは当初、資金を得るのに有効な立場だったとハンターはいう。というのも「理論がドグマになるのを防ぐために、最初は穴の多い説明を設けるのが時には役立つ」からである。ハンターはこの「経済的」アプローチを弁解的と評する。ＥＣＰは「許容可能」な性売買理論を立て、それを「性売買当事者のために、性売買に逆らって」というスローガンに要約する。この許容可能な立場は「性売買が存在するのは男女間の経済的不平等による」と論じる（Hunter, 1992, p.110）。この理論は彼いわく、

あとで振り返ると一種の弁解的立場とみることができ、多くの被抑圧集団が最初に自分たちの主張をおおやけに広めるうえでこれに則った。ゲイ運動はストーンウォールの叛乱(訳注1)に先立ち同じ形で始まり、私たちが違うのは私たちのせいじゃない、私たちはただ受け入れてほしいだけなのだと主

張した。

しかしこのアプローチは否定的なのが問題だとハンターは論じる。いわく、そのアプローチは「この業界にいて問題を抱えた人々に対し、団体へ来るよう」促したが、そのせいでセックスワークのさまざまな明るい側面には光が当てられなかった。彼がいうところの「経済的アプローチ」は「性売買は問題だという人々の認識を維持」する結果をもたらした。それではいけない。「否定的アプローチ」は「業界内の人々が労働に見出す魅力」を強調できていないのだ、と（*ibid*., pp.112, 113）。

性売買を「労働」とみなす、より肯定的なアプローチがオーストラリアの団体に取り入れられたのは一九八七年頃だったと彼はいう。新たな立場はスカーレット・アライアンスのシェリル・オーバーズによってよくまとめられている。

> 労働現場で行なわれる商業性を意識したセックスは、いかに非公式だろうと、（性売買とは区別して）セックスワークと称するほうが正しい。その商取引は相互に繋がった一連の仕事とみることができる。これこそが営利の性産業を形づくり、これこそが健全な業務を促し求める際の焦点となる。
> 〔*ibid*., p.112 より〕

このアプローチの難点は、路上で性を買われる女性たちが排除されることだった。彼女らは状況改善の対象となる「労働現場」を持たない。

ハンターはこの立場に続いて、さらに性売買に肯定的な立場が現れたと語る。新しい立場はレズビアン、ゲイ、クイアの政治学に由来した。

［このアプローチは］セックスワークをセクシュアリティの表現、つまり本来的に良い表現とみる。さらにこの立場は、セックスワークが規範から逸脱する他のセクシュアリティの表現と同じく抑圧されるものであり、セックスワーカーが差別される人々であると考える。［*ibid.*, p.111］

この政治学はＨＩＶ／エイズ関連の取り組みや右翼政治との闘いを通して発達した。そこで性売買当事者は性的マイノリティと認識されることになった。「セックスワーカー」の団体はいまや「セクシュアリティや性表現ゆえにスティグマを付された他の人々の中に連帯者を探し求める」ことができる。彼女らは「性的マイノリティの称揚と検閲への対抗を織り込んだ広い『セックス肯定』運動の一部」をなすとみなされた。「他の性的マイノリティのスティグマと並ぶ性的マイノリティとしてのセックスワーカー概念は、「セックスとセクシュアリティのスティグマ払拭を狙う広い運動の一環として、セックスワークのスティグマをなくす」取り組みの基盤となった（*ibid.*, pp.111, 114）。

ハンターの立場は一九九〇年代のクイアの政治学と同盟関係にあり、それは「逸脱／公言する、のみ

訳注１　ニューヨークのゲイバー「ストーンウォール・イン」で起こった警察の暴力に対する抗戦、ならびにそれを契機とする同性愛者抑圧への抗議運動。

ならず誇りをもって逸脱／公言する」とでもいうべきもので、同化主義ではなく対決主義をとる。オーストラリアではとりわけ、ゲイ男性の性売買擁護者が性売買肯定の立場を形成するのに大きな影響力を振るったが、そこではさまざまな点で女性たちの状況とは大きくかけ離れたゲイ男性らの性売買経験が論拠とされた（Perkins and Bennett, 1985）。性売買当事者の権利運動の政治におよんだ不適切だが強力なゲイ男性の理論と実践の影響については第4章で詳しく扱う。この「性的マイノリティ」の立場では、誰もが性的実践の賞讃とスティグマ払拭のために闘っている。批判的なフェミニズムのセクシュアリティの政治学はそこから完全に締め出された。それらはどうあっても「クイア」の展望に合わない（Jeffreys, 1994）。性を買われる女性たちは自身の労働を楽しまないというフェミニズムの議論は、ハンターの言葉を借りれば、「反セックス／反性的差異の立場」と映った。「多くの『進歩的』集団が特にセックスワークに対し、また一般にセックスそれ自体に対し、この立場をとってきた」（Hunter, 1992, p.111）。彼の立場からみると、性売買はセックスを意味し、性売買当事者は万人の性の自由のために働く性の革命家であり、批判者は反セックス派となる。性売買当事者の権利運動の政治がこの立場に近づくにつれ、フェミニストたちがそれらの団体を支持しがたくなっていったのは必然だった。

フェミニストたちの論争

ニッキー・ロバーツほか、性売買当事者の権利運動を代弁する者たちは、フェミニストが性売買当事者の声を聴かないと論難する（Roberts, 1992）。しかし問題は性を買われる女性や買われていた女性たちのうち、誰の声を聴くかである。数少ない性売買当事者の権利活動家が則る肯定的・賞讃的なスタンスは、メディアに好評なうえ、買虐者たちの利益を代表する政財界の有力層にも好まれるので、相当の脚光を浴びているように窺われる。質的な聞き取りを伴った慎重な性売買調査は、このどうしようもなく肯定的な立場を支持しない（Hoigard and Finstad, 1992; McKeganey and Barnard, 1996）。しかしＷＨＩＳＰＥＲをはじめ、性を買われる女性や買われていた女性の中でも性売買の危険性や受傷性に気づいた人々の利益を代表する反性売買組織の仕事は、ＣＯＹＯＴＥのそれほどよく知られてはいない。

ＷＨＩＳＰＥＲこと、「性売買システムに害され反旗を翻す女性たちの会」は、「性産業を生きのびた女性たち」の組織である（Giobbe, 1990, p.67）。その性売買分析はＣＯＹＯＴＥのそれとはこの上なくかけ離れている。ＷＨＩＳＰＥＲは性売買の「神話体系」と称するものに公然と異を唱えるが、くだんの体系はいくつかの性売買当事者の権利団体によって構築された部分もある。「神話体系」によれば、性売買は「職業選択」かつ「女性たちの性の解放の縮図」であり、性売買当事者は「顧客との交流の性的・経済的条件を設定する」という（*ibid.*, p.67）。ＷＨＩＳＰＥＲは性売買が「男性から女性に対して遂行される最も伝統的な犯罪」だと明言する。「それは伝統的家族のもとで女性たちが被る性虐待と不平等の商品化にほかならず、それ以上のものではない」（*ibid.*, p.80）。しかし先に触れたフェミニズム系出版社の三つのアンソロジーに収録された諸論も、性売買に肯定的な編集方針を採り、性売買当事者の権利運動の観点に占められているにもかかわらず、逆の見方を支える多くの情報を含んでいる。

『セックス・ワーク——性産業に携る女性たちの声』（一九八八年）の編纂者の一人はＣＯＹＯＴＥ共同理事長のプリシラ・アレキサンダーで、同組織の立場を採っていると考えられる。『娼婦の権利の擁護』

（一九八九年）を編纂したゲイル・フェターソンは「性売買当事者の権利を求める国際委員会」の共同創設者だった。カナダの論集『良い娘、悪い娘――性取引ワーカーとフェミニストの対峙』は、とある会議にもとづく。国際女性デーを主催したフェミニストたちが、ポルノグラフィは女性たちに害をなすと告発するチラシを配り、「カナダ性売買当事者の権利協会」（ＣＯＲＰ）の反感を買ったことがくだんの会議のきっかけだった。同書にはフェミニスト自認者の文章もフェミニズムに敵対的な文章も含まれている。寄稿のほとんどは口述記録や個人の声明からなる。性売買当事者の経験に関する研究にはもとづいていないが、フェミニズム系出版社から刊行されたという権威もあり、フェミニストのコミュニティで広く読まれたことから、同書は性売買に関するフェミニストの見解形成に大きな影響をおよぼしてきた。

論集『セックス・ワーク』を紐解くと、性を買われる女性や買われていた女性による寄稿の多くは性売買を虐待的なものと捉えている（Delacoste and Alexander, 1988）。『良い娘、悪い娘』に収録されているカナダの会議では、性を買われていた女性たちが非常に激しい応酬の中で性売買肯定派の活動家による発言に真っ向から反論している。まず、ＣＯＲＰトロント支部のメンバーであるペギー・ミラーは性売買のセックスを前向きに捉える。「生活のためにベッドで交わることの何がそんなにひどいんですか？私はそれが好きだし、自分のファンタジーをやり通すことができます」（Bell, 1987a, p.48）。別の参加者は彼女に異を唱え、自分は一五歳の時から八年間性売買の世界にいたと証言する。

夜職の女としてへとへとになりながら、どうしたら毎度毎度の性行為が好きだの、自分のファンタジーを全うできるだのと言えるのか、理解に苦しみます。好い加減、真面目に考えてください。

どうしたら客に役を演じさせてファンタジーを全うできるんですか。……どれだけの客を相手にしてきたか数えられますか？　まさかそんなにたくさんのファンタジーをお持ちで？　生きるために金を稼ぐだけのことではないんですか？　……もしこの上さらに客を取らなくてはいけないようだったら、私はそいつを殺していたでしょう！

[*ibid.*, p.50]

会議に参加したある女性は、おおやけの場では自分の仕事を楽しんでいると語る女性もいるが、プライベートの場ではよりつらい話が聞かれると指摘した。

一部の性売買当事者の権利団体は性売買に明るい装いを持たせようとするが、ひとたび当事者女性たちが自身の経験について語りだせば、多くの女性が性売買の抑圧を賞讃するのではなく糾弾したいと思うのは明らかである。性売買の真実に迫るべく、経験を持つ女性たちの声を聴くフェミニストは、対立する正反対の見方があることに気づく。そこでいずれの見方を受け入れるかの判断が必要となる。しかし一部の性売買当事者の権利活動家が、性売買に異を唱えるフェミニストへの個人的弾劾に没頭してきたことは、この判断を下すうえでの参考にはならない。

フェミニズムへの敵意

性売買当事者の権利運動を担うほとんどの団体のイデオロギーは、性売買の賞讃へと向かったので、男性による性売買での女性利用に反対するフェミニストへの罵詈雑言は、おそらく驚くには当たらないが、いよいよ苛烈になった。アンドレア・ドウォーキンは自身の性売買経験にもとづき力強いフィクションと分析を物した（Dworkin, 1997）。彼女は一般に、不人気な反性売買の立場を代表する人物とみられる。アメリカのレズビアン・ポルノ雑誌『私たちのバックで』の初代編集者スージー・ブライトは、小説『氷と炎』と『慈悲』で、ドウォーキンによる性売買の捉え方に反論する。「アンドレア・ドウォーキンをマルキ・ド・サドの生まれ変わりと思えば全てに合点がいく！　彼女はひどく抑圧されたサディストなのだ」（Juno, 1991, p.201）。こうした敵意を向けられたのはドウォーキンだけではない。元性売買当事者で『歴史の中の娼婦たち』を著したニッキー・ロバーツは、「女性への暴力に反対する女性たちの会」の一九八〇年リーズ大会で私が発表した論文を、「性産業」に関するラディカル・フェミニストの「典型的」見方だと評する（Roberts, 1992, p. 341）。私は「外野で性産業を観察する大半の者と同じ軽率な誤りを犯す」ことで「性売買当事者を黙らせ客体化」してきたと糾弾されている。

彼女は性売買当事者と性売買を同一視し、「金銭の支払いは女性を買われる客体にする」と主張する。実際には、買われるのは女性ではなく、女性が提供する性サービスである。［*ibid.*, p.342］

この種の転倒が極めて一般化しているのは無視できない。男たちではなく、女性の客体化を問題視するフェミニストたちこそが、女性を客体化する者とみなされる。女性の被害者化と闘うフェミニストたちこそが、女性を被害者にしているとみなされる（Roiphe, 1993; Wolf, 1993）。私や同様の立場をとるフェミニストたちは、「いつでも性売買当事者に飛び掛かってあらゆる社会悪の原因をなすり付けようと待ち構えている道徳的反動主義者」に追い風を与えているとみなされる（Roberts, 1992, p.342）。男性による性売買での女性利用を批判する者に向けられる最悪の糾弾は、当事者に対する悪い公共イメージを強めることで女性たちの生命を危険にさらしている、というものである。「このような理論化が具体的に何をもたらすかは分かりきっている。娼婦スティグマが路上での暴力を引き起こす結果、大勢の娼婦がその生活を、さらには得てしてその生命をも脅かされるのである」（*ibid.*, p.343）。ドナ・マシックによる豪・ビクトリア州の「性産業」に関する研究は、ビクトリア州性売買当事者団を通して入手できるが、彼女もやはり、私とアンドレア・ドウォーキンが危険なまでに否定的・父権的な性売買当事者のステレオタイプをこしらえていると糾弾する。

> ドウォーキンとジェフリーズは性売買当事者に否定的な目を向けることで、性産業のワーカーたちに付されたスティグマを育て、「支配者的」立場を保ち、性売買当事者の労働現場に産業上の権利を認めず、フェミニストが父権的とみる態度を強化する「被害者」／劣等者の地位を強めている。[Macik, n.d., p.12]

他の女性たちを危険にさらしていると非難されるおそれは、性売買の制度に批判的でありたいと思う者たちに対し、武器として機能しうる。それはこの男たちによる虐待形態への反対を抑え込む。オーストラリアの政治学者バーバラ・サリバンは、性売買の起源が男性至上主義にあるという自説を見直したと語る（Sullivan, 1994）。が、それは彼女がセックスワーカーたちに性売買当事者の敵だと非難されたからであり、結果、今の彼女はおおやけの立場として、性売買は性的スキルの教育にすぎず、いずれは男性も女性もみなそれをするようになるだろうと述べるに至っている。性売買肯定の立場をとる者たちの怒りに面したことで、彼女は自説を取り消し、もう性売買を批判したくないと決めたのだった。「セックスワーカーを支援しながら性産業を支持しないフェミニズムのアプローチは、論理的にも実践的にも筋が通らない」（*ibid.*, p.268）。サリバンの転向は、性売買当事者の権利運動ならびにポストモダンとクイアの理論および性的リバタリアニズムから立ち現れた性売買肯定レトリックの強さを物語っている。性売買肯定の立場が影響力を持ったのは、それが買虐者たちのみならず、産業に取り込まれた女性たちの一部からも聞かれる声であり、認めなければ女性たちの経験を否定していると見られかねないからである。

性売買当事者の権利活動家による議論でフェミニストに向けられる怒りは時にひどく苛烈になる。CORPのヴァレリー・スコット、ペギー・ミラー、ライアン・ホッチキスは、論集『良い娘、悪い娘』で凄まじい敵意をあらわにする（Bell, 1987）。彼女らは男性に深く同情し、フェミニストはこの同情を欠くと非難する。買虐者たちについて、彼女らはいう。「その男性の、人としての欲求に敏感でありたいと思います。彼は人なんです。ケダモノじゃなく、人なんです！　その人はただ抱いてほしいだけかもしれない。ただちょっとしたファンタジーを演じてほしいだけかもしれない……」。男性の悩みに対する同情のあまり、彼女らは男性の行動に総じて批判的なフェミニストたちに憤る。いわく、買虐者たちは「人間です。そのように扱わないフェミニストたちにはうんざりさせられます」と（*ibid.*, pp.209, 210）。このインタビューは「現実主義のフェミニスト」と題されている。というのもCORPのメンバーは、フェミニストを自称する者たちではなく自分たちこそが現実的なフェミニストだと述べているからである。それどころか、彼女らは「現存する唯一のフェミニスト」であって、その理由は彼女らが唯一、男性たちの声を聴く者だからだという。

私たちの考えでは、娼婦は大概のフェミニストよりもフェミニズムを意識しています。それも健全な視点から。というのも、私たちは絶えず男性と関わって、彼らがどんな背景を持つかを意識するという意味で、彼らの声を本当に聞いているからです。[*ibid.*, p.210]

これは無論、フェミニズムの定義として異様である。解放思想は普通、抑圧者の声をよく聴き、その欲するものや必要とするものに心から応えることを原点とはしない。イングランド性売買当事者団は買虐者に関し、異なる立場をとる。同団体は労働者の利益と雇用者の利益の対立に光を当てる社会主義の観点を持つ。「私たちは性売買当事者女性の利益が警察・メディア・政治家・学者・客と結び付いているとは考えない。その利益は私たちと同じく貧困と抑圧のもとにある他の全ての人々と結び付いている」(Delacoste and Alexander, 1988, p.275)。

ＣＯＲＰは性を買われる女性たちが他の者よりも「現実主義的」なフェミニストだと考えるが、その理由は、一般にフェミニストを自称する者たちが性的な常識に縛られているからだという。

私たちはより現実主義的なフェミニストです。性売買当事者は現実主義的なフェミニストで、理想主義的かつ偽善的な実体のないフェミニストの対極にいます。後者は生の現実に向き合いません。結婚生活で駆け引きをしたり折り合いを付けたりといった現実にも、男性が兄弟であって敵ではないという現実にも、自分がセックスを恐れているという現実にも。

[Bell, 1987b, p.211]

彼女らの糾弾によれば、フェミニストは「私たちの訴えを無下《むげ》にしている」(*ibid*., p.212)。そういうことはやめて、フェミニストは「私たちの声に耳を傾け」、「私たちを被害者とみることをやめ」、かたや「ありのままのセクシュアリティ」、つまり、おそらくは性売買のセックスと「向き合う」べきだという。問題は彼女らいわく、フェミニストが上品ぶった禁欲主義者で「自分の体の声すら聞けない」ことにある。フェミニストは性的抑制のせいでCORPの代弁者たちが言うことを理解も受容もできない。「フェミニストは性の面で、政治的に正しいもの、マドンナ的なものに関してあまりに狭量です」(*ibid*., pp.213, 214)。女性たちがこうした抑制を脱し、本当のセクシュアリティがどんなものかを知り、「より大きな経済力」を得れば、男性たちが女性を利用してきたように、女性たちも既にしているように男性を「エスコートサービス」で利用するようになる。けれどもまずは彼女らが自分の性欲を理解し、自分が男性たちと同じく商業的セックスを買いたがっていると自覚する必要がある。「最初のステップは、自分の性欲が自分の素性であり、それは正当なものなんだと女性に理解してもらうことです。彼女にはその欲求を持つ資格があるのです」(*ibid*., p.217)。性売買が性の解放であるなら、女性たちはその展望に含まれなくてはならない——それが現実主義的であろうとそうでなかろうと。

性売買肯定派は今日の反性売買フェミニストたちを貶めるために、同様の闘いに身を投じた一九世紀のフェミニストたちに対する悪意あるステレオタイプを持ち出す（Jeness, 1993, p.35）。性売買肯定派は、イギリスの伝染病法や道徳のダブルスタンダードに対抗した当時の反性売買フェミニストたちを、上品ぶった禁欲主義者と捉え、彼女らは女性にも性の解放にも敵対していたとみなす。今日のフェミニストたちを、この一九世紀のフェミニストたちに関してこしらえた悪意ある戯画と結び付け、今日の活動家を毀損する手口は常套化している（McLeod, 1982; Roberts, 1992）。ニッキー・ロバーツはこの結び付けを次のように行なう。

多くのフェミニストが娼婦たちの運動に曖昧な態度をとり続けていること、そして今日の西洋フェミニズムの反ポルノグラフィ／反性売買党派が、その先人である一九世紀の「第一波」フェミニストの態度を踏襲する傾向があることは、偶然ではない。

[Roberts, 1992, p. 340]

アイリーン・マクレオドも、同様の議論を弄した数多くの者の一人に数えられる。彼女によれば、バーミンガムのPROSのような性売買当事者の権利団体を支持したがらないフェミニストたちは「今世紀の初め、伝染病法に反対するフェミニストらの取り組みが社会浄化運動へと変容していった歴史を髣髴《ほうふつ》させる」という（McLeod, 1982, p.134）。他の機会に論じてきたが、一九世紀のフェミニスト活動家たちによる議論と行動をよく検証すれば、こうした戯画は事実に反すると分かる（Jeffreys, 1985）。

性売買パフォーマンス・アート——性産業の広報活動

一九八〇年代後期に、性売買推進運動から新しい現象が生まれた。それを担ったのは性を買われる女性や買われていた女性のキャロル・リー、アニー・スプリンクル、ヴェロニカ・ヴェラ等で、彼女らは男たちに性売買で虐待されてきた生活経験を「パフォーマンス・アーティスト」や「性教育者」の経歴へと変えた。自身がよく知っている性売買のセックスを、彼女らは性の解放として、かつ新たな性の「フェミニズム」として女性たち男性たちに売り込んだ。彼女らは「セックスワーク」に関するフェミニズムのアンソロジーにも寄稿し、性売買当事者の権利団体を代表する顔になった。彼女らは性売買の条件に抗議せず、性産業にいるのは素晴らしいことだと多くの場面で語った。それどころか、性売買はセックスと自己決定のモデルであるのみならず、アート、商取引、フェミニズム、さらには新しい宗教のモデルでもあると喧伝した。その試みは一定の成功を収めた——成功というものが、性売買を女性解放として売り込みたがる世界の父権的メディアにどれだけ持て囃されているように見えるかで測られるのだとすれば。

この性売買当事者のパフォーマンス・アートという新現象の中で喧伝された発想と実践は、アニー・スプリンクルの作品によく表れている。スプリンクルは性売買当事者の権利団体PONY（ニューヨーク性売買当事者の会）の活動家だった。一九九一年の証言によると、一六年間の業界在籍中にニューヨーク四二番街のダンサーを務め、ポルノ映画のスターとして一五〇本の主演映画を撮り、一九九一年だけで二〇本のビデオと五〇本の八ミリビデオをこなし、マッサージパーラーの性売買スタッフにもなったという（Juno, 1991）。ニューヨークに来た彼女はポルノ映画『ディープ・スロート』を製作したジェラルド・ダミアノの愛人となるが、この映画に出演したリンダ・ラヴレースは暴力的な女衒に銃で脅されながら演技を命じられたのだった（Lovelace, 1981）。スプリンクルはポルノ映画製作者の見習いとなった。一九八五年、彼女は「パフォーマンス・アーティスト」になり、みずからがいうところの「ポスト・ポルノ・モダニスト」として、多数の国でパフォーマンスをしつつ成功街道を歩み始めた。あるショーは「公共の子宮頸」と題し、スプリンクルが観客にクスコ鏡と懐中電灯を持って彼女の子宮頸を覗き込むように言う。スプリンクルは舞台上でマスターベーションを行ない、バイブレーターを使って絶頂に達し、便器に放尿して紙で拭き取りをする。これが批評家たちにアートとして扱われる。注目に値するのは、フェミニストたちが自己エンパワメントのために始めた実践をスプリンクルがポルノグラフィにしおおせたことである。一九七〇年代初頭のフェミニストたちは、意識覚醒と女性の健康グループでクスコ鏡を使って互いの子宮頸を観察したが、それは自分たちの体を理解して脱神話化し、力を医療機関から奪回する試みだった。スプリンクルは自身の姿を観客に晒し、なおもそれが女性の性的エンパワメントと関係していると主張する。

オーストラリアに渡ったスプリンクルは、一九九六年に名高いアデレード・フリンジ・フェスティバル〔南半球最大のパフォーマンス芸術祭〕でスターになったほか、シドニーとメルボルンの劇場でも公演を行なった。女性パフォーマンス・アーティストの中に、性売買でスキルを学んだという人々がいるのは、おそらく驚くことではない。彼女たちはつまるところ、同様の演技を行なっているにすぎない。ただし観客はさらに多く、彼らは買虐者ではなく知識人や芸術愛好家を自認して、覗き見ショーではなく劇場に足を運んでいるつもりでいる。誰かが乗せられている。スプリンクルいわく、「ほぼ全てのトップ女性パフォーマンス・アーティストたちは（私はお気に入りの人全てに会ったのですが）、もともと性産業にいて街娼やゴーゴーダンサーをしていたと語っていました」（Juno, 1991, p.39）。

ストリップショーや通常のポルノグラフィに出演していた昔、スプリンクルは精神的変容を遂げた。彼女はアニヤという新しい人格をこしらえ、タントラのヒーリング儀式を伴う新時代のセクシュアリティを売り込んでいる。自身のことは、女性たちに性の解放をもたらす「性教育者」と称している。「アニー・スプリンクルはトランスセクシュアルや小人や手足を失った人々とのセックスを好み、アニヤは空や泥や木々と交わるのです」（*ibid.*, p.33）。

> ポスト・ポルノ・モダニストはセックスを滋養と生命の源泉なる力として讃美します。私たちはみずからの性器を魂と繋がった自分の一部として慈しみます。性的に率直な単語や画像や演技を使って自分の思想や感情を伝えます。性的検閲を反芸術的かつ非人間的なものと糾弾します。このセックス肯定主義の態度によってみずからをエンパワメントします。そしてこの性的な自己への愛をもって、楽しみを味わい、世界を癒し、生き続けるのです。
> [*ibid.*, p.23]

『オーストラリアン』紙のカラーの某賞讃記事は、スプリンクルがいかに体制側の尊敬を集めているかを詳述する。

セックスワーカーの生活や女性生活におけるセックスの役割について真の洞察を与えてくれる女性として一部界隈の敬愛を受けていた彼女は、ブラウン大学やコロンビア大学、近代美術館で講義を行なった。『売女と女神』のビデオはホイットニー美術館で上映され、現在の彼女は女性たちのためのワークショップ「神聖なる売女道の秘密」や「癒しと瞑想と啓蒙の道のセックス」の講師として引っ張り凧《だこ》になっている。

〔Krum, 1996, pp.31-2〕

スプリンクルの「真の洞察」は、性売買を立派な女性の職業に見せかけることを狙っている。性売買擁護者を苛立たせる暗い部分には拘泥《こうでい》しない。

過去に性虐待を受けたことはないが、処女を失って六カ月後に金が必要で性売買の世界に入ったとスプリンクルは言う。最初に勤めたマッサージパーラーの仕事はよかった。「三カ月働きましたが、自分が売女だとは気づきもしませんでした——こんなに楽しい時間を過ごせているのですから！」。とりわけ好んだのは身体的に慊悪《けんお》を催す男性とのセックスだった。「『耐える』こともできない相手とセックスするのはどんな気分なのか知りたいと思って、しばらく私は『美女と野獣』のファンタジーに耽《ふけ》り、『最も気持ち悪い』男たちと一緒にいるところを想像しました」(Juno, 1991, pp.24, 26)。彼女が理解する愛は、金を支払った客に性的に利用される数分間の経験の内に存在する。

あのマッサージ室でセックスをしている時、私は相手の人を愛したんです！　本当の意味で深い関係を育んでいました。そして彼らも私を愛したんです！　私は子どもの頃に充分な愛情を得なかったと思っています。なのである意味、性売買は言うことがありませんでした。私はセクシーな気分になりたかった。人々にセクシーと言ってほしかった――自分が醜いと思っていたからです。

[*ibid.*, p.26]

スプリンクルはより大変な状況にある性売買当事者の女性たちへ向け、それは自分のせいに違いないとのメッセージを放つ。

自分に降りかかる良くないことは全て自分の責任だと彼女は言う。

そして私の考えでは、もし自分が被害者なら、ある意味、私は加害者と同じだけの責任を負っているのです――厳しいようですが、そういう時はいつでも自分が多くの原因をつくっていると確信します。私は自己イメージも自尊心も低かったので、それが他の人々による扱いに影響していました。なので私はこれまでのあらゆる搾取の責任を引き受けます。

[*ibid.*, p.28]

もっとも、彼女は多くの男性が「『敬意ある態度』からは程遠く」「いくらか虐待的」だったが「大体において……私は勝者になりました！」と述べている（*ibid.*）。女性たちが性売買を理由に逮捕されることすら、自業自得だと彼女は考える。自分は性売買を理由に逮捕されたことがなく、それは前向き思考の力を発揮していたからだ、と。何も起こらなかったのは自分が「決して恐れない」からだった。しかし彼女の周りには「同じ場所で働いていて五、六回逮捕される女性たち」もいた。「彼女らは逮捕を恐れるあまり、本当に逮捕されてしまったんです！」（*ibid.*, p.38）。

こうまで前向きな話をしているにもかかわらず、アニー・スプリンクルのワーク経験には明確な暗部があった。あるパフォーマンスは「一〇〇回のフェラチオ」と称するが、「これは二、三〇〇〇回のフェラチオをすると、うち一〇〇回は最悪なのがあったことにちなみます――それは本当に吐き気がする経験で、私はあとで泣いていました」（*ibid.*, p.32）。パフォーマンスでは「大きなディルド〔ペニスの模型〕を喉に詰まらせて」彼女が自分の痛みと「触れ合った」。「私が味わった性虐待はいずれもこの喉から生じていた」らしい、という言葉は、彼女の前向きな語りを思うと意表を突かれる。同じインタビューで彼女は述べた。「私はレイプされたことがありません――恐ろしい目には一度も遭いませんでした。真の恐怖を感じたことはありません。私は見ての通り、本当に幸運な人生を歩んできたんです」（*ibid.*, p.32）。「フェラチオ」パフォーマンスを通し、彼女は「自由を――今まで味わってきた全ての虐待からの自由を感じる」ことができたという。スプリンクルのような「性教育者」が買って出る実入りの良い性産業の広報役も、時には話を支えきれないようである。

ニューヨークのサドマゾクラブ「ヘルファイヤー」で一九七〇年代後期にスプリンクルが携わった官能エンターテイメントのいくつかは明らかに虐待的な様相を呈していたが、ジョン・ハイデンリーによる性革命の歴史書によると、彼女は見たところみずからそれを選び楽しんでいた。ハイデンリーはスプリンクルが「ちょっとしたセックスゲーム」を考案したと記す。

ある時はオートミール・レスリングなるものを考案し、体に付けたオートミールを洗い流す名目で二〇人の男の尿を浴びた。別の時には円陣になった二〇人の男の手コキ大会を催した。……セックスの相手には四二インチ〔約一〇七センチメートル〕の小人がいて、通常の三倍にもなる長さのペニスを持った黒人がいて、ナチスの制服でセックスしたがるエルハルトという男がいた。……加えて……痛々しい舞台も仕立て、フェラチオを喜ぶグレートデン〔大型犬の一種〕や八フィート〔約二・四メートル〕のボアコンストリクター〔大蛇の一種〕とも交わった……。　[Heidenry, 1997, p.161]

以降の章で取り上げる性を買われる女性たちの証言は、極度の貶め経験を求めるスプリンクルの熱意らしきものが極めて異例であることを示唆する。性を買われる女性たちのほとんどはやはり、最も平均的な性売買の行ないですら何の快楽も伴わないと語る（Hoigard and Finstad, 1992を参照）。独自の熱意や経験に依拠するスプリンクルは、そうした女性たちの利益を代表する性売買当事者の権利の代弁者とはいいがたい。対等なセクシュアリティに関心を持つ人々の性教育者としても、彼女は同じく適性を欠いているだろう。

性的パフォーマンス・アートの実践はアメリカだけのものではない。オーストラリアのパフォーマンス・アーティスト、リンダ・スプロールは、スプリンクル同様、これまで性産業でのみ行なわれていたような仕方で女性たちがみずからの体を男性のまなざしに晒せば積極的な政治表明ができると考える。オーストラリアの雑誌『アートリンク』で、スプロールは「ニューヨークのアーティストであるアニー・スプリンクルやカレン・フィンリー」に比せられる人物と評される。「彼女らの信念では、この社会の女性たちに対する二級の扱いに光を当てる点で、積極的抗議はフェミニズム理論にできなかったことを達成しうる」(King, 1994, p.60)。スプロールの「積極的抗議」では、パフォーマンスに先立って彼女が自分の体を傷つけ、観客に本物の傷を見せる。彼女は舞台上でネグリジェを脱ぎ捨て、ハイヒールを履く。見物人は「あざや新しい裂傷に覆われたスプロールの裸体と対峙し、彼女がハイヒールで観客のあいだを歩くと、その姿は欲望の対象たる女性の恐ろしいパロディになる」(ibid., p.61)。スプロールは見物人にトーチを渡し、かがみ込んで傷を鑑賞させる。この紹介記事に付された写真では、男女らが彼女の臀部をトーチで照らし、一人の男性が裂傷に指を這わせている。説明によれば、「フェミニストもミソジニストも」この作品が「女性たちの二級の地位を肯定している」と誤解したという。その解釈に反論して執筆者のアマンダ・キングがいうには、「自傷行為には前例があり」、ある女性たちはアートの中で自身の頭髪をレザーカットし、観客に髪を切らせた(ibid., p.61)。この女性たちの身体は「アーティストの素材」と称され、「アーティスト」はギャラリーの外の世界で男たちが女性におよぼす虐待を彼女らの体で再演する。このようなアートによる虐待の専有が、どうすればアート的とされない女性虐待への抗議となるのかは謎というよりない。

性的パフォーマンス・アートはいまやアカデミックなフェミニスト界隈の一派にも高く評価されている。ポストモダン理論に依拠するシャノン・ベルの著書『性売買当事者の身体を読み、書き、書き直す』(一九九四年)が支持する考え方によれば、性を買われる女性たちは単に他と同じ仕事をしている女性というにとどまらず、それどころか究極の性的興奮と満足を自身にもたらす仕事をしているだけでもない。ベルにとって、性を買われる女性たちは神聖な癒し手であり女神だという。性を買われる女性たちが敬われていたという歴史上の黄金時代神話を引きつつ、彼女は性売買当事者の「太古にさかのぼる性的かつ神聖な癒しをもたらす女性身体の系譜」をたどろうとする（Bell, 1994, p.1）。ベルは主だった性売買当事者の活動家、アニー・スプリンクルやヴェロニカ・ヴェラやカンディダ・ロイヤルが、自身の政治学と性産業の専門知識をビデオ制作やパフォーマンス・「アート」へと昇華していることに感嘆する。この「アート」は、表向き性産業への諷刺的コメントを含むが、同時にその行ないを援用し、さらには讃美する。ベルの考えでは、この性売買当事者のパフォーマンス・アートを通し、性を買われる女性たちは歴史的に女性たちの分断に利用されてきた女神と娼婦の大いなる二元論を調停しおおせているという。

性売買当事者の権利運動の思想と実践は一九八〇年代から九〇年代に発達したが、それはフェミニストたちにとって、フェミニズムの性売買分析を手放さずには到底支持しかねるものだった。フェミニストたちは性売買が他と同じか、ことによるとそれ以上の仕事であるという説、さらにはそれが性サービスの一種もしくは性の解放だという説を受け入れるために、性売買と女性抑圧の繋がりについてフェミニストの理論家や活動家が一世紀にわたり提示してきた全ての洞察を捨て去るよう求められた。しかし一つ、問題があった。性を買われる女性や買われてきた女性の多くは全く違う話をしており、性売買に何らの明るい側面も見出していなかった。WHISPERのような団体も育ったが、そのメンバーは性を買われる女性たちからなり、団体として、性売買は女性に対する暴力の一形態であって抹消されなければならないと宣言している。フェミニストは説得力の勝る分析をどのように見極めればよかったか。性売買肯定の立場は最大の認知度と資金を得た。そのメッセージは優勢を誇る男性たちの意見に適っていたからである。それは昔も今も、支持しやすい主張には違いない——たとえそのせいで、厄介にも否定的な見方を続ける女性たちを切り捨てることになっても。加えてその立場は、フェミニズムの性売買批判に激怒する性売買肯定派の活動家による罵詈雑言をかわすことができる。以降の章では、性売買肯定派の活動家による議論、すなわち性売買は選択である、他と同じ仕事である、性の解放であるという議論を検証し、そのうえで、性売買は当事者の女性たちにとってそのいずれでもなく、性暴力の一形態であることを明らかにする。

第4章

同性愛と性売買

初めて客を取りだした頃はしんどいことだらけでした。もう、大抵の奴は吐き気がする連中で、気持ち悪いなんてもんじゃないです。

[Paul in Gibson, 1996, p.85]

ゲイ男性ないし「クイア」の観点は、一九八〇〜九〇年代における性売買概念の構築に大きく関わっている。性売買当事者の権利運動はその影響を受け、性を買われる女性たちをレズビアンやゲイ男性と並ぶ性的マイノリティの一種とみるようになった。フェミニストやレズビアンの界隈にみられる性売買への楽観は、この営為を受け入れるゲイ男性らの態度に促されたものとみることができる。男性の同性愛、レズビアニズム、および性売買の関係をめぐる批判的分析は、二〇世紀末に性売買が普通化された経緯を理解するのに欠かせない。

性を買われる男性や少年の利用は、歴史的にゲイ男性の性行動で大きな部分を占めてきた。これはレズビアンには当て嵌まらない。むしろレズビアンは買虐者になるよりも男たちに買われることのほうが遥かに多かった。もっとも、性を買われる男性たちの経験はフェミニズムの分析対象とはされてこなかった。それは性を買われる女性たちの経験とはいくつかの点で明確かつ決定的に異なる。例えば、若いゲイ男性の一部は、セックスのために金を提示されることで、自分の地位が貶められたというより高められたと感じるらしい。が、そうした点を除けば、性売買当事者の少年の経験、特に家を持たない少年らの経験は、女性や少女のそれと多くの共通点を持つ。ゲイ男性文化と今日の「クイア」理論から発達した性売買理論は、性を買われる女性と男性の違いを考慮に入れない。また、両性の力関係が性売買という現象を構築することにも目を向けない。にもかかわらず、性を買われる女性と男性がクイアの地位に包摂されるべき性的逸脱者のカテゴリーである性的マイノリティをなすという思想、従来の男性的なセックスの定義をよりどころとする考え方は、レズビアン、ゲイ、および一般の学術的なセクシュアリティの理論構築に大きな影響をおよぼすに至った。これはフェミニズムによる性売買の理論構築にとって非常に問題がある。というのも、性売買を肯定するゲイやクイアの理論家たちは、性売買が人権侵害もしくは性暴力の一種をなすという思想に強く反発し、それを解放の実践と捉えたがるからである。本章ではゲイ男性とレズビアンの性売買に関する理論と実践を分析し、クイア的な性売買へのアプローチは何が間違っているのかを明らかにする。

性的マイノリティ

現在のクイア理論は性的マイノリティと称される人々を十把一からげにする傾向がある。それらの人々はいずれも等しく「越境的」な「セクシュアリティ」の体現者とみなされる。こうしたアプローチはミシェル・フーコーならびにその思想の普及者、例えばイギリスのゲイの歴史家であるジェフリー・ウィークス等の仕事に端を発する。フーコーによれば、生殖に結び付かない性行為が倒錯とみなされていた一九世紀後期、性科学によるセクシュアリティの分類は、同性愛者たちによってより積極的な目的のために転換され、性的逸脱者たちは性科学を用いて寛容を求めた。この展開は「反動言説」と称される。性科学分類の対象だった人々は、自身にアイデンティティの感覚を与えた当の分類を利用し、政治運動と反抗を形づくることができたのだった。「同性愛〔原文ママ〕はみずからのために語り始め、しばしば医学的にそれを否定した当の語彙、当の分類を用いて、みずからの正当さと『自然さ』が認められることを求めた」（Foucault, 1978, p.101）。社会的・経済的変化を背景に、同性愛者たちは特定の都市や地域に大人数で地理的に集中したため、「政治化した性的アイデンティティ」の発達が可能となった（Weeks, 1985, p.193）。結果、「今日同性愛者であることを公言している男性の多くは、自分が『性的マイノリティ』に属するという自覚を持つ。この用語は以後、小児性愛者やサドマゾヒストのような他の性的分類集団にも注目され使用されてきた」。性的マイノリティの概念には力があった。「『マイノリティ』は『権利』を主張できる。リベラルな民主主義には……マイノリティの主張を認める神聖な伝統がある」（*ibid.*, p.195）。

ウィークスが挙げる「性的マイノリティ」は奇妙な寄せ集めである。そこには小児欲情《ペドフィリア》やサドマゾヒズムの実行者も含まれるが、前者はフェミニストたちによって小児の性虐待と分析され、後者はポルノグラフィに反対するフェミニストたちによって女性や性売買当事者に悲惨な結果をもたらす残忍性のセクシュアリティの称揚と目されている。これら全てが、クイアの視点ではなぜかレズビアンやゲイと同一線上に置かれる (Jeffreys, 1990, 1993)。

性欲の集団分類で、社会的重要性が理解されるとは思えないもの、あるいはマイノリティの中のマイノリティにしかその嗜好が当てはまらないもの――サドマゾヒスト、小児性愛者、トランスヴェスタイト〔いわゆる異性装者〕、性売買当事者が思い浮かぶが――、これらは関連する性の集団分類と結び付けられることを大きなよりどころとしなければならない。サドマゾヒストの大きなサブカルチャーが誕生できたのはサンフランシスコのような都市にかぎられる。[Weeks, 1985, pp.192-3]

比較的認知度の低い性的マイノリティはレズビアンやゲイ男性の支えを必要とし、それは無論、その実践者を性的越境者という広い台座に加えるクイアの政治学によって達成される (Jeffreys, 1994)。このマイノリティの人々、「承認の運動」を信奉して「ラディカルな性の政治学」を主張しようと街頭デモを行なう人々は、常に性売買当事者をウィークスの枠組みに含めている感がある。性を買われる女性や男性は、自身の性的嗜好を実践する自由のために闘う集団と定義される。女性の性売買当事者にとってこの包摂は適切ではない。

トランスヴェスタイト、トランスセクシュアル、小児性愛者、サドマゾヒスト、フェチシスト、両性愛者、性売買当事者、その他は――おのおの特定の性的嗜好すなわち性癖に特徴づけられ、特定の流儀・道徳・共同体に分類・画定され、おのおの特定の自己表現遍歴を持っており――いずれも自身らの場所と「権利」を主張すべく世界の舞台に躍り出た。［Weeks, 1985, p.186］

性売買はここに当てはまらない。性売買は当事者女性にとって性的実践ではなく、性科学者によって他と同じように倒錯として「発見」され分類されたものでもない。性売買は他の実践と違い、金銭のためになされることで、実践者の「性的嗜好」とは何の関係もない。具体的に行なわれることの大半も、「性癖」に深く関わっているとは考えにくい。マッサージパーラーで男に女性器を触らせる女性は必ずしも特殊な性癖を披露しているのではない。

性的マイノリティの一覧に性売買を含めるという、この不適切な包摂は、ゲイ男性らの極めて独特な性売買経験にもとづいていると論じることはできるかもしれない。が、同じ考え方をする有力なレズビアンの理論家もいる。こうした着想を支持してきた人物に、アメリカのレズビアンでサドマゾヒズムの理論家であるゲイル・ルービンやパット・カリフィア〔現パトリック・カリフィア〕がいる（Rubin, 1982; Califia, 1981, 1982, 1994）。彼女らもやはり性売買を革命的なものと位置づけることを試みる。二人は一九八〇年に、サンフランシスコでレズビアンのサドマゾヒスト団体サモワを創設した。ルービンはさらにその知的エネルギーを投じてアメリカのゲイ男性革製品コミュニティの実録を記し、サドマゾヒズムを革命的なものと正当化するセクシュアリティの理論をつくり上げた（Rubin, 1993）。カリフィアは性教育の著書や数巻にわたるサドマゾ・ポルノグラフィの著書を著した（Califia, 1988, 1989）。

顕在化するサドマゾヒズムの熱狂と性売買の結び付きは初めから強かった。男性支配的な性産業における女王はＳＭ団体の重要メンバーだった。カリフィアをはじめ、他の者は「攻め」、つまりサディストを務めるみずからのＳＭ実践の一環として、あえて性売買の世界に入り、主としてストレートやゲイの男性を相手にした（Califia, 1994）。サドマゾヒズムは他の面でも、性売買との絡みで注目に値する。それは性産業と強く結び付いた性的実践で、現に性売買当事者の権利活動家アニー・スプリンクルもニューヨークのクラブ「ヘルファイヤー」からデビューした。同店のようなクラブはいまやオーストラリアにも存在するが、これらは性産業の一側面とみることができ、そこで客たちは金を払って有給または有志のキャストによるサドマゾ行為を鑑賞する。ルービンとカリフィアはそのセクシュアリティ概念の中核に性売買を据える。二人はリバタリアン風のセックスの政治学を形成する点で大きな影響力を振るったが、その政治学のもとでは、性を買われる女性たちが、解放を求める性欲のマイノリティとみなされる。

ゲイル・ルービンの論文「セックスを考える」はフェミニストによるセクシュアリティ理論の構築にもゲイによるそれにも大きな影響をおよぼした（Rubin, 1984）。その好評ぶりは、一九九三年に編まれたレズビアン・ゲイ研究の初の読本にも、この論文が基調をなす章として再掲されていることに表れている（Rubin, 1993）。ルービンがめざしたのは、「正確で人道的で真に解放的なセクシュアリティの思想体系」をつくること、「性欲に関わる不正や性的抑圧の同定・記述・説明・糾弾」に適した「ラディカルなセックス理論を打ち立てることだった（*ibid.*, p.9）。そこで彼女は生殖に関わらない実践の解放を呼びかけた。いわく、性的価値体系は性的実践を「良い」「正常な」「自然な」「ありがたい」ものと、「悪い」「異常な」「不自然な」「忌まわしい」ものに分ける。性売買――彼女の定義によれば「商業的セックス」――は、同性愛者や未婚者のセックス、乱交的セックス、生殖に関わらないセックスと並んで「悪い」セックスに分類される。ウィークスと違い、ルービンは性売買が他の「性的マイノリティ」と異なること、性売買が「職業」なのに対し「性的逸脱は性欲の嗜好」であることを指摘する（*ibid.*, p.18）。にもかかわらず、「両者は社会組成の面でいくらか共通の特徴を持つ」と彼女はいう。

ルービンは「民主主義的」な道徳に政治目標を置く。それは「パートナーたちによる互いの扱い、相互的配慮の度合い、強要の有無、快楽の質と量によって性行為を評価する」ものでなくてはならない（*ibid.*, p.15）。「性行為がゲイのそれかストレートのそれか、一対一か集団か、裸体でのそれか下着でのそれか、商業的か無料か、ビデオを使うか使わないか」は「倫理的問題」とされるべきではない。彼女の考える「民主主義」は性搾取からつくり出せるもので、フェミニストの立場とは正反対の位置にある。後者の見方では、性売買はまさに女性・男性間の「民主主義」の欠如から生じる。

ルービンはラディカル・フェミニズムの反ポルノ・反性暴力の政治学を「性科学というより悪魔学」とみなす。それは「性差別が営利の性産業から生じ、社会に広がっていくと示唆する」見方だと彼女はいう（*ibid.*, p.28）。これは正しい説明とはいえない。フェミニストの理論家たちは、女性抑圧が商業的セックスから生じるとは述べておらず、逆だと述べている。ルービンはこのようなフェミニストの立場を「ナンセンス」と考える。彼女によれば、性産業は性差別の影響を受けているが、それを生み出し支えることには関わっていない。「性産業特有のジェンダー不平等の表れは分析して反対する必要がある」、しかしそれは「商業的セックスを一掃する試み」を意味しない（*ibid.*, p.28）。とすると商業的セックス自体は罪のないもので、ただ性差別に汚されているにすぎない。

ルービンいわく、「性の解放はこれまでもこれからもフェミニズムの目標であり続ける」(*ibid.*, p.29)。彼女の考えでは、「性的マイノリティ」に関し、例えば小児欲情者などは誰の解放を体現するのかと問うこと、あるいはそうしたマイノリティの性的実践が何に由来するのかと問うこと自体がその人々にとって敵対的である。同性愛が何に由来するのかと問うことは、異性愛に対して同じ問いが呈されない以上、前者に後者ほどの正統性がないと仄めかす点で敵対的な疑問となる。彼女が考える性的逸脱者・性欲マイノリティ・性的主体・等々の一覧には性売買も含まれるので、なぜそれはこうもジェンダーが偏っているのか、という点に迫るような性売買の原因論に関する問いは、同じく敵対的とみなされたに違いない。ルービンは社会構築主義に依拠することを右の論文で述べているが、その則り方は奇妙に限定されている。彼女はフーコーと同じく、特定の行ないがある時代にスティグマを付与される様態や、性的行為者がそれを受けて「承認の運動」を立ち上げる様態に関心を寄せるが、当の行ない自体は——サドマゾヒズムであれ性売買であれ——歴史を超越する疑問の余地なきものとして扱う。それらは端的に、セックスそのものである。

ルービンはジェンダーとセクシュアリティを分析の面で区別すべきだと論じる。彼女によれば抑圧システムには二つの種類があり、ジェンダーのそれは女性たちを抑圧する一方、セクシュアリティのそれは「性的マイノリティ」を抑圧する。フェミニストはセクシュアリティを分析しようとする点で自分たちの趣意を超えているといわれる。彼女らはジェンダーだけを扱っていればよい。まさにこうした分割によって、性売買は小児欲情やサドマゾヒズムもろとも、物質的な力の差などに関するフェミニズムの考察から切り離せるもの、のみならず解放をもたらす性的実践とみなせるものになる。この分割はフェミニズムのセクシュアリティ分析を好まないゲイの理論家たちにとって都合がよい。これによって彼らの性的実践は批判的吟味を逃れおおせる。もちろん男性のゲイ理論家たちはルービンの定式を熱烈に支持してきた。例えばアンドリュー・ロスは同様の議論をしている。

> ジェンダーにもとづく改革、例えば反ポルノ勢などが提案するそれは、性的マイノリティの利益に反しがちで、事実、既にマイノリティの権利に対する抑圧の一翼を担っている。くだんの権利は性行為に関するプライバシー保護のもと、恐る恐る拡張されてきたにすぎないものだというのに。性的マイノリティの十全な性の権利を達成し保証するには、ジェンダーのカテゴリーから比較的独立したセクシュアリティの政治学が必要とされる。
>
> [Stychin, 1995, p.73 より]

この分割はフェミニストによるセクシュアリティ理論の構築を抑え込み、それを男性のゲイ理論家にゆだねるもので、不穏な事態をもたらす（Jeffreys, 1994）。ルービンはジェンダーも性システムの分析に関係するかもしれないと認めるが、それは女性たちがこのシステムの中で差別され、特に顧客や事業者として性産業に関わる機会を奪われてきたという認識にとどまる。

近代的なセックスのイデオロギーは、肉欲が男性の専売特許、純潔が女性のそれだという考えを含む。ポルノグラフィや倒錯が男性の領分に属すると考えられてきたのは偶然ではない。性産業では、女性たちは生産と消費の大部分から弾き出され、主として労働者としての参入のみを許されてきた。

[Rubin, 1993, p.33]

よって、解決策はルービンが自然で本質的なセクシュアリティとみているらしき営みに女性たちの参入を促すこととなる。つまり、女性たちも男性の数に負けないくらい、性売買当事者の女性と男性を買うユーザーにならなければならない。この古典的な性的リベラリズムでは、女性たちが男性の性的特権に浴する必要があるとされる。

パット・カリフィアによるセクシュアリティの考え方も同様であるが、こちらはより言葉が軽率で知性に欠ける。この問題に関し初めて彼女のおおやけの立場を示した一九七九年の論文で、性売買当事者はカリフィア自身のサドマゾヒズム嗜好を擁護するために利用されている。そこでは、性売買は単なる「性的嗜好」の一つとされる。「ドラァグ・クイーン、革マニア、ラバーマニア、少年性愛者、少女性愛者、同性愛サドマゾヒスト、性売買当事者、トランスセクシュアル、……私たちの差異は抑圧や生物学のみによってつくられるのではない。それは嗜好、性的嗜好なのだ」(Califia, 1994, p.157)。性売買に関する彼女の態度は、性を買われる女性たちからすると、理解に苦しむものだろう。カリフィアは性売買の思想と実践を官能的なものと位置づけた。彼女にとって性売買は、性的な掟破りの快楽において果たす役割ゆえに存続しなければならない――それが当の構造の中に身を置くことを余儀なくされる女性たちにとって、また女性たち一般にとって何を意味するかによらず。これは性交中にパートナーがディルドを使った際の彼女の感覚に表れている。「私はポルノ的になり、売女《ばいた》になり、娼婦になる――そのアイデンティティは男らしさの快楽と同じほどの強度で私から奪われていたものだった」(*ibid.*, p.177)。性売買の世界にいる女性たちのほとんどは、無論、性売買当事者のアイデンティティを「奪われて」はおらず、むしろそれを押し付けられたものと感じ、その掌握から逃れようとする。歴史を振り返れば、性売買は貧困女性たちにとって、奪われたアイデンティティではなく、その逆だった。しかし支配と従属の興奮を「選択」するサドマゾヒストの見方では、性売買はただ、利用される者に興奮をもたらすものとのみ捉えられる。なぜならそれは明らかに力の不均衡に依拠するからである。リバタリアン〔自由意志論者〕はその傲慢ゆえに、性を買われる女性たちが「選択」をしているわけでも興奮するわけでもないという事実を把握しかねているように見受けられる。

カリフィアは地元紙にマルキ・ド・サドの広告を載せ、SMの性売買当事者として働くことを選んだ。彼女は性売買がいつまでも存在すると信じる。「公正な社会が、快楽のために金を支払う行為を一掃する（できる）とはとても信じがたい」(*ibid.*, p.222, 242)。このような考え方は男性のセクシュアリティを自然化し、現在の男性的な客体化の習慣を歴史条件から生まれたものではなく、全人類に不可欠のものとみなす。「女性たちが男性と同じだけの購買力を持つ」ようになれば女性も性売買当事者を利用するようになる、しかし今はそうなっていないとして、彼女は男たちが性売買での女性利用におよぶ動機を列挙するが、そこには男性特権について気づかされるところがある。いわく、「私の奴隷たち」には「病気の妻を持つ者らがいた」(*ibid.*, p.243, 222)。要するに、男は性奉仕される権利を持ち、家事におけるその部分がしっかり果たされていなければ、よそへ出かけてもよいということである。

カリフィアは明らかに性売買でのセックスをセックスそのものと捉えている。性を買われる女性たちは「セックス」について知るべき全ての事柄を教えることができる、と考えるからである。

才能あるセックスワーカーは全くの素人に全ての性的選択肢を教え、自分を妊娠や病気から守るための適切な方法を明かし、より経験のあるパートナーを喜ばせるための技を手ほどきすることができる。

[*ibid.*, p.245]

実際には、性売買で教えられるのは男性支配と女性従属のセクシュアリティである。カリフィアがこうも熱心に性売買の教育効果を称えているのは注目に値する。ポルノグラフィに関しても性産業の他分野に関しても、リバタリアンの理論家たちは悪い教育効果がありうるという指摘を断固拒否し、性売買に良い教育効果があると考え続けてきた（Jeffreys, 1990）。

興味深いことに、カリフィアはフェミニズムが男たちをさらに性売買へ駆り立てるものとして機能しているとみる。その認識では、フェミニズムは男性たちの悩みをつくり出した。男性は「家庭も子どもたちの親権も」奪われながら「養育費と扶助料の支払い」を強いられてきた（Califia, 1993, p.244）。

婚前契約が交わされ、約束違反や性的ハラスメントが訴えられる世界では、かつて男性たちに高く評価されていた「良い」女は……寄生者や負債とみられがちになっている。男性たちは、「イケてる女の子」はセックスをいやがりながら金を巻き上げる、かたや「堕ちた女」はペニスとセックスを好んでほんの一〇〇ドルそこらかしか求めない、という認識に変わりつつあるかもしれない。

こうした見解をみると、カリフィアが誰の味方なのかはよく分かる。彼女が共感を寄せるのは異性愛男性である。彼らは女性たちが労働の経済的評価と性的自己決定権を要求するにつれ、特権と慰安を失いつつある。ルービン同様、カリフィアが政治的に同化するのは女性ではなく男性であるらしい。権力の座に由来する男性たちの特権が、女性たちの利益によって脅かされた時は、前者の利益が優先される。カリフィアはセックスワークがその本来の「精神性」をも取り戻しうると考える（*ibid.*, p.246）。性売買に付されたスティグマが払拭されれば、

全ての人々が結婚前に人生のどこかで、自分もセックスワーカーをやるだろうと考えだすかもしれない。集産型の性売買店ができ、人々が駐車違反切符の支払いや奨学金の返済をするために地域奉仕をするといった可能性もあるだろう。［*ibid.*, p.247］

性売買は常に存在するというカリフィアの考えは、「ジェンダー」が性的興奮に必要で、女性が自由になっても残存するだろうという彼女の考えと一致する。カリフィアは「ジェンダー」が性売買と同じく女性の従属化を通して構築されるという見方を受け入れない。「男女平等の世界では、両性のあいだの性的興奮を維持するためでしかなくとも、人々は差異を（捨て去るよりむしろ）際立たせることを選ぶだろう」（［*ibid.*, p.152）。カリフィアにとって、両性の「差異」は男性優位を稼働させ続ける不平等の社

会構造ではなく、単に恵み深いセックス玩具を提供するものらしい。

男性の性売買と女性の性売買の違い

ウィークス、ルービン、カリフィアなど、性を買われる女性と男性を性的マイノリティとみなす者たちは、性売買の世界にいる女性と男性の経験に区別を設けない。「性的マイノリティ」を分解すれば、男性、女性、および男性から構築物としての女性に移行するトランスセクシュアルの経験は大きく異なることが明らかになる。したがってそうした人々を一つのカテゴリーにまとめることは、女性たちの経験を男性たちのそれに均質化する非常に問題含みの企てといえる。興味深いことに、性売買の理論家である一部の男性らは、フェミニズムの分析が男性と女性の性売買の違いを考慮できていない点で不完全だと指摘する。ギャレット・プレステージ（ゲイリー・ベネット）は一九九四年のオーストラリアの論集で、フェミニズムの議論は常に男性の性売買と「それがフェミニズムの議論に与えうる影響」を無視してきたと述べている（Prestage, 1994, p.174）。性売買に対するフェミニストたちの態度はあまりに否定的であり、これはゲイ男性にとって性売買がいかに喜ばしく好ましいかを考えることで改善しうると彼は示唆する。

ゲイ男性の理論と実践は現在の性売買理論の形成に多大な影響をおよぼしたため、そこにみられる違いと繋がりを考える必要がある。レズビアンとゲイの性の解放を基調とする性売買理論は、この産業に取り込まれた人々の大半を排除してきた。女性たちは自身を性的マイノリティとも「クイア」ともみておらず、セックスに関係する何かに関与しているとすら思っていない。性売買を扱ううえでの用語法の問題を考えつつ、プレステージとパーキンスは指摘する。

性売買当事者を「クイア」と呼ばれる大きなカテゴリーに含める試みが難しいのは、この用語がそうした人々と響き合わないせいにほかならない。ゲイ男性、レズビアン、バイセクシュアル、トランスセクシュアルの関心事は、必ずしも性売買当事者のそれとは関係なく、性売買当事者も、とりわけ異性愛者を自認する女性の性売買当事者は、必ずしもこれら他の集団と同様の利益を持つとは考えない。

[Prestage and Perkins, 1994, p.17]

後者は「総じて自分を至極普通で正常な者とみてており」、逸脱的とみえる行動を「自己感覚に関係しているものとは捉えない」。「『クイア』などの言葉はそうした人々にとって侮辱的ですらある」。プレステージとパーキンスは賢明にも、「これら全ての集団を含める『アンブレラ・アイデンティティ』をつくる試み」は、とりわけ多くのレズビアンやゲイやトランスセクシュアルがその用語を認めない状況では「現実的ではない」とも指摘する (*ibid.*)。

男性と女性の性売買には、明らかな共通点が一つある——客は圧倒的に男性が占めるという点である。性売買はほぼ男性らの性的利益のみに資するべく存在する (Perkins and Bennett, 1985; Gagnon and Simon, 1974)。男性を性売買で利用する女性の数は無視できるほど少なく、女性が女性を利用するのはほとんどが三人性交を望む男のためで、彼女らはなおも男の性的利益に奉仕させられる。この共通性から両者の違いもみえてくる。男女間の権力差が男たちによる女性の買虐《ばいぎゃく》をもたらしたのだとしたら、同じ権力差は男に性売買で利用される男女双方の経験にも関わっていると考えられるだろう。

顕著な違いの一つは、性を買われる女性と男性の性的快楽に関係する。性を買われる女性たちの大半は、性売買が性的快楽をもたらすことはないと語っている（McLeod, 1982; Millett, 1975; Hoigard and Finstad, 1992）。が、性売買当事者男性は違うらしい（Gagnon and Simon, 1974）。女性の性売買当事者にとって、オルガスムは滅多になく、通常は苦痛でしかない。それは性を買われる女性たちが自己感覚を守るために設けた入念な分離の境界を脅かすからである。しかし性を買われる男性や少年にとっては、オルガスムは珍しくない。むしろ逆に、客のほうがオルガスムまで達しないことが多い。男性はより積極的に、性売買の動機として性的快楽を挙げる。

ギャレット・プレステージは、シドニーで自身が働いた経験から、性売買を始める動機や経験の意味は男性と女性とで大きく異なると説明する。女性は経済的理由から始め、性売買を「仕事」と捉える。男性は多くの場合、不定期に性売買を行なうのみで、全収入に占めるその稼ぎの割合もごく小さい。プレステージは性売買の世界に入る女性の割合を〇・〇三～〇・一六パーセントと見積もるが、性売買で利用されるゲイ男性の割合は二〇～二五パーセントにもなり、ほぼ同じ割合のゲイ男性は性売買の利用経験があるという（Prestage, 1994）。若年ゲイ男性を対象としたシドニーの調査では、三分の一が人生の一時期に性売買を生活の糧としていたことが分かった（Perkins and Bennett, 1985, p. 22）。パーキンスとベネットは、性売買の一要素に、何でもないものとされる縄張り、つまり徘徊区域があると論じる。「それなりに魅力的なゲイ男性であれば、いつでも、どの縄張りでも、セックスと引き換えに……金を貰えると期待できる」（*ibid.*, p.36）。経済的必要性が大きな比重を占めないという点は、性売買当事者男性が属する階級にも表れている。パーキンスとベネットの指摘によれば、「よく目立つ特徴として、聞き取りをした専業のゲイ男娼たちには、労働者階級の出身者が少なかった」。中心を占めていたのは下位中産階級の出身者である。フルタイムの路上男娼には「中産階級寄りの青年と……労働者階級の青年が混在していた」(*ibid.*, p.27)。

男性と女性では、性売買に伴う危険にも違いがある。女性たちは買虐者に暴力を振るわれることが多いのに対し、性売買当事者男性は自分を買った男に攻撃されたと語ることが少なく、買う男のほうも慎重で失うものが多い。性売買当事者男性とその買虐者には共通点があり、どちらも同性愛のスティグマを着せられる。女性は買虐者と共通するところが少なく、後者はスティグマを免れる。パーキンスとベネットいわく、同性愛者の性売買では「客と性売買当事者はともに苦しみ、互いの立場に親近感を抱く」一方、異性愛者の性売買では「接触は女性男性間の対立と距離を深めることにしかならない」(*ibid.*, p.14)。プレステージによれば、男性の性売買では「搾取問題」は遥かに縁遠いことが多い。

ジェフリー・ウィークスは一九世紀から二〇世紀初頭のイングランドにおける同性愛者の性売買を扱った興味深い著書の中で、右のような違いが西洋文化に昔から存在したことを実証する。その説明によれば、「同性愛者の性売買に関し、異性愛者の性売買を容認してきたような正当化のイデオロギー」はなかった。女性の性売買当事者は非難されるが、買虐者が非難されることはなかった。男性の性売買は二重のスティグマを負った。ウィークスの見方では、この早い時期の男女の性売買の違いは、同性愛者の性売買において男性たちの文化やコミュニティがほとんど発達しなかった点にある。女性の性売買当事者たちは互いを助け合って生きのびるためにそうしたコミュニティを形成した。他方、性を買われる男性たちのあいだで独自のコミュニティは育たなかったが、「性売買と同性愛サブカルチャーのあいだには親密で共生的ともいえる関係」がつくられた（Weeks, 1991, p.197）。当時はあらゆる男性の同性愛行為が違法で、暴力や脅迫を受けるリスクを高めたため、同性愛者の性売買はよりおおやけの目を避ける傾向があった。

注目すべきことに、ウィークスは男性同性愛者の性売買が、男性同性愛者への抑圧と、同性愛を表現する機会の制約から生じたと論じる。こうした説明からすると、性売買は不可避のものではなく、実のところ歴史条件から生まれたものであり、同性愛に対する抑圧がなくなれば消滅するはずだと考えることができる。これはゲイ男性の文化で過去から現在まで性売買が重要な位置を占めていた理由、ゆえにゲイ文化で性産業が大きな位置を占めていることに対し政治的なゲイ男性たちの抗議がなかった理由を知る手がかりとなる。しかし満足な説明ではありえない。というのも、異性愛は抑え込まれておらず、隠される必要がないにもかかわらず、異性愛者の性売買は繁盛しているからである。かたやレズビアンはゲイと同じく隠される必要があったにもかかわらず、性売買はレズビアン文化の歴史において同じく重要な一角を担ってはいなかった。性売買がレズビアン文化の一角をなしていたというなら、それは男たちに性を買われる女性たちが得てしてレズビアンであったこと、あるいは法益を奪われている者同士としてレズビアンとともにいたことを意味する。これはゲイ男性の場合とはいささか異なる繋がりである。

ウィークスによると、一八七〇年代までにあらゆる同性愛者の商取引は「トレード」と称されるようになったが、この言葉がいまだに使われている状況からも、性産業がゲイ男性の文化で中心的な役割を担っていることが分かる。上流階級の男性らは社会的に下位の者とのみセックスをしようと考えたが、そこに生じる秘匿性と富や地位の不均衡は、金銭的繋がりがゲイの性文化を支配していたことを物語る。「中産階級の男性たちは通常、友人らとは性的でない関係を持ち、セックスは行きずりの相手と行なった」(*ibid.*, p.203)。パーキンスとベネットの説明では、「性売買の中で行なわれるセックスと外で行なわれるそれに明確な区別はなかった」ので、性売買当事者男性に関しては、その人物がどのような経緯で、性売買ではなく同性愛という逸脱的サブカルチャーの一員になったのかという問いが最も重要になる。「彼らは既に同性愛者としてスティグマを着せられているので、性売買当事者としてのさらなるスティグマにほとんど意味はない」(Perkins and Bennett, 1985, p.219)。

男女の性売買の違いは、シドニーの「路上男娼」に関するパーキンスとベネットの叙述に表れている。

> 彼らは基本的にゲイ男性で、道沿いに佇み、女性の街娼よろしく通行人や運転手に誘いの声をかける。ただし、女性による路上勧誘と重なるのはそこまでで、男娼は時に「慈善家」、つまり支払いなしの性的接触を求める若い男性たちに混じって仕事をする。 [*ibid.*, p.9]

違いはここではっきりする。女性の性売買当事者は、男性との交わりを求めるだけの女性たちがたむろする路上で勧誘を行なわない。異性愛者かレズビアンかを問わず、女性たちの性行動で徘徊は重要な意味を持たない(Bell and Weinberg, 1978)。さらに、徘徊する男性たちは時に「慈善」で行なおうとしていることを金と引き換えにする場合もある。これも女性たちの状況とは異なる。おおやけの場で手短に淡々と話を進めることを好むゲイ男性の性行動は、金銭授受を伴う際の手続きと大きくは変わらない。性を買われることはその男性の地位を落とさず、むしろその地位を高めることすらあるように窺える。支払いの申し出は無料のセックス以上に当人の男らしさと性的魅力を確証しうる。ある男性セックスワーカーは自身の動機を説明する。

男娼になることにはある種の「魅惑」があった。それ以上に自分のセクシュアリティを表現できる方法はないように思えた。男性が私の体に見とれて、そばにいるために金を支払う場面は、考えるだけで最高の気分になる。

[Goodley, 1994, p.126]

この男性は自分が性売買当事者として、地域のゲイ界隈に完全に受け入れられている実感があると語る。「この仕事のせいで他のゲイからスティグマを着せられたと感じたことはない。……男娼だと知られることは大事にならない。……なのでゲイ界隈ではセックスワーカーが職業として成り立つ」(*ibid.*, p.131)。これは一九世紀後期に性売買当事者男性が同性愛サブカルチャーの一部をなしていたというウィークスの主張を支える。ただし、パーキンスとベネットが調べた他の性売買当事者男性たちによれば、専業の性売買では性的部分の魅力が遥かに劣ることが察せられる。ある男性は性売買のダメージ効果を語る。

いわばこれは人をすっかり無感覚にしてしまうんです。セックスは機械的作業になります。例えば、私はある時、愛人を得ましたが、彼とセックスをしている最中、前の晩にした老人を不意に思い出して行為を中断しなくちゃいけなくなるとか、そんなことがあったんです。あれは性生活を壊します。
[Perkins and Bennett, 1985, p.152]

別の男性は性売買のせいでセックスへの興味を失い、それよりも愛情を欲するようになったと証言する。「山ほどセックスをするので興味はなくなります。欲しいのは愛情です」(*ibid*., p.166)。

パーキンスやプレステージなどの書き手は男性と女性の性売買における違いを強調し、ゲイ男性はより良好な経験をしていると主張するが、男性の性売買にも女性たちの経験と明らかに特徴を同じくするものがみられる。性虐待や家なし路上生活を経験してきた若い男性たちの性売買がそれである。彼らの状況は、力を奪われ虐待を被りやすい点で、路上性売買に巻き込まれる女性たちと大きく重なるように窺われる。男性の路上性売買に関するロンドンの研究では、性を買われる若い野宿者男性たちが、厳しい社会的・経済的状況や施設生活、身体虐待、時に性虐待の背景を負うだけでなく、性売買ののちも深刻な経済的欠乏を抱えつつ放浪や野宿や施設の生活を送る傾向にあることが分かった(West, 1992)。カドモア・スネルがアメリカの状況を調べた研究書『路上の青年たち』で記すように、青年の性売買当事者についてはほとんど調査が行なわれていない(Snell, 1995, p.4)。スネルは青年たちが幼い時に性を買われるなど、性的被害者化を経験していることを明らかにした。

初めて金や心づけのためにセックスをした時の平均年齢は一五歳で、最年少は五歳、最年長は三二歳だった。回答者の一人は、五歳の時にセックスをして特別な褒美を貰ったと言い、それを最初の性売買経験と考えていた。回答者の六一パーセントは五～一五歳の頃に最初の性売買を経験した……。

[*ibid.*, p.41]

見逃せない点として、スネルは性的パートナーの精液を飲む黒人青年と白人青年の率に差があることを指摘している。一度も飲まない白人男性は六九パーセントなのに対し、黒人男性は三〇パーセントにとどまる。そして時おり飲む白人男性は三一パーセントなのに対し、黒人男性は七〇パーセントにのぼる（*ibid.*, p.65）。黒人男性はエイズへの対応で性行動を変える傾向も弱かった。人種で抑圧される青年たちは、脆弱性の大きさゆえに、性売買でより深刻な被害者となりやすいことがここから推察できる。

性を買われるロンドンの青年六名による口述記録を収めたある本は、性売買経験によってひどく痛めつけられた男性たちの肖像を映し出す。著者のバーバラ・ギブソンは性を買われるロンドンの野宿者男性を支援するストリート・ユースで働いていた。この証言録はそうした青年たちの生活と経験を詳しく伝える点で類を見ない。聞き取り対象者の選定では「都市をよく知る客」の「典型的経験」を広く伝える人々を選んだとギブソンはいう（Gibson, 1996, p.ix）。青年たちは性売買を始める以前に受けていた甚だしい虐待について証言する。家出を余儀なくされ、愛情を切望したことから、彼らは性搾取を受けやすい立場に置かれた。マドサー（ＨＩＶ／エイズで死去）とジェイソン／ゾーイは、一〇歳の時に初めて性虐待を受けた。マドサーはさらに家庭で身体虐待も受けていた。ポールは一三歳の時に初めてセックスに利用され、公衆トイレで男に金を渡された。彼は振り返る。「その人に会った時、私はその人を父親と考えていました。何よりも父が欲しかったんです。セックスは愛で、その人は愛を示してくれているんだと思いました」（*ibid.*, p.68）。サイモン／シモーヌは五歳の時からベビーシッターの息子（当時二〇歳）に肛門性交の性虐待を受けていた。虐待者の友人も彼をレイプした。サイモンは虐待者以外から愛情を示されたことがないので、その人物に対し相反する感情を抱いていた。「その年月のあいだ、彼は養い親の虐待から逃れる慰めを与えてくれました。あの性虐待も慰めのようなものでした。彼は友達でもあったので」（*ibid.*, p.96）。サイモンとその兄はともに虐待を受け、自殺を企てた。サイモンは自傷癖があり、学校では「女子みたいだ」といじめられていた。アダムは幼少期に継父の家族から性虐待を受け、一七歳の時から性売買で利用され始めた（*ibid.*, p.139）。性虐待を証言しなかった調査協力者は一人しかいなかった。

青年の性売買当事者が生きのびるためにしたという行動は、性売買当事者女性のそれに共通する。マドサーはアルコールと解離に頼った。「セックスをしなくちゃいけないと気に病むのではなく、頭からその思考を消し去りました。ずっとそうしてきたんです」（*ibid.*, p.20）。性売買で性的快楽を感じると語る者はいなかった。幾人かは性売買の時もそれ以外の時も「不感症」だと言った。ジェイソン／ゾーイは説明する。

> 客［買虐者］と連れ立つのはいやでした。……完全に不感症でした。今もそうです。黙り込むんです。リラックスできません。フェラチオをしてくる奴はきらいでした。客の時はスイッチを切りましたが、客じゃなくても全く何も感じませんでした。［*ibid.*, p.38］

もう一人の、未手術のトランスセクシュアルの回答者だったサイモン／シモーヌは、同じく性的反応を起こさなくなっていた。

イクことができません。感覚はありますが何も込み上げないんです。フラストレーションなわけじゃなく、別にいいというか、いずれにせよホルモンが何もかも遮断しますので……。重要なことじゃありません。どのみちセックスはきらいですし、下半身のことには興味がありませんから。

［*ibid.*, p.90］

アダムは「いつでも性的不感症」だったと述べる（*ibid.*, p.152）。虐待を乗り切るために彼は酒を飲み、酔えば抑制を失った。「そうしなきゃセックスはできませんでした」。

サイモンを買う男たちは「男の娘《こ》」を好んだ（*ibid.*, p.88）。「下半身」の手術をするとなれば経済的な破局を迎えるに違いなかった。性売買の経験に関し、彼は相反する感情を抱いている。それは彼なりの「権力」を発揮できる唯一の場でもあったが、やはり反吐《へど》が出ることでもあった。

やって来るのは九〇ポンドで竿付き娘といちゃついてそれを舐め回すようなクソ野郎どもです。やりますよ、お金を貰いますから。それに権力を実感できるのは最大の魅力です。あれは強力です。男たちが私の部屋に来てお金を支払う。私はその部屋で権力を握っているんです。望むものを手にして、望むことをやらせる。……ああもちろん、汚いっていう感覚はありますし、触ってほしくはありません。でもお金のことだけを考えます。簡単にお金を稼ぐ方法です。爽快です。だからここにいる。でなきゃここにはいません。大抵の人が一週間で稼ぐ以上のお金を一日で稼げるんです。
[*ibid.*]

買虐者たちは「浅ましい人相」だった。事が終わったあとの彼は体を洗い清めたいと思った。また、行為の影響で幼少期の虐待を思い出すのもいやだった。「尻周りがぐちょぐちょになるのは気持ち悪いです。独りになるとあれこれ感じるんですが……あの感覚がいやです。子どもの頃に虐待された時の感覚と一緒で」(*ibid.*, p.89)。

ジェイソン／ゾーイは性売買の虐待で精神に大きな傷を負った。

デリー［ピカデリー］で半年ほど働いた末に、頭がすっかりおかしくなり始めました。お金のため以外で人と出歩いたことはありません。汚れている、利用されていると感じ始めました。どうして人々はこんなことを私にするんだろうという考えが頭を離れませんでした。
[*ibid.*, p.42]

彼は性別移行を決め、一七歳で民間医療機関の処方箋にしたがったホルモン投与を始めたのち、一八歳で手術を受けた。性別移行を決めた別の回答者は、幼少期に性虐待を受け、男性の体にとどまっていたくないと思ったことが当の決心に関係していると語った。性売買とトランスセクシュアリズムによる自傷との繋がりは研究される必要がある。性別移行をした右二人の青年は、友人や社会福祉士やメディアを通してトランスセクシュアリズムを知った。彼らのトランスセクシュアリズムは社会構築されたもので、その根源は同性愛に付与されたスティグマによる低い自己イメージと虐待にある。性売買の虐待がもう一つの原因であることは考えられる。その虐待は適正な「男性」としての自己認識を損ないうる。「男性」は権力と地位を持つ者だからである。

　ポールは一四歳で性売買の世界に入った。一五歳の時には、わずか四〇ポンドのために元憲兵の男とボーイフレンドから殴打を受けた。憲兵について彼は振り返る。「そいつは鞭を使う前にぼくをどろどろに酔わせました。吐き気のする奴でしたし、痛かったです。人を殴るための玩具をたくさん持っていました……」(*ibid.*, p.72)。一五歳から一六歳のあいだ、ポールはアムステルダムの性売買店で働いた。この時点で彼は「ペニスと尻にイボができて、淋病《りんびょう》と梅毒に」罹《かか》っていた。店舗に所属する一部の少年らは事実上の奴隷で、パスポートも奪われたうえ、店から店へと取引されていた。買虐者たちは暴力的だった。ドイツの店舗では「ほとんどの客からひどい仕打ちを受けて、セックスは乱暴に次ぐ乱暴だった」という。「一七歳の誕生日はそこで迎えました。ひどく憂鬱でしたよ」(*ibid.*, pp.76, 80)。買虐者らは幼い少年たちを「抜くためだけの肉片」のように扱った。

> 　ぼくらは何の価値もないと思われています。単に男娼とヤることを楽しむ人間とか、金で性を買うことを楽しむ人間をたくさん見てきました。ノイローゼになりましたよ。でも最終的には自分の体よりも金のほうが大事でした。
>
> [*ibid.*, p.86]

彼は薬物を使って乗り切った。「初めて客を取りだした頃はしんどいことだらけでした。もう、大抵の奴は吐き気がする連中で、気持ち悪いなんてもんじゃないです。それでE〔幻覚剤エクスタシー〕を使い始めたところ、誰とセックスしても平気になりました……」(*ibid.*, p.85)。薬物が助けになった。「クスリのおかげで自己慊悪《けんお》とホームシックを何とかすることができました」(*ibid.*, p.86)。性売買について彼はこう結論する。

性売買には断固反対です。ぼくが足を踏み入れたのはセックスが愛によるものと思っていたからです。それと、心の奥底では父を求めていました……。でも精神的に良いことは何もありませんでした。……性売買をしたことで自尊心は完全に失いました。誰にも勧めません。〔*ibid.*, p.86〕

性売買の世界にいるあいだ、彼は「何度も」滅多打ちにされ、「セックスを強いられ」、「喰い物」にされた。「寝ている時も犯されましたし、虐待もさんざん受けました」。そして数度にわたり自殺も考えたという(*ibid.*, p.86)。今の彼はHIV陽性で、友人は先立った。

ギブソンの本で、性を買われる黒人青年の一人は人種差別的な性虐待の経験を語っている。ライアンは母からのひどい虐待と内反足〔足の畸形〕に関する学校でのいじめに苦しんだのち、失業中で家を失っている時に性売買の世界に入ったが、初めからそれを慊悪していた。

買われるのはいつも悪夢でした。……最初から最後まで、汚いという感覚しかありませんでした。

客は黒人の少年を奴隷にしたがります。鞭を振るって、叩きまくって、奴隷の首輪を嵌めたがる。徹底的に少年を貶めるのが好きなんです。それで、黒人の男はみんなペニスが大きいなんて思ってる。

[*ibid*., p.129]

ライアンが性売買に流れ着いたのは、足の痛みが原因で、勤めていたハンバーガー屋を辞めなければならなくなったからだった。自主退職したとみなされるので失業手当を貰うまでに六カ月を待たねばならず、性売買以外に選択肢がなかった。

第三者の大半が明らかにひどい虐待だと考える経験を負っていても、性を買われる女性たちや男性たちがみずからの虐待を美化することはありうる。私はこれまで、ゲイ男性の文化で一種の煽情的なセクシュアリティが期待されていることが、とりわけゲイ男性たちにとって、性虐待やレイプの問題と真摯に向き合ううえでのさまたげになっていると論じてきた（Jeffreys, 1990）。

トランスセクシュアルの性売買

男性から構築物としての女性に移行したトランスセクシュアルは、そのあらゆる人口集団に占める総数に比して、不釣り合いに多く性売買に取り込まれている。パーキンスとベネットの見積もりでは、「トランスセクシュアル全体の実に半数が、人生のどこかで性売買の世界に出入りしている可能性がある」（Perkins and Bennett, 1985, p.12）。彼らによれば、この高い割合の背景には、トランスセクシュアルを

「事実上どこにも雇用されえない人々」とする偏見と、性別移行医療に要される高い費用がある。二人の性科学者はトランスセクシュアルの人々が性売買に行き着く理由について違う説明をする。いわく、トランスセクシュアルは買虐者から女性として扱われれば、それがみずからの「女らしさ」の承認になるので、性売買を魅力的と感じる。「性売買は時に結婚に代わるものとして魅力的に映る。一般の異性愛男性から何度も女性と認められ、あまつさえ性サービスのために金を支払われることほど、女らしさをはっきり確認できる機会もない」（Block and Tessler 1971, Raymond, 1994b, p.92 より）。

この見方はしかし、パーキンスとベネットによるシドニーの研究が打ち消している。それによれば、性売買当事者のトランスセクシュアルは未手術の人々が大半を占め、買虐者たちは基本的に相手がトランスセクシュアルと分かったうえであえてその人々を選んでいた。手術を経たトランスセクシュアルは見たところパーキンスとベネットがいうところの「先天的女性」と同じ額を要求することができていた一方、男性の当事者は女性よりも稼ぎが少なかった。「パーラー」に勤めるトランスセクシュアルの性売買当事者は、買虐者らの動機を説明した。

> トランスセクシュアルの性売買は他の全ての形態と同じく必要とされていますが……ほか以上に需要が伸びています。これは男性／女性役割の変化形で、客は少年とする時のように同性愛の行為をしているとは感じない一方、普通の女性とする時のように妻に対して不義理を働いているとも感じません。
>
> [Perkins and Bennett, 1985, p.35]

ギャレット・プレステージは性売買当事者のトランスセクシュアルを求める買虐者らの需要についていくつかの理由を挙げる。

単に「異性装者」の感性や独特の魅力を好む者もいれば、トランスセクシュアルとのセックスという「変態趣味」に惹かれる者もいる。他の男性と(実験的に)セックスすることに惹かれながらも本物の男性をパートナーに選びたくない者、女性のパートナーを好みながらも相手にペニスがなければできない性行為をしたがる者もいる。[Prestage, 1994, p.177]

プレステージはペニスを残す未手術のトランスセクシュアルに関してこの需要が伸びていると指摘する。これが過去一〇年の大きな「ゲイの解放」といわれていたものの文脈で何を意味するかは考えてみる価値があるだろう。性別移行した男性が性売買で利用される実態は多くの社会でみられ、同性愛が受け入れられていない現状や男性支配の強固さを窺わせる。インド、ブラジル、タイなどの社会では、男らが男性性や男性特権の喪失を恐れずに利用できる性売買当事者の階級をつくり出すべく、青年たちが異性装や性転換を求められている(Calkin, 1994)。この現象は巻き込まれる青年たちに破壊的作用をおよぼす。トランスセクシュアルの需要は他の西洋諸国と並んでオーストラリアでも伸びているが、これはゲイ文化やゲイの政治ロビーが一定の成功を収めてきた国々ですら、男性支配が根強く残り、その男らしさの基盤を補強することが求められている実態を物語る。

トランスセクシュアルが性売買で虐待や暴力を被る率は男性より高いと思われ、プレステージが示唆するところでは、ことによると「先天的」女性よりも高い。オーストラリアの研究では四五パーセントの当事者が暴行されたことを、三四パーセントがレイプされたことを訴えている。トランスセクシュアルは二重のスティグマに苦しみ、通常、買虐者たちとの共通点は少ない。「ある意味、それらの男たちはトランスセクシュアルのパートナーを性の道具、自分のセクシュアリティを探究する手段としかみないことが多いように思われる」(Prestage, 1994, p.179)。性売買当事者のトランスセクシュアルは性売買当事者の女性たちに振るわれる暴力に加え、同性愛者と疑われた男性に向けられる暴力も被る。

ゲイ男性のポルノグラフィ擁護

性売買で青少年が利用されることにゲイの理論家たちが非難を向けない理由を知るには、ゲイポルノへの崇敬に目を向けるだけでよい。ポルノグラフィはゲイのアイデンティティ・政治・文化を構築するうえで極めて重要な位置を占めており、それがあらゆる種類の性売買に含まれる虐待の認知をさまたげている。男性のポルノグラフィ理論家たちは、ポルノグラフィがゲイ男性のアイデンティティ形成に欠かせないと述べ、ポストモダンの理論家たちは、ゲイ男性のポルノグラフィが革命的で、ゲイの解放のみならずフェミニズムの目標達成をも早めると論じる。なるほどポルノグラフィは困惑するほど高い地位を与えられているらしい。『自由を手にする』(一九九六年)と題されたノンフィクションのアンソロジーは、「政治・文化・セックス」に関する詩人や小説家や短編作家のエッセイを含むが、クリストファー・ホーガンはその中で、ポルノグラフィに大きな敬意を払う。他の者が芸術志向の映画を評する時の真剣さで、彼はゲイポルノのビデオを批評する。ポルノグラフィは「ゲイ男性の文化において官能的とされるものを確定する」のに資するだけでなく、「ゲイ男性がゲイ男性の文化を吟味できる最も安全な討論の場」にもなる。「ゲイのコミュニティで、表立った政治的・文化的議論を避ける男性たちはポルノグラフィを通してそれらの争点に向き合う」(Hogan, 1996, pp.239, 244)。

チャールズ・イシャーウッドは、亡きゲイ男性のポルノスター、ジョーイ・ステファノの伝記で、ポルノグラフィの意義に関し賛同する。彼によれば、ゲイ男性はロールモデルを欠いている。ゆえにポルノスターは「唯一のゲイの映画スター」となり、ゲイ男性の文化で注目と尊敬を集める(Isherwood, 1996, p.84)。ゲイ男性の肯定的なイメージが存在しない世界の中、彼らはそれをポルノグラフィに見出す。ポルノグラフィはゲイ男性のセクシュアリティが描かれる唯一の場だからである。異性愛者は「関係づくりにおいて参照できる恋愛的・性的イメージをいくらでも持っている」が、ゲイの男女は違う。

そこでゲイ男性は、互いと性的に関係する男性たちの視覚表象を、それが見つかる唯一の場、ポルノに求めなければならない。多くのゲイ男性にとって、ゲイポルノの雑誌に出会うことは、自分と同じような人々がこの世にいると初めて気づく具体的な契機になりうる。[*ibid.*, p.85]

イシャーウッドは「ゲイ女性」にも触れながら、すぐにその存在を議論から消し去る。レズビアンは彼の枠組みにうまく収まらない。というのも、レズビアン文化の中でポルノグラフィは比較的近年に現れ、いまだ重要でもないからである。ポルノグラフィが同程度に重要でないなら、レズビアンはいかにしてそのアイデンティティを獲得するのか、という問いは放置される。もしもゲイ男性のアイデンティティがポルノグラフィの中に、つまり客体化を伴いしばしばサドマゾ的でもある匿名の性行為の描写に存在するというのが本当なのだとすれば、それは真剣に憂慮されるべき悲劇というよりない。これは粗末なアイデンティティ理解に違いなく、それをもとにしたたかで前向きなゲイのコミュニティと政治が育つ見込みは薄い。

イシャーウッドはポルノグラフィに並みならぬ地位を与える二人の男性理論家を引用する。ジョン・バーガーは「ポルノグラフィはゲイ男性を可視化する」と述べ、リチャード・ダイヤーはそれが「アメリカ史にみずからを書き加えるゲイ男性たちの企て」になると論じる。ダイヤーいわく、ポルノグラフィは「何百万人ものゲイ男性たちにとって人生を耐えうるものとした」(*ibid.*, p.86)。ゲイの法理論家カール・スタイチンは、ゲイポルノにさらなる重要性を認める。それはゲイと女性の解放を促すというのである。

スタイチンはゲイポルノが男性同性愛の性的マイノリティにとって重要な政治的役割を担っていることを理由に、これは法律により検閲から守られるべきだと提案する。「法学用語でいえば、ゲイポルノは保護された言論となるが、これは周縁化された政治的経験からつくられる主体の政治的権利を守るその役割にもとづく」。ゲイポルノは「男性異性愛文化で不可視化されてきたものを可視化する」ので、「男性支配に逆らう言説の抵抗拠点」になる(Stychin, 1995, pp.62, 63)。してみれば女性はゲイ男性のポルノグラフィが自分たちを自由にしてくれることに感謝すべきなのかもしれない。なるほどゲイポルノは異性愛ポルノの支配と服従のテーマを含んでいるが、それは同じものを意味しないとスタイチンはいう。

なぜなら「ゲイ男性が周縁化されている結果、鑑賞者がポルノグラフィの記号表現を受け取る過程で、記号の意味はその再配置ゆえに変化しうる」からだという。スタイチンはポストモダン理論を用い、ポルノグラフィが文脈によって鑑賞者に対し違う意味を持ちうること、ゆえにそれが男性至上的に見えるからといって鑑賞者にもそう見えるとはかぎらないことを証明しようとする（*ibid.*, pp.63, 65）。

レズビアンのクイア理論家ジュディス・バトラーを引用しつつ、スタイチンはポルノグラフィに革命的な潜在力があると主張する。異性愛男性の価値観をゲイの舞台で用いれば、それらの価値観が自然なものでなく社会構築物であることを示す結果となり、ひいては「異性愛序列的なジェンダー構築の基盤を掘り崩す。……したがって、ゲイ表象は支配的文化の象徴の意味を変えられるだけでなく、ジェンダーのパロディを通し、記号表現と記号内容の関係が偶然的であることを暴く」（*ibid.*, p.67）。

ゲイの精神分析理論家レオ・ベルサーニは、ゲイポルノが革命的なのはそれが攻めと受けの受け側に力を与えるからだと論じる。ゲイポルノでは普通、ストレートとみられる男性が攻め役になり、ゲイで有名にならない男性に挿入を行なう。後者は受けと呼ばれる。異性愛ポルノは常に男性を攻めの立場に置くことで男性に力を付与する一方、ゲイポルノはベルサーニいわく、受けに力を持たせることで序列を転覆する。すなわち「セクシュアリティに本質的に織り込まれた無力さの再評価」が起こる。

こうして、セックスの中で一貫した自己が失われることの価値が復権される過程は、男根優位に強く逆らう計略となる。ゲイ男性のポルノとセクシュアリティはエロチシズムの行為において自己の境界を打ち壊す決断を表象するため、支配的秩序を覆す。ゲイ男性のセックスではサドマゾヒズムが重視されるといわれるが、そうだとすればそれは男性の性的アイデンティティが自己の地位と品位を貶めることに立脚しうる事実を浮き彫りにする。これはひいては現今の男らしさの定義を揺さぶりうる……。

［*ibid.*, p.70］

このようなポストモダン流の大風呂敷を読むと、なぜ性売買当事者の市民権アプローチがフェミニズムのポルノグラフィ分析を受け入れられないのかは容易に理解できる。後者は「個人の性的主体性の境界」を重んじることの大切さという時代遅れの観念にもとづいており、「いかにそうした境界を乗り越えて意味と快楽をもたらすか」に関心がないとみなされている（*ibid.*, p.71）。サドマゾヒズムのような実践を通し、ゲイ男性が主体性の超越と境界の打破を果たせば、女性のためにも男性のためにもなるらしい。主体性の尊重を手放すことは女性たちにとって途方もない課題かもしれない。女性たちはみずからを客体化する世界にあって、ともかく何らかの主体性を持つための権利を求めている段階だからである。しかしベルサーニのようなゲイ男性は、このまやかしの目標である主体性の境界をいかに打ち破るかを女性たちに示すことができる。

ありがたいことに、市場がゲイの解放を助けてくれる。資本主義は性の解放を応援する。

市場の無道徳性はゲイの解放構想にとって有用な道具であることが明らかになった。道徳の名による規制と抑圧が広がる中、資本主義は性の解放を支える最も堅実な教養を与えてくれた。

［Andrew Ross, *ibid.*, p.73より］

スタイチンはポルノグラフィ市場が完全に規制撤廃されるべきとは考えないが、規制は「性的差異に配慮」すべきと考える(*ibid.*, p.74)。つまり「ポルノ産業の生産・統制に参与する性的マイノリティの増員」と「雇用基準に焦点が」置かれなければならない。そうすれば、市場は「戦略的に有用」となり、「支配的文化の転覆へ向けたより大きな可能性を生み出す」。

スタイチンがゲイポルノの特別な法的保護を求めるのは、それがフェミニストたちの思想と実践に脅かされていると考えるからである。フェミニストは「支配的言説の周縁に位置するセクシュアリティが質的に異なる」こと、ゆえにゲイポルノは異性愛ポルノと同じように批判できないことを分かっていない。ポルノグラフィに反対するフェミニストたちは「主流の性的言説の縁《ふち》で活動するゲイ男性らの転覆行為が持つ有用性」を認識してこなかった。ゲイポルノはフェミニズムの脅威から遮断されなければならない。「ポルノグラフィは支配的文化への抵抗、さらに可能性としてはゲイの解放を果たす手段となりうる」からである(*ibid.*, p.75)。

スタイチンや他の性売買肯定派のゲイ知識人による議論には、明白な欠落がある。彼らは「革命的」なポルノ作品の生産に利用されることが、性を買われて革命的とは程遠い経験を被るであろう青年たちにおよぼす影響を考えていない。受け役は実際には力を持たない。ポルノ制作に利用される青年たちの経験に関しては研究が乏しいものの、ポルノスターのジョーイ・ステファノについては注目すべき伝記があり、それを紐解くとスタイチンの自由市場リベラリズムにはいくらかの難点があると察せられる。ステファノはポルノ用の芸名で、その本人は性虐待を受けて一五歳の時に家と学校を去った青年だった。

家庭が中産階級だった点を除けば、その経歴は虐待を受けて家を失った他の少年たちと同じ道をたどっている。性売買の世界に入ったのは生きるためだった。ポルノグラフィに関わりだした時、受け役としてスターになったのは異例のことだった。伝記作家によれば、ステファノは「受けであることをとても誇りに」していたという（Isherwood, 1996, p.62）。

が、受けを担った彼はポルノグラフィで甚だしい虐待を被り自尊心を損なわれたうえ、ＨＩＶ陽性にもなった。自殺未遂ののち、最終的には二六歳で薬物の過剰服用により他界した。ポルノグラフィの花形だったにもかかわらず、彼は性売買で「彼のサービスに金を払う当の人々に」侮蔑されていた（*ibid.*, p.97）。教育も職業訓練も受けていなかった彼は業界を去ることもできなかった。映画では自分の健康と人間としての感覚を脅かす行為を受けるよう、絶えず圧力をかけられていた。安全対策をとらないセックスはその一例だが、他の身体虐待も被った。「ものすごく無理をして、時々やりすぎちゃうんです！　自分ではしないようなことを現場でしてきました。拳を突っ込まれたり、二本のディルドを肛門に入れたり、私生活じゃ絶対しませんよ」（*ibid.*, p.103）。魅力が衰えると稼ぐのも難しくなった。攻め役は「持ち前の肉体的資産をかたどったゴム製の模造品」を売ることもできるので、販路はより広いとみえる。しかしイシャーウッドがいうには、「ステファノは受け役と決まっていたので、こうした副業で収入を補うこともできず、より多くの映画をつくるしかなかった」（*ibid.*, p.106）。ポルノ産業はひどく搾取的で報酬は少なく、一本につき五〇〇〜一五〇〇ドルにしかならない。そこでステファノは大半のポルノスターと同じく性売買とストリップを続けることを余儀なくされた。映画でフィストファック〔拳の挿入〕をされたのち、彼は地位を失った。「それからはクイーンに出会うといつも、ニューヨークでフィストファックをしたのはどんな経緯だったのかとか、とうとうそこまで堕ちたかとか、そんなことしか言われなくなりました」（*ibid.*, p.116）。出演したポルノグラフィは消費者を「エンパワメント」したということになっているが、彼は誇らしげで自信に満ちたゲイ男性ではなかった。荒れた末に彼が悟ったのは、一緒にいて幸せになれる愛人は実のところ完全な異性愛者ではないバイセクシュアルだということだった。同性愛の愛人は価値が劣った。このようなゲイ嫌悪の内面化はゲイの解放に先立つ数十年の名残りで、当時、柔弱《にゅうじゃく》なゲイ男性はストレートらしきパートナーの男らしさに惚れるのが普通だった（Jeffreys, 1990を参照されたい）。

ステファノの生涯、そしておそらく他の受け役の生涯をつぶさにみれば、男性至上主義の価値観はポルノグラフィの中で転倒・転覆されないこと、少なくとも利用される男性や少年たちにとってはそうならないことが分かるはずで、それは問題とされるべきに違いない。ゲイのポストモダン理論家、自由市場の擁護者、性的リベラルたちはポルノグラフィの消費が自身らの生活の中心をなすという考えで固まっているが、その革命的な特性を弁護したいのであれば、解放をもたらすといわれるところの作品をつくる過程で性を買われ虐待される男性たちを消費する行為に対し異を唱える必要があるだろう。

レズビアンの政治学における性売買

性売買はレズビアンの歴史と文化では全く違う位置を占めていた。女性たちは性産業の主体ではなく客体であり、それはレズビアンにとっても異性愛女性の場合と変わらない。レズビアンたちは性を買われてきたのに加え、性を買われる女性たちとレズビアンたちはバーで交流してともに酒を飲むこともあったが、レズビアンは歴史的に買虐者ではなかった。今日のレズビアン文化ではしかし、二つの展開がフェミニストによる性売買の理論構築に影響をおよぼしている。一つはレズビアンと性売買の結び付きを美化する動きで、ジョアン・ネスルの執筆物がその顕著な例となる。もう一つは主流の性産業で性を買われる女性となるレズビアンたちが、レズビアン・コミュニティで「性教育」を担う動きである。

ジョアン・ネスルはレズビアンのロールプレイ理論家で、その政治学はカリフィアとルービンのリバタリアン・アプローチに多くを負う。例えばパット・カリフィアはネスルの編纂になる一九九二年のロールプレイに関するアンソロジー『強情な欲望――フェム／ブッチ読本』の寄稿者に名を連ねる。ロールプレイはサドマゾヒズムと並んで、「クイア」なレズビアン分類の一覧に含まれることが珍しくない。ルービンやカリフィア同様、ネスルは性売買を「掟破り」のセクシュアリティの一形態として美化し、これをレズビアンの闘いと自然に結び付くものとみる。性売買肯定のイデオロギーに与《くみ》するその論考「レズビアンと性売買当事者――歴史的シスターフッド」は、性売買当事者の権利運動にとって非常に重要な文章とみなされ、一九八〇年代に刊行された三つの関連アンソロジーのうち、『セックス・ワーク』と『良い娘、悪い娘』の二つに収録されている（Delacoste and Alexander, 1988; Bell, 1987a）。ネスルは、レズビアニズムと性売買の歴史的な繋がりに目を向ければ、フェミニズムにおける反性売買の立場は崩れ去るだろうと主張する。「私はこの共有テリトリーのこまごまとした断片を掘り起こすことで、フェミニズムの反ポルノグラフィ運動が体現するような、性売買に関する今日のフェミニズムの立場に、何らかの影響をおよぼせたら、と願っている」（Nestle, 1988, p.232）。レズビアンと性売買当事者を関連づける意図は、性売買を女性にとっての前向きな副業と再定義する試みを後押しすることにある。

最初にネスルが言及するのは、彼女がレズビアンであることをカミングアウトした一九五〇～六〇年代に、レズビアンと性売買当事者は同じ社会空間を共有し、互いとの関係を築いていたという繋がりである。


レズビアンとしてのあり方を学んだ五〇年代後期から六〇年代初期のバーでは、娼婦たちが世界の一角をなしていた。私たちは丸椅子に並んで座り、一緒にパーティーをして、一緒に愛の交わりをした。売春取締班の警察が……この世界を統制していて、私たちはガサ入れが行なわれれば娼婦とクイアのあいだにほとんど違いはないと知っていた。［*ibid.*, p.232］

繋がりは抑圧の共有に由来するものだった。レズビアンと性売買当事者は人々に非難され処罰される境遇を同じくしていた。この逆境の中の仲間関係に亀裂が入ったのはレズビアン・フェミニズムを知った時で、そこでは「娼婦」が敵視されていた、とネスルはいう。彼女は個人的に性売買と他の繋がりも感じていた。母は「家賃を払うために売春をしていた」一方、彼女自身も「公共セックスの領域に足を踏み入れた」。その世界で彼女は「レズビアン雑誌用にセックスの話」を書き、「レズビアン写真家の露骨な写真」用にポーズをとり、「性的な服をまとって性的に生々しい作品の朗読」を行なうのに加え、「性行為をして女性たちから金を貰って」きたという（*ibid.*, pp.232-3）。

ネスルは男性たちが書いた性売買の歴史書を参照するが、それによればアテネの笛吹き娘たち、アウレートリデスのような性売買当事者のあいだではレズビアニズムが広くみられた。ネスルはレズビアンの歴史が性を買われる女性たちの記録に見出せるかもしれないと指摘する――それを受け入れる用意があるのは中産階級のフェミニスト史家だけであるにせよ。一例として彼女は、一八七三年に書かれたコーラ・パールの著作『雅《みやび》な娼婦――熱い女の官能的人生』にみられるレズビアン行為の描写を引用する。フェミニスト史家はこうした出典をレズビアンの歴史に用いることには慎重だろうと思われる。そこに書かれているのは独立した正確な回顧録ではなく、男たちの性的好奇心をくすぐるように手を加えた物語と考えられるからである。

ネスルの考えでは、性を買われる女性たちとレズビアンたちはともに自立を表明してのける女たちである。両者とも「無力と思える社会交流の中に自身の力と自律をつくり出すことを考えてきた」。彼女が引用するレズビアンの性売買当事者は、買虐者といる時に統制権を握っているのは性を買われる女性のほうだと語る。「私たちが関係に伴う条件を決めるのです」(*ibid.*, p.245)。しかしレズビアンと性売買当事者の性的自律性は重ならない。性売買当事者の女性が危うい状況で自分の安全を守れたとしても、そのかぎられた可能性をレズビアンの反逆――男性への性的奉仕を完全に拒んで代わりに女性との相愛を楽しむことに伴う反逆――と同列に並べることはできない。

過去一五年間に大きな影響をおよぼしたもう一つの展開は、男性向け性産業に属するレズビアンのワーカーが、実践の幅を広げ、レズビアンのコミュニティをも取り込んだことだった。ストリッパーや性を買われる女性たちは、レズビアンの商業的性活動、すなわちポルノグラフィ・性売買・「性教育」の創造へと進出した。性売買を正当化するこの動向に最も大きな影響を与えたのはアメリカのレズビアンポルノ誌『私たちのバックで』だった。性産業との繋がりは甚だ明瞭である。発行者のデビー・サンダールはもともと男性向け性産業のストリッパーで、同誌第一号の制作にあたりレズビアン向けのストリップショーを行なって資金を集めた。サンダールやアニー・スプリンクルをはじめとするストリッパーや性売買当事者たちは、レズビアン文化の空白と思われるものを埋めようとしたが、それは「隠しだてのない」セクシュアリティの議論だった。レズビアン性産業が確立される前、レズビアニズムは男性向け性産業の大きな要素をなしていた。男性向けのポルノグラフィは何世紀にもわたりレズビアン・セックスの幻想を描いてきた（Faderman, 1985）。レズビアン・セックスの模倣は性売買でも大きな位置を占めた。性を買われる女性たちは性売買店や三人性交で、男たちの快楽のために他の女性との性行為を演じるよう求められてきた。レズビアン・フェミニズム運動が起こって間もない頃、このようなレズビアニズムの表象は敵対的なステレオタイプとして拒否されていた。フェミニストたちが求めたのは「自己定義」された女性のセクシュアリティであり、それは性産業で男性らが消費すべくつくられた男権的セクシュアリティの対極をなすものと定義された。ゆえに、レズビアン性産業がレズビアンのために立ち上げられ、男性向けサービスを通してセクシュアリティを学んだ人々がその担い手となって着想を提供し、サドマゾヒズムやロールプレイを中心に男性向けポルノグラフィに描かれていた限定的なレズビアニズムの演目一式がそこで再利用されるに至ったことは、レズビアン・フェミニストたちにとって当惑を伴う大きな驚きだった。

デビー・サンダールは「ストリッパーの仕事を愛している」と語る。本人の証言によれば、彼女は女性学と女性史を専攻し、「女性への暴力に反対する女性たちの会」でも活動していたという。サンダールの勤め先にいる六〇人の「パフォーマー」のうち半数はレズビアンで、彼女らは「演技を見に劇場へ来る女性があまりに少ない」ことから、ストリップ産業は性差別的だと感じ始めた（Sundahl, 1988, p.177）。性産業は「男子クラブ」で、これは変えなければならない。レズビアンのストリッパーたちは「性的娯楽の平等な利用権」を求めていこうと決めた。そこでサンダールは一九八四年、サンフランシスコのレズビアン・バーで「初の女性限定ストリップ・ショー」を始めた。「表現の自由」の幅が大きいうえ、「コミュニティの人々から畏敬を持って扱われる」との理由で、ストリッパーたちはこれを好んだ（*ibid.*, p.178）。続いてサンダールは『私たちのバックで』を発刊し、成人向けビデオの会社も創設した。レズビアンの性売買当事者やポルノ制作者である彼女らは、男性向け性産業の後援者かつ関係者となり、男性向けポルノグラフィで絶えず描かれ続けてきた通りの性的商品としてレズビアニズムを売っている。『私たちのバックで』の編者スージー・ブライトは、男性誌『ペントハウス・フォーラム』や『ハスラー』で取り上げられた。彼女が後者に寄せた一九八六年の記事は、「本物のレズ」スージー・ブライトによる「若いレズビアンの告白」と題された（Summer, 1993, p. 238）。レズビアンを男性らの性産業で売れる商品へと変えることは女性たちの儲けになる。

女性たちが他の女性への性サービスをゲイ向けの新聞で宣伝するという現象も広まったため、ジャッキー・ジェームズはイギリスのアンソロジーでこれについて書く必要を感じた。「レズビアンの越境者たち」と題したその文章は、相容れないと思われるレズビアンの分離主義者とサドマゾヒストを結び付ける（James, 1996）。女性たちの宣伝が反応を得られるか、得られるにしてもどれだけ得られるかは分からない。ジェームズは性売買での女性利用経験について、ルースという客に聞き取りを行なった。ルースは他の女性たちと同様、こうした形で女性利用を試すことにためらいがあるように窺われる。他者を客体として扱うこと、自分が買虐者とみなされることを心地よく感じられないらしい。「一番変わっていると思ったのは、セックスのあとに言葉を交わさず密着していたことです。……でも女の人にお金を払って何かをしてくれと頼んだら、それが家の掃除であれ……二人は対等じゃなくなります」(*ibid.*, p.152)。ジェームズは女性が女性を性売買で利用することは男性の女性利用と同じ程度に習慣化すると確信しているらしく、「あと一〇年のうちに女性がセックスを求めて金を支払うことは広く認められるであろうし、そうした女性の多くはレズビアンが占めるだろう」と述べる(*ibid.*, p.154)。

トビー・サマーはレズビアン性産業の成長に抗して「女性・レズビアン・性売買――労働者階級のレズビアンはセックス目的で女性を買うことに反対する」を書いた。性売買経験当事者として、性売買を「女性虐待」かつ「性奴隷制」とみる彼女は、「レズビアンがセックス目的で女性を買いながらそれを進歩だ、自由だ、私たちのセクシュアリティだ、レズビアンの政治だと称することに我慢」ならなかった(Summer, 1993, p.234)。ネスルがいうように、「レズビアンの女衒《ぜげん》はいつの時代にもいて、レズビアンの性売買当事者も常にいた」ことはサマーズも認める。加えて「レズビアンの買虐者も常にいた」と彼女はいう(もっとも、パーキンスとベネットによる一九八〇年代中期のシドニーにおける調査をはじめ、性売買の研究では、買い手の女性は種類を問わず、ごくわずかしか見当たらなかった)。しかし単にレズビアンも性売買に関わっていたというだけでは、「売買される立場に置かれた女性たちへの危害」が存在しないことにはならない(*ibid.*, p.237)。彼女は一部のレズビアンが既存の男性至上主義の権力構造に加わり、性売買で女性を利用するみずからの権利を主張すること、あるいはそこから利益を得ることを批判した。「女性たちが男性至上主義の構造に喰い込もうとする中、その構造を手つかずのままに放置しているのは『フェミニズム』の怠慢にほかならない」(*ibid.*)。

性売買を美化するこうしたレズビアンたちの一部は、掟破りへの憧れに動かされている感がある。一部はルービンやカリフィア同様、ゲイ男性の利益に深く同化する。また一部は幼少期の性虐待や性売買でのそれに傷を負わされた女性たちからなり、彼女らはレズビアンのコミュニティでその虐待をセックスへと変えることで承認と収入を得ようとする。他の女性たちはサマーズのいう通り、女性身体の利用権のようにこれまで男性特権とみられていたものへの参入を求めている疑いが強い。

男性の性売買当事者は「男性的」な役と「女性的」な役のどちらを担うかで経験が変化し、トランスセクシュアルは蔑《さげす》まれる女性階級と同性愛階級を象徴する。両者の経験は性売買の政治力学を私たちに示す。性売買当事者は単に自由を求めて闘う「性的マイノリティ」を代表する人々ではない。性を買われる女性たちの存在と経験は、女性の従属化が男性による性的支配を通して遂行され構築されることを明らかにする。性売買での女性利用と少年利用が一部のレズビアンと多くのゲイ男性に容認されがちなのは、同性愛と性売買を性的な掟破りと関連づける発想に根ざす傾向と思われる。性売買が政治的に構築されているという点を問わないうちは、多くの者が、自分たちと同じく性活動ゆえにスティグマと抑圧を被っている集団に素朴な一体感を抱いていられる。しかしここには別の利益も関与している。性的リベラルの男女は、自由とは平等な対象選択を持つことだという思想、そして自由市場がそのようなものを提供できるという信念のもと、フェミニズムの異議申し立てに真っ向から反対し、この興奮に満ちた営為を残そうと奮闘している。

クイア理論とポストモダン理論が性売買を正当化していることは、フェミニズムの分析を人々の理解から遠ざけている大きな元凶であり、よくよく批判される必要がある。フェミニズムの反暴力視点にもとづく批判的研究によって、性を買われる男性や少年の経験に迫れば、ゲイ男性の理論と実践における性搾取を問い直すラディカルな批判の素地が整うだろう。その研究は若い人々、貧しい人々、人種抑圧を受ける人々、性虐待を受ける人々など、ブルジョアのゲイ男性消費者による特権行使を通して利用され傷害される人々の経験を掘り起こし、抵抗政治の起爆剤を与える。

第5章 「選択」としての性売買

言い寄られ、丸め込まれ、圧力をかけられ、騙され、脅され、公然と強いられてセックスをさせられた女性たちは……しばしばこの名状しがたい屈辱に応えようとして……当のセクシュアリティは自分のものだと主張する。他の手段がない中、自尊心と自信を取り戻そうとするなら、私がこれを選択したのだ、と考えるしかない。

［MacKinnon, 1989, p.149］

第3章でみたように、性売買当事者の権利運動が展開すると、性売買の議論に「選択」という言葉が持ち込まれた。一部の女性は性売買を「選択」してその「選択」に満足していると語りだしたため、フェミニズム理論家たちは女性の言葉を信じないのかという問題に行き当たった。フェミニズムは自身の経験を語る女性たちの真実発話に方法の基盤を置いてきた歴史があり、キャサリン・マッキノンが論じるように、これこそがフェミニズムの方法論を独自ならしめる要素だった（MacKinnon, 1989）。しかし問題が生じるのは、一部の女性がフェミニズム理論家からみて問題含みと思われる真実を主張した時である。これはフェミニストが他の女性たちに虚偽意識を見て取るのは妥当か、同じ状況に置かれた経験のない者が他者に代わってそれを解釈する権利があるのか、といった問いを生む。フェミニズム理論にとってさらに事態を厄介にしたのはポストモダニズムの台頭で、これは女性の主体性を最もありそうにないと思われる状況にすら見出そうとする考え方を育てた。本章では、こうした思想が性売買当事者を代弁して性売買や選択、女性の主体性、虚偽意識の理論を構築する際にどれだけの影響力をおよぼしたかを考える。

今日の性売買擁護者たちは「選択」のレトリックを用いて性売買を受け入れやすいもののように見せかける。選択の言語はフェミニズムの観点からみて大きな問題を抱えている。これは性的リベラリズムの言語である。選択の概念は性売買当事者の権利運動と、男性の性的権利を擁護する男たちの双方に利用される。性売買に関し、男性の権利は女性の選択という概念のもとに隠蔽される。この戦術の一例はアメリカの雑誌『ガントレット』にみられる。バリー・ホフマンの編纂になる同誌は市民的リバタリアニズムの立場をとる雑誌で、ポルノ制作者や小児欲情者の権利増進を主軸に据えつつ、折に触れ他の問題、例えば「黒人カルト信者やゲイに媚びるメディア」などのテーマにも触れる（Hoffman, 1994, p.1）。「売春を擁護する」と題した特集は、「売春婦、職業の『選択』を議論する」の小見出しを持つ。論説の中で、ホフマンはこのトピックの扱いがバランスのとれたものだと語る。「レイプ、警察のハラスメント、嘆かわしい労働環境も論じる一方、多くの売春婦がこの仕事を始めよう、続けようと決める際の意識的な選択も論じる」（*ibid.*, p.5）。

女性の権利を支持する者たちが、女性を利用する男性の権利や、その利用を利益に変える男権を支持する者たちと全く同じ言語や概念を用いているとしたら、驚くほかない。が、女性の権利を追求すると謳《うた》う性売買当事者の権利活動家たちはまさに買虐者たちと同じく「選択」の言語を用いる。ニッキー・ロバーツは第2章でみたように、性を買われていたイギリスの女性であるが、性売買の歴史を讃美する著書『歴史の中の娼婦たち』で選択の議論を援用する。フェミニズムとゲイの運動、それに性売買当事者の権利運動は、いずれも選択の自由を求める取り組みだと彼女は論じる。

フェミニズムとゲイの運動はとりわけ、指向を問わず万人に性的選択の自由を認める目標へ向け、重要な前進をなし遂げた。一部のフェミニストにとっては不快かもしれないが、これは女性たちが自分の身体の管理権を持つべきだという要求、したがって望む時には自分の性サービスを売る権利を持つべきだという要求にも暗に織り込まれている。

〔Roberts, 1992, p.355〕

性売買は無論、「指向」ではない。同じ性別の人を愛することを選択する権利と、巨大な資本主義の性産業で原材料として利用されることを選択する権利は、同列に並べるにふさわしいものとはいえない。

リベラルの理論における選択の概念

性売買に関する選択の言語は、一九七〇～八〇年代に注目されたあるリベラル思想の系統に由来しており、それもまた選択の重要性を強調するものだった。キャロル・ペイトマンは著書『性の契約』〔邦題『社会契約と性契約』〕で、この種のリベラル理論を婚姻や性売買のような問題に応用することの危うさを詳述する。批判の焦点は契約理論にあり、彼女はこれを、選択重視にもとづくリベラル思想の一つの支流とみる。契約理論でいわれる「新しい人生」は、

民主主義を個人主義的な自主行動（つまり選択）と解釈することに主眼を置いた大きな政治的展開と不可分の関係にあり、これを手短にまとめると民間事業と私有化のスローガンになる。一連の政策は自由の名で流通する。

[Pateman, 1988, p.ix]

代理出産や豊胸手術や性売買に関して「選択」を促すフェミニストたちは、通常、このアプローチの大元にいる男性のリベラリズム理論家の名を出さない。しかしその文献を検討することは、「選択」推進論者がおおよそにわたって支持する政治目標を明らかにする点で有益である。

近年、ジョン・ロールズやロバート・ノージックなどのリベラルの理論家に代表されているカント的リベラリズムでは、人間は理性能力を持ち、ゆえに「彼」は動物の上に位置するとみなされる。この思想を「ジェンダー」に応用した文献『ジェンダー正義』は述べる。

筆者らはまず、このリベラルな立場、すなわち人間は自律行動の能力ゆえに他の生物種から区別されるという理解のもと、この人間の中核的特徴を称えて自由を支持する立場を哲学的な土台とする。

[Kirp, et al., 1986, p.13]

一八世紀の男性理論家たちは、自身らが動物よりも優れていると信じたがった。彼らの政治哲学は、「人間＝男性」が自身と動物を分かつこの技能を披露し、自由に行使できる機会を最大化することに基礎を置く。女性は無論、理性が不足しているとみなされたので、この哲学は彼女らの包摂を意図していなかった。ただし男性の理性能力は、国家の干渉が最小化された時に初めて、「理性的選択」の行使を通して証明されるものだった。

『ジェンダー正義』はこの思想をフェミニズムに応用した時の問題を示す好例といえる。著者ら——二名のアメリカ人男性の法哲学者、デビッド・カープとマーク・ユードフ、および一名の博士課程の女子学生、マーリーン・ストロング・フランクス——は、ジェンダー正義の達成が選択の最大化と小さな政府によって成し遂げられると考える。「中核的な問いはこれである——政府は性別によって異なる社会的結果を変えていくことをめざすべきなのか、それとも全く違う道として、人生に関わる個人の選択過程を自由化することをめざすべきなのか」(*ibid.*, p.4)。リバタリアニズムの経済学で理解される市場の「法則」は、ここではあらゆる分野の社会的意思決定に適用される。政府が政策を用いて社会形成を図ることは正しくない。最高の利益と思われるものを追求する市民らが制約なき自由選択を理性的に行使すれば、常により良い結果がもたらされるからである。「典型的な市場と同じく、過程を進行させれば、理性的個人が自己利益を追求し、そうした個人的計算が社会全体を利することが想定できる」。このアプローチでは「ある特定の社会秩序ではなく選択それ自体が善の尺度となる」(*ibid.*, pp.11, 12)。「この個人選択の能力」を発達させることが「人格になるうえで核心をなす」と、かれらはデビッド・リチャーズの言葉を引用する。「個人選択の起源がいかに謎めいていようと、その尊重は社会正義に不可欠の条件である」（*ibid.*, p.15）。自由選択の否定は人間の価値の否定に等しいと著者らはいう。かれらは代表的なリベラルの哲学者ロバート・ノージックの言葉でそれを言い表す。「自由意志なき人間は縮小した存在、単なる外的要因の玩具に思える」（*ibid.*, p.64）。

『ジェンダー正義』の著者らは「古典的リベラリズム」と称するものに突き動かされ、主流フェミニズムの目標の大部分を憤然としりぞける。かれらが目を向けたのは、一九七八年にアメリカで開かれた全米女性会議の代表者らによる宣言だった。

〔政府がすべきは〕家庭内暴力をなくし、殴打被害女性のシェルターをつくり、女性たちの仕事を支え、児童虐待を絶やし、非性差別的な保育に連邦資金を当て、働きたい女性たちがみな働けるよう完全雇用を請け合い、婚姻生活を伴侶関係へと変える主婦を守り、メディアにおける性差別的な女性描写を終わらせ、生殖の自由を打ち立てて望まない断種を禁じ、レイプを扱う刑法を見直し、性的嗜好にもとづく差別を廃し、非性差別的な教育を築き、あらゆる福祉計画の女性への影響を確かめるなどである。〔*ibid.*, p.125〕

フェミニストからみると、これは妥当な一覧で、実現のためには明らかに国家の介入を要するものと映る。市場法則は女性たちの利益を女性たちのものとして守らないからである。が、カープらは目を剝《む》き、これを「世間知らず」な「御託《ごたく》」、「女傑」による「『思想統制』の願望」と称する。「もしも自由に意味があるなら」、「健全なジェンダー政策の基本原則」は選択の障壁を取り除き、各人が「選択の機会、選択の能力、嗜好のもととなる情報、違う選択肢を模索できる寛容の風土に浴せる」ことをめざすべきだとかれらは主張する（*ibid.*, p.133）。

ここ数十年のあいだに、政治学や経済学ではこうした考えにもとづく思想の流派、「公共選択論」が育った。こうした思想を通して理論家たちは小さな政府の利点を言い広め、「理性的選択」の行使が公共の福祉に繋がることを示そうとする（Hauptmann, 1996; Stretton and Orchard, 1994）。しかしこれらの思想の批判者たちが指摘してきたように、謎めいているが何でもないようなきっかけをもとに常時湧き上がる人間の動機を重視する考え方は、フェミニストの経験に、ましてその理論に比肩するものではない。フェミニストたちは女性や男性の動機を変えようと努め、ある程度の政府の介入や経済変動にも助けられつつ、かなりの成功を重ねてきた（*ibid.*, p.236）。ヒュー・ストレットンとライオネル・オーチャードが公共選択論の批判で指摘する通り、動機は安定したものではなく「論争・選択・行動の主要素」である（*ibid.*）。

選択の概念を重視するリベラルの理論家たちは、しばしば自身らの思想系譜がジョン・ロールズの『正義論』（一九七二年）にさかのぼるものだと語る。ロールズは極端なリバタリアンではなかったが、にもかかわらず、解放哲学の支持者が選択理論の扱いにひどく苦労するさまをいくらか体現している。

主軸となるのは、それなりに好ましい環境で最も合理的な長期人生計画となるものが個人にとっての善を決定する、という考え方である。この計画を実行する点で大なり小なり成功していると、人《マン》は幸福になる。したがって、各個人は自分が直面する状況に影響される合理的な人生計画を立

> てているものと考えられる。この計画は当人の利益の調和的充足を可能とする形に設計されている。それはさまざまな願望が支障なく成就されるように活動予定を組み立てる。……代表者たちの期待はそれゆえ、彼らが浴せる主要な社会的便益の一覧によって確定することになる。
>
> [Rawls, 1972, p.92]

こうしたアプローチは選択の根底に興味を示さず、抑圧状況も全く踏まえない。ロールズは特定状況下の人《マン》にとって合理的なことは他の人《マン》にとって合理的ではないかもしれないと指摘してはいるが、これだけではシドニーのレッドファーンに暮らす失業中のアボリジニの若者に与えられる「選択」と、同じ土地で最高の学校と大学を卒業した若者に与えられる「選択」の違い、あるいは食べていくために性売買以外の道がない女性と、医学の道へ進むか法律の道へ進むかを「選択」できる女性の違いを考える点で充分とは思われない。極端なところでは、アメリカ的リバタリアニズムの選択追求はある種奇妙な政治的展望へと至る。著書『選択の自由』（一九八〇年）を発表したミルトン・フリードマンとローズ・フリードマンをはじめ、一部のリベラルの理論家は選択を聖なる理想とし、共産主義や計画経済のみならずシートベルト着用の法制化にまで反対する。

民主主義は「選択」の保護の上に築かれ、かつその保護に尽くすべきだという思想は、マーガレット・サッチャーのイギリス保守政権に取り入れられた。デビッド・エヴァンスが著書『性的市民権』で説明するには、「公民権の天秤は社会的な福祉の権利から経済的な（つまり市場アクセスに関係した）市民権へと傾いた。公営住宅を買う権利、民営化した企業の株を買う権利などである」（Evans, 1993, p.3）。保守党の市民は選択肢を持つ消費者へと変わった。これを正式に明文化したのが一九九一年七月の白書「市民憲章」であり、そこでは新しい市民と納税者のモデルが「選択」の言語を介して正当化される。

「市民憲章」は市民により大きな力を与えることをめざします。ただし市民権とは私たちの責任、例えば親として、あるいは隣人としてのそれや、私たちの資格に関わるものです。「市民憲章」は国家行動を増やす処方箋ではありません。これは人々が情報を得てみずから選択する権利を有するという我々の信念の表明です。

[*ibid.*, p.5 より]

市民の「力」は選択を通して行使されると想定されているが、これは経済的・社会的に「選択」ができる立場にない人々にとっては問題だった。市民の権利は「公共・民間部門で高品質の商品やサービスを充分な情報にもとづき選択する自由、および『プライバシー、尊厳、宗教的・文化的信念』への相応な配慮をもって扱われる自由」へと矮小化された（*ibid.*, p.10）。

性売買への同意という選択

一九八〇年代に選択の言語はＣＯＹＯＴＥをはじめ多くの性売買当事者の権利擁護者によって無批判に用いられだした。それが保守派の思想から生まれた事実は巧妙に無視され、性売買当事者になることを「選択」する女性の権利は進歩的なフェミニズムの政治学であると説明された。フェミニストの反性売買理論家は、この性売買に応用されるリベラルのイデオロギーを痛烈に批判してきた。キャスリン・バリーは性売買の説明において「選択」という概念は無益であると論じ、性売買は女性に関わるものでも女性のために存在するものでもなく、男性のために存在するものであると指摘する（Barry, 1995）。したがって女性たちが性を買われる権利や選択を主張するか否か、自身を男性による虐待の被害者とみるか否かは関係ない。女性身体がなぜ、いかにして男性消費者市場に流れるかは市場に関係ない。理論上、性売買とレイプは「選択」という点をめぐって、あるいはこの文脈でよく使われる言葉を用いれば、「同意」という点をめぐって区別されるのが普通である。レイプは同意なき性交、性売買は同意を伴う性交と定義される。しかし同意の概念は虐待的セックスと非虐待的セックスを区別するのにさほど有効ではなく、そのことは婚姻レイプやサドマゾヒズムを分析するフェミニストたちによって指摘されてきた（Russell, 1990; Hawthorne, 1991; Jeffreys, 1993）。バリーは「同意」が抑圧の存在を探知する優れた占い棒にならないこと、侵害への同意は抑圧の現実であることを説き明かす（Barry, 1995, p.65）。抑圧は「同意」の程度によってはうまく測れない。同意というものが、他の道を見つけられないこと、他の道へ進んでよいと感じられないことを意味するのなら、奴隷制にすら一定の同意があったといわざるを得ないからである。

もし例えば、奴隷制が人間の尊厳と権利を侵害するか否かを判断するに当たり、同意の有無が尺度とされていたなら、奴隷制は侵害とは認められなかっただろう。なぜというに、奴隷制では多くの奴隷が自身の状況を受け入れていることが重要な要素をなすからである。

[*ibid.*, p.66]

バリーが述べるに、性売買推進活動家たちは「害の経験を同意の行為へと収斂《しゅうれん》」させている。かれらは危害を不可視化する。とりわけ、選択や同意の概念は性売買のセックスを女性たちの階級条件から個人の私的選択の一つへと変えてしまう。

バリーは重要な初期のフェミニズム的性売買分析だった『女性の性奴隷制』（一九七八年）を改訂し、『セクシュアリティの性売買』（一九九五年）という題で発表した。後者の本で彼女は、自分が最初の著作で強制／自由の二分法を用いる思考に囚われていたと説明する。この二分法は、性を買われる女性たちが「選択」あるいは同意した者と、「選択肢」を持たず同意もしなかった者に分けられると示唆する。一九九五年の著作で、バリーはこの区別を取り壊すことに力を傾注する。

> 本書で私が打ち立てるフェミニズムの人権概念にのっとれば、「同意」は自由の指標ではなく、同意の欠如が搾取の決定的指標でもない。リベラルが構築した同意概念はフェミニズムの抑圧分析を個人の不正へと狭め、フェミニズムを個人主義の倫理に沈める。それはセックスを同意と意思の問題にとどめ、セックスがどのように利用され、経験され、権力として構築されるかを考えない。
>
> [Barry, 1995, p.89]

バリーによれば、フェミニストたちが性売買を性暴力とみなしたがらなくなった大きな原因は「同意」の概念にあった。性暴力に抗う運動は「婚姻生活を送る女性や交際中の少女の性的従属化ととももに」性売買をも射程に含めなければならないはずにもかかわらず、フェミニストたちは「不適切にも法的・社会的に性売買をレイプから切り離した」(*ibid.*, p.90)。

バリーいわく、レイプに反対するフェミニズムの政治活動はしばしば批判力を欠くリベラルの個人主義に立脚しており、それはレイプとそうでないものを分かつ決定的な基準として「同意」の概念を用いることに表れている。同意のイデオロギーは、多層的な女性抑圧が個人の自由意志を行使する女性たちの能力に影響している現実を曇らせるために使われており、彼女はそこに批判を向ける。バリーの見方では、「夜の奪還」マーチで使われてきた「ノーといったらノーだ」という初期のレイプ反対スローガンは、自分が同意していなかったことを女性が認識していないかぎり、侵害はなかったとする考え方を強める。このような同意概念が用いられると「抑圧は階級条件としての性搾取からその個人経験へとずらされる」(*ibid.*, p.84)。

これによって性売買当事者女性は性被害に遭った女性と認められなくなる。性売買当事者女性は「他者」に、すなわち虐待的・侵害的で非人間化を起こすセックス行為の対象としてふさわしい女性に仕立て上げられる。その同意は市場取引において確立され、彼女らはセックスと引き換えに金を受け取るからである。[*ibid.*, p.84]

性売買に関する同意や選択の概念は事実上、性を買われる女性たちを他の女性たちから切り分ける。このアプローチをとるフェミニストも含め、性を買われない女性たちはそれにより、性売買の議論から自身を分け隔てる。自分たちは性を買われることを「選択」しないので、性を買われる女性たちは別種の女性であって、他の女性が侵害と感じる経験は彼女らにとって難なく受け入れられるもの、さらには欲望に適ったものに違いないというわけである。

性を買われる女性たち自身が「選択」という言葉を使うとしたら、それは逸脱の社会学者がいう「中和の手法」であると考えられる。社会学者のいうそれは、社会的に蔑《さげす》まれる集団や周縁化された集団がその周縁的な条件を生きのびるために合理的説明をこしらえることを指す（Sykes and Matza, 1957）。こうした手法が使われるのは、それに代わるものが苦しい自己卑下しかないと思われるから、ということもありうる。性売買は自由に選択されるものだという考え方もこの手法の一例となる。選択の概念を用いる性売買推進派の活動家や理論家たちは、性売買の非人間化作用を、性を買われる女性たちのアイデンティティに組み込む。バリーが説明するように、性を買われる女性たちは自己の断片化を積極的に選択したものとして生きることになる。個人選択のイデオロギーをバリーは「非政治的」と評するが、これを用いて女性はいかに侵害されるかを説明することが行なわれてきた結果、「一九六〇年代後期から七〇年代初期のフェミニズム運動を特徴づけた権力関係の批判」は地に沈んだと彼女はいう（Barry, 1995, p.82）。

個人選択の自由市場イデオロギーが、進歩的な左翼を自認する者らの性的リベラリズムと融合する中、選択の言語は優勢を占めるに至った。「極度の個人主義、そして個人選択を唯一究極の自由の条件へと高める傾向が、フェミニズム運動を席巻《せっけん》すれば、それはこの運動の最後の解体に繋がるだろう」。かくして個人選択は「あらゆる公益や集団的幸福の概念に優先」するものとされる。個人選択の政治学は

「資本主義市場のリベラル・イデオロギー」の表れであり、「それは個人主義を強調することで市場競争を支え消費主義を促す」(*ibid.*, p.83)。人々一般、あるいは特に女性たちが、いかに「選択」へ向かうか、何から「選択」しなくてはならないか、という問いは巧妙に避けられている。

アン・ジョーンズは著書『次は彼女の命がない――女性殴打とその防止法』で、選択のレトリックを用いる者はいかに不適切であろうと、みずからの脆弱性と向き合うことから守られると分析する。自分も殴打を被りうると考えたくない女性たち、あるいは性を買われる女性たちと自分のあいだに何の共通性も見出したくない女性たちは、「選択」の概念を離隔の装置として用いることができる。私は「とどまる選択」や性売買の世界に入る「選択」をしない、という考えのもと、殴打される女性や性を買われる女性たちは、ジョーンズの言葉でいえば下層民《パーリア》の集団、すなわち「背景や人格の特殊なもつれにより、『異常』で危険な生活を選択しているらしき者」と目される(Jones, 1994, p.14)。

被害者非難

選択の言語は性売買の責任を女性に着せる。男性による性売買での女性虐待は、彼らに虐待される女性たちの行動という観点から、つまりそこにいることを選ぶ女性の選択という観点から説明される。これ以外の女性への暴力に関しては、なぜ女性がそこにとどまるのかと問うこと――あるいは他の形で被害者に責任を帰すこと――はフェミニストたちから被害者非難とみなされる。ただ性売買に関してのみ、これがいまだに妥当な態度と考えられている。

反レイプ運動に携わるフェミニストの理論家や活動家は、女性がみずからの振る舞いによってレイプを引き起こすという「レイプ神話」を告発してきた（Russell, 1975; Brownmiller, 1975）。大半の国ではいまだに法廷がレイプを扱う際にこの神話を用いるため、被害者非難のイデオロギーが今日もなお強力に機能していることが分かる。女性たちは誤った服装をしていたこと、誤った時間に誤った場所にいたこと、男性を誘ったこと、乗車を受け入れたこと、性売買当事者であることで非難される。この習慣は学問的な後援も受けており、被害者学の研究は第二次大戦以降、女性に対する男性暴力を女性のせいにしようと試みてきた。例えばメナヘム・アミールは一九七〇年代初頭以降、フェミニストの反レイプ理論家たちによって多くの批判を受けている（Brownmiller, 1975）。被害者非難は他の男性暴力を説明する際にも主流をなし、例えば小児性虐待については性科学者たちが女児を責めつつ、なつきすぎたこと、菓子をもらったこと、その他の軽率な行動をあげつらってきた（Jeffreys, 1982）。

男性の女性殴打に関する被害者非難は、他の暴力の場合と同様、どのような人格的特徴ゆえに女性が殴られたのか、と疑問を投げかける形をとってきた。しかし最も一般的な被害者非難は、なぜ女性はとどまるのか、という問いである。アメリカ市民から無作為に選ばれた二一六名のアンケート調査では、殴打被害者の女性が本気で恐怖を感じていればそこを逃げるだろうと考える人々が六〇パーセントを超えた（Barnett and La Violette, 1993, p.76）。反暴力理論家はこの疑問に答えるべく、暴力が関係の中で発展して逃げる決断を困難にすることや、長い殴打被害の影響で女性たちの断固たる決定がさまたげられること、女性たちが友人や警察や他の者からの助けを得にくいこと、女性たちが殴打者に経済依存していること、とりわけ子どもがいる時にはそうなること、そして女性たちが被害者非難の文化体系に影響されて自分を責めることなどを明らかにしてきた。加えて殴打被害女性は逃亡を試みれば殺されることも敏感に悟る。事実そうなることはあまりに多いからである。この問題はアメリカではO・J・シンプソンの事件（訳注1）をめぐって注目された（Schneider, 1996）。とどまって暴力を受け入れることは、死、あるいは隠れて追われ続ける人生よりもマシと思えることがある。

女性が逃げられない理由については慎重な議論が膨大に重ねられてきたにもかかわらず、ヘッダ・ヌスバウムの事件ではフェミニストまでが彼女に罪を着せようとした。これはフェミニストの立場を大きく分かつ出来事となった。ヌスバウムは同棲していた男性のジョエル・スタインバーグに拷問されていた。その状況はしばしば寒気を催すような殴打被害女性たちの証言にもとづく水準に照らしても苛烈を極めるものだった。

> スタインバーグは彼女の眼球に蹴りを入れ、首を締め、性器を殴り、尿をかけ、手錠をかけて彼女を懸垂バーに吊るし、目尻に指をねじ込んで涙管を裂き、数度にわたって鼻を砕き、アパートで彼女を振り回して髪の束を引き抜いた。 [Caputi, 1993, p.10]

スタインバーグはガスバーナーで彼女の全身に火傷を負わせた。しかしフェミニストの論評者たちにとって問題だったのは、スタインバーグが違法に養子としたリサにも拷問を加えていたことである。ヌスバウムは彼女を守ろうとせず、それどころか助けを呼ぶこともなく三時間にわたり死にゆく彼女を見つめていた。初期の有名なフェミニズムのレイプ批判である『意思に反して』を書いたスーザン・ブラウンミラーは、ヌスバウムがリサへの暴力に加担したことを糾弾し、ヌスバウムを被害者とする見方を批判した。フェミニストは「あらゆる殴打被害女性の行動や行為を無批判に」支持すべきではない、と彼女はいう。

フェミニズムがめざすのは、女性たちに自由意志を発揮する勇気を与えることであって、自由意志を放棄した女性の行動を「洗脳された被害者」という言い分のもとに免罪することではない。被害者性はもはや容認・免罪できる女性行動のモデルであってはならない。〔*ibid*., p.11〕

ここで「自由意志」を語るブラウンミラーが、アメリカ流リベラリズムの言語を用いていることに注目されたい。ジェーン・カプーチが論じるように、このアプローチはスタインバーグから焦点をずらし、なぜこの男にはこんなことができたのか、ではなく、なぜこの女性は男のしたいままにさせておけたのか、という問いに的を絞る。「それは殴打の原因を男性支配ではなく女性の人格……に見出そうとする」(*ibid*., p.11)。カプーチの見方では、虐待されて瀕死のリサが横たわっているのを前にヌスバウムが救急隊を呼ばなかった原因も「核家族の構成〔で彼女が抑圧されていたこと〕と彼女自身が拷問被害者の地位に

訳注1　アメリカンフットボールの有名選手だったO・J・シンプソンが、離婚した元妻とその友人を殺害した罪に問われた事件。シンプソンが元妻を虐待していたことから、殺人との関連性が疑われたものの、裁判では人種差別による冤罪捏造の可能性も浮上し、紆余曲折の末にシンプソンの無罪判決が下った。

いたこと」にあると考えなければならない（*ibid.*, p.12）。

男性の女性殴打を表す名称そのものも、男性の有責性を曖昧にする手助けとなってきたことは見逃せない。《家庭内暴力》や《配偶者虐待》といった言葉は男性の行為者性を覆い隠し、関係の中で生じる殴打にジェンダーの偏りがないかのように思わせる。性売買に関してはこの名称の問題が極度の域に達している。《売春》という語は虐待の行為者である男性を構図の中に一切包含せず、性売買は女性に責任があり、女性がおそらくは全てを自分で行なう、という見方を可能にする。《性を買われる女性》という言葉は、少なくとも行為者の関与を示唆する点で有用性がある。しかし男性の責任を真の意味で明らかにする言葉はまだ存在しない。名称は重要であり、そうした言葉は議論の比重を男性の役回りへと向け直す面で意義を有する。

性売買に関する被害者非難は男性の性科学者や社会学者、心理学者らが行なっており、彼らは女性たちが性売買に巻き込まれる原因を被害者の人格や性格に探し求める。ハロルド・グリーンワルドは一九五八年の著書『コールガール』に精神分析の視点を導入した。事例研究を通し、彼はコールガールが「極度の行動障害」を抱えていると判断した（Greenwald, 1964, pp.12-13）。例えばステラという人物は「人を信頼すること」や「親密な関係を築くことが苦手」で、自分が女性であることを認めたがらなかった。冷淡で冷酷な母への復讐を望む彼女は「自分を貶めなければいけないと感じているようだった」（*ibid.*, pp.84, 92）。他の精神分析学者たちは、性を買われる女性が冷たい性格で男性に強い敵意を抱いているとみなしたが、そうした特徴は性売買の結果ではなく原因と捉えられた。エドワード・グローバーは著書『売春の精神病理学』で、性を買われる女性たちは「近親相姦的な（幼児期の）葛藤を抱いた自己の遮断と懲罰を無意識に求め、正常な成人愛と婚姻の制約をみずからに課す」と説明した（Glover, 1969, p.12）。こうしたアプローチは、少なくともフェミニストのあいだではもはや顧みられなくなったが、私見では、性売買を始める女性の「選択」に着目するアプローチは形を変えた被害者非難にほかならない。これが巧妙なのは、性売買の説明において女性たちに行為主体性を認め、フェミニズムの目標に沿って女性を強く力のある有能な人間と位置付けるような装いを持つところである。が、これは男性の役回りを完全に覆い隠す。事実、女性たちの「選択」に焦点を当てる文献では、買虐者たちについての言及が皆無に近い。性売買は儲かる仕事を求める女性たちの要望に応えてつくられた恵み深い産業として存在し、女性たちがそれを「選択」し続けるがゆえに存続するもののように思えてくる。

性と生殖のリベラリズムと選択

「選択」批判の啓発的な論文「性と生殖のリベラリズム」で、ジャニス・レイモンドは選択の言語が女性たちにラディカルな前途を与えるもののごとくフェミニストの理論家や活動家によって使われ始めた経緯を確かめる。レイモンドいわく、かつてほとんどのフェミニストたちはリベラルの選択概念に関わる問題を認知していた。「フェミニストたちのあいだでは、女性たちの選択は父権制によって組み立てられ、荷を負わされ、枠づけられ、損なわれ、縛られ、狭められ、強いられ、形づくられるという了解があった」（Raymond, 1990, p.103）。こう述べたからといって、一部の「選択」擁護者がいうように、フェミニストは女性たちが自身の利益にもとづき意思決定を下したり行動を起こしたりすることができない、と考えていたわけではない。

これをもとに、女性たちの選択はあらかじめ決定されている、あるいは、女性たちは受動的または無力な父権制の被害者だと論じた者はいない。なぜなら多くの女性たちはフェミニズムが女性生活を変える力を持つと信じていたからである。そして当然ながら、女性たちが社会によって役割を決定された者、あるいは家父長の手中でどうにでも変形されるパテでしかないというのなら、変えるなどということはありえない。 [*ibid.*]

しかしその後、レイモンドによれば、一部のフェミニストは女性を被害者とみないことの重要性を論じ始めた。これは女性の中に男性至上主義社会の恩恵を得る人々が現れ始めたことによると彼女はみる。そうした女性たちは、他の女性が同じ恩恵を得られない理由が分からなかった。

これまで以上に多くの女性たちが大学院や専門職大学院へ進み、「利発」になり、バーへの立入りを許され、学会に入り、あらゆる分野の専門家となりだした。彼女らは男の神が創造した権力にあずかり、「それを良しとみた」。 [*ibid.*]

フェミニズムのラディカリズムは、フェミニズムのリベラリズムへと遷移《せんい》した。その表れが性的リベラリズム、つまりポルノグラフィ肯定の立場と、生殖リベラリズム、すなわち新たな生殖技術を女性の利益になるものと喧伝する立場だった。両者はいずれも女性の「選択権」というレトリックを用い、「古いリベラルの選択言説にフェミニズム的とされる新たな内容を付け加えた」（ibid., p.105）。これらのフェミニストは、女性たちがポルノ女優または代理母としての主体であり、自由の身となるべくこうした営みに参加する選択肢を欲している、という見方をしたがる。

彼女らは例えば、メアリー・ベス・ホワイトヘッドが契約に署名することを選択した、との見方を支持する（Raymond, 1994）。ホワイトヘッドはウィリアム・スターンとの契約により、彼の精子で彼のために子を産むことになった。ホワイトヘッドは労働者階級の母親女性、スターンは上流階級の男性だった。出産後、子どもがもう一人の娘に似ていることを知った彼女は気が変わり、四カ月の授乳後、その子を手放したくないとの思いに至った。スターンは裁判所に出向いて親権を手にし、警察と私立探偵を使ってホワイトヘッドを探したのち、子を取り上げた。フィリス・チェスラーが指摘する通り、代理出産契約に平等性はない（Chesler, 1990）。代理母はあらゆる妊娠リスクを負って九カ月を過ごし、子を抱えてその胎内での動きを感じ、分娩を迎え、出産を経て、母乳の分泌が始まれば授乳を行ない、「一生にわたり社会化を通して母になっていく」。しかし「選択肯定」派のフェミニストたちは、ホワイトヘッドが契約への署名を選択した以上、スターンの要求は正当だとみることができた。彼女らは主張した。「私たちには契約を交わす権利がなくてはならない。これはとても大きな意味を持つ。その契約について女性が考えを変えてよいというのなら――つまり契約が履行されないなら――私たちは当の権利を失ってしまう！」（ibid., p.101）。彼女らは、そもそもの契約が非倫理的であって正当とみなされるべきでない、とは考えなかった。その契約に一万ドルで署名したホワイトヘッドは一時間につきわずか五〇セントしか支払われなかったことになる、という点も考慮されなかった。

ジャニス・レイモンドが指摘するに、女性たちがまさに女性の従属化に由来する抑圧的慣行にみずからしたがうことを主体性と捉えるのは大きな問題がある。ラディカル・フェミニストの見方では、女性の主体性が最も鮮明に表れるのは「そのような抑圧的慣行に抵抗する時であって、女性たちがそれに同化する時ではない」(Raymond, 1990, p.109)。抑圧的慣行にみずからしたがう女性を主体とみなしたがる者たちは、抑圧に抵抗する女性、ポルノグラフィで虐待されたことを証言する女性、あるいは自身と子どものために法廷で戦う元代理母の主体性に触れない。レイモンドが述べるように、「女性の主体性を強調したいのであれば、それを正しいところに見出すべきである」。性売買のサバイバーたちは、性売買の世界に入ったことよりもそこを抜け出したことのほうが遥かに「選択」という言葉にふさわしいと語る。一五歳の時から三年半にわたり性売買の世界にいたある女性は、イングランドのバーミンガムで実施されたマギー・オニールの性売買研究でインタビューを受けている。オニールによれば、「彼女にとって、『選択』や『自己管理』を形にしたのは性売買から抜け出す時だった」(O'Neill, 1996, p.139)。レイモンドいわく、リベラルは「父権制に逆らう文化をつくり上げる」女性の主体性を擁護したことがなく、男性至上主義文化を支えるそれのみを擁護してきた。

そうしたアプローチの好例は多くの性売買研究者にみられる。その界隈では目下、性を買われる女性たちに主体性を認めるのが流行りとなっている。性を買われる女性たちに主体性を認めれば、それは女性の尊重とみなされる。グラハム・スキャンブラーとアネット・スキャンブラーは一九九七年のイギリスの論集『性売買を再考する』でこのアプローチをとった。両名は序論にて、この本で「光を当てたい」最初のテーマは「主体性」だと説明する。

女性セックスワーカーは大なり小なり背景や状況に囚われた受身の被害者であるという見方は、性売買関連の多くの社会理論に織り込まれているが、筆者らはこの傾向に逆らい、強い意志を伴った合理性の想定を擁護し、……敬意を持って主体性を認めることがあらゆる分析の「出発点」であると主張したい。 [*ibid.*, p.xv]

性を買われる女性たちが面する諸問題への解決策として、「主体性」を与えたがる者たちが総じて支持するのは「エンパワメント」である。スキャンブラーらも結論でそれを提案する。両名は男たちによる性売買での女性虐待を終わらせたいとは考えず、代わりに「エンパワメントを通して現在のあらゆるセックスワーカーに十全な市民権を与え、一九九〇年代のイギリスにおける歪んだ性産業を再建ないし『転換』すること」を望む (*ibid.*, p.188)。女性は「主体性」を行使して性売買の世界に入っているので、そこから脱却させることは解決になりえない。それは当人の主体性を軽視することになる。女性はそこにとどまるよう「エンパワメント」されなければならないのである。

選択と女性の主体性——ポストモダンのアプローチ

「選択」という言葉は今日流行に乗って発展しているポストモダン・フェミニズムの中で特に強調さ

れている。女性は理性と自由意志を持つ個人であり、その選択行使能力は何に代えても守られなければならない、と強く考える点において、フェミニズムのポストモダン理論は時にアメリカ流リベラリズムの保守的レトリックと似通う（Halberstam,1994）。美容外科手術に関するケイシー・デイビスの著書『女性身体をつくり直す』（一九九五年）はこのアプローチの好例となる。デイビスは女性の主体性を強調しようと努め、女性を「被害者」とみないよう腐心する。右の著書は豊胸手術や乳房縮小手術を経験した女性たちへのインタビューにもとづく。シリコンインプラントで豊胸した何千人もの女性たちが健康を損なわれた結果、アメリカやオーストラリアでは損傷された女性たちを支援する「サバイバー」の団体が立ち上げられた。女性たちは世界中でインプラントの製造者に対し損害賠償を求めている。一九九四年にはアメリカでインプラント製造会社のダウコーニング、ブリストルマイヤーズ・スクイブ、バクスター・インターナショナルに対し、四二億ドルの損害賠償が命じられた。同じ年、アメリカではさらに乳房再建手術でのシリコン使用に一時停止命令が下された。この闘争に加わった活動家たちは、女性インプラント患者の二〇パーセントが毒性症状に苦しみ、オーストラリアだけで四〇〇〇人の女性が消費者団体にシリコン関連の症状を訴えてきたと見積もる（Dumble, 1995）。

　デイビスはインプラントが女性の健康におよぼす危険を認知している。豊胸手術によって彼女がいうところの「副作用」が生じる確率は三〇～五〇パーセントになる、とデイビスはいう。彼女によれば、最もありふれた目立ちにくい徴候は、乳首の感覚鈍麻、乳房の痛みを伴う腫れや鬱血、乳房の硬化によってインプラントの位置を変えずに気持ちよく寝たり手を挙げたりすることが困難になる症状、乳房の左右非対称などとなる。より深刻なのはカプセル拘縮（訳注2）で、その発生率は患者全体の三五パーセント近くに達し、デイビスがインタビューした女性の中では五〇パーセントがこれを抱えていた。カプセル拘縮が生じた際は、患者本人または医師がインプラントを「マッサージ」して被膜を壊さなければならないが、これは激痛を伴い、シリコンが漏洩《ろうえい》するリスクを高める。マッサージの効果がなければインプラントを摘出しなければならず、デイビスが記述するように、患者の胸をえぐることになる。インプラントの破裂や漏洩は女性の免疫系を損ない、関節炎や狼瘡《ろうそう》、結合組織病、呼吸器疾患、脳損傷を引き起こしうる。一五年が経てばインプラントは交換しなければならない。手術が失敗すれば外観が損なわれ、無残な傷によって女性はそれ以前よりも遥かに深刻な問題を抱えることにもなりかねない（Davis, 1995, p.27）。

損傷の大きさと世界中で補償を求めるキャンペーンが行なわれていることを顧みるなら、デイビスがこの実践を選び出して女性の主体性を示そうとするのは驚きかもしれない。デイビスはインタビュー協力者たちを、美容文化のネガティブなメッセージに影響されて女性身体の劣等性を刷り込まれただけの「文化的麻薬患者」として示すことがないよう最大の注意を凝らしたと解説する。彼女は女性たちの決定をより前向きに捉えたいと考える。いわく、こうした美容手術は「アイデンティティへの介入」であり、女性が「みずからの身体との関係を再調整し、異なる自己感覚を構築する可能性を切り拓く」ための糸口となる。美容豊胸手術は西洋的男性至上主義文化の女性表象に合わせて女性たちが自身を客体化してしまった結果だというのが多くのフェミニストによる見解であろうが、デイビスはむしろ、当の手

訳注2　シリコンの周囲に固い膜が形成され、乳房の硬化・変形・疼痛が生じる合併症。

術が「客体化の罠」を「無力化する」と捉える。

美容手術は、みずからを単なる身体として受動的に受け入れていた個人の女性が、その身体において、身体を通し、世界に働きかける主体の地位へとのし上がるための起動力を与えてくれる。この意味で、美容手術は逆説的にも、客体化された身体ではなく身体化された主体となるための道を提供する。

[*ibid.*, p.113]

デイビスは豊胸インプラントや他の美容手術に賛成せず、状況が主体性を束縛することも認めるが、それでもなお女性たちに主体性を与える「選択」の権利を守ろうとする。例えばその議論ではリサ・パーカーの主張が肯定的に扱われるが、パーカーはアメリカ食品医薬品局が健康リスクを踏まえて一九九二年にシリコンインプラントの利用を制限したことを非難している。彼女によれば、この決定はパターナリズム的であり、「女性たちのインフォームド・コンセントの権利」を踏みにじる。デイビスはこの考え方を支持すると言い、理由を述べる。

被施術者から決定権を奪う企てはパターナリズム的であるだけでなく、女性には利用可能な情報をもとに決定を下す能力がないかのような印象をつくり出す。さらに深刻なことに、それは美容手術を受ける決定権限を女性たちから奪うことで、手術を受けまいとする決定機会をも女性たちから奪う。みずからの身体に関する女性たちの決定権を侵食するよりも、私はむしろ、情報や支援や内省と熟考の機会を提供することによって、その意思決定を実現するための方途を模索すべきだと考える。

[*ibid*., p.155]

デイビスは美容手術の「選択」を守ろうと躍起になる。著書の締めに差しかかると、それは単に苦しみを和らげエンパワメントをもたらす手段以上のものになる。それは道徳的で正義に適う結果を形にするための手段だというのである。「美容手術は道徳に関わる。苦しみが一定の度を越えた時、女性にとって美容手術は正義の問題――唯一妥当な行動――となりうる」(*ibid*., p.163)。

被害者主義

女性の主体性を発見して被害者性を否定することがどれほど難しい状況でも頑《かたく》なにそれを試みる傾向は、過去数年のあいだにフェミニズム理論の中で勢いを増した。その媒体となったのは大衆的なリベラル・フェミニズムの著作群で、執筆者のケイティ・ロイフ(一九九三年)、ナオミ・ウルフ(一九九三年)、レネ・デンフェルド(一九九五年)らは、ポストモダニズムから遠く離れたところにいた。彼女らは反暴力フェミニストが女性たちを主体ではなく被害者にしていると非難した(Deutchman, 近刊)。女性抑圧を維持する要因として男性の暴力を重視するフェミニストたちは、いまや一部のリベラル・フェミニストから「被害者フェミニスト」と称される。男たちではなく彼女らこそが女性を被害者化しているとみなされることになった(Faust, 1994)。これはフェミニズム理論家のメアリー・デイリーがいう父権的転倒の一例といってよい（Daly, 1984, p.86）。女性への暴力における男たちの役回りは、その暴力を問題にする女性たちへの攻撃によって覆い隠される。告発者こそが女性たちを抑圧する者だと責められるのである。

オーストラリアのベアトリス・ファウストやアメリカのケイティ・ロイフに代表されるリベラル・フェミニストの場合、こうした攻撃を行なう動機には、自分の脆弱性を認識した時に訪れるであろう無力感や屈辱感から女性たちを守る意図があるように思われる。ロイフは著書『明くる日の朝』で、自身が性産業の現実と無縁でいられることを信じようと決めているように窺われる。キャサリン・マッキノンが大学のキャンパスで行なった講義のスタイルを論評しつつ、ロイフは憤《いきどお》った様子で語る。「しかしマッキノンが記すようなポルノ産業は——そのあらゆる悪魔的策謀や歓楽街のダンサーの話も含め——私たちの世界からはとても縁遠い」（Roiphe, 1993, p.152）。ラディカル・フェミニストの理論家たちはむしろ、あらゆる女性たちは共通の抑圧において繋がっており、一人の女性に起こることは全ての女性に関わる懸念事項とみなければならない、との理解を出発点としてきた。それは「誰がために死の鐘が鳴るかを問うな」というアプローチである。対照的に、リベラル・フェミニストたちは非当事者でいられる自身の特権とみえるものに喜んでいる。

ロイフは性的ハラスメントやデートレイプに抗議するフェミニストたちのキャンペーンが女性を受身の被害者にしていると責め立てる。彼女によれば、フェミニストたちは一九五〇年代の「愛と結婚」に匹敵する「上演目録」を、一九九〇年代の女性たち向けにつくり出した。「過敏な女性が男に捕まり、横目で見られ、性的な口説きで日々攻撃され、侵犯され、抑制され、厳しい現実に傷を負わされる。

……受動性と被害者性をもとにした……新たなアイデンティティ形成である」(*ibid.*, p.172)。

性的リバタリアンはポルノグラフィとサドマゾヒズムを擁護し、反暴力フェミニストと糾弾するもう一つの集団をなす(Vance, 1984; Califia, 1994)。一見したところ、二つの集団にはさほど共通点がないように思えるかもしれない。ロイフ、ウルフ、デンフェルドの保守主義は、パット・カリフィアのようなレズビアン・サドマゾヒズムの支持者にみられる凄まじい熱意と相性が良くないように感じられる。が、両者はセックスの「プライバシー」を守るという決意で足並みを揃えている。リバタリアンは自身の性的快楽を擁護することが目的であり、それがフェミニズムによる性暴力とセクシュアリティの分析によって脅かされていると考える。かたやロイフやその同類は、自由意志を持つ力強い運命の主体たる自分、女性の被害者性に制約されない自分のイメージを守ることに力点を置く。

被害者になりうるという可能性にまして、被害者であるという現実は屈辱であり、これを受け入れることの困難は性を買われてきた人々に影響する。トビー・サマーは論集『セックス・ワーク』の議論を批判する中で、性売買肯定論への反駁を書くのは非常に難しく感じたと語る。というのも「自分がどのように害されたかを振り返るのは、人生の中で最も苦しい課題だった」からである。害されたことを認めるのは苦しい。「被害者になったことを認めるのは屈辱である。それは実に単純なことで、つまり、降服するのであれば勝ちはない。害されたということは加害者の餌食になったことを意味せずにおかない」(Summer, 1993, p.234)。キャサリン・マッキノンは被害者化を認めることの困難について同様の説明を行なう。

言い寄られ、丸め込まれ、圧力をかけられ、騙され、脅され、公然と強いられてセックスをさせられた女性たちは……しばしばこの名状しがたい屈辱に応えようとして……当のセクシュアリティは自分のものだと主張する。他の手段がない中、自尊心と自信を取り戻そうとするなら、私がこれを選択したのだ、と考えるしかない。

［MacKinnon, 1989, p.149］

実のところ、反暴力フェミニストたちは虐待された女性たちの被害者性のスティグマとみなされるものを避けようと苦心してきた。レイプと小児性虐待に抗議する初期のキャンペーンを経たのち、《被害者》という語は《サバイバー》という語に置き換えられた。その意図はキャスリン・バリーが一九七九年の性売買分析で「被害者主義」と呼んだものを防ぐことにあった。バリーは性売買経験者の女性たちにとって「サバイバー」という語が持つ長所を述べる。「被害者である以上に、レイプや性奴隷化を被った女性たちは生残者《サバイバー》である。生残《せいざん》は被害者であることのもう一つの側面をなす。そこには被害者の意志、行動、自発性が含まれる」（Barry, 1979, pp.46-7）。

バリーはサバイバー性が能動的で、女性が生残戦略を選択している状態であることを強調する。受身になることが戦略として選ばれる可能性はあり、ことによるとその戦略は誤りかもしれないが、それは生き残ろうとする決意の帰結と考えられる。

父親のレイプに抗議するフェミニズム・キャンペーンの基本書『パパにおやすみのキスを』（一九七八年）を著したルイーズ・アームストロングは、フェミニストが《サバイバー》という語を使うことに決めたのは《被害者》という語が消えない傷を匂わせるからだと解説する。《サバイバー》という語は「深刻な傷を連想させるが、その傷は必ずしも永遠にひずみをつくり続けるものと規定されない」(Armstrong, 1994, p.30)。しかし彼女の著書『性の政治学の揺りかごを揺する』によれば、フェミニストの活動家たちが女性を被害者化していないのは確かなものの、一九七〇年代以降、セラピストたちは「近親性虐待産業」をつくり上げ、虐待者を止めようとも罰しようともしないかたわら、女性たちにのみ眼差しを向け、消えない傷を負った品物のようにみつめることで再び彼女らを被害者化した。

女性たちを被害者化しているとの理由で反暴力フェミニストが苛烈な攻撃に曝されてきたことを思うと、改めて《被害者》という語を用いる意義が見出せるかもしれない。《被害者》という語を避け、サバイバー性の用語法にしたがってきたことが、そうした攻撃を許してきた可能性はある。レズビアン・フェミニストたちが誇りをもって《レズビアン》という語を用い、この言葉を女性攻撃の用途から転じたように、おそらくは《被害者》という語も復権させることができる(Radicalesbians, 1988)。《被害者》は文字通りの意味として、暴力や虐待を受けた者を指すであろうが、必ずしも恒久的な「被害者主義」の状態を意味するとはかぎらない。

選択の制約

「選択」のレトリックがなぜ不適切なのかを理解するには、性を買われる女性たちの生活状況を確かめることが欠かせない。こうして女性たちの選択に係る制約をフェミニストが分析することは、女性たちを見下す態度だとしてリベラル・フェミニストの批判を受けてきた。ジャニス・レイモンドが指摘するように、マルクスは人々が自分たちのつくった条件下で選択を行なっていないという洞察を示したことで尊敬されているが、女性たちの状況に同様の理解を当てはめるフェミニストは女性たちを被害者に仕立てていると批判される。しかしそれでも、性売買の研究者やサバイバーたちは、性売買が「選択」であるとの考えを瓦解させる多くの証拠を提示している。

ジョアン・ミラーは『性的強要』(一九九一年)と題した論集で、性売買を強要の枠組みに位置づける。彼女の議論によれば、性売買は「選択」の形であるというより、「力を持たない集団の人々が肉体的・心理的に性行為を強いられる」状況であり、ゆえに「性売買はその本質からして強要的かつ搾取的である」。女性たちが性売買の世界に入るのは「戦時に徴兵された青年が新兵訓練所へ行こうと決めるのと同程度の自発性しか伴わない」(Miller, 1991, pp.47, 54)。

性売買経験当事者のジェーン・アンソニーは雑誌『ミズ』に「選択としての性売買」と題した文章を寄せ、「選択」の議論を重視するリベラルのイデオロギーに反論した(Anthony, 1986, p.86)。彼女の指摘によれば、性売買に関し「選択」の議論を持ち出す女性たちのうち、大半は「自分が性売買を選択しよう」とはしない。男性が支配するメディアで熱烈に取り上げられるそれらの語り手は「性売買をやめた者か、性売買当事者になったことのない者か、他の女性たちの身体を売る『マダム』として働く者か」のいずれかであり、「現役の当事者は少数にかぎられる」。彼女がみたところ、「選択」の議論は商業的セックスをその背景から完全に切り離す。背景とはすなわち「女性たちの『選択』にのしかかる文化的束縛であり、就労差別、法廷や日常でのジェンダー不平等、不可視化されるまでに行き渡った性差別がそれである」(*ibid.*)。

ホイガルドとフィンスタッドによるオスロでの性売買研究は、現に代わりの道があるという意味での選択が、インタビューした女性たちにほとんど与えられていない実態を明らかにした。最初の客をとった女性たちの平均年齢は一五歳半であり、大半の国でこれは法定同意年齢を下回る。彼女らは金を得る他の現実的方法がないうちに性売買へと流れた。社会的出自として労働者階級の最下層が多くを占める傾向は、他の性売買研究が示唆するパターンと一致する。とりわけ衝撃的なのは施設収容経験の多さだった。二六名のインタビュー協力者のうち、施設に入ったことのない者はわずか三名しかいなかった。数名は複数の施設に収容された経験を持つ。一五名は最初の性売買以前に施設に囚われ、社会から拒絶されていた。施設はしばしば若い女性たちを性売買になじませていた。多くの女性たちにとって、性売買はそれ以前に条件付けされた他の生活経験に比べ、気が滅入ることと感じられなかった。例えばアニタは七〇歳の男を最初の客にとった。「最悪に不快でしたよ。でもそんなに考えないようにしたんです。気持ち悪いことならたくさんしてきましたし、幼い頃から集団セックスもしていたので。私の性生活はとうにイカれていたんです」(*ibid*., p.17)。性を買われる女性たちの多くは幼少期に性虐待されていた経験を持つが、そうした少女に真の自由選択が与えられていると考えるのは難しい。

オスロで性売買の世界に入った若い女性たちは、最初の客をとる前に他の路上生活児と長く関わっているケースが多かった。子どもたちは非行集団となり、金やシンナーを得るために客をとっていた。最初、彼女らは既に性を買われている少女からシンナーを分けてもらえるが、たかりとみられないためにやがて自分でも客をとらなければならなくなる。そこには共有のサブカルチャーがあり、性売買が団結の行為となる一方、性売買をしないことはたかりになることを意味した。ホイガルドとフィンスタッドが説明するように、「この社会に暮らす全ての女性はある時（大抵は何度にもわたり）、自分の最大の資産はこの体だという考えに行き当たる」。しかし女性たちは自分が充分な情報を与えられたうえで「選択」をしたとは考えていなかった。一人は「もしも今知っていることを当時から知っていれば性売買は始めなかったと思います」と語る（*ibid.*, pp.18, 22）。

性売買はいやな仕事や失業に悩む若い女性たちにとって一般的な解決策ではなかった。現に性を買われた女性たちには以下のような事情があった。

> みずからの経験と文化環境を通し［彼女らは］個人的価値観と自己身体に関する見方を獲得したが、それによって性売買は他の自活手段に代わるものと位置づけられた。この階級社会における自己イメージと抑圧される立場の組み合わせこそがその後の運命を決定しうる。［*ibid.*, p.76］

彼女らが就ける仕事、そして現に試した仕事は、掃除、販売、子どもや高齢者の世話、給仕などの未熟練労働だった。性売買の経験は一般に他の賃労働に先立つもので、女性たちはその過去が知られることを恐れ、しばしば退職を余儀なくされていた。

ホイガルドとフィンスタッドは、決定に影響する他の要因も見つけている。薬物中毒もその一つで、これは大きな金が必要になるため、性売買か犯罪のどちらかを選択するしかなくなる。ほかに選択肢がないと思えるのは、女性たちの児童施設以来の友人がみな性を買われていたからだった。性売買を始めると「相互的な友情」の感覚や社会との一体感を得られた。一部の女性は男性の性的欲求を利用することで力の感覚も得ていた。ホイガルドとフィンスタッドがいうように、「セクシュアリティがその女性にとって力を獲得する唯一の手段である時、それを使わずにいるのは鉄の意志を要する」（*ibid.*, p.83）。しかし性売買はセクシュアリティとの関わり方を道具的にしていた。この女性たちは暴力的な女衒《ぜげん》によって性売買をさせられたのではないため、多くの研究ではおそらく、性売買を「選択」したとみなされるであろうが、その状況をつぶさに調べると、彼女らの「選択」はそうした判断を下す中産階級の解説者たちが面する選択とは全く違うことが分かる。例えばアメリカの女性たちが置かれた経済的地位をみると、性売買という「選択」は通常、多くの妥当な選択肢から選ばれたものではないと理解できる。アメリカ国勢調査局によれば女性は経済的貧困状態にある成人の三分の二を占め、常勤の女性労働者は男性の賃金の六〇パーセントしか稼げず、平均的な大学卒業者の女性は高校卒業者の男性よりも収入が少ない（Barnett and LaViolette, 1993, p.24）。

西洋諸国の多くでは、施設保護下の少女たちに良質なサポートを提供できないことが、性売買に新人を送り込む要因となっているように窺える。バーミンガムで性を買われる女性たちと研究を行なったマギー・オニールは記す。

> 一部は経済的問題やストリート文化との関わりゆえに施設を去って性売買へ流れ込んだ若い女性たちであり、そのほかは施設にいるあいだに地元の女衒《ぜげん》と「恋愛」関係になって明確に誘導され性売買を強要された女性たちからなる。この若い女性たちはいずれも、小児性虐待や身体的・心理的虐待、家庭崩壊、度重なる保護施設の移動など、極めて悲惨な背景を持つ。
>
> ［O'Neill, 1996, p.135］

オニールによれば、より年上の女性たちは自身と子どもたちの貧困に抗うために性売買を行なっていた。

束縛的な状況で女性たちが行なうことを記述するには、別の言葉を用いたほうがよいと思われる。私は《選択》よりも《決断》を好む。《決断》という語は、選択肢が乏しく、ことによるとその全てが大なり小なり望ましくない状況で女性たちが向かう苦しい作業を指すことができる。かたや「選択」という語は妥当な選択肢があることをほのめかしてしまう。ロールズの描く世界で理性的な選択を行なえるような私立学校卒・ハーバード卒の男性であれば、なるほど医学へ進むか法律家をめざすか陸軍の士官になるかという選択肢を持つだろう。しかし《選択》という語は、育児との折り合いが付かない低賃金のサービス労働と、より時間の融通が利いて高い収入も期待できる身体侵害のどちらかを「選択」しなければならない女性たちの状況を言い表すのに適切な言葉ではない。女性たちは決断を下すことで確かに主体性を表すが、それは状況に強く束縛された苦しむ主体性であり、才能を発揮する輝かしい可能性の中から何かを「選択」する時の喜びを伴わない。

女性を信じるということ

選択のイデオロギーは、極度のリバタリアン的個人主義を土台としている理論面と、女性たちの状況を理解できない実際面の双方から批判できるが、多くのフェミニストにとって躓《つまず》きの石となっているのは、性を買われる女性たち自身の中に選択を語る人々がいることである。彼女らの選択を疑うのは女性たちに不信を向けることのように思われるが、フェミニズムの理論と実践は大部分にわたり、女性たちを信じるべきだという考えに基礎を置いてきた。フェミニズム的な方法論の思想、女性経験の真実を確立する手法は、女性たちの語りに依拠する傾向があるが、そこから相反する複数の真実が生じた際にそれらをうまく処理する方法はなかった。しかしアリソン・ジャガー、ドロシー・スミス、サンドラ・ハーディン、ナンシー・ハートストックなど、社会主義フェミニストの理論家たちは、フェミニズム分析の基盤として、フェミニズムの立場理論といわれるものをつくり上げてきた。他方、ラディカル・フェミニストの理論家たちは、キャサリン・マッキノン（一九八九年）を筆頭に、意識覚醒にもとづく方法論を築いた。両アプローチは女性たちの経験語りに依拠しながらも、全く相容れない複数の語りを同等に正しいものとして受け入れることを求めない。

社会主義フェミニストの理論家たちは、「フェミニストの立場」という概念を支えるためにマルクス主義的な階級意識の考え方を援用する。ナンシー・ハートストックが論じるには、人間活動が根本的に対立する形で二つの異なる集団（男性と女性など）へと構造化される場合、「各々の視界は他方の逆になり、支配システムの中では統治者の視界が不公平でゆがんだものになると予想できる」（Harding, 1991, p.121）。アリソン・ジャガーは説明する。

伝統的なマルクス主義者やラディカル・フェミニストと同じく、社会主義フェミニストは知識を社会的・実践的構築物と捉え、認識の枠組みはその社会的起源によって形成されるとともに限定もされると考える。その確信によれば、いかなる歴史時代においても、主流の世界観は支配階級の利益と価値観を反映したものとなる。

[Jaggar 1988, p.369]

ジャガーは階級のポジションが意識に影響する実態を解き明かすが、これは有力層の統治階級である男性たちの性売買に対する態度と、フェミニスト的ではなくリバタリアン的な観点に立った性を買われる女性たちの所感の双方に見事に当てはまる。性売買で女性を利用する男たちは、自分が虐待的であるとはまず考えない。

統治階級に属する者の多くは、階級のポジションによって被抑圧者の苦しみから遮断されるので、自身らのイデオロギーに納得しがちとなる。かれらは被抑圧者の苦しみを捉え損なうか、でなければその苦しみは自由選択の結果で相応もしくは不可避のものだと信じ込む。現在の社会秩序を基本的に不満のないものとして経験するかれらは、その秩序の成り立ちを正当化する現実解釈を受け入れる。

[*ibid.*, p.370]

この観点からすると、性を買われる女性たちは、統治階級のイデオロギーが強力なので買虐者の見方に適応しようと努めるか、あるいは、自分が虐待されているとの認識に至ると考えられる。

被抑圧集団は対照的に、みずからを抑圧するシステムによって直接的に苦しめられる。時にその人々は統治者のイデオロギーにだまされ、自身の痛みを一部否認する、あるいは一時的にそれを受容することもある。しかし苦しみの広がり、強さ、果てしなさによって、被抑圧集団は絶えず、主流の社会秩序はどこかがおかしいという認識へと向かわされる。[*ibid.*]

この考え方はしかし、時に対立する女性たちの「生活」解釈を区別する基盤にはならない。サンドラ・ハーディングは、女性たちがみずからの経験について語ることの全てが「その認知に関わる主張に信頼できる根拠」を与えるわけではないと説明する。

女性たちは（フェミニストも含め）あらゆることを口にする——女性蔑視的な発言もすれば非論理的な議論も弄し、一部しか分かっていない状況について誤解を招くことも言う。科学的に根拠薄弱な人種差別発言、階級バイアスのある発言、異性愛中心的な発言もする。[Harding, 1991, p.123]

女性が語ることをただ信じるという姿勢が問題なのは、フェミニストになる以前の女性たちの経験解釈は社会関係の大きな影響を受けるからである。

女性たちは結婚生活で生じる性暴力をレイプと定義できるようになる必要があった。女性たちはその攻撃を、レイプに該当するものとしてではなく、妻が予期すべき異性愛セックスの一コマとしてのみ経験していた。[*ibid.*]

夫婦間レイプについていえることは性売買についてもいえると思われる。女性たちは自身が被る虐待を過小評価もしくは否定する傾向がある（これについては第9章で性売買の性暴力を扱う際に論じる）。立場理論の主唱者たちはみな、フェミニストの立場が単にあらゆる女性たちの語りを指すのではなく、政治闘争から形づくられるそれを指すと考える。ナンシー・ハートストックが指摘するように、「被抑圧者の立場はこの分析の土台となる科学（分析）と政治闘争の成果を体現する」（Hartstock, 1983, p.288）。

別の機会に論じたことであるが、フェミニストは性売買の真実に関し相異なる語りと出会った時、ただこの領域から身を引くのではなく、批判的な政治的知性を働かせなくてはならない（Jeffreys, 1996）。私たちはセクシュアリティと性暴力に関し、膨大なフェミニズムの知と私たち自身の経験から学んだことがある。語られたことはその既存の知に照らして検討しなければならない。

選択を超えて――抑圧を理解する

豊胸手術、代理出産、性売買へと向かう女性たちに関し、「選択」の概念が優先的に用いられるのは、女性抑圧の複雑さが理解されていないことによる。ウィリアム・ライアンはアメリカの人種問題に関し、平等な機会という概念の不足を研究した。その著『被害者を非難する』（一九七一年）は、単に「平等」をさまたげる最もあからさまな障壁を取り除き、被抑圧者が自助努力でのし上がることを期待するだけでは、その人々の被害者性を強化する結果に終わると論じる。「機会の平等」が与えられれば、アメリカ黒人が大挙してビジネスの上位層を占めないのは生まれ持った劣等性の証左だとみられかねない。抑圧についての理解をより洗練させれば、人種差別の遺産を解体すること――人種差別的な国家・経済・教育システムを、アメリカ黒人の利益に敵対しないものへと再建していくこと――こそがラディカルな長期課題であると分かるだろう。「平等な機会」のイデオロギーは、特権者を現状の不公平さに関する思考から遠ざけ、不平等をありのままに固定する。

キャサリン・マッキノンは著書『フェミニズムの国家論へ向けて』（一九八九年）を通し、フェミニズムの観点から同様の辛辣さで、リベラルの国家観を支える平等な競争の場という概念を批判した。マッキノンによれば、男性国家の労働・スポーツ・その他全ての制度は男性思考によって構築されてきたため、男性モデルに適合せず不利を負わされた女性たちは決して「平等に」活躍することができない。同じく、キャロル・ペイトマンは個人や労働者のモデルが男性像の典型に則っていることを示した（Pateman, 1988）。

異性愛が強いられる仕組みを分析したフェミニズム理論は、女性抑圧が巧妙にして強要的であることを明らかにする。アドリエンヌ・リッチは、単純な経済的手段からレズビアン経験の抹消、貞操帯の使用まで、あらゆる手口を通し女性たちには異性愛が強いられると論じる（Rich, 1984）。フェミニストの教育・文学・歴史理論家およびセクシュアリティの理論家たちは、女性たちが多数の仕組みを介して女性になることを学び、男性に仕えることを学び、セクシュアリティ、仕草、空間使用、さらには感情をも、男性の必要に合わせて調整することを学ぶ実態に光を当ててきた（Henley, 1977; Graham, 1994）。マッキノンが述べるように、意識覚醒の実践は女性たちが「頭の中をモノ化される」に至る過程を浮き彫りにした（MacKinnon, 1989, p.99）。

女性たちが主体性なき被害者でないのは確かである。集団運動としてのフェミニズムが存在すること自体、女性たちが抑圧に抗して自身の環境やあらゆる女性たちのそれを変えようとする力を持つ証にほかならない。しかしフェミニズムの実践と理論は、さまざまな力が婚姻や性売買の形で女性たちに抑圧状況への順応を強いることをも明らかにしてきた。女性たちを単なる穴として男たちの利用に供し、男たちにそのような女性利用の欲望や「必要性」を植え付ける社会的力学の全てを解明する必要がある。選択の概念を重視するリベラル・フェミニズムは、女性たちの置かれた条件の何が間違っているかについて貧相な認識しか持たない。それは明確かつ意図的に女性たちを不利な立場に置くあからさまな法的・慣習的差別には目を向けるが、例えば女性が強い苦痛を感じながらも婚姻生活で望まぬ性交を受け入れる背景に働く力などについては口を閉ざす。リベラル・フェミニズムは、女性たちには鎖のほかに手放すものはないと本気で信じている。ただしそれも鎖を好まないかぎりでの話でしかない。そして女性たちが明らかに鎖をまとっているのでなければ、彼女らは充分な自由意志とわくわくする機会に恵まれているとみなされるのである。

第6章

ほかと同じただの仕事？

――「労働」としての性売買――

性売買を残念もしくは不完全な営みと考える者も、これが助けになる職業だと思うようになるだろう。医療、社会福祉、あるいは法律関係のように、人々の問題処理を手助けするサービス業だと。

［Perkins and Bennett, 1985, p.222］

性売買を推進する性売買当事者の権利団体は一九七〇年代以降、性売買は単なる労働の一種であって、そのようにみられるべきだという考えを広めてきた。目標は性売買が性を買われる女性たちの逸脱した性行動だという従来的な見方を変えることにある。性を買われる女性たちは、男に利用されるありさまを理由に汚れた悪い存在だと非難されてきたが、性売買を「労働」と喧伝すれば、このような性売買推進活動家のいう「娼婦スティグマ」に抗うことができるだろうと考えられた（Pheterson, 1996）。性売買で利用されることが、巻き込まれた女性たちの「性行動」でないのは間違いない。それは報酬のために行なう忌まわしいことであって、倒錯した欲望からの行動ではない。性売買は労働だと強調する議論は、こうした点を認識するものであり、伝統的な道徳観にもとづく誤解を問い直す試みと理解できる。が、性売買推進活動家は通常、性売買が労働だと述べるにとどまらず、男性による性売買での女性利用を他のあらゆる仕事と変わらない正当な労働と認めるよう求める。一部の性売買推進活動家は、性売買が優れた労働形態、技能職だとさえ論じる。

性売買がほかと同じかそれよりも優れた正当な労働だという議論がどのような結果をもたらすかは、よく考える必要がある。この議論は性売買を産業として制度化するために使われている。私は性売買が「労働」でないとは論じない代わりに、これは国際労働機関や政府や労働組合によって正当な労働とみなされるべきではないと論じたい。この立場に賛同するのは容易ではない。性売買を正当な労働と認めなければ、一部の性売買推進活動家から、当事者に敵対的でその技能や才能や権利を顧みない態度だといわれる。さらにその立場は性を買われる女性たちを危害に曝《さら》すともいわれる。正当性を認めることは男性による性売買での女性利用の条件を改め、女性たちの身体的安全を守る不可欠の前提とされているからである。本章では、そのように誤解される危険がありながらも、性売買が正当な労働であるという考えに異を唱えなければならないゆえんを説き明かす。

性売買はどのような労働か

従来、男性の性科学者らは性売買を、買われる女性側の労働とは違う別の何かと捉えていた。一九六〇年代に、ハリー・ベンジャミンとR・E・L・マスターズは、女性たちが性売買に流れるのはまさに労働をしたくないからだと論じた——彼女らは怠け者で反社会的なのだと。「敵愾心《てきがいしん》を持った売春婦は、社会の恩恵を得るには労働をしなければならないという、最も強制力のある普遍的な命令の一つをかわすことで、自分が社会を『知恵で出し抜いた』と考えるだろう」(Benjamin and Masters, 1965, p.107)。ところが矛盾したことに、両名は同じ本でこの後、性売買を正当な労働と認めるべきだと断言する。いわく、性売買は「ひそかに他のあらゆる職業と同列に置かれ、その労働者には相応の敬意が与えられる」べきだと(*ibid.*, p.440)。ベンジャミンとマスターズは先にみた通り、性売買店に入り浸っていることを著作の中で至極はっきり述べているが、ここで注目したいのは、性売買を正当な労働と認めることが、性売買当事者の権利運動で唱えられる以前は「顧客」の要望だった点である。ベンジャミンとマスターズの議論は多くの部分で、のちに性売買当事者の権利団体が発達させるそれと重なる。例えば両名は、一九七〇年代に性売買推進ロビイストが言いだしたように、性を買われる女性たちは体を売っているのではなく「サービスとしてのセックス」を売っているのだと論じる(*ibid.*, pp.277-8)。性売買推進フェミニストはこの点を危惧しなければならない。伝統的な男性至上主義者の利益が、女性解放のためにフェミニストの唱える要求と一致するのは異例のことだからである。

性売買を推進するロビイストや理論家の議論を検証することは、かれらが具体的に性売買をどのような労働と考えているのかを明らかにする点で役に立つ。歴史家ヴァレリー・ジュネスにより、性売買の概念をセックスワークへと変えた中心勢力と評されるアメリカの性売買当事者の権利団体COYOTEは、性売買をサービス労働とみる。ジュネスによれば、COYOTEの主張で最も重要なのは、性売買が「サービス労働であり、他の正当なサービス業種の労働と同じく、尊重と保護に浴するべき」という訴えである（Jeness, 1993, p.67)。COYOTEの共同理事、マーゴ・セントジェームズとプリシラ・アレキサンダーは一九七七年に述べた。

人々が性売買に対して抱く大きな誤解の一つは、これが「売りに出されたセックス」である、または、性売買当事者は自分の体を売っている、という思い込みです。実際には、性売買当事者は自分の時間と技能に対する報酬を受け取っているのであり、価格はこの二つの変数によって決まります。一時間の性サービス、あるいは一時間のタイピング、一時間の舞台演技で報酬を得ることに大きな違いを設けようとするのは、違いのないところに違いを設ける試みです。
［*ibid.*, p.68より］

この初期段階では、彼女らは性売買がどのような労働なのかをよく分かっていなかったように思われる。そもそも、タイピングや演技はサービス労働ではないのだから。のちにその説明は性サービスの販売という形をとった。性売買当事者でCOYOTEフロリダ支部の代表かつHIRE（売春は真の雇用）代表、そしてアトランタ市長アンドリュー・ヤングの性売買作業部会に抜擢されたドローレス・フレンチは論じた。

法曹の労働を通して勤め先の法律事務所に頭脳を売り、芸術家の労働を通して美術館に創作物を売り、モデルの労働を通して写真家に肖像を売り、バレリーナの労働を通して体を売る権利があるように、女性には性サービスを売る権利がある。ほとんどの人々はセックスをしても刑務所に行か

なくて済むのだから、古臭い潔癖にこだわるのでもなければ金銭目的のセックスを違法とする理由はない。［*ibid.*］

性売買当事者の権利運動に加わる人々は、性売買という「労働」の構成要素を違う形で説明する。イングランドの性売買当事者で「セックス・カウンセラー」を名乗るエヴァ・ロスタはいう。「体の一部を売ることは全ての労働に伴います。……私はこのヴァギナを売る選択をしているのです」（Pheterson, 1989, p.146）。これは学者が知性を売り、生産ラインの労働者が手を売るという考え方に似ていなくもない。ロベルタ・パーキンスは男性から構築物としての女性に移行したトランスセクシュアルで、オーストラリア性売買当事者団の創設に関わった。ゲイリー・ベネット（ギャレット・プレステージ）とともに研究を行なった彼は、一九八五年に共著『売春婦であること』を書いた。両名はこの「仕事」が女性たちにとって虐待的である証拠を書籍の中で多数挙げているにもかかわらず、性売買をほかと同じ仕事とみなす。性売買の長所は、女性たちに自分なりの小事業を営む機会を与えることだという。路上で働く者のように、一部の性売買当事者は、パーキンスとベネットいわく「ボスのためではなく自分のために労働をしている。……彼女らは街角の売店の所有者や小事業主、あるいは行商人に似ている」（Perkins and Bennett, 1985, p.214）。しかし両名の調査結果によれば、八三パーセントの当事者は性売買の労働を好んでおらず、街角の売店を営む力があるなら遥かに大きな意欲を持ってそちらに励んだと思われる。

パーキンスとベネットは生物学的・水力学的なセクシュアリティのモデル（第7章で後述）を信じ、ゆえに男には性欲のはけ口が必要で、さもなければ彼らは社会の脅威になると考えていたようである

(Gagnon and Simon, 1974)。性売買当事者は男性が精神的健康を保つのに必要なはけ口を見つけるためのサービスを提供する、と彼らはいう。したがって性売買の地位は店主の労働に勝るかもしれない。それはむしろ法律家の職務に近いとも考えられる。

〔性売買は〕性的なはけ口または性的満足の可能性を提供する社会事業で、多くの男性の心的外傷、時には精神的な病を防ぐ助けとなりうる。性売買を残念もしくは不完全な営みと考える者も、これが助けになる職業だと思うようになるだろう。医療、社会福祉、あるいは法律関係のように、人々の問題処理を手助けするサービス業だと。
[Perkins and Bennett, 1985, p.222]

とてもではないが、機会を与えられてなお、多くの女性が法律関係や医療よりも性売買を選択するとは思えない。

しかしながら、性売買で利用されることはサービスの提供と同じだという見解は、ある程度共有されたものらしい。もしそうだとすれば、性売買の雇用機会が増えたことは、二〇世紀後期に一次産業よりもサービス業の雇用が増えていった傾向の一端を担っているのかもしれない。この考え方によれば、性を買われる女性に最も近いサービス提供者はセラピストということになる。カナダの性売買推進団体CORPは、性売買を「正当なサービス」と考え、「私どもはこれを全ての人に提供できるようになりたい」と述べる (Bell, 1987b, p.207)。業界内の残念なジェンダーの偏りは、この「サービス」を女性にも提供することで克服できる。

私どもに関していえば、この種のサービスを利用できた女性はたくさんいます。彼女らは生活の中で良いセックスに恵まれたことがありません。必要なのはサービスであり、良いサービスを受けて自分のセクシュアリティを目覚めさせることは充分お金を支払うに値するでしょう。私どもはこれが正当なサービスで、万人に開かれたものであるべきだと考えます。［*ibid.*］

性売買は専門職であり、「職業基準」を設けることができてしかるべきだが、それは犯罪化によってさまたげられているという。CORPは性売買が心理セラピーに似ていると示唆する。「セラピストが良いサービスの提供に努めながらも、投獄を恐れて秘密裡にそれをしなければならないとしたら、と想像してみてください」(*ibid.*)。

性売買を専門職の地位に高めようとする性売買推進派の理論家や活動家は、性を買われる女性たちが持つ高度な「技能」に言及する。が、性売買は一般的な専門職の定義に収まらない。法律・医療・教育などの専門職は、就労志願者が一通りの技能を習得し、同業者から評価される審査可能な水準に達することを求める。専門機関が門番の役割を担い、専門業者に開かれた高利益を生む機会が無資格の安い労働によって損なわれないことを保証する。性売買は明らかにこうした定義に当てはまらないが、アメリカのフェミニスト哲学者、ローリー・シュレージは、なおも性売買を専門職と位置づけることを試みる。彼女は個々の性売買当事者に免許が発行されるべきだと提案する。免許を取得するためにその人々は大学の教科課程を履修し、専門技能を身に付けなければならない。免許発行機関は基準を課すことになる。

〔この基準は〕セックス提供者の労働、およびその労働に起因するあらゆる弊害から社会を守るために必要とされる知識と技能を反映したものとなる。例えば免許の取得志望者に対し、生物学・心理学・歴史学・医学等々の観点から人間のセクシュアリティを扱う一連の大学レベルの教科課程を履修するよう求めてもよいだろう。〔Shrage, 1994, p.159〕

もちろん性売買の中には社会的技能が重要となるものもある。求められる社会的技能の度合いは性を買われる女性各人が市場の中で占めるニッチによって変わる。エスコート店に属する人々は、のちに自分を性的に利用する男と外食店で会話することを求められる。路上で活動する女性たちは長い会話を期待されることが少ない。しかしながら、会話を持続させる技能は性売買を専門職とみなすのに充分な要素と思えないのに加え、そうした社会的技能は性売買の「労働」に必ず付随するものでもない。暗い路地でスカートをたくし上げる路上性売買の当事者女性にそうした技能は必要とされない（McKeganey and Barnard, 1996）。

性売買を推進する他の解説者たちは、性を買われる女性たちが特定の性的技能を持つと指摘する（Sullivan, 1994, 1995）。路上で性を買われる女性たちは、長く利用される不快を味わわなくて済むよう男に早く射精させる技能について語る。しかしこの、体を動かし声を上げることからなる技能は、金を貰わない異性愛女性が同棲する男性から望まない性交を求められた際に、早く終わらせて寝るために習得する一般的な実践と比べ、より専門性が高いとも思われない。マスターズとジョンソンは、性を買われる女性たちの実践をセックス・セラピーの雛型《ひながた》とした理論家で、その女性たちが老人や酔った客の勃起をも促せることに感銘を受けた（Brecher, 1972）。しかしこれらの「技能」はおそらく、パートナーに無賃で同じサービスをしなければならないと思わされてきた異性愛女性たちも持っている。膨大なセックス・セラピーや性教育の文献がこれらのテクニックを解説しているが、そのいくつかはせいぜい自分を客体化するフェティッシュ的な下着を身に付ける程度のことでしかない。

性売買は特別な技能を要するので専門職、特にセラピー的な専門職とみるべきだという考え方に無理があるのは、平均的な買虐者が買われた女性の身体を使ってしたがることは、女性のほうで特別な技能を用いずとも行なえるからである。眠るパートナーや宴会で酔った女性の体を利用する日和見的なレイプ魔は、女性による技能行使を求めない。レンガ積みよろしく実際に技能を要される肉体労働と違い、ただ穴を具えていることに技能は要されない。特別な技能に関する議論は、性売買を実際とは違うものに見せかけるための飾り立てとみることができる。路地や車で女性を穴として利用する性売買の原型は、心理セラピーとはさほど似つかない。性を買われる女性の全てが体得せねばならないのは生残《せいざん》のための技能であり、それは解離、危険への警戒、そして健康と自己感覚の損傷が大きくなり過ぎないよう客の求めに応じて行なうことを制限する努力などを指す。これらは大学の教科課程や徒弟制度を通し他の専門家や熟練工が身に付ける技能とは大きく異なる。

労働の尊厳？

二〇世紀の終わりに差しかかり、大規模な恒久的失業、伝統的な男性職の衰退とサービス業への移行、労働力の臨時雇用化へと労働形態が急速に変わりつつある中、社会学者たちは何が価値と尊厳ある労働の条件かをめぐり活発な議論を交わしていると思われるかもしれない。もしそうだとすれば、性売買の議論も当然その一環に含まれるべきだろう。が、見たところそのような議論はない。社会主義の倫理学者バーナード・カレンが、「労働する権利」の有無に関する論文で指摘するように、「労働の概念そのものが昨今の社会学者らによる議論の俎上に載せられていないのは恥ずべき事実である——しかも哲学的・理論的水準の議論はほぼ皆無に等しい」(Cullen, 1987, p.166)。失業をめぐる近年の議論の多くでは、「学者、ジャーナリスト、政治家たち」のあいだで「極度に美化された情緒的な労働観が支配的となる傾向」がみられる、と彼は困惑をあらわにする。そしてその背景にはまさに大規模な失業があり、西洋の富裕国では有給の労働が大勢にとって得がたくなった結果、労働が美化されだしたのだろうとカレンはいう。彼によれば、労働は多くの者から「退屈で自尊心を奪われ云々」といわれるものなので賞讃の対象にはなりにくいが、家に押し込められているのはさらに「退屈で自尊心を奪われ気が塞ぐ」。かたや労働にはプラスの価値もあり、「自分が社会の仕組みに有意義な貢献をしているという実感」を人々に与える一方、それ自体、「共同体の責任ある成人メンバーの地位にいることを確信したいという人々の欲求と結び付いているように思われる」(*ibid.*, pp.172, 173, 174-5)。性売買が女性のためにそうした「地位」を保証するとは考えにくい。カレンは報酬を伴う活動の全てが社会主義者によって労働とみなされるべきではない、との認識に立ち、「それを必要とする全ての者にとって社会的に意義があり健全で満足を得られる労働」の権利に話を絞る。彼は男性について語るのみで、女性には言及せず、「満足を得られる社会的に有用で健全な労働」を提供する新たなサービス業の仕事を自身でも美化している感がある。彼が旧態依然とした「サービス」職の性売買についてどう考えているかは知るすべがない。

労働に関し、一九八〇〜九〇年代に最も興味深い考え方の多くを提供してきたのは、もちろんフェミニストたちである。伝統的な男性職の枠外に置かれてきた女性たちの観点は「労働」の概念にある種の光を投げかける。マリリン・ウェアリングはその最も啓発的な著書『ものの数に入らない』（一九八八年）で、女性たちが携わってきた膨大な無賃の労働が経済統計から除外されていること、男性の経済学では女性たちの経済活動のパターンが認識されてこなかったことを論じる。男性経済学者の定義では、金を支払われる活動こそが労働だった。「制度化された経済学の中で労働が概念化されると、金の支払いが構図に入ってくる」（Waring, 1988, p.21）。例えば従来的な男性視点の説明では、主婦は労働者とみなされない。

フェミニストの研究者たちは特定の労働形態が「女性労働」とみられ、低い地位と報酬を割り当てられていることを明らかにしてきた。その中には、女性たちが無賃で行なってきた伝統的な家事や婚姻に伴う性契約の一部と同じだけの質と労力を要するもの、すなわち調理場労働や掃除、保育、看護も含まれる。このようなフェミニストの洞察は、サービス労働特有の冷遇を理解する助けになる。アーリー・ホックシールドは客室乗務員の研究を通して「女性労働」の理解を飛躍的に高めた。彼女によれば、こうした形の「サービス」労働に伴う最も有害な要素は、感情を商品化しなければならない点にある。その著『管理される心』（一九八三年）は、サービス労働の有害作用を詳しく微細にわたり調べた研究として類を見ない。性売買がサービス労働だという議論は、サービス労働の喜びが本音からのものではないかもしれないという点を看過しているように思われる。

ホックシールドの指摘によれば、マルクスは「労働の道具」になることの経済的不正を考えただけでなく、それに伴う人間の代償をも考えた。C・ライト・ミルズは、労働者は商品やサービスを売る中で人格を売るが、これは「深刻な自己疎外の過程であり、高度資本主義体制の労働者にますます蔓延しつつある」と論じた（*ibid.*, p.ix）。しかしミルズは「売る行為に伴う積極的な感情労働」を認識できていなかった、とホックシールドはいう。彼女は女性の客室乗務員が行なうこの積極的な感情労働の経験と弊害を調べる。

［この労働では］自分の感情を誘導もしくは抑制することで一定の外面的な表情を保ち、他の人々を適切な心理状態にしなければならない――この場合は、楽しく安全な場所でケアされているという感覚に。こうした労働は精神と感情の協調を求め、時には個性と深く一体化したものとして私たちが大事にする自己をよりどころとする。［*ibid.*, p.6］

肉体労働と感情労働の違いは、彼女がみるに「労働をすることの潜在的なコスト」にある。「労働者は労働に使う自己の一側面――肉体もしくは精神の縁――から離隔もしくは疎外される」（*ibid.*, p.7）。客室乗務員の感情労働は他の伝統的な女性職で女性たちが行なうそれと似通っている。ホックシールドによれば、女性はこうした労働に長けており、そこには性売買も含まれるが、それは女性たちが男性に対し従属的に振る舞う技能を体得しているからであって、感情労働の技能とは恭順《きょうじゅん》の技能を指す。

使用人や女性の恭順行動――元気づける笑顔、寄り添う傾聴、楽しんでいるような笑い、承認・賞讃・心配の言葉――は普通のこと、さらには低い地位の人間による一般的なやりとりの付随要素ではなく、人格に組み込まれたものにすら見えてくる。他方、笑顔や楽しんでいるような笑いや賞讃・心配の表明を伴わない態度は、男らしさの表れと受け取られれば魅力的とみなされる。表情の面でも、それを支える根底の行為の面でも、相補性は一般に人々のあいだで期待される物事の不平等を覆い隠す。［*ibid.*, p.84］

性を買われる女性たちの「技能」の一つは、したがって女性たちの従属的立場に根ざすものとみることができる。女性たちの感情労働は男性の地位を高める。

この感情労働が客室乗務員の女性たちにおよぼす作用は、性を買われる女性たちが語る作用といくらか似ている。ホックシールドは「長期にわたって維持しがたい表情と感情の分離」を「感情不協和」と定義する（*ibid.*, p.90）。これは小児性虐待の奴隷労働や性売買の研究者が「解離」と呼ぶ現象と重なるところがある。感情労働が招くもう一つの帰結は、彼女いわく、性的ハラスメントである。航空会社の広告はしばしばメッセージとともに感情労働の普遍的表象である笑顔を載せ、男性客にスタッフへの性的期待を持たせる。事実、ホックシールドのインタビューに協力した一人は、一九九〇年代に婉曲語で「性接待」と呼ばれていたもの（ただし高級なそれ）と自身の経験を関連づけた。「三人のお子さんを連れた既婚男性の方が飛行機にお乗りになったとすると、突然、その方たちは何をしてもいいという気分になるんです。まるで現実は地上に置いてきたかのように。そして私たちは彼らのファンタジーで一種の芸者の型に嵌められます。それが何度も繰り返されるんです」(*ibid*., p.93)。

性売買の仕事は男性と女性に同等に開かれてはいない。ほぼ男性からなる性売買当事者女性の買い手たちは、男性を利用することに同等の関心を持たないからである。しかし客室乗務員の仕事は男性にも開かれており、ホックシールドは男女の経験が大きく異なると指摘する。女性の場合、主たる課題は「矛先を変えた乗客の怒りや不満」を処理することだった。それが女性に向けられるのは、社会の序列で高い立場の者に与えられる「地位の盾」を女性たちが持たないからである。男性にとっての主たる課題は「『女性の職業』で男性のアイデンティティを維持すること、そして時に女性の客室乗務員『のために』厄介な乗客を処理すること」だった (*ibid*., p.171)。ホックシールドは、男性と女性が相異なる社会的立場ゆえに異なる感情的扱いを受けていることを明らかにする。高い地位の者は「気持ちを察知され重視される特権に浴する」傾向があった。かたや低い地位の人々――「女性、有色人種、子ども――は気持ちを粗末に扱われないための地位の盾を持たない」(*ibid*., pp.172, 174)。女性の客室乗務員は自分が権威を持つことへの〔客からの〕反発を処理しなければならない一方、男性はゲイであっても権威ある人物とみられるのが普通だった。これらの洞察はいずれも性売買との注目すべき共通点と相違点を浮き彫りにする。とりわけ性売買で男性客に利用される経験が女性当事者と男性当事者で異なりうる事実は無視できない。

何より重要な共通点は、ホックシールドが理解する女性客室乗務員たちの悩みの根源である。一定の敬意をもって扱われるかという点で彼女らは職場での悩みを抱えるが、それらはホックシールドの見方によれば、彼女らが「《女性》を象徴する」存在とみられることに起因する。

彼女らは単なる生物学的な意味での女性ではない。彼女らは同時にアメリカ中産階級の女性性概念を極めて分かりやすく可視化した精髄《せいずい》なのである。彼女らは《女性》を象徴する。「女性」のカテゴリーが低い地位や権威と心理的に結び付けられるかぎり、女性客室乗務員は他の女性たちよりも容易に「真の」女性に分類される。そしてその結果、彼女らの感情生活はさらに地位の盾による保護を失うこととなる。

[*ibid.*, p.175]

客室乗務員は「二つの代表的な女性役割、妻かつ母と色気あるキャリアウーマン」を演じるよう期待される。これが女性のみならず男性にも開かれた客室乗務員の仕事にいえることだとすれば、性売買に関してはそれがなおのこと当てはまると考えられる。そこでは男たちが特にもう一つの重要な女性役割、性的客体としての女性を求める。女性らしさの象徴化に伴う問題は性売買において究極に達し、女性はそこで、ケイト・ミレットがいうように、単なる「女性器」とみられる（Millett, 1975, p.56）。女性らしさを象徴するということが従属者として扱われることを意味するのだとしたら、なぜ性売買が女性にとってとりわけ危険な仕事になるのかも察しが付く。それは女性の従属化を最も明瞭に体現する営為だからである。女性を象徴しなければならないがゆえの弊害で、一部の女性客室乗務員は「会社のために演じる女性役割からの疎外感を抱く」に至った（Hochschild, pp.182-3）。例えば一部の女性は「性的興味の喪失」や「オルガスム前の問題」を経験し、男性に好意を寄せることもなくなった。これは肉体的に性的客体として利用されることが仕事であるところの性売買には、一層当てはまるだろう。

平等な契約としての性売買

フェミニストの政治学者キャロル・ペイトマンは、性売買がほかと同じただの仕事だというレトリックに異を唱えた。その批判は契約論者の議論に向けられている。これらの男性リベラルの理論家たちは、性売買が関係者同士の対等な契約という形をとりうると論じる。ペイトマンは、性売買はもとより、いかなる雇用に関しても対等な契約がありうるという考え方をしりぞける。契約論者によれば、契約は自由で対等な二者が自発的に交わすものなので、対等性と両立する。この議論の根底には、雇用契約と奴隷制は異なるという考え方があるとペイトマンはいう。奴隷を（商品もしくは財産の一つとして）売ることと、労働者の労働力（持ち主から切り分けられる商品）を売ることには大きな違いがある。この見方では、個人はその身体と能力の財産に応じた労働力と地位を有するが、これは財産所有者と財産の相関関係に等しい。というわけで、「能力は個人と外部で繋がった関係性を『獲得する』ことができ、財産のように扱われることが可能である」ため、雇用関係において労働者は全人格を売るのではなく、その労働力を売るにすぎない——この議論は先にみた通り、性売買当事者の権利活動家によって唱えられている（Pateman, 1988, pp.146-7）。個人は「自己を害さずに自己の構成要素も含む財産の一部を契約によって与える」ことができるとみられた（*ibid.*, p.149）。

ペイトマンの考えでは、労働力が労働者の人格から切り離せるというのは誤りであり、社会主義者はそれをよく理解しなければならない。社会主義フェミニストは平等な雇用契約の概念を疑うはずであるにもかかわらず、性売買「契約」に含まれる不平等を時に看過しているように窺われるのは無視しがたいねじれである（McLeod, 1982; Sullivan, 1994, 1995）。

一部の者はさらに、性売買が全く独特で自由な雇用形態とでもいうのか、性売買当事者女性は買虐者に対し権力を握っていると論じる。COYOTEのプリシラ・アレキサンダーはこの雇用の対等性に関する議論を優れて明晰に言語化する。

> 性売買は……セックスと権力を等式で結ぶ。男性／顧客の側では、好きな数の女性に対する利用権を「買う」能力が権力を構成する。女性／性売買当事者の側では、自分のセクシュアリティの条件を決め、自分の時間と技能に対する実質的な支払いを求める能力が権力を構成する。したがって性売買は女性たちが従来公然とセックスを権力とみなしていた領域の一つをなす。
>
> 〔Alexander, 1988a, p.188〕

性を買われる女性たちがそんな権力を持つとみなされるのは驚くほかない。他の状況で女性が自分を性的に利用しようとする素性不明の男と二人きりになれば、むしろ自分が脆弱な立場にあると感じるだろう。支払いで状況が変わることはない。ペイトマンがいう通り、雇用・婚姻・性売買の契約は対等性ではなく従属の社会関係をつくり出す。労働者は「従わされるために金を支払われる」（Pateman, 1988, p.148）。

社会主義者もフェミニストも、契約を有望なものとして受け入れる思考に呑まれてしまったとペイトマンは考える。社会主義者が契約の概念に魅せられたのは「契約資本主義を契約社会主義へと置き換えることができるように思われた」からだった。社会主義者は不適切にも、雇用の問題は非対等な交換から生じる「搾取」に由来すると信じているが、実際のそれは従属を生み出し搾取の発生を許す契約そのものに由来する。フェミニストは「女性たちが自身の身体の所有者と認知されるのであれば契約論は反父権的」という見方に囚われている（*ibid.*, pp.152, 153）。

性売買が契約論者に擁護される時、性売買当事者は人格の財産権を有し、その財産の一部を契約によって市場に出す者と表象される、とペイトマンは指摘する。その女性は「自身を害さずに自身のサービスの利用権を契約によって与える」ことができるといわれ、性売買は誰もが参加できる取引だといわれる（*ibid.*, p.191）。しかし、性売買は「相互的で満足な身体利用権の交換ではなく、金銭を交換する男性による一方的な女性身体の利用」だとペイトマンは断じる。性産業は男性の性別にもとづく権利がこの世を統べていることから生じ、その支配を男女に思い知らせる（*ibid.*, p.199）。男たちの需要は今日的な男性セクシュアリティの一つの表れをなす。

しかし性売買の契約が独特なのはそれが女性に関するものという点である。女性たちが契約を交わすのは往々にして別の労働者であって資本家ではない。性売買の契約は客と交わすのであって雇用主と交わすのではない。客はペイトマンがみるところ、雇用主が労働者を支配するように性売買当事者の支配権を手にするが、二つの支配には重要な違いが一つある。雇用主は通常、安上がりなのを理由に、喜んで労働者を機械へと置き換えるが、客は本物の生きた女性の身体を欲する。性売買では女性の身体が契約の的になる。

ペイトマンは続けて、こうした身体利用が何を意味するかを考える。ここで彼女は明らかにラディカル・フェミニズムの洞察を用いる。というのも社会主義者は、社会主義フェミニストも含め、身体経験の重要さに関する理解を受け入れようとしてこなかったからである。ペイトマンは「身体と自己には一体化した関係がある」と説明する。一例として彼女は、性的に大きな意味を持つ身体部位の利用が女性と男性の双方にとって虐待の条件をなすことを挙げる。アイデンティティは性的な自己構築と切り離せないとペイトマンはいう（*ibid.*, pp.206, 207）。したがって、

> 資本主義市場で女性身体が売られることとは、男性野球選手の身体が売られること、あるいは賃金奴隷の労働（身体）利用に関する指揮権が売られることとは違う、より深い意味での自己の売却を伴う。
> [*ibid.*, p.207]

これは性を買われる女性たちの防衛戦略に表れている。セクシュアリティと自己感覚は強く結び付いているため、性を買われる女性たちは自分の身に起きていることから自己を離隔しなければならない。ペイトマンが指摘するように、これは自分が利用する性売買当事者にそうしてほしくないと願う買虐者たちにとって問題となる。買われた女性が離隔すれば、買う男が期待する満足、その支配感覚が損なわれる。そこでペイトマンは結論する。「男性が女性の性的支配人としておおやけの承認を得ること――これが性売買の不正たるゆえんである」（*ibid.*, pp.207, 208）。

性売買と奴隷制に共通する特徴とは？

支配感覚は奴隷主の根源的な満足を構成する、とオルランド・パターソンは論じており、この点で性売買は奴隷制と深く共通する部分を持つ。パターソンの著書『奴隷制と社会的な死』（一九八二年）（邦題『世界の奴隷制の歴史』）は性売買をめぐるフェミニズムの思考に着想を与えてきた。ほとんどのフェミニズム理論家は、今日的な形の性売買は奴隷制に当たらないものが大半を占めると考えるであろうが、にもかかわらず性売買には重要な点で奴隷制の諸側面と似通っていると思えるところがある。パターソンの著作は奴隷制の哲学を示し、奴隷主が奴隷に何を見出すか、奴隷化された人々にいかなる影響がおよぶかを明らかにする点で参考になる。性売買は通常、パターソンが定義するところの極度の権力と無力に支えられた主人‐奴隷関係には合致しない。「奴隷制は最も極端な形の支配関係であり、主人の視点に立てば完全な権力の、奴隷の視点に立てば完全な無力の極みに迫る」（*ibid.*, p.1）。しかしながら、性を買われる女性たちの経験が、西洋諸国のいわゆる「自由」な当事者の経験でさえも、奴隷生活の条件に重なると思える部分はある。パターソンは奴隷制が「社会的な死」を意味すると語るが、それによって奴隷は「あらゆる生まれつきの『権利』や資格から引き離され……みずからの権利において正統な社会秩序の一員であることができなくなる。全ての奴隷は、最低でも世俗的な放逐を経験してきた」（*ibid.*, p.7）。性を買われる女性たちは自身の労働に起因する社会的放逐に苦しむが、これは少なくとも西洋文化圏において、他の労働形態では例がない。キャスリン・バリーが指摘するように、よく知られた女衒《ぜげん》行為と人身取引の一つの手口は、女性をその人脈や家族や見知った土地から引き離し、女衒の完全な統制下に置くことからなる（Barry, 1979）。

パターソンはさらに、奴隷の身体にその地位を示す印が刻まれることを指摘する。「世界中の奴隷主たちは、奴隷を入手した際にまず、特別な奴隷化の儀式を執り行なった。名付け、身だしなみ、髪型、言葉、体の印による記号使用である」（Patterson, 1982, p.8）。南北アメリカ大陸ではその目的に焼き印が使われた。アフリカ、中国、ビルマ高地、ドイツ未開人社会、一九世紀のロシア人社会ほか、多くの民族社会では奴隷の髪が剃られた。剃った頭は強い象徴的機能を持ち、「去勢、すなわち男らしさや権力や『自由』の喪失」を意味した（*ibid.*, pp.59, 60）。加えて奴隷には新しい名前が与えられる。「アメリカ北西海岸のヌートカ、アイスランド人、ビルマ高地のカチンは、いずれも女奴隷に地位と性別を貶める名前を付けて特別な喜びを得ていた民族の代表例となる」（*ibid.*, pp.54-5）。同様に、女衒は女性に性売買の「手ほどき」をするにあたり、新しい名前を与える。古来、性を買われる女性たちは髪を金色に染める、あるいは特定色の服や性的に利用できることを示す服を着るなど、身なりの規制を課されてきた。

パターソンによる説明のうち、性売買との類似性を分析するうえで最も重要なのは、主人‐奴隷関係が奴隷に可能な労働や他の明白に物質的な便益に関わる以上に、奴隷所有者の権力と社会的地位を高める目的に役立ってきたという点である。奴隷主は奴隷が名誉を失うかぎりにおいて自身が名誉を得た、と彼は述べる。

主人‐奴隷関係にあまねく共通するのは、主人としての経験が強い名誉感覚を生み、反対に奴隷の身分が不名誉を生んだことである。多くの奴隷主（特に未開人社会の者）はこのためだけに奴隷を獲得した。しかし主たる動機が物質的なものであっても、名誉感覚はやはり高められた。

[*ibid.*, p.11]

奴隷がこのような主人の地位向上を経験したというパターソンの説明は、性を買われる女性たちによる喪失経験の語りに通じるところがある（*ibid.*, pp.11-12）。奴隷主の名誉感覚は奴隷の喪失経験と対《つい》をなす。いわゆる奴隷的人格はこの名誉喪失の表出にすぎない。

囚われの人物や罪を宣言された人物が失うものは支配者の獲得物となった。奴隷所有者が味わう本当の支配の愉楽は、目の前の利益にあるのではなく、自分の足元に別の人間がいて、自分のためだけに生きて息をしているという実感からくる魂の昂揚にある。その者は自分の権力の代用物、自分の男らしさと名誉を体現する生きた証となる。

[*ibid.*, p.78]

性売買はこの特徴を奴隷制と同じくする。

事実、性売買が買虐者の権力を確立することは、これを他の労働から分かつ重要な要素をなす。ペイトマンはそれこそが性売買の仕事における中核だと論じる。性を買われる女性を利用することで、男性は女性に対する差異と優位を築く。想像力を働かせる男たちにとって、性売買の興奮はここにある。ホイガルドとフィンスタッドは、オスロの買虐者たちが、路上で性を買われる女性たちの前を何時間も車で移動し、彼女らの利用を想像して興奮していたさまを書きつづる（Hoigard and Finstad, 1992)。その分析によれば、性売買の楽しみの一つは女を買うという想像に伴う期待にあり、これはしばしば丸一日におよぶ。一部の男にとっては、自分の喜びのために利用できる女性たちをただ思い描いて眺めるだけで充分な満足を得られる。彼らは地位の向上を経験するために金を投じる必要すらない。男性の権力——あるいは、男性に直接権力を見て取る発想に躊躇する理論家たちにしたがえば、男らしさ——は、その対立項との差異を設けることで打ち立てられる。男性性は女性性なしに存在せず、自由は奴隷制なしに存在しない。一方が権力を獲得するために他方の無力を確立するというこの等式を、対等な交換とみるのは難しい。一方が得るものを他方は失うのである。

パターソンは、自身がいうところの「見えざる人格的権力」が、奴隷制といくつかの特徴を同じくしつつ高度資本主義社会にも特定の形をとって存在すると論じており、例として多くの夫（全ての夫でもありうる）と妻の関係を挙げる。ペイトマンと同様、パターソンも雇用契約を奴隷制の所有状態と比較する。

> ある者がある人物の労働を購入もしくは賃借すれば、その者は取り決められた期間にわたり、暗にその人物の身体を買うことになる。身体を離れたサービスなどというものはなく、ただそんなものはないという考えを心の内に仕舞っておく慎み深さがあるにすぎない。
> [Patterson, 1982, p.24]

彼の見方では、奴隷制と雇用の違いは「奴隷でない者は事業主に対し常に一定の権利と権力を有している」点にある（*ibid.*, p.26)。

興味深くも、パターソンは奴隷所有社会がその習慣によって形づくられた一定の特徴を持つと論じる。例えば育児を担った古代ギリシャの家内奴隷は、この文化の傲慢・権威主義・名誉政治的性格の形成に寄与した。彼によれば、奴隷制に関するいくつかの研究、例えばスラウェシ島のそれなどは、奴隷を持たない部族が、持つ部族に比べてより民主的で非権威主義的であることを示唆している（*ibid.*, pp.88, 85）。性売買は現代社会に広く行き渡っているので、買われる女性たちを展示することが社会にどのような特徴を付与するかという問いはほとんど聞かれない。しかし性売買が男性支配という特徴の発達を促すことは予想できると思われる。イギリスの倫理学者ボブ・ブレッチャーは道徳哲学の観点から、代理出産を受け入れれば人々が他の人々の身体を所有しうる社会がつくられるだろうと論じる（Brecher, 1987）。そして彼はポルノグラフィの悪影響についても同様の議論を行なっている。

パターソンは奴隷が主人の前で求められる振る舞いと、それによる自己感覚への影響に触れるが、これもまた、性売買の「契約」によって引き出される行動や、ホックシールドが書き留めるような女性労働に付きものの感情の商品化とはっきり重なる。彼は二人の逃亡奴隷の息子である詩人、ポール・ローレンス・ダンバーを引用する。

我々はにっと笑って嘘をつく仮面をかぶる
それはこの頬を隠し、この目を覆う
この負債を、我々は人間の狡知に支払う
引き裂かれ、血を流す心で、我々は笑顔をつくる

[Patterson, 1982, p.208]

性売買と奴隷制のもう一つの関係は歴史にある。フェミニスト史家のゲルダ・ラーナーは、著書『父権制の創造』（一九八七年）で、性売買はいつの世にも存在したのではなく、奴隷所有の発達から生じたと論じる。彼女は流行の性売買推進派による見方、つまり商業的性売買は女性が男性とのセックスに携わる聖域もしくは寺院の性的慣習から発生したという見方をとらず、それを全く別の現象と捉える。

商業的性売買の直接的な起源は、女性の奴隷化と階級の強化・形成にあると考えられる。軍事征服は紀元前三〇〇〇年に、囚われの女性たちの奴隷化と性虐待を招いた。奴隷制が定着した制度になると、奴隷所有者らは女奴隷たちを売春婦として貸し出し、一部の奴隷主は奴隷たちを人員とする売春宿を立ち上げた。囚われの女性たちをいつでもプライベートな性的利用に使えるようになった一方、王や長官――彼ら自身もしばしば権威の強奪者であった――が自身の正統性を築くために使用人や愛人の形で富を披露する必要に駆られた結果、ハーレムがつくられた。［Lerner, 1987, p.133］

性売買の起源が本当に奴隷制にあるのだとしたら、過去から現在まで、両者のあいだにこれほど多くの重なりがあるのも全く驚くにはあたらない。

ジュリア・オコンネル・デビッドソンはイギリスのフェミニスト社会学者で、性売買と奴隷制の共通性をめぐる議論に加わった。彼女によれば、権力・統制・同意の争点をめぐる問題からすると「性売買は奴隷制にも賃労働にも収まらず、今日の社会理論に一石を投じている」（Davidson, 1996, p.182）。ところが今日の社会理論はこれを扱うことに驚くほど乗り気でない様子である。デビッドソンは民族誌研究を実施し、成功している無所属のイギリス白人でエリート集団の一員を自認する性売買当事者と、その受付役ならびに「クライアント」を追った。デビッドソンの見解では、研究で光を当てた性を買われる女性は奴隷ではなく、「大半のワーカーよりも自分の労働生活を管理できている」(*ibid.*, p.183)。デジリーというその女性は、買虐者に対して無力ではなく、男が分からないでいることに関し、より多くの経験を積んでいる。デビッドソンは、そのやりとりを収めたテープには買虐者の引きつった笑い声が録音されており、デジリーが統制権を握っていることが分かると論じる。

この種のクライアントは出逢いの脚本構成をデジリーに頼っており、彼女はそうした男性を一五分で家に迎えて帰すことができる……が、日常的に性売買当事者のもとを訪れていて、自分の欲望をはっきり分かっている自信家の客を相手にする時でも、デジリーは遥かに豊富な性の技能と知識をもとに、指定の料金でどれだけの性労働を提供するかをある程度調整できる。彼女は短時間でクライアントを迎える(したがって帰す)技に長けている。[*ibid.*, p.185]

デビッドソンいわく、デジリーは「交流の制限と条件を取りしきる」。よって彼女は「例えばドウォーキンの……熱いレトリックがこしらえるような単なる『受身で不活発で無防備な』客体からは程遠い」。彼女はむしろ「女王かつ『異性愛《ストレート》』の性売買当事者で、クライアントの金と引き換えに集中的な高度の感情労働」を行なう(*ibid.*, p.187)。

しかしデビッドソンは性売買の暗部も確かに認める。「素直だろうとおべっかを使おうと虐待的だろうと、クライアントによる性売買当事者の扱いは彼女の主観性と人間性を否定するもので、この否定のプロセスは根深い女性蔑視《ミソジニー》にもとづく女性像に依拠しつつそれを強化する」（*ibid.*, p.189）。買虐者たちは性的快楽・肉体労働・身体部位の利用に金を払うとともに、事実上、買われる女性を人格ならぬ人格へと変えることにも金を払っている。「この商取引の本質は、彼女がその中で主体ではなく客体となることにある」。性を買われる女性の中でもひときわ特権に恵まれたデジリーのような人物でさえ、パターソンがいう奴隷制の定義に当てはまる部分が多い。彼女は「各商取引が行なわれているあいだ、パターソンが……称するところの『社会的に死んだ者』、すなわち力も生まれも誉《ほま》れもない人格となる」。性を買われる女性は奴隷と同じく「物や人に関する主張・権利・権力を行使」できない。彼女は買虐者に対し主張も要求もできないからである。そのアイデンティティは買虐者に対して隠されているので彼女は生まれを持たず、貶められた地位は性を買われない女性たちに与えられる保護と尊重の資格を奪うので彼女には誉れもない。デビッドソンの見方によれば、性売買が独特な労働形態たるゆえんは、性を買われる女性が「人格ならぬ人格、奴隷ならぬ奴隷、賃労働者ならぬ賃労働者」になるところにある（*ibid.*, pp.191, 188）。

性売買は男性至上主義の構築物

性売買を他の労働領域から分かつもう一つの側面は、それが男性至上主義の構築物だという点である。

他の労働形態は男性至上主義の消滅後も生き残ると思われるが、性売買は違う。クリスティン・オーバーオールは、ペイトマンが『性の契約』で発した問い、「性売買の何が不正なのか」に答える中でこの立場をとる。出発点は、セックスワークを「尊重」できないとする自身の立場である。彼女はその理由を探り、性売買を「調理や秘書サービスや専門職労働」よりも悪いものとする要素は何なのかを考える（Overall, 1992, p.709）。

いまや全ての労働が資本主義交換の束縛下で行なわれるという想定のもと、私はあえて本質主義的な問いを投げかけたい——今日行なわれるセックスワークには、他の労働形態と違ってそれを否応なく道徳的に問題含みのものとする内在的要素があるのか、そして、その道徳的反発を克服する形にセックスワークを変えることは可能なのか。

[*ibid.*, p.710]

オーバーオールは性売買が他の労働と異なる理由についてフェミニストたちがしばしば唱える議論を検討し、そのほとんどが説得力を欠くと判断する。彼女は性売買をそれに付随する劣悪な労働条件で区別することはできないとし、それらは改善できると指摘する。女性たちは性売買を選択「できない」という見方もオーバーオールはしりぞけ、たとえかぎられた選択肢からでも女性たちは選択を行なっていると考える。女性たちは性売買で否応なく力を明け渡すという見方については、組合結成によって性を買われる女性たちの力を強められるだろうと述べる。彼女の考えでは、性売買は肉体関係を売るという点でも独特ではなく、心理療法士をはじめ、現代アメリカ社会の他の労働形態にもその要素はある。加えて愛なきセックスという発想は必ずしも問題ではないという。ペイトマンと違い、彼女はラディカル・フェミニズムの洞察を用いないため、性売買で肉体関係を売ることに伴う苛烈な身体経験を捉え損ねている。また、自己とセクシュアリティが結び付いていることも考慮できていない。

オーバーオールいわく、性売買と他の労働形態の決定的相違は、性売買が女性抑圧のみをもとに構築される唯一の労働形態だという事実にある。それは男性にも平等に開かれたものではなく、そうなりえない。性売買という発想、男性のやむにやまれぬ性衝動の発想、そして女性はそのように利用されるべきという、その発想自体が、男性至上主義に根ざす政治的構築物にほかならない。これが性売買を育児や家事や調理といった他の女性労働から分かつ要素である。後者の労働は誰でも行なうことができ、その存在のために政治的抑圧システムを必要としない。

> 女性のセクシュアリティが販売に利用される文化、女性たちがセックスこそ自分の第一の資産だと学習する文化では、セックスワークは単なる私的な商取引、対等な者同士の便益交換、あるいは平等主義にもとづく商業ではなく、そうなることもありえない。レイプ、性暴力、性的ハラスメント、近親性虐待と同じく、性売買はもとよりジェンダー化されている。それは父権的な異性愛制度の構成要素かつその表出である。
>
> [*ibid.*, p.721]

したがって性売買を始める女性の「選択」は強い制約を受けている。女性たちには奴隷状態の種類を選択する自由ならば与えられているかもしれないが、「自分の決定を左右して選択肢を厳しく制約する制度は自由のもとで選択しているのではない」。性売買はオーバーオールいわく、「積極的で、経済的に独立した、いつでも利用可能な、性的に人を惹きつける、抗いがたい魅力を持つ女性が、抑えがたい性衝動を抱え、欲望充足の手段を購入できる、雄々しく逞しく勇ましい男性の欲求に奉仕する」という、男性至上主義的な北米文化の原型的な性交渉を体現する（*ibid*., p.722）。そこで彼女は結論する。

セックスワークは資本主義と父権制の交わりによって成り立つ本質的に不平等な営為である。性売買は男性支配の縮図をなす。それは男性至上主義によって構築され、男性至上主義を強化する。そして男性至上主義は性売買によって満たされるかに思える「欲求」を形成するとともに正当化し、同時に、資本主義下でセックスワークの隆盛を許すシステムと慣行を永続化させる。性売買の不正は……資本主義的父権制そのもの［に潜んでいる］。［*ibid*., p.724］

この結論は性売買が反転不可能であるという事実によって証明されている、と彼女は考える。つまり、資本主義と父権制の社会条件は、男性の性欲と女性がそれを満たす方法を形づくる。したがって性売買に性的対等性はありえない。

ローリー・シュレージは著書『フェミニズムの道徳的ジレンマ』（一九九三年）でオーバーオールの結論を批判する。シュレージは文化相対主義の立場に則り、資本主義と父権制の社会条件が性売買の原因だという説は誤りと証明できると論じる。そのためには、そうした条件が存在しないところでも女性が男性に仕える性売買が存在することを顧みればよい、と。オーバーオールの主張が資本主義の存在する状況にしか当てはまらない一方、性売買が資本主義以前や非資本主義の社会にも存在することは間違いない。これは性売買を社会主義的傾向の強い分析にかけようとする際の難点である。ただし、シュレージが非父権的な条件の例として挙げるものに説得力はない。例の一つは植民地時代のケニヤの性売買で、これは家から離れて働く労働者階級の男性らが女性たちを購買利用するものであるが、彼女らはシュレージやその参照元の史家ルイス・ホワイトによって「小さな有産者」に分類される。

つまり、ここでの商品化された性労働は、階級的・社会的特権の表出ではなく、植民地主義の文脈によって小農の息子から賃労働者へと変わった男性たちの文脈特異的な欲求と、植民地主義の文脈によって小農の娘から小さな有産者の事業主へと変わった女性たちの文脈特異的な欲求の表出である。

[Shrage, 1994, p.108]

シュレージが理解できていないのは――興味深いことに、これは社会主義の立場をとる解説者に共通の過ちであるが――、性売買で女性を利用する男たちの側に階級的な優位がなくとも、ジェンダーの序列はなくならないという事実である。男性至上主義の関係を階級の関係に落とし込むのは誤りであり、この場合、それは文化相対的な性売買の説明を許すことで女性の従属を覆い隠してしまう。男性による性売買での女性利用は、男性かつ優越者としての彼らの性階級を、利用される女性たちの社会的出自に関係なく追認する。女性の上に男性が位置する序列は性売買を通して形成され確認される。

オーバーオールは性売買に含まれる苛烈な身体経験を考察していない。おそらく彼女は社会主義フェミニズムの観点に立つせいで、性売買がその性的特質ゆえに他の労働から分かたれるという点を認めることができない。これは禁断の領域たる本質主義に迷い込むことを恐れ、身体問題への言及に躊躇《ちゅうちょ》する社会主義フェミニストの理論家たちが抱える共通の限界である。キャロル・ペイトマンは男性の性暴力と闘う取り組みから生まれた知識を後ろ盾とするラディカル・フェミニズムの理解を、社会主義フェミニズムの伝統に組み合わせることで、この限界を超え、性を買われる女性たちの自己におよぶ性売買の特異な侵害を把捉《はそく》しえた。

苛烈な身体経験

性売買はある重要な点で、一般に労働と認められているものの大半と異なる。それは女性身体の、ひいてはその自己の、苛烈な関わりである。ボブ・ブレッチャーは移植用の腎臓取引に関する挑発的な論文で、利益を生む活動の全てが労働とみなされるべきなのかを各自が考えるよう促す。ブレッチャーの認識では、腎臓取引と性売買はいずれも身体に関わる営みであり、その不可譲性をめぐる問いを提起する点で、注目すべき類似性を有する。そして腎臓取引に関する彼の見方は論文の副題に示されている――「客は常に不正」。客が不正たるゆえんは、その人物が他の人間から商品をつくる点にある。ブレッチャーいわく、「道徳的懸念は……売り手の行動よりも客のそれに向けられる必要がある。そして、これが生む考慮事項をめぐるより大きな問題群への影響に」(Brecher, 1990, p.120)。

一九八九年にロンドンの私立病院で活発な腎臓取引が行なわれていたことが発覚した時、イギリスの首相はこのような事業の容認しがたさについて抗議声明を出した。ブレッチャーはしかし、自由市場と「事業文化」の創出を大いに好む政府が「このように冒険的な形で持ち前の資産を利用する人々」に抗議したこととの矛盾を指摘する。つまり自由市場経済の擁護者でさえも、明らかに市場には制限があるべきと理解しているのである。そこでブレッチャーは問う。「身体部位を売ることはなにゆえにこうも非難されるべき行ないとみなされるのか」。彼によれば、腎臓販売と売血と性売買はいずれも身体や身体部位の貸出し形態であるが、腎臓販売は後の二つよりも一部の者から問題視されており、それは腎臓のように交換の利かない臓器の販売が深刻な結果を招くと思われていることによる。しかし、と彼はいう。「例えば私がこの体を貸し出し、それに付随するあらゆるリスクを負うよりも、腎臓を売るほうが大きな害を被るかどうかは全く判然としない」(*ibid.*, pp.120, 121)。ブレッチャーはこれらの営為の客を咎め、そうした者は消費財や消費者利益を生む危険な人体利用に起因する早期老化や癌による死亡などの結果に責任を負っていると述べる。

> ただし必要なのは売り手――被害者――ではなく客に注目することである。これまで論じてきたたぐいの商取引に関しては、需要を生む者である客こそが常に不正を犯している。一定量の血液あるいは腎臓を買うこと、一、二時間にわたり他人の体を金で借りること、あるいは他人の不健康を喰い物にすることの問題は、これらがいずれも人間の商品化にもとづく搾取だという点にある。
>
> [*ibid.*, p. 122]

ブレッチャーは、腎臓取引に反対する者が「売血や身体の貸出しや肉体的労働搾取」への反対を「論理的に支持する」結果になると論じる。これらは全て「人間の商品化」という問題を抱える。その点で腎臓取引は性売買や一定様式の代理出産、それに女性のはだけた乳房を特集するイギリス紙『ザ・サン』の三面と同じく、「人間の商品化を加速させる道徳的風潮」を象徴し、部分的に構成し、かつ助長する（*ibid.*）。ブレッチャーは腎臓取引を支える影の立役者たち、すなわち医師、私立病院の所有者、医療の市場化を支持する者、および「富のイデオロギーを吹聴する者」を、レシピエントと併せて批判する。もちろん同様に、性売買を支える役者もこぞって非難と責任を負わなければならない。それは政治家、クレジットカード会社、地方自治体、不動産所有者たちである。ブレッチャーが結論するに、自由市場の擁護者たちが腎臓取引に猛反発するのは、そうした取引がかれらのイデオロギーの欠陥を困惑するほど露骨な形で明らかにすると認識するがゆえのことである。事実、腎臓取引は売血や性売買と変わらないが、「これら全ての商取引の本質」を象徴する役割を果たす。

性売買は一種の苛烈な身体経験を伴う点で、ほかと同じただの仕事ということはできない。『路上のセックスワーク』という文献では、著者らにインタビューをされた女性たちが、虐待者に妊娠させられないために極度の予防策を講じることについて語った（McKeganey and Barnard, 1996）。一部の女性たちは客に対し二種類の避妊法を使っていた。彼女らは自分が妊娠したのではないかと疑う苦悶や、それが愛する男性との関係におよぼす影響について語った。妊娠の可能性は賃労働のリスクとして明らかに度を越していると考えられ、当の労働が受け入れられるものなのかという疑問を生む。性売買以外の文脈では、妊娠の可能性は真剣に、かついくらかの畏敬をもって扱われるが、性を買われる女性たちはそれを単なる仕事の一環として処理することを期待される。これに似て性売買の擁護者らは、性を買われる女性たちに対し、性を買われない女性ならば耐えられないと思われる仕方で性売買虐待者に利用される事態を処理してのけるよう期待を寄せる。性を買われる女性たちが生きる文化の中で大きな意味付けをされた苛烈な身体経験は、単なる日常業務の一環として処理される前提となっている。かくして性を買われる女性たちは他の女性たちと異なる者、ことによるとそのために生まれた者、あるいはそうした仕事に向いた堕落した階級の者、感度が鈍いかそれに値する者と見込まれる。

社会主義フェミニストの理論家たちは総じて、女性たちの身体経験の重要性に焦点を絞りすぎるのは本質主義的で非建設的だと考えてきた。この点で社会主義フェミニストはリベラル・フェミニストに似た立場をとる。後者は女性たちが女性の生物学的特徴を持たない男性たちと「平等な機会」を得るには、女性たちの「差異」ではなく同一性を強調すべきだと論じてきた（MacKinnon, 1989）。社会主義フェミニストの取り組みでは、女性の中絶「選択」権を求める時を除き、身体問題に焦点が当てられることは少なかった。もっとも、一部のラディカル・フェミニストもまた、本質主義に陥って女性の行動や地位の特徴を生物学に帰しているのではないかと疑われないよう、ひどく心を砕いてきた。

例えばクリスティン・デルフィとダイアナ・レオナードは、共著『お馴染みの搾取』（一九九二年）で、フェミニストたちは女性抑圧におけるセクシュアリティと生殖に過剰な注目を寄せる過ちを犯してきたと論じる。

一部の者は過ちを上塗りし、女性抑圧は「身体」に関わる点で特異かつ特別だと論じる。これはしばしば、男性の権力はとりわけ女性の性と生殖の利用および虐待に関わるという主張を伴う。……しかし女性抑圧は身体に関わる、女性の全アイデンティティは母であることに関連づけられる、などの事実は、女性抑圧だけの特徴ではない。賃労働者の抑圧もその身体と全人格性に関わる。男性であろうと女性であろうと、被雇用者の身体は利用され、消耗され、損傷され、客体化される。

[Delphy and Leonard, 1992, p.22]

もちろん男性の身体も女性の身体も労働に影響されるが、性売買における身体利用の独自性に目を向けることは重要である。性的利用では、セクシュアリティ、アイデンティティ、自己感覚の全てが傷つけられる。ここには女性たち特有の身体経験に目を向けまいとする固い意志がみられる。デルフィとレオナードはそうした経験の重要性を過小評価する点で、珍しいラディカル・フェミニストというほかない。

一九八〇年代に多くの古い社会主義フェミニストの思想家たちがポストモダニズムの流行に呑まれると、身体を真剣に考える試みに対して新しい攻撃が行なわれだした。理論的には、ポストモダンとクイアの理論家たちは身体をめぐる強い関心と知的興奮を表明してきた。身体に注目していると思しき本や大学講義や研究センターは激増した。レナート・クラインはこの傾向を批判した有用な論文「サイバースペースを漂う（死せる）身体――ポストモダニズムと女性の切断」で、自分はこの身体への新たな注目を喜ぶべきかどうか迷っていたが、新しく書かれたものを読んでいくうちにはっきりしたと述べる。彼女が発見したのは、その書き手たちによる身体の記述が、女性たちの生きた身体経験の重要性や身体と自己の不可分性を強調したいフェミニストたちにとって懸念すべきものであるということだった。

ポストモダン・フェミニストの著作物に書かれていた身体は、息もせず、笑いもせず、心もない。それらは「構築された」「再現された」ものである。それらは三人称で記述されている。「人間身体は……断片化、破砕、転位……を生む驚くべき能力を持っている」など。……女性たちは不在で、「肉体化」や「肉体性」を語りながらも、ポストモダン・フェミニストの議論の多くは、身体をその「所有者」や他者が利用できる「モノ」として捉える。……テクストである身体は、書き込み、印をつけ、綴り綴られる客体、（考える）断片、面でしかない。[Klein, 1996, p.349]

クラインはこのポストモダン・アプローチが性売買に関しても使われていると指摘し、例としてシャノン・ベルの『性売買当事者の身体を読み、書き、書き直す』（一九九四年）を挙げる。本を読む前から、この題は同書で扱っているのが現実の生きた女性たちの身体に対する性売買の意味ではなく、テクストにおけるテクストとしての「身体」に対するそれでしかないことを物語っている。クラインはベルが「血肉のある女性身体」を客体として概念化していると述べ、ゆえに「性売買当事者の身体を書き直す」というその企ては性売買を肯定的に構築する結果となっていると指摘する。性を買われる女性たちは「さまざまな矛盾する仕方で自身の身体を書き込んでいる」と論じられる。クラインはこのアプローチが女性たちに深刻な危険を突きつけるものだとして、こう結論する。「女性とはこの身体そのものであり私たち自身だと主張すること、人間であるとは心と体と魂の統一を意味すると主張すること、私たちには不可侵の人間性があると主張することは、一九九〇年代のフェミニズムにおける異端説である。が、それは生き残りのために欠かせない」(*ibid.*, pp.355, 357)。

性売買を労働と認めるとどうなるか

性売買をほかと同じただの労働と認めることへ向けた大きな動きは、オーストラリアの一部地域、特にビクトリア州とオーストラリア首都特別地域にみられた。例えばこの両地域では店舗性売買が合法化されて規制下にあるが、そこでオーストラリア酒類・接待・諸事業労働組合は、店舗で性を買われる女性たちの組合参加登録を進めてきた。これは一九九六年初頭、伝統的な男性中心の組合が性を買われる女性たちに焦点を当てた世界初の試みとして、メディアを通し鳴り物入りで公表された。組合は「セックスワーク」がほかと同じただの仕事だと論じる。組合員のルース・フレンゼルは、動物園経営者や保育士といった他の組合メンバーと「セックスワーカー」を分かつ違いはコミュニティの否定的な態度だけだと語った(ABC, Radio National, 1996)。

組合はセックスワーカーの「労働裁定」を求めている。つまり、労働者には最低賃金ならびに雇用保障や訓練など、法廷が定める条件が約束されなければならない。店舗で性を買われる女性たちの現状が、保護なき搾取であることは疑いの余地がない。店舗所有者は自分が雇用主ではなく、ただ民間契約者に部屋を貸しているだけだと言い張る。よってかれらは被雇用者に給料を払わない。性を買われる女性たちは買虐者たちから金を受け取るのみで、店舗に一〇時間待機したあげく一銭も稼げないこともある。

傷病手当、産休手当、昼休憩もない。労働裁定は店舗所有者が雇用主であること、女性たちが他の労働者と同様の福利と条件に浴すること、店内にいればセックスに利用されずとも買虐者候補による性的客体化を許す点で労働をしているという考え方のもと、単位時間あたりの最低賃金を受け取ることを了解事項として取り付ける。

が、これらの問題を論じたオーストラリアのあるラジオ番組のタイトルは、この状況の皮肉を浮き彫りにしている。「触ってもいいのよ。私は組合の一員」というのがそれだった（*ibid.*）。性売買をほかと同じただの仕事と認めると、他の女性組合員の要求を弱める結果となることがここに示されている。というのも他の女性組合員らは性的ハラスメントに関し、「触るな。私は組合の一員だ」と訴えているからである。性を買われる女性たちはまさに他の女性労働者たちがなくしたいと願う性的客体としての扱いを受けることに対し金を支払われる。そのうえ、店舗で性を買われる女性たちが「契約」外の性的ハラスメントで触られない権利を築くのは、おそらくとてつもなく難しい。この組合が、買虐者に胸を揉まれるなど、望まない接触を経験した女性たちに代わって雇用主を訴えるか、そして雇用主がハラスメント防止策を設けるかは、ぜひとも知りたいところである。安全な労働環境を提供したければ、組合は買虐者の全てにエイズとSTDのテストを受けさせる必要もあるだろう。性を買われる女性たちをひどい虐待から守るこれらの措置は、男たちの女性利用から興奮と自由行動の余地を殺《そ》ぐと思われる。

メルボルンではストリップダンスを「単なる労働」と認めることが既に女性たちの平等な機会獲得を阻む障壁となっている。ストリップクラブは性売買店と違ってアルコールの販売を認められており、男性らに社交機会を提供している。メルボルンでは現在、二つのクラブが店内で昼食をとって会議を行なうビジネスマンらを引きつけようと競い合っている。目下、専門職の男性ネットワーク、「例えば裁判官、ラジオ会社の幹部、金融部門の管理職などがこれらの店を利用する」(Blake, 1996, p.B3)。

どちらのクラブにも企業用の役員室がある。メンズ・ギャラリーの部屋には長い会議用テーブルに加え、ホワイトボードと演壇がある。さらにはペンと紙も提供される。踊り子は希望次第で提供される。

ゴールドフィンガーズの企業用役員室はより簡単なセッティングで二〇名前後の男性らの会議向けにサービスを提供する。ピーナッツに女にカクテル。シガー・バーも仕事のあとの会合を勧めており、これはアメリカで至極一般的な習慣となっている。[*ibid.*]

ある客は語る。「多くのビジネスがここで行なわれます。ここはまことにビジネスに好適で、たまたま女が服を脱ぐ場所だというだけのことです」(*ibid.*)。金を払えば女性たちに「至近距離で」服を脱がせ、男たちはその生殖器と肛門を覗き込むことができる。かたや郊外のパブは「ラップダンスの夜とトップレスの昼食タイム」を導入しつつある。

男性だけが享受している便益を女性も得られるよう、重役文化を壊そうとしてきたフェミニストや個々の女性たちの努力は、性産業が育てた中流男性向けのセクシュアル化した男性支配の文化によって完全に取って代わられようとしている。オーストラリアの最大手企業一二四社を対象とした調査では、女性上級部長の割合は一九八四年から一九九二年のあいだに二・五パーセントから一・三パーセントへと落ちた（Sinclair, 1994）。アマンダ・シンクレアはオーストラリアの重役文化がこうまで女性に敵対的である理由を研究してきた。その見方によれば、女性たちの組織的な排除は、重役文化が「伝統的な経営者の台本と男権的言説を通し、構築物としてのアイデンティティ、男らしさ、リーダーシップを確立し主張する舞台」であることに関係している可能性がある（*ibid.*, p.6）。セックス・クラブは事実、極めて男権的な「言説」であり、その貧しく脆弱な女性集団の性搾取を通して管理職の男性らが形づくるビジネスの決定や仲間関係に、管理職の女性たちが加わることはできそうにない。

性売買はほかと同じただの仕事ではない

性売買は多くの決定的な点で他の「労働」から区別される。それは男性至上主義という特定の政治的抑圧システムに起源を持つ労働形態であり、このシステムの中で政治的に構築される男性または女性であることの意味やセックスの解釈を抜きにしては成り立ちえない。性売買はこの政治的システムの中で「男性性」を形づくる機能を果たし、男性の地位を高める。男性たちは従属階級の女性たちを、特にそのシステムで彼女らの役割または「用途」とみなされていることのために利用できるからである。ほかならぬ「女性器」の所有によって女性を従属階級に置くシステムの中で、女性は「女性器」として利用される。アンドレア・ドウォーキンは、性階級のシステム内で女性たちはその生物学的性別をもとに、かつそのセクシュアリティを通し、一階級として従属させられると説く。同じ性階級に属する者として、女性たちは共通の状況を経験する。女性たちは「男性に従属し、性的な支配と服従のシステムにおいて性的に植民地化され、性別ゆえに権利を否定され、歴史的に奴隷化され、一般に生物学的劣等者と目され、セックスと生殖に閉じ込められる」(Dworkin, 1983, p.221)。この階級の一員に分類される結果、「女性たちはただ一つの形で定義され、評価され、判断される。すなわち女性として――具体的には、利用されるべき性器を持つ者としてである。……女性たちは女性ならではの労働要員として産み落とされる。その労働はセックスにほかならない」(*ibid.*, p.64)。

性売買では女性の劣位を示す身体部位が利用され、それこそがおそらくはその利用を通して優位を築く男たちに興奮を与えている。他の労働でこれに似たもの、つまりある社会集団の劣位の印が当の「労働」の中核にして意味をなすようなものは、容易に思い浮かばない。他のサービス労働でも、下位の者によるサービスを通して消費者個人の地位が高められることはある。しかしサービス提供と地位の向上が、統治階級たる男性と従属階級たる女性の厳しい構造的序列に沿って編制されているのは性売買ならではの特徴である。この政治的意味ゆえに、性売買は女性たちの生命を脅かし、その身体と感情を暴力的な買虐者や女衒や通りすがりの男たちによる攻撃にさらす。他の仕事で、労働者が政治的序列の劣位にふさわしい侮蔑、それも時に惨死へと結び付くほどの侮蔑を受けるよう求められるものはそうそう思いつかない。しかし、性売買を決定的に独自ならしめるのは、その身体経験の部分である。普通の性売買行為で女性身体になされること、性を買われる女性たちが生きるために解離しなければならないほどの恐ろしい虐待――これが性売買のセックスと性暴力を扱う次の二章の主題となる。

第7章

「なぜ車が？　誰が運転を？」

——性売買とセクシュアリティの理論化

ラカン以後、実のところフーコー以後は、セクシュアリティを社会的に構築されたものとみるのが習慣になった。それが社会的に何から構築されるのかはほとんど明らかにされておらず、まして誰が、いかに、いつ、どこで構築を行なっているのかは不問のままだった。……「構築された」とは影響・誘導・接続されたという意味に思われる。高速道路が交通パターンを構築する、というように。なぜ車が？　誰が運転を？　という点は問われない。

［MacKinnon, 1989, p.131］

性売買を理解する鍵はセクシュアリティの理論構築にある。性売買当事者の権利団体やその議論を受け入れたフェミニスト学界人は、性を買われる女性の体表と体内で男たちが行なうことを「単なるセックス」と呼ぶ。その点でかれらはキリスト教の聖職者やポルノ制作者、哲学者、そしてより近年の性科学者——セックスの科学者——らと足並みを揃えている。しかし性売買を「単なるセックス」とするために、かれらは性売買の「セックス」をセクシュアリティの自然な本質とみなさなければならないうえ、男性至上主義的なセックスの自然さに大きな疑問を投じる過去四半世紀のフェミニズム理論体系から故意に目を逸らさなければならない。本章では性的リベラルによるセクシュアリティの理論構築を検証する。性売買のセックスはそれが原因で「単なるセックス」として快く受け入れられることとなった。私はその理論をラディカル・フェミニストの理論家による批判的観点と対比するが、後者は男性至上主義の政治システムにおいて男性権力を構築するセクシュアリティの役割に迫りつつ、その広い分析の中に性売買の「セックス」を位置づける。

一九世紀から二〇世紀初頭の性科学者たちはセクシュアリティについて本質主義的な考え方に則り、強制力を持つ男性の性衝動は生物学的にどうにもならない一方、女性は生まれつき性的熱意にほとんど囚われないと信じた（Acton, 1987a, b）。男たちが性売買で女性を利用することは嘆かわしいにせよ、それは結婚が遅く、結婚前の女性には貞操が求められるせいで、男性がほかに発散の場を持たないがゆえの自然な結果である、と彼らは考えた。その後、一九二〇年代と六〇年代に「性革命」が起きた時、「進歩的」な性科学者らは、男性の性的興味に奉仕する女性たちの意欲が高まっているため、性売買は廃れるだろうとの確信を表明した（Russell, 1972; Comfort, 1979）。男性の性衝動と性的実践は自然なものとみなされ、「性革命」の成功は女性たちがこの自然な欲望を満足させることにどれだけの熱意を持てるかで測られる次第となった。しかし一九五〇〜六〇年代に、ラディカルな社会学者たちは性的実践、さらには性的快楽の経験が生物学にもとづくという考えそのものに疑問を投じた。かれらはそうした「自然」な事実に関する社会構築主義の説明を発達させた。シンボリック相互作用論者[訳注1]は、一九七〇年代後期にポスト構造主義が流行を迎える遥か以前から徹底した社会構築主義の立場をとった。続いてラカン派とフーコー派が究極の社会構築主義者と目された。もはや「セクシュアリティ」について語ることはできず、語ってよいのは「セクシュアリティ群」のみとなった。これらのアプローチは、セクシュアリティの説明で生物学をどれだけ重視するかをめぐり大きく立場を異にするが、非常に似通った部分もある。すなわちこれらは、性的実践や性感情を説明する際、男女間の権力関係に一切言及しない。

フェミニズム理論家たちは、ラディカルな社会構築主義が大きな謎を生んだと指摘した。キャサリン・マッキノンは「なぜ車が？　誰が運転を？」と問うた。つまり、どのような力のもとに社会構築物のセクシュアリティが形づくられたのか、と（MacKinnon, 1989, p.131）。フェミニズム理論家たちは、誰が、何が、誰の利益のためにセクシュアリティを構築していたのかを知ろうとした。が、おそらくそれはさほど大きな謎でもなかった。

本質主義

性科学、すなわち「セックスの科学」は一九世紀後期に発達した。土台には性衝動や性本能が自然なものだという信仰があった。性科学の父に数えられるオーギュスト・フォレルは、人間でない動物の「性的欲求」を記述する。

訳注1　シンボリック相互作用論は社会学理論の一つ。人々はシンボルを介した他者との交流（相互作用）を通して世界に意味を与え、そのような意味付けの集積が社会を構築すると考える。

子孫をつくりたいという欲望は全てを支配する。ただ一つの快楽・欲望・情熱が生物を捕らえ、異性の個体へと向かわせ、親密な接触と挿入によって一体になることを促す。それはあたかも、神経系やその生物自体が一時的に胚細胞になったと感じるかのようである。異性と一体になる欲望はかくも強い。

[Forel, n.d., p.73]

人間という動物に関しても、「性的情熱は一時的にあらゆる感覚を酔わせる。性的に発情すると、男性でさえも魔法の影響力を受けたように支配され、しばらく彼はこの影響力に導かれた観点からしか世界を見つめられなくなる」(*ibid.*, p.75)。フォレルが描く男性の「性的欲望」なるものの自然な形態は、性売買による女性利用に実にうまく適合している。

男性は性的結合の能動的要素を代表し、その性的欲求ないし交接の欲望は、初めのうち、より強い。この欲望は自発的に発達するもので、受精させる者としての役割は雄の主たる活動となる。雄にとっては雌よりも性生活の重要さが劣るにもかかわらず、この欲求は雄の心理に強く影響する。

[*ibid.*, p.77]

加えてフォレルの世界観では、男性は生まれつき「変化を求める欲望」に取りつかれており、それが一夫多妻制や性売買へと至った(*ibid.*, p.83)。

女性の性的欲求はいささか異なる。フォレルは多くの性科学者と同じく、女性にはそうした欲求がないと確信していた。彼の観察では、「極めて多く」の女性には性的欲求が「全くなかった」。それがみられるとしたら、感情的服従の形をとっていることが多かったという。

小さな体格と体力、交接における受動的役割を鑑《かんが》みれば、なぜ女性が強い男性の支えを欲するのかは理解できる。これは単純に自然な系統発生的適応の問題である。これゆえに若い娘は勇猛果敢な男性、自分に勝る敬うべき男性、その腕に抱かれて安心できる男性に憧れる。［*ibid*., p.93］

フロイトは男性の性衝動が強制力を持つと信じたこの時代のもう一人の性科学者である。彼の概念は批判者から、セクシュアリティの「水力学」モデル、あるいは「衝動還元」モデルと称されてきた。そこでは、強い生来の性本能が社会的統制の束縛とせめぎ合っていると想定される。セックスに関しラディカルな社会構築主義の立場をとる一九六〇年代の理論家たちはこの考え方をしりぞけた。社会学者のジョン・ギャニオンとウィリアム・サイモンの評価では、フロイトはセックスが暗く無秩序で「危険な生得的本能」だという見方を後世に残した（Gagnon and Simon, 1974, p.10）。この考え方はアルフレッド・キンゼイなど、初期世代のセックスの社会学者らによって無批判に受け入れられたと両名は論じる。彼らはフロイト学派以降の時代にセックスが革命的色彩を帯びた顚末を語る。個人対国家という一七世紀の構図は、ロマン主義の伝統により、個人対文化の闘争へと変えられた。人《マン》は押し付けられた制約と闘う自然本能に囚われているというホッブス的な人間観は、フロイトを経て、精神・セクシュアリティ・親子間契約の領域へと移された。かくしてフロイトの政治学では「親（大文字のリヴァイアサン）の形をとった社会文化的な力が性衝動を阻害・形成・編制して……変換する中、……性本能は文化的統制とせめぎ合う」（*ibid.*, p.11）。

社会構築

ギャニオンとサイモンはラディカルな社会構築主義のアプローチをとる。彼らは性衝動の自然さを問う点でラディカルな立場をとる。両名いわく、性的感情そのものは自然ではなく構築物である。「隠された内なる源泉から生じるかに思える性的興奮の経験自体が、実際には学習されたプロセスであり、その社会的要素は私たちが自然さの神話にこだわるがゆえに隠されているにすぎない」（*ibid.*, p.9）。「性の台本」を習得しなければそもそも可能性としての性活動を現実にすることもできない。最も自然な性行為とされる交接自体、通常は「セックス」として疑問に付されることもないが、実際にはそれを行なうために複雑な学習を要する。それは「膨大な人間学習と生理学的・心理学的・社会的諸要素の協調を含む」もので、「複雑な心理社会的発達過程の所産」である（*ibid.*）。このようなアプローチは無論、男性による性売買での女性利用が「自然」なことでも単なるセックスでもないと示唆する。交接はそれ自体、複雑な性の台本化による結果として行なわれるかもしれないが、より多くのことが説明されなければならない――男性はそうした形で見知らぬ女性の身体を買って利用してもよい、という考えをどのように習得するのか、また、そのような利用が官能的に興奮することをどのように学習したのか。男性の社会学者であるギャニオンとサイモンは、フェミニストが関心を寄せる問い、例えば性の台本はなぜ男性の強制的な性衝動や男性支配的な交接の形をとるのかといった問いに迫らない。性活動のあり方を、男性至上主義のもとで「普通」とみなされる型に嵌めるのは、どのような権力関係のシステムかという問題、すなわちセクシュアリティの「政治的」構築に、彼らは関心を向けない。

セクシュアリティの社会構築がどこから始まるかという謎は、一九七〇年代、セックスを扱うゲイ男性の社会学者らによる著作群が現れたことで深まった。ミシェル・フーコーの思想を受け、ゲイの社会学者であるジェフリー・ウィークスやケン・プラマーは、セクシュアリティが社会構築されるものと信じたが、セクシュアリティに関するその考え方には、ギャニオンとサイモンがフロイトの追随者たちに見て取った本質主義の要素が含まれている。彼らは社会構築主義を強く信奉しているように見えるが、他方でセックスを危険な本能とみる発想に寄り掛かっている感がある。例えばウィークスは「性の流れ、身体の性的可能性の休みなき騒擾《そうじょう》にはセックスの社会的カテゴリーが押し付けられる」と述べ、「多面的、多型的、順応的だが破壊的な欲望の危険性」について語る（Weeks, 1985, pp.176, 179）。一九八〇〜九〇年代のゲイ男性たちの理論には、フロイトの遺産がこれ見よがしに息づいている。それはウィークスの著書が、フロイトの『文明とその不満者たち』を踏襲した『セクシュアリティとその不満者たち』という題を持つことにも明瞭に表れている。右の洞察はその「危険な欲望」という章にみられる。今日的な男性セクシュアリティの行使が女性たちにとってレイプや性虐待、さらには性的殺人にまで至る多くの危険を含んでいることは異論の余地がない。しかしこうした理論家が「セクシュアリティ」の危険を美化すると、歴史的に特殊で政治的に構築された性行為の形態が、単にセックスとはそういうものだとして物象化されるように思われる。

無意味さの性の政治学――シンボリック相互作用論とポスト構造主義

ジェフリー・ウィークスはイギリスの歴史社会学者である。『セクシュアリティとその不満者たち』（一九八五年）で、彼はセクシュアリティが何をもとに社会構築されるかを問わない。フーコーの著作群はそうした模索を無効化するからである。起源はややこし過ぎるので探せない。

セックスの編制は単一の統制戦略に沿っては行なわれない。それどころか、セクシュアリティに関わる権力関係は多数の営為と装置（医学、心理学、教育、法律）を通して機能しており、その各々が固有の規制構造を持つ。

[*ibid.*, p.181]

ウィークスはいかなる「起源が性的パターンを形づくるのか」に関し、断固曖昧な態度をとりつつ、「親類関係と家族システム」「経済的・社会的変化」「変化する社会規制の形態」「政治的背景」「抵抗の文化」などを挙げる。ゲイの理論家である彼が最も注目するのは最後のカテゴリーで、これはゲイ男性の解放運動を含み、「さまざまな性的規制が打ち寄せる岩盤」をなす（*ibid.*, p.179）。彼は男性の権力を形成因に含めない。

セクシュアリティを統一的に理解しようとすることに意味はない、とウィークスは断言する。新たな「欲望の政治学は……世に浸透したセクシュアリティの社会的定義が深い現実や真実を映し出すという考えを打ち消す」（*ibid.*, p.176）。この洞察はフーコーの著作に依拠すると彼はいう。

「セクシュアリティ」はフーコーが示唆したように、「身体、器官、肉体的局部化、機能、解剖生理系、感覚と快楽、……」に影響し、それらを思想的に構築・統一する。この各々に独自の内なる統一性や「法則」はない。身体は権力関係が配備される場所である。

［*ibid.*, p.177］

しかしここで「誰の権力のことか」と問うのは野暮とみなされる。この曖昧さは批判を招かないではおかなかった。そこでアンソニー・ギデンスはいう。「フーコーが権力と称するもの――不思議にもそれ自体の意志で物事を行なう『権力』――は、いくつかの根本的な面でジェンダーの権力だった」（Giddens, 1992, p.171）。かたやウィークスの見方では相異なる膨大な起源があるので、「ここから導かれるのは、さまざまなセクシュアリティが生じ、階級、世代、地理、宗教、国籍、民族的・人種的分類に沿って枝分かれするという結論である。存在するのはセクシュアリティ群であって単一のセクシュアリティではない」（Weeks, 1985, p.179）。ウィークスはラディカルな性的多元論の擁護者といってよい。

ウィークスの著作はフェミニストのセクシュアリティ分析が有力な時代に書かれた。「セクシュアリティ群」に目を向け統一的説明を避ける方針で一貫したラディカルな多元論アプローチをとるのは後者の分析に対する挑戦となる。イギリスのフェミニズム社会学者、シーラ・アレンとダイアナ・レオナードは、イギリス社会学会一九九四年会議の発表で、フェミニズム・アプローチの意義が顧みられなくなる後退について考えた。「セクシュアリティ」のテーマは「セクシュアリティ群」へと変えられた。

［これは］より広く、ある種の社会学アプローチを示唆するのかもしれない。すなわち、差異の事実そのものによって、あらゆる一般化可能な理論的言明や政治的実践の不可能性が正当化される、というアプローチを。……そうしたことから、セクシュアリティに関する近年の研究の多くでは、性的実践がなぜかジェンダーから切り離された感、あるいはそれに取って代わった感がある。

［Allen and Leonard, 1996, p.26］

この傾向は「エイズ研究に対する財政支援の影響、ゲイ研究と男性学の影響、およびクイア理論の発達を調べる」と説明がつく（*ibid.*, p.31; また、Jeffreys, 1994も参照）。「セクシュアリティ群」の考え方は、フーコー的な分析において誰の権力が「配備」されているのかという問いを都合よく抑え込むことができる。「セクシュアリティ」は自然なものとされ、黒人または白人の、労働者階級または中産階級の、男性または女性の、異性愛者または同性愛者または両性愛者の、小児欲情者またはサドマゾヒストの、トランスセクシュアルまたはトランスヴェスタイトの「セクシュアリティ群」にもとづく感情や実践へと個別化される。抑圧的な国家装置や経済システムの「権力」、あるいは折に触れ言及される他のさまざまな因子の「権力」は、そうした「セクシュアリティ群」の表出の仕方に「影響」し、それらを統御する。しかしセクシュアリティ群の内部的な類似性やその起源、ましてそれらと男性至上主義の関わり方をめぐる問いは重視されない。

シンボリック相互作用論のアプローチでセクシュアリティに迫るもう一人のイギリス人ゲイ男性の社

会学者も、無意味さの政治学を擁護する。ケン・プラマーが論じるのは「性的物語叙述の文化」である。彼がいうには、「近代後期に大きな物語はもはや存在しえない」ため、「大きな結論」もありえない。あるのは「物語の断片」のみで、「それらを首尾一貫した統一的な語りの構造に収めたいという強い願望」、つまり意味を求める願望は拭い去らなければならない（Plummer, 1996, p.50）。プラマーはシンボリック相互作用論者で、ポスト構造主義の言語と思想を取り入れている。イギリスのフェミニスト社会学者、アレンとレオナードは、シンボリック相互作用論が個々の出来事や「物語」をその社会的背景と関連づけず、反理論的であると批判する。両名によれば、一九六〇年代後期から七〇年代に、「抽象化された理論に逆らって状況に焦点を絞る」ことが流行した。そこでは「直接に観察もしくは経験された個々人の諸関係が、それらを説明ないし理解するための枠組みに収められることはない」（Allen and Leonard, 1996, p.28）。シンボリック相互作用論に代表される、社会の概念なき社会理論の問題は、ポスト構造主義やポストモダニズムの立場をとる著作群に受け継がれたと両名はいう。

　近年のゲイのセクシュアリティ理論が確固たる構築の諸力に光を当てる場合でも、男女間の権力関係は頑《かたく》なに無視される。例えばデビッド・エヴァンスは同性愛男性や他の性的マイノリティの「性的市民権」を同名の著作で理論化しつつ、シンボリック相互作用論の曖昧さを批判する。唯物論的マルクス主義のアプローチに則る彼は、ギャニオンとサイモンの性の台本理論について問う。

> なぜある台本が利用できて他のそれは利用できないのか。特定の台本は誰の利益に資するのか。それらはどのように既存の権力関係を体現し再生産するのか。その効果は普遍的なのか。……利用

できる台本と交渉される解決は、物質的権力と市民的地位の相対性に左右されるのか。これらはシンボリック相互作用論がいまだ答えていない問いの例である。

［Evans, 1993, p.31］

これらはいずれも非常に重要な問いには違いない。が、エヴァンスはいささか純粋すぎるマルクス主義者で、彼の認識はセクシュアリティのそれでさえも、フェミニズムの洞察を取り入れていないことが分かる。彼は「性の言説と台本が生まれる物質的コンテクスト、すなわち資本と階級と国家のそれを明らかにする」必要があると論じる（*ibid.*, p.32）。著作の中で頻繁にフェミニズム理論に触れる理論家が、セクシュアリティは男女間の権力関係から構築されるのかもしれないという点に気づかないでいられるのは驚くべきことだが、現に彼は気づかない。一部の男性理論家たちがセクシュアリティの構築における男性支配の役割をこうも長いあいだ無視し続けていることを思えば、ここから始まるラディカル・フェミニズムの性売買分析が顧みられてこなかったのも驚くにはあたらないかもしれない。甚だしく曖昧な理論や、セックスに「男性」と「女性」が関わっていることの意味を無視する理論に寄り掛かったままで、性売買を理解するのは難しい。

ラディカル・フェミニズム

ラディカル・フェミニストにしてセクシュアリティの理論家であるキャサリン・マッキノンが論じるに、進歩派や左翼を自認する者、特にポストモダニズムの巨匠を仰ぐ者であれば、セクシュアリティが社会構築されているという考えには賛同するであろうが、彼らは何が構築を行なうのか、それは何のためか、という肝心な問いを投げかけない。

　フェミニズムのセクシュアリティ理論はやはり社会構築主義の立場をとる。ゲイ男性の分析、ポストモダニズム、フーコーに依拠する理論家たちの著作、例えばアメリカのサドマゾヒズム擁護者であるゲイル・ルービンのそれ（Rubin, 1993）などを紐解くと、この社会構築主義が先にみたような曖昧さと共存している。しかしラディカル・フェミニズムはどのような諸力が何のためにセクシュアリティを構築しているかについて説明を示す。イギリスのフェミニストでセックスの社会学者であるスティービ・ジャクソンは、社会学と性科学の本質主義的なセクシュアリティ理解に対するフェミニズムからの批判に大きな影響を与えた。彼女はフェミニズムの方向性を持つ社会構築主義の枠組みを発達させるべく、男性権力の体制こそがこの社会学習の方向性を左右することを示した。彼女は「セックス」と「セクシュアリティ」の違いを説明するが、前者は性活動と同一視されるもの、後者は社会学者やフェミニスト理論家の用語で性行動の学習・理解・実践を統べる社会的意味体系を指す。ジャクソンが定義するセクシュアリティは「単なる……性器の活動ではなく、……この社会で一定の性的意味を持つとみなされるであろう態度・価値観・信念・行動の総体」をいう（Jackson, 1978, p.3）。彼女はセックスを自然なものとして扱ってきた理論家たちに批判を向けるが、これは性売買のセックスを自然なものと位置づける今日の理論家たちを批判する良い根拠になる。

　性行動は社会的行動であって、単に一種の生物学的衝動の到達点ではない。異性愛のセクシュアリティは最低でも二人の人物の関係を伴うが、その関係のパターンはより大きな社会文化的コンテクストから生じる。[ibid., p.2]

ジャクソンが説くように、フェミニズム理論家たちは異性愛セックスにはっきりみられる権力関係への問題意識を切り口にセクシュアリティの社会構築を探究し始めた。彼女らは「まず、伝統的な異性愛の行ないに織り込まれた支配と服従の関係を問うた」。人々は「『本当のセックス』が典型的な異性愛行為、ヴァギナを使う性交と定義される社会、そして性活動が能動的主体と受動的客体の観点から考えられる社会」においてセクシュアルになることを学ぶ（Jackson, 1996a, pp.25, 23）。

ラディカル・フェミニズムのアプローチで基本となるのは、二つの不平等な政治的カテゴリーである「男性」と「女性」の成員たちが、支配的な異性愛に関わっているという理解である。ラディカル・フェミニズムの理論、例えばモニック・ウィティッグのそれ（Wittig, 1992）などによれば、「男性」と「女性」は階級に似た政治的カテゴリーをなす。「男性」のカテゴリーは統治階級で、その対立項である「女性」との関係においてのみ存在しうる。「男性」の概念は「女性」なしに意味をなさない。オーストラリアの社会学者ロバート・コンネルは同じ考え方をこう言い表す。「『雄』と『雌』のカテゴリーは社会生活と性の政治学のカテゴリーではない。が、『男性』と『女性』のカテゴリーはそれである」（Connell, 1995, p.137）。異性愛セックスではこの二つの政治的カテゴリーが、潜在的には親密となりうる活動において出会うが、そこには参加者たちの地位カテゴリーを表す当の器官が関わる。多くのフェミニストやフェミニズムを支持する理論家たちが指摘するように、この「セックス」は何にもまして「男性」カテゴリーを構築する活動となりやすい。してみればセクシュアリティは根幹のところで性の政治学によって構築されるとともに、根幹のところで性の政治学を構築するものでもある。

キャサリン・マッキノンが定義するフェミニズムのセクシュアリティ理論とは、セクシュアリティが「男性に定義され女性に強制される男性権力の社会構築物であり、同時にジェンダーの意味を構築するもの」であると捉える理論を指す（MacKinnon, 1989, p.128）。彼女は社会主義フェミニズムを含む社会主義の思想が、女性抑圧を説明する理論を持てなかったことに批判を向け、代わりにセクシュアリティを男性至上主義の編制原理とする見方を提唱する。いわく、「フェミニズムにとってのセクシュアリティはマルクス主義にとっての労働に等しい――何より己に属するものでありながら、何より奪われているものである」（*ibid.*, p.3）。セクシュアリティはジェンダーを生み、政治的カテゴリーの「女性」と「男性」をつくり出す。

> セクシュアリティの成形・誘導・表現は、社会を二つの性別、女性と男性に編制する。この分割は社会関係全体の基底をなす。セクシュアリティはジェンダーの社会関係を創出・編制・表現・誘導する社会過程であり、互いとの関係によって社会を形づくる女性・男性という名の社会的存在をつくり出す。［*ibid.*］

マッキノンがみるに、セックス「すなわち支配と服従のセクシュアリティ」は、女性が男性に従属させられる過程の「重要因子、根本因子、あるレベルでは決定因子」である。男性至上主義はセクシュアル化される点で他の抑圧形態から区別される。つまり、それは官能的に興奮するものとして経験され、同時にセクシュアリティを介しさまざまな形で男女間の不平等関係を編制する。マッキノンが説明するように、「男性支配は性的である。つまり、男性だけとはいわずとも特に男性は序列をセクシュアル化する。ジェンダーはその一つである」。結果、「男性の性的役割は……力の劣る者に対する攻撃的侵襲を基軸とする」(*ibid.*, pp.128, 127)。マッキノンによれば、男らしさと女らしさのジェンダー、男性の支配と女性の従属は、序列をエロス化する欲望、すなわち男性至上主義の欲望による働きを通して構築される。

セクシュアリティはジェンダーを形づくる力である。客体化をエロス化する男性至上主義の欲望は、その満足に必要な不平等を再形成する。マッキノンのアプローチは、この「人格を物件に、人間未満の存在に落とし込む」セクシュアリティが、一般に「性的差異」と穏やかに称されるところの「性別に沿った不平等の力学」であることを「明るみに出す」。セクシュアリティと呼ばれるものは「統制の力学であり、これによって男性支配は……男性と女性、ジェンダー・アイデンティティ、そして性的快楽をエロス化し、ひいては定義する」(*ibid.*, pp.127, 137)。セクシュアリティが社会構築されるだけでなく、男性至上主義の政治システムを構築すると捉えるこの種のラディカル・フェミニズム分析は、性売買のセックスをいかなる意味でも自然もしくは不可避とはみなさない。

機会平等フェミニズム

フェミニズムの議論は一九八〇年代に大きく方向性を変えた。マッキノンのようなラディカル・フェミニストの理論家たちは、「セクシュアリティ」と理解されるものを男性のセクシュアリティと見定め、それが男性至上主義の維持において根本的な役割を担うと考えたが、性的リバタリアンのフェミニストたちは全く違うアプローチをとった。彼女らは「セクシュアリティ」の問題を機会平等の問題と捉えた（McLintock, 1992; Califia, 1994）。ラディカル・フェミニストの理論家たちは、強制的とされる性衝動の性質やセクシュアリティがとるとされる形態——客体化を伴うサドマゾ的で強迫的なそれ——が男性至上主義の構築に由来するとみたが、「性的リバタリアン」のフェミニストたちはその「セクシュアリティ」を自然なもの、かつ単なるセックスとして受け入れた。女性たちの課題はそれに到達することだとされた。女性たちは抑え込まれ、男性に許された興奮から不当にも締め出されてきたからである。女性は性的利益に浴する平等な権利を持たなければならない——。しかしあいにく、その性的利益は一般に女性身体の搾取を必要条件としてきた。女性たちの性の自由は男性のそれと同様、ポルノグラフィや性売買で女性を利用する権利にもとづいていた。性的リバタリアンは男性に与えられた性的特権の享受を求めるが、当の特権が男性たちの統治階級の地位から構築されること、女性という従属階級なしには存在しないことを顧みない。

業界内の残念なジェンダーの偏り以外に性売買の問題はない、と論じる今日の性売買擁護者たちは、この機会平等アプローチを援用する（Sullivan, 1994, 1995）。これはフェミニストたちによるポルノグラフィへの抗議を受けて発展してきた。一部のポルノ肯定派フェミニストは、女性たちの「性の自由」における肝心な一面として、女性たちを性的「主体」の地位へと高めることをめざした。客体のアイデンティティと経験は慎重に迂回された。アンドレア・ドウォーキンとキャサリン・マッキノンの反ポルノグラフィ条例に反対する意図から立ち上げられたフェミニスト反検閲作業部会の代表的活動家、キャロル・ヴァンスは説明する。「フェミニズムは女性たちが性的主体、性的行為者、性的行為主体であると主張しなければならない」(Vance, 1984, p.24)。

もう一人のポルノ肯定派フェミニスト、リンダ・ウィリアムズも、やはり主体性という言葉を用いる(Williams, 1989)。彼女によれば、ハードコア・ポルノは革命的になりうる。それは女性たちを性的主体としてエンパワメントしうる。「フェミニストたちは『他者』の倒錯したセクシュアリティが性的行為主体としての女性たちのエンパワメントにおける鍵になりうると気づき始めている」(Williams, 1992, p.234)。ハードコア・ポルノは「性的倒錯」が表舞台に出ることを許す。「『倒錯した他者』の性的ファンタジーは『権威ある主体性』かつ『性的行為主体』としての地位を占めることができる」(*ibid.*; 傍点は引用者)。女性たちが「権威ある主体性」の座を占めるなら、その優越的地位の占拠を可能ならしめるために権威なき客体が存在しなくてはならない。その客体が異性愛男性であるとは考えにくい。ポルノグラフィの客体は女性であり、一部の女性の客体化こそが他の者の主体性獲得を可能とする。キャスリン・レイヒーはこのような「フェミニストの」性的リベラリズムが育ったことを鋭く批判する。

> もしも経済的・性的搾取に従事する能力がリベラルなブルジョア革命の鍵だというのなら、女性はもはや封建主義から立ち現れるとしか言いようがない。……女性たちはいまや、姉妹に対しマルキ・ド・サドとして振る舞うことができ、現にそう振る舞う。
>
> [Lahey, 1990, p.200]

性的リベラルの女性たちに言わせれば、彼女らはさらなる「客体選択」権を求めて性的保守主義に挑む勇敢な反逆者であるらしい。その反逆精神は今日、「境界侵犯」という語でまかり通っている。このセクシュアリティの哲学は性売買を擁護・維持する目的に見事なほど適っている。男たちは自身らの利益に資するよう設計した制度内で女性たちを虐待するが、一部のフェミニストが同じく性的主体として性的客体の上に君臨する権利を求めている状況では、それに反対するのも一層困難を極める。

ラディカル・フェミニストの理論家、スザンヌ・カッペラーがみるに、「フェミニストの」性的リベラリズムは女性たちが男性の性的リベラリズムの伝統に加わろうとする試みにすぎない。性的リベラリズムの歩みは男権的自由をめざす男たちの野望を映し出すもので、その自由は女性の従属化を前提とする。カッペラーによれば、《リベラル》という言葉は元来、「リベラル教育」のように「紳士に適した」ものという概念に根ざす。男性の性的リベラリズムは父権的国家からの性の自由を求めるが、それは「実のところ、他者を自分と同じ一個の主体と認めることなく、引き続き単なる性的客体とみなし、個人の性的快楽の媒体とみなす許可証でしかない」(Kappeler, 1990, p.178)。性の自由を求める男性たちのセクシュアリティは、他者を客体に変えることで己の主体性を形にする主体のセクシュアリティである。カッペラーは権威らの著作を参照しつつ、男性の哲学者や心理学者が理解する欲望はいつでも他者の客体的地位の上に位置する主体性への欲望であったことを示す。「他者」は常に「女らしい存在」とみられた。「エロス関係に求められるのは、したがって単なる『中立的』な主体と他者に付されるる差異ではなく、男らしい主体と、本質からして他者性そのものである相手にほかならない」(Kappeler, 1995, p.146)。

カッペラーいわく、通常客体の地位をあてがわれる者たち、つまり社会的に従属させられた集団は、徐々に服従の鎖を解いてみずからの地位に不満を抱くものの、男性的なセクシュアリティの思想体系ではなお、主体／客体の主旋律が全てとなる。

黒人が奴隷制から、女性が男性の管理者から、諸民族が植民地支配から法的・制度的に解放される中、性的同意——つまり他者の同意——の問いはますます抑え込まれる傾向にあるが、他者の解放は概念的に、いまだ奴隷主や女性管理者や植民地の帝国主義者らが形づくった西洋思想のイデオロギー構造に打撃を与えてはいない。 [Kappeler, 1990, p.178]

性的リベラルの考え方では、セクシュアリティは「個人に関わるものとして構築」され、「性関係や性の政治学」としては理解されない（*ibid.*, p.179）。結果、今日の性的リバタリアンの理論は、個人が可能なかぎり多様な「客体選択肢」を持つことが重要であるとの前提を置く。ゆえに性的リベラリズムに則るゲイの「紳士」は、階級やジェンダーの抑圧を気にせず、それに気づきもしない。

強制的な異性愛への（男性からの）反抗と称するものは、その実、性的主体・個人・紳士の選択肢を増やせという要求、より広範囲の欲望される客体から選択させろという要求である——女性客体だけでなく、男性客体、小児客体をも含めて。 [*ibid.*]

これが行き着くのは「紳士」らによる性的消費主義の礼讃であり、女性や小児もそこに加わるよう促される。性的リベラリズムを唱道し、こうした選択の重要性を力説する男性の一人がジェフリー・ウィークスである。「性的欲望、人生の可能性、そして関係には複数性がある。ラディカルな性の政治学はその中から選択できる自由を認める」(Weeks, 1985, p.210)。手垢の付いた紳士風の性的消費主義は、ここにおいて「ラディカル」なセクシュアリティの政治学へと姿を変えている。

しかしカッペラーが指摘するように、このセクシュアリティは消費者の満足のために、消費される客体の存在ないし創出をよりどころとする。

この客体選択を中心に厳格に構造化された快楽――そこにおいて選ばれる客体は貶められた主体であるが――は、全ての者が主体かつ消費者となることができ、誰も客体として選択され消費されることのない平等者たちの民主主義のもとでは存在しえない。

[Kappeler, 1990, p.180]

フェミニストたちの洞察を葬り、紳士たちの特権に対するこの脅威から彼らを守ろうとする試みの最前線にいるのが性的リベラルだとカッペラーはいう(*ibid.*, p.182)。

かくして性売買に対するフェミニストの見方は分かれた。かつて、一九世紀には、フェミニストたちは性売買での女性虐待に関し男たちを糾弾する姿勢で一丸となっていたが、二〇世紀末には性売買を女性に対する暴力とみる立場とともに、性売買を正当化してその存続を促すかに思えるフェミニストの立場も現れた。性的リベラリズムと繋がったセクシュアリティの理論構築では、客体化された人々の惨状を分析し、性売買で行なわれること——セックス——の厳しい現実を批判的に観察するといった努力があまりにおろそかにされている。

　次章では性売買のセックスを詳しく分析したい。

第8章 「セックス」としての性売買

感情を消し、自分を侮蔑する者に蹂躙されるあいだ心理的に別のところへ行っている人物……。

[Summers, 1988, p.118]

性売買のセックスを批判的に検証することは重要な意味を持つ。性売買のセックスは単なる「セックス」だという、性売買当事者の権利活動家や性売買肯定論者が唱える考え方は、女性たちにとって不穏な帰結を伴う。性を買われる女性たち自身が、生き残るための解離について語り、性売買で自分の体に行なわれることから自己を切り離そうと努めている最中にオルガスムの肉体感覚を経験する恐怖について語っている。彼女たちに行なわれていることを単なる「セックス」と認めるのは、まさに男性至上主義のセックスを普通と位置づけることに等しい。それは客体化と支配を行なう男性の性行為であり、女性の身体はその願望や人格と無関係の単なる客体として利用される。これこそ、フェミニストの活動家や理論家が一五〇年にわたって体系的に批判してきた性行為である。著書『セクシュアリティの性売買』で、キャスリン・バリーは性売買のセックスをこう記述する。「セックスが客体化され、人間存在がそれを獲得するための媒体へと落とし込まれる時、性支配は身体に忍び込んでそこに繋ぎとめられる。

これが性売買の基盤であり、セクシュアリティの性売買におけるその普通化の基盤である」(Barry, 1995, p.26)。女性身体の内部に抑圧が持ち込まれるこのようなセックスの構築は女性たちの自由と調和しない。本章では、具体的に性売買の「セックス」で何が生じるか、それがくだんの「セックス」を行なわれる女性たちにとって何を意味するか、買虐者たちにとって何を意味するか、さらに平等と尊重のセクシュアリティをつくり出そうと努めるフェミニストや女性たち一般の闘いにとって何を意味するかを考えたい。

性売買と男性のセクシュアリティ

性売買肯定イデオロギーを支える基本的想定に、買虐者たちはただ自然に湧き上がるものを行為にしているだけであり、生物学的につくられた否応なしの衝動を、買われる女性たちの身体で行動に移しているにすぎない、という見方がある。性売買の説明に努める性科学者らは女性たちに注目してきたが、それは女性たちこそが異常な行動をとっているとみなされたからだった。性売買を扱う社会学者は女性たちの行動を逸脱的とみて分析するのみで、男性たちのそれは分析しなかった。フェミニストの性売買研究ですら買虐者たちを看過してきたが、その一因はそうした男たちと接するのが難しかったことにある。性売買のセックスが明らかに男性のセクシュアリティであることを思うと、これは特に驚くべき事態というほかない。性を買われる女性は性売買の受け皿以上であることを要求されない――買虐者たちはしばしば自分が利用する女性たちに性的反応の真似をさせたがるが。性売買は男性のセクシュアリティを理解することでのみ説明できる。フェミニズムの理解に則り、セクシュアリティは男性支配によって構築され、かつ男性支配を構築するものだと捉えれば、性売買で女性を利用する男たちが単に「自然な」性衝動を行動に移しているだけだとみることは難しくなる。事実これから論じるように、男性による性売買での女性利用は男性至上主義のセックスの基本形となる。

ジョン・ギャノンとウィリアム・サイモンのような、セックスの社会学を専門とする男性たちは、交接の行為すら社会学習を要すると論じる（Gagnon and Simon 1974）。よって買虐者たちの行動も複雑な学習過程を要すると考えるほうが理に適っている。買虐者たちは、自分の抱える性衝動がはけ口を求めていると実感する必要がある。自分は女性たちを性売買で「はけ口」にでき、その利用は許されることなのだと学習する必要がある。相手の「願望」も快楽も人格すらも関係なく、その体表と体内に衝動を吐き出せる客体として、他の人間を利用することを覚える必要がある。そうした女性利用は楽しいことだと知る必要がある。そして、性を買われる女性たちの身体にありつく方法と、その行ないに伴う慣習を知る必要がある。性売買での女性利用を求めるその「欲望」は、このように、自然なものではなく政治的な構築物である。性科学や社会学の文献は一般にこの考え方をせず、性売買で女性を利用する男性たち側の生物学的欲求と生得的実践知を想定しているように窺われる。

買虐者たちの動機に関する文献は、性を買われる女性たちのそれに比べ、極めて少ない。それは男たちの動機が自明視され、女性たちだけが不自然に振る舞っているとみなされることによる。既存の文献で最も一般化している説明では、男性の性衝動が強制的な性質を持つこと、そのはけ口を求めて女性に金を支払い身体を利用するのは自然であることが明確に想定されている。ハヴロック・エリスは著書『社会との関係におけるセックス』（一九四六年）で丸一章を性売買に割く。が、性科学の伝統にしたがい、彼の関心はほぼ女性が性を売る理由のみに向けられ、買虐者たちにはほとんど向けられない。エリスの説明によると、性売買が必要になるのは今日の女性たちが婚姻関係の外で貞操を求められること、および晩婚化によって独身男性がはけ口を得られないでいることに起因するという。ここから分かるように、彼は性売買での女性利用を求める男たちの衝動を単純に自然かつ強制的なものと捉えた。男性にはセックスが必要で、はけ口にできる女性がいなければ彼らは性を買われる女性たちを利用する。既婚の買虐者たちについては、理論的には既にはけ口を所有しているので、特別の説明が要された。彼らがはけ口を利用できないのは、妻に拒まれるから、変化を求めるから、あるいは妻に拒まれる行為や妻にできないと思われる行為をしたがる「性倒錯」があるからとされた（Ellis, 1946, pp.184-6）。

性科学者のハリー・ベンジャミンとR・E・L・マスターズは性的欲求不満に関係する一連の説明を示す。つまりこの両名もまた、はけ口が必要な性衝動の存在を信じている。買虐者たちは変化を欲する。内気もしくは不安症かもしれず、障害を抱えているか高齢すぎるかもしれない。逸脱した衝動を抱えており、それを抑え込むと社会にとって危険かもしれない。インポテンツかもしれず、妊娠させることや感情移入することを避けたいのかもしれない。求愛に使う時間や金はない。性を買うほうが単純で安全で安上がりと思うこともあるだろう。身体機能を失っていることもあれば兵士ということもありうる（Benjamin and Masters, 1965, p.194）。ベンジャミンとマスターズは買虐者たちが性心理的に不健全だと示唆するヴィルヘルム・ライヒなどの精神分析理論を受け付けない。両名は八割の男性が性を買われる女性たちを利用していると述べ、文面から察するかぎり本人らも性売買店に入り浸っていたようなので、買虐者たちが普通ではないという考えは気に入らなかったらしい。

より近年のフェミニストを自認する一部の研究者たちも、男性の性欲を妥当かつ自然と想定するアプローチを捨てない。バーミンガムの性売買に関するアイリーン・マクレオドの著作は、男たちには「欲求」を満足させる権利があるという考えに一定の共感を示しており、当の「欲求」が構築物かもしれないという点や、なぜ女性たちには見たところそれがないのかという点には目を向けない。彼女はいう。

性売買は男性たちが画一的な支配経験を堪能する例とはいえない。それは男性たちの感情的・性的経験が無効化されうる事実を顧みない雑な見方ということになるだろう。男性客が生まれる背景には主として男性の感情的・性的欲求を満たす婚姻や同棲や伝統的な性別役割の失敗がある。性売買当事者との出会いは幾分、緩和剤あるいは回復源として機能する……。 [McLeod, 1982, p.2]

これらのアプローチはいずれも、男性による性売買での女性利用を単なる「セックス」と捉え、それらの男たちが種々の理由で通常の性的「はけ口」を使えないと感じることが当の行ないの背景にあると考える。見知らぬ女性を見つけて金を支払い、マスターベーション用の客体として使うのは妥当な発想だという考えが、買虐者たちの中でどのように構築されるのかは、いずれのアプローチも問わない。それの何が楽しいのかも。客体化を行なって興奮を得る政治的に構築された男性の欲望が存在することは、性売買が機能する必要条件となる。

しかしながらキャサリン・マッキノンが説くように、欲望の概念を問い、それが政治的に構築されていると示唆する試みは、一般にセクシュアリティの理論家にも好まれない。マッキノンは男性至上主義的な欲望が、エロス化された序列の興奮になると分析する。

男性の性的興奮の必須要素と思えるもの、ペニスが機能するためになくてはならないものを列挙し分析する試みは、市場調査をするポルノ制作者よろしく、いささか冒瀆的と映る。……性的なものはセックスそのもの以外の何か——政治学のようなもの——と繋がっているかもしれないと論じる試みは、フェミニストによってもほとんど行なわれておらず、萎《な》える話として扱われる。セクシュアリティはあたかもコウノトリが運んでくるかのようである。

[MacKinnon, 1989, p.130]

男性至上主義社会で性的と理解されるものは「男を勃起させる」あらゆるものである。ひいては「序列、すなわち人格／物件、上位／下位、支配／服従関係の絶え間ない創造がそれを助ける」(*ibid.*, p.137)。この観点からすると、性売買は「自然」なセックスを代表するどころか、エロス化された序列と客体化の興奮を男たちが味わうための効率的な方法となる。

フェミニストの精神分析医、エセル・スペクター・パーソンは、同様の考えに則り、男性の強い性衝動や統御できない衝動といわれる現象を説明する。「セクシュアリティの力は臨床医を圧倒するが、そうまで男性のセクシュアリティを燃え立たせるものは何なのだろうか」と彼女は問い、それは生物学的本能の結果ではなく「セクシュアリティがジェンダーを強化し、かつ承認する興味深い現象」の結果だと説明する。パーソンは精神分析に影響された男性学理論家の多くと同じく、男らしさは「脆弱」で、ゆえに性行動の実演を通して絶えず強化される必要があると考える。その行動化は男性たちが自身の男性支配を再確認する最も簡単な方法だからである。「第一に、セクシュアリティは支配を表す。男たちによる広汎なレイプ、統制、逸脱的ファンタジーを見てみればよい。そのように、男権を脅かすものに関する不安は性交渉によって和らげることができる」。男性が性行動の実演を必要と感じるもう一つの理由は、「依存」を体験するためにセックスを要するという点にある。男性にとって、「依存欲求は性的欲求を装うことがある」(Person, 1980, p.57)。

ジョン・ストルテンバーグはニューヨークの「ポルノグラフィに反対する男性会」を創設したメンバーの一人かつ男性セクシュアリティの理論家で、この客体化概念を発展させ、それがどのように働いて男らしさを支えるのかを説明した。彼のいう「男性的セックス」は客体化を土台に構築されるとストルテンバーグはいう。

> 男性的セックスは社会的に構築される。それは政治的存在であり、強制力と性的テロリズムの行為を通してのみ活力を得る。「非男性」と定義された人々を貶める世界的な劣等化と従属化がなければ、男性という性階級に個人として属していることは、それと分かる意味を持たないだろう。
>
> [Stoltenberg, 1990, p.38]

この分析によれば、性行動の実演は男性たちがこの男性という性階級への帰属を自認する主たるすべとなる。キャサリン・マッキノンと同じく、ストルテンバーグはセクシュアリティがジェンダーをつくるのであって逆ではないと考える。「要するに、セクシュアリティはジェンダーを持っているのではなく、ジェンダーをつくり出すのである」(*ibid.*, p.40)。男性であることを感じたいという欲求は交接を通して叶えられる。

例えば多くの者にとって、ファックの行為は他の時にもまして自身の性的アイデンティティをリアルに感じさせる。そして彼らは経験上、その強い現実感がファックのたびごとに少なくともしばらく持続することを予想できる。

[*ibid.*, p.39]

男性の「ファック」したいという感覚、伝説的に語られる男性の性衝動は、生物学の観点からではなく、むしろ男性支配を改めて主張する必要性の観点から説明できる。「男性の性的アイデンティティの概念そのものが興奮を生み、興奮の意味を生み、自分の体の感じ方の意味をなす。……衝動は体のつくりに由来しない。興奮は概念から生まれる」。この支配の再主張は、「ファック」の土台である客体化の過程から始まる。「男性が行なう性的客体化は全て、男性至上主義文化の中でどのように男性を自認し実感するかという共通の課題に起源を持つ」(*ibid.*, pp.38, 58)。

この男性支配の実現過程を通し、「ファック」される人物は実の人格ではないものにされる。

性的客体化は人を不在かのように、つまり当の人物が物理的にいるかいないかによらず、対等にリアルな自己を持つ者として「その場」にいないかのように変える。こうして、性的客体化を行なう者は自身とその客体化した人物とのあいだに距離を差し挟む。それはみずからをリアルと感じる

者と、その者がリアルでないと感じる別の者を分かつ溝である。［*ibid.*, p.54］

性売買で女性を利用する行為は最も純然たる客体化の形態とみることができる。金を支払われた見知らぬ身体は、この観点からすると、要求を遮《さえぎ》るなり口を差し挟むなりして自分が生身の人格であることを利用者に思い出させる顔見知りの女性よりも、効果的に喜びを与えられる見込みが大きい。この男性的慣習は女性たちに性暴力の危険を突きつける。「あらゆる性的客体化の行為は非人間化の延長線上で起こり、その最果てに男性の性暴力がある」（*ibid.*, p.59）。

女性からみた「セックス」としての性売買

性売買は男性にとって「単なるセックス」でありうるかもしれないが、女性にとってもそうだと考えるのは難しい。買虐者たちは何といっても、オルガスムに達して「性的快楽」を味わう――それが快楽とされるものの特殊な政治的構築物であっても。性売買の研究が記録してきた性を買われる女性たち自身の膨大な証言では、彼女らがセックスのためにその仕事をしている、あるいはセックスを楽しんでいるという考えが率直に否定されている（McLeod, 1982; Hoigard and Finstad, 1992）。この性的快楽がないという点は、性を買われる女性たちが自分を無感覚にする技や解離する技を用いるという報告が多数あることに裏付けられており、ホイガルドとフィンスタッドによれば、それらの技は彼女たちの自己感覚を守るために使われる。ところが性売買当事者の権利運動で大きな特徴をなすところの一部支持者らによる議論によれば、性売買のセックスは当事者女性にとって楽しめるものであり、それが仕事の役得であり、さらにはそのセックスを通して性を買われる女性たちはフェミニストたちの憧れる性的自律という目標のモデルを示せるのだという。

一部の性売買推進ロビイストは、性売買のセックスが女性たちにとって性の解放になると豪語する。アンソロジー『セックス・ワーク』の共著者であるプリシラ・アレキサンダーは、アメリカ初の性売買当事者の権利団体COYOTEを立ち上げたマーゴ・セントジェームズの秘書だった。自分は性売買に携わった経験はないと言いながら、彼女はそれにもかかわらず、性売買当事者は単に「セックス」をしているだけであり、性を売る女性の権利は万人の性の権利の中核を占めると考える。女性たちが性売買当事者になる動機の一つは「セックスを楽しみ、仕事としてセックスを楽しむことに後ろめたさを感じない」からなのだという（Alexander, 1988a, p.15）。別の性売買肯定アンソロジーで、オランダのテリー・ファン・デル・ザイデンは、性売買が女性たちに思い煩《わずら》いなくセックスを楽しむ機会を与えると論じる（Pheterson, 1989, p. 161）。彼女いわく、「性売買の枠内でセクシュアリティの実験をすれば、私たちは性的自己決定だけでなく、他のあらゆる女性存在の領域における自己決定へとたどり着く可能性を手にできる」（*ibid.*）。性売買の世界で生計を立てる女性が、生きていくために男の望むことをしなければならない状況で、どうすれば性売買を一種のエデンの園のごとく捉え、自分が性的に好むであろうことを「実験」できるのかは想像すらしがたい。が、ファン・デル・ザイデンは金のために男の性的欲望に奉仕するという状況が女性解放のモデルにほかならないと自分に言い聞かせた。いささか限定的な女性解放の理解だといえる。

こうした誇大感情が溢れるアンソロジーの中でも、性売買を経験した他の女性たちによる証言はこの見方を支持しない。あるエロティックダンサーは語る。「誰も――私も他の女性も――よそで会えば相手にしない男たちになでられ、小突かれ、つつかれ、挿《い》れられることを楽しむわけがない」(Morgan, 1988, p.25)。フランスで性を買われていたある女性は、性売買が性の解放に関係しているという議論を断固しりぞける。

それから、性売買当事者が――性売買当事者ゆえに――「解放」されているなどと考えないように。事実は反対だ。性売買と性の解放は互いに何の関係もなく、まさに正反対の位置にある。放蕩《ほうとう》という非難は、これを快楽のためにする女性がいるという思い込みにもとづくが、全くもってバカげている。

[Jaget, 1980, p. 112]

彼女は、自分の体について「自由」を感じないと述べる。それどころか「体が忌まわしい」「自分を意識しすぎる」と感じることから、こう述べる。「自分の体が生きていると実感できず、むしろこれは傷つけられたもの、重荷だと思ってしまう」(*ibid.*)。

性売買の最中に性的反応が生じることもあるが、性を買われる女性たちは普通、それを「快楽」とは捉えない。ジュディ・エーデルスタインは、マッサージパーラーでオーラルセックスをさせられていた時、買虐者とオルガスムに達したことの苦痛について書きつづっている。

行為ののち、私は音楽の切れた空《から》のマッサージ室の一つに腰を掛け、震えるような気分に襲われていた。自分があの下衆野郎とオルガスムに達したのが信じられない。そいつを忘れて、いま一緒にいる女性のローラと愛し合うことを考えようとする。けれども目の前に浮かぶのは客の典型的アメリカ人の顔だけだった。

[Edelstein, 1988, p. 63]

オルガスムは強い感情的苦痛を伴う状況でも刺激によって引き起こされうる生理反応であり、どうあろうと決してうれしいことや望ましいことにはなりえない。私はこれまでにも、忌々しい性的反応を記述する言葉、それどころか認知する言葉すらない状況が西洋文化にもたらす問題について論じてきた(Jeffreys, 1990)。この問題は金を支払われない女性たちに対する他の性虐待にも関わる。小児性虐待やレイプのサバイバーたちは、時にオルガスムを経験し、自分の体に裏切られて虐待の共犯者になったかのような経験に特殊な苦痛を感じることがある。オルガスムを経験すると、性を買われる女性たちは自分を作業から切り離すことが難しくなる。一部の女性たちは、性売買で利用されることで、性の解放へ向かうどころか、性的感覚を完全に失ってしまう。ケイト・ミレットの『性売買記録集』で証言する女性の一人は、「生殖器を失ったような」感覚について語っている(Millett, 1975, p.27)。

性を買われてきた他の女性たちは、性売買以外でのセックス経験に悪影響がおよぶこと、ダメージは性売買を去っても長年にわたり消えないことを証言する。トビー・サマーは性売買での性虐待を通して受けたダメージについて振り返る。

考えてほしい――私はセクシュアリティが何を意味するかを、愛する女性との交流によって知るよりも前に、買虐者たちや女衒《ぜげん》から教えられた。この教えは消せない。体が全てを覚えている。セックスがどうなされ、やり過ごされるかだけでなく、どう感じられるかまでが、体によって――物理的にこの体内に――学習されたかのようである。

［Summer, 1993, p.232］

性売買を通してセクシュアリティを表出するどころか、このレズビアン女性は性売買で学んだセクシュアリティを後年になっても表出していたことを語っている。性売買を抜けたその後の関係においても、彼女はみずからの性的反応が、観察者には必ずしも明瞭でないにせよ、過去の経験によって極めて深刻な影響を受けていると実感した。

私はオルガスムがどう感じられるか、セクシュアリティ自体がどう感じられるかを問題にしている。大勢の真に愛するパートナーたちと交わって無数のオルガスムに達したところで、虐待は「治癒」しなかった。それは実のところ学習された性的力学を強めたかもしれなかった。事実、それによってこの力学と、私たちが享受し合ったあらゆる配慮や尊重は混ぜ合わされることになった。

［*ibid.*, p.234］

彼女によれば、性を買われる女性たちが感情的生残《せいざん》のために日々用いる無感覚化や解離の手法は、虐待的ではない状況での性的反応に問題をもたらしうる（第9章を参照）。無感覚化は容易に拭《ぬぐ》えず、「女性を虐待に、とりわけ性売買やサドマゾヒズムに耐えようという時のモードへと変える」（*ibid.*, p.233）。

性を買われる女性たちの多くが、無感覚化は生残のために不可欠だと語っていることは、新しい性売買当事者の権利活動家たちが唱える、性売買は性的自己決定と性の解放の一形態だという主張と著しい対照をなす。無感覚化と性的自己決定は両立しない。買虐者たちや、その利益を代弁する男らの弁解的文献は、女性たちが金と引き換えに男たちに奉仕することで性的快楽を得ているとばかり主張してきた。例えばハヴロック・エリスは、性を買われる女性たちの多くが「みだらな性的気質」を持ち、「著しい肉欲を示す」と論じる（Ellis, 1946, p.173）。この議論が今日、性売買の世界に身を置く一部の女性たちによっても用いられていることは注目に値するが、性売買当事者たちの著作物を紐解けば、この男性的議論がまやかしであることを示す証拠は豊富に見つかる。

スティグマ

性売買の擁護者たちは、性売買当事者の権利ロビイストも研究者も、性売買が改良できると論じる。彼女ら彼らによれば、性売買が現在の社会でこれほど危険かつ侮蔑される活動となっているのはスティグマのせいだという。このスティグマは一九世紀から持ち越された不合理で古風な偏見にもとづくと説明される。いわく、スティグマを取り除けば性を買われる女性たちの状況と地位はたちまちのうちに良くなる。スティグマと闘うには、性売買が選択かつ仕事だという見方を広め、性売買が不道徳もしくは女性たちにとって抑圧的だという古い文化的神話を衰え廃れさせなければならない。

性売買当事者の権利活動家はこの議論をリベラルな文脈で用いる。プリシラ・アレキサンダーはいう。「性売買にまつわる問題の大半は、禁止政策ならびにセックスやとりわけセックスワークに関するスティグマに直接の原因がある」（Alexander, 1988b, p.17）。彼女の考えでは、どんな社会改革を実行しようと性売買は決してなくならないが、スティグマはなくせる。ニューヨーク出身の性売買当事者のパフォーマンス・アーティストかつ権利活動家であるヴェロニカ・ヴェラは、良い「サービス」（彼女は性売買が本来それだと信じる）と社会的偏見の効果をはっきり区別する。

> セックスワークは……素晴らしいサービスだが、あらゆる負の要素に彩られている。「悪い」側面はこれに付与された負の要素にある——顧客の性的罪悪感から、路上の女性たちを悩ませる悪法と警察まで。
> [Bell, 1994, p.110]

性売買当事者の権利を代弁する他の女性たちは、この偏見を「娼婦スティグマ」と称する（Pheterson, 1996）。

こうした認識は、男性による性売買での女性利用がそれ自体で虐待だという見方を変えないフェミニストたちにとって問題となる。この見方を示すフェミニストたちはスティグマの醸成に寄与しており、ゆえに性を買われる女性たちが直面する虐待の緩和をさまたげているとみなされかねない。例えばオーストラリアの政治学者バーバラ・サリバンは、性売買の仕事に付きまとう暴力が偏見の結果でしかないと考える。彼女によれば、フェミニストたちは「文化的な意味を覆し、性売買当事者を反抗者かつエンパワーされた女性だと捉える言説を周縁から主流へと移す」ことに力を注がなければならない。フェミニストは性を買われる女性たちの生活を危険に曝す勢力の一派になってしまった。性売買が「問題なのは、セックスワークが身体の従属を伴うという偶然的・文化的な思い込みのせい」であり、したがってフェミニストによるセックスワークの糾弾は偏見を強めることにしかならない（Sullivan, 1992, p.264）。

フェミニストの観点からすると、性売買のセックスを健全で穏当、あるいは単なるセックスとみられないのは、ひとえに不合理な社会的偏見のせいともいえない。オーストラリアで性売買当事者の暴力経験を調べたスザンヌ・ハッティは、性売買に関係する暴力と死が違法的な地位とスティグマに起因するという説をしりぞける（Hatty, 1992, p.73）。彼女の見方では、「ハラスメント、虐待、暴力」は単に一時的なスティグマの結果ではなく、性売買に「組み込まれたもの」である。トビー・サマーは性売買にまつわる不正が「スティグマ」だけであるという考えに、怒りを込めて反論する。彼女がみるに、「スティグマ」の議論は女性たちが性売買で被る害を隠蔽する。

> 「スティグマ」こそが不正なのだという捉え方は現実の歪曲であり、性売買で女性たちの身におよぶ現実の被害の認知から焦点をずらす。……被害の直視をやめ、被害認知から生じる感情的反応の批判へと向かえば、本質でない問題に狙いを定める結果となる。
> [Summer, 1993, p.238]

スティグマが問題だという議論は理想主義的でもある。そこでは権力関係や女性抑圧の政治問題が、問題含みの古い文化的態度の一つということにされる。フェミニズム的アプローチは、性売買のセックスが男性至上主義のセックスにおける最も抑圧的な相を体現しており、この問題はスティグマよりもさらに根が深いと考える。

性を買われていたニューヨーク出身のある女性は、あらゆる「セックス」が違うものになる未来を思い描きつつ、性売買のセックスを見事に説明する。いわく、「一人の人物が感情を消し、精神的に別のところへ行っているあいだに、彼女を見下す他の者が彼女と交合する」(Summers, 1988, p.118)。これこそ「この文化におけるセックス」がまとう形態だと彼女は指摘する。彼女は性売買のセックスを「自然」なものとは考えない。そしてどうすればこの「セックス」からスティグマを合理的に取り除けるのかはみえてこない。他方、性を買われる女性を利用する買虐者の振る舞いに付与されたスティグマは妥当なものと考えられる。「娼婦スティグマ」の問題は、加害者に向けてしかるべき侮蔑が性を買われる女性たちに浴びせられることにある。性を買われる女性たちを貶める伝統は非難の矛先が違うのである。

性交

性売買からスティグマが取り除かれれば、それに伴う活動は奇跡のごとく「単なるセックス」になる、という考えは現実離れしている。男性至上主義文化のもとでは性行為が政治的地位を承認し形成する。そこにおいて「単なるセックス」などというものはありえない。性を買われる女性たちに対し、男たちが最も一般的に行なうことは、ヴァギナにペニスを挿入する性交である。この行為に「自然」な要素はない。ラディカル・フェミニズムの基本書であるケイト・ミレットの『性の政治学』が出発点としたのは、男女の権力関係は男性たちによる性交の解釈・記述・実践から読み解くことができる、という理解だった。ミレットはいう。

交接は何もないところで起こるとは到底いえない。それ自体では生物学的・肉体的活動にみえるが、交接はより大きな人間生活の文脈に深く位置付けられており、文化が承認するさまざまな態度や価値観を負わされた小宇宙として機能する。他の諸々と並んで、それは個人的・政治的な次元における性の政治学のモデルとなる。

〔Millett, 1972, p. 23〕

ミレットはデーヴィッド・ハーバート・ローレンス、ヘンリー・ミラー、ノーマン・メイラー、ジャン・ジュネなど、名高い男性作家の作品に描かれるセックスの政治的意味について優れた分析を行なった。これらの男性らがセックスに付与した意味は例外的でも些末でもなく、その作品群は二〇世紀西洋男性文化の中枢に位置する。

ヘンリー・ミラーが描く主人公は買虐者たちだった。彼らは小説の中で当たり前のように性売買当事者を利用する。「ホテルで私は……ウイスキーやソーダを注文するように女を注文した」。性行為を記述する彼の言葉には「私たちの文化、より具体的にはその男性的感性がセクシュアリティにまとわり付かせる慊悪・侮蔑・敵意・暴力・不潔感」が見て取れる。彼はそうした感覚を女性に帰す。「この煩わしいセクシュアリティの重荷はなぜか女性たちに課せられる」。ミラーは女性器を「『割れ目』『裂け目』『傷』『ぬめる穴』……『ただれた、いやらしい脅威』」と記述する（*ibid.*, pp.298, 295, 307-8）。彼は女性たちの匂いにも不快を感じる。その小説に描かれる主人公は女性たちが気に入らないという理由で彼女らをいたぶることに喜びを覚える。ミレットは女性の性的パートナーを描くミラーの記述をまとめ、女性とセックスに対する彼のピューリタン的恐怖を明らかにする。

「汚らわしい牝《めす》ども――こいつらはそれが好きなのだ」と彼はいい、冷静かつ入念に、恐れつつ楽しみつつ、女性たちの反応を書き留める。一人は「豚のように金切り声を上げ」、別の一人は「狂った動物のよう」だった。一人は「早口で何かをまくし立て」、もう一人は「雌動物のように四つん這いになって震えながらいななないた」。さらに別の者は「盛りが昂じた」あまり、「元気で貪欲な動物、……ボールに乗った象」のようなありさまを呈した。

[*ibid*., p.306]

アンドレア・ドウォーキンの『インターコース』は、性交行為の政治学を検証するというミレットが始めた作業に取り組む。彼女によれば、性交を私的活動とみるのは妥当ではない。実際のそれは非常に重視されるので、法規に縛られ、成文法のもとに置かれる。プライバシーという概念そのものが、ドウォーキンにいわせれば「他者に対する男性の積極的な性的支配を保護する手段」でしかなく、実のところ「性交の本質と現実は社会的であって私的ではない」(Dworkin, 1987, p.148)。彼女いわく、性交は社会的行為であり、国家にとって極めて重要なものと位置付けられている。

性交はそもそも行なわれる以前に最低二人の人物からなる社会を前提し、必要とする。そして国家はその社会の性質に関心を向ける――その構築のあり方、序列的であること、男性支配的であることなどに。性交の行為ごとに社会が形づくられ、その社会における権力分配は国家にとって重要な関心事となる。……国家はジェンダーを統制しようとする。この男性は何者なのか。女性はどちらか。男性を上にいさせ、男性を男性でいさせるにはどうすればよいか。女性を性交の際に劣位に置き、みずからの肉体的従属経験から立ち直れなくするにはどうすればよいか。〔*ibid.*〕

男性に対する女性の服従が明確に築かれるのは性交行為においてである。行為の最中、男性権力にしたがわなければそれは抵抗と解釈される。「この性交時の反逆はヴァギナに対する性的勝利を前提とするジェンダー序列システムの死を意味する。勝利の交合は事実上、男らしさと同義である」（*ibid.*, p.149）。拙著『未婚女性とその敵』および『アンチクライマックス』では、二〇世紀を通した性科学者らの著作群で、性交行為に大きな政治的意味が付与されていたことを示した。ハヴロック・エリスからアレックス・カンフォートに至る性科学者らは、性交が正しい男性支配の形式で、かつ婚姻関係では男性支配を効率的に再生産できる頻度で行なわれるべきだという考えに取りつかれていた。しかし同時に、彼らは性的快楽の構築にも関心があった。女性は性交において、ただ貫かれるだけでなく、主人かつ伴侶の意にしたがう肉感的な屈服へと流されなければならない。女性のオルガスム経験はその服従を表し形にするものとされた。そのため、性科学者らは独身生活・レズビアニズム・性欲不在・熱情欠如といった形をとる女性たちの抵抗を何十年ものあいだ強く問題視していた。そうした女性たちは征服されないからである。

性科学者らの語りは明瞭だった。それは戦争と征服の言語であり、セックスの専門家にとって性交は私的快楽の問題であるという考え方と矛盾をきたしていた。男性の支配と女性の屈服を取りしきるという政治目標は、有名なイギリスの性科学者ユースタス・チェッサーによる一九四〇年代の言葉にはっきり表れている。彼は既婚女性たちに向け、性交で「降服」しなければならないと解く。

〔女性は〕セックス行為で完全に降服することはできないと感じるかもしれません。ですが、完全な降服は自分と夫の双方が至高の快楽を味わうための唯一の方法なのです。屈服と降服は同じではありません。多くの人妻は屈服しながらも、自分の奥底になお征服されない領地、それどころか屈服に激しく反発する領地を残しています。

〔Jeffreys, 1990, p.30 より〕

ドウォーキンが説くように、性交とは「社会が——承認するよう圧力をかけられ——支配と認めるもの」を指す（Dworkin, 1987, pp.125-6）。

ドウォーキンはミレットと同じく、著名な男性知識人らの著作を参照し、性交が、ひいては女性が、汚らわしく不快なものとみなされていることを証明する。女性器を言い表す男性至上主義文化の言葉もその証で、当の単語 pudendum の語源である pudere は「恥じる」の意を持つ。子宮を表す uterus はユダヤ教とイスラム教の伝統で墓を意味する。ドウォーキンはフロイトが女性を恐ろしい存在とみなすのにひどく苦心していたことを明かす。「あの生殖器をみただけで男性はゲイになるか、一生にわたりゴムに頼るようになる」と彼は結論した。ユングにはこう書き送っている。「そうだ、忘れていましたが、生理の血は排泄物と考えなければなりません」(*ibid.*, pp.182, 183)。ドウォーキンは、そもそもの初めにセックスは忌まわしいという見方を構築する女性の従属化を覆すことなしに、突如セックスを健全なものにしうるという発想を認めない。

今日の教義は、セックスが「健全」だと機械的に説くことにある。それはまるで、セックスが社会関係の外にあり、卑しいものや浅ましいものとも、歴史とも権力とも、女性の自由喪失とも何ら関係がないと言っているようである。しかしセックスが汚物を意味しないためには――セックスが汚くならないためには――女性たちの地位がラディカルに変わらなければならない。[*ibid.*, p.173]

性売買の問題はスティグマにあり、偏見を拭い去りさえすれば、性売買は完璧に良いものと判明するだろう、という考え方の問題は、まさにここにある。もしも本当に女性たちの地位が変わるなら、性売買のセックスは突如健全になるのではなく、考えられないことになるだろう。しかし目下、スティグマが問題だという考え方は、性を買われる女性たちの被る暴力が一時的な不便であり、イメージの変更によってなくせるものだと論じる際に用いられている。実際のところ、性売買のセックスは男性至上主義的なセックスの蒸留物であり、そのセックスにおいて男性らは女性たちを忌まわしい客体――征服を要し、みずからそれを愛する客体――と捉える。買虐者たちのセックスに対する態度が、小説家や性科学者やポルノ制作者のそれと大差あるとは思えない。そうした態度によって築かれ満たされる文化の中で、彼らは性的になることを学ぶ。彼らが良好な態度を有していれば、性売買で女性を利用することは全く考えつかないかもしれない。かたや買虐者たちが単なる男性なのだとすれば、彼らは女性やセックスに関し男性至上主義文化の中で形成される通常の価値観に染まっており、ゆえに性売買は女性たちにとって肉体的にも精神的にも極めて危険の大きな仕事ということになる。

性売買のセックスに付与されたスティグマは、男性支配社会の中で構築されてきたセックスと女性と女性身体のあり方に由来する。大衆文化の中で性交行為や女性の身体部位を指すために使われてきた語彙は、性売買のセックスで体現される「セックス」と女性たちへの侮蔑を匂わせる。フェミニストの文化批判者たちが明らかにしてきたところでは、女性憎悪的な価値観は大衆文化やポルノグラフィだけでなく高踏芸術の文学にも蔓延しており、その価値観が注がれた女性表象は凄まじい侮蔑と剝き出しの暴力を受ける客体とされている。ベル・フックスは著書『アウトロー文化』で「ギャングスターラップ」を分析し、それが表象する女性憎悪の価値観は単に父権的なアメリカの価値観であって黒人文化特有の産物ではないことを明らかにする。一例として彼女はスヌープ・ドギー・ドッグの『ドギースタイル』というレコードのカバーイメージを挙げる。そこには「犬小屋、『犬に注意』の標識、犬小屋に入った裸の黒人女性の首、突き出した裸の尻」が描かれており、フックスはこれを「後ろからファックされるのを待つ」女性の図と解釈する（hooks, 1994, p.119）。

ギャングスターラップは現在猛威を振るうフェミニズムへの反動の一角をなす。若い黒人男性がミソジニーと性差別の大農園で働きギャングスターラップをこしらえると、白人至上主義の資本主義的父権制がその暴力を認め、それに物質的な褒美を与える。

［*ibid.*, p.122］

今日の性売買擁護者がほのめかすように、性売買で行なわれる性交が政治的な意味を持たないなどとは信じがたい。性売買のセックスが、擁護者らの主張するように単なるセックスなのだとすれば、それは「自然」かつ自由で、不思議にも政治学に関わらないものでなくてはならない――科学、偉大な芸術、ポルノグラフィ、さらには大衆文化全体において、そうした行為には政治学が付きまとうにもかかわらず。女性に対し性売買行為をしでかす男たちは、教育に裏打ちされた反性差別の鑑《かがみ》であり、男性至上主義の主たる政治行為を再構築した者たちとみなければならない。しかしそんなことが考えられるだろうか。いくらかの証拠が示唆するところでは、客は普通の性差別主義者であり、女性についての考え方が低次元の男たちにほかならないという（Davidson, 1994）。そしてこれこそ理に適う。性売買で女性を利用する者は性差別主義者の男たちであって、解放行為に取り組む性的に自由な魂の持ち主らではない。

ポルノグラフィと性売買

「セックス」とみなされるもの、あるいは少なくとも男性のセクシュアリティの価値観は、ポルノグラフィに見出すことができる。キャサリン・マッキノンいわく、ポルノグラフィは支配的な男性至上主義の性的価値観を明瞭に表象しており、そうでなければ現在のような巨額の利益を生み出さない。

ポルノグラフィが男性視点に適った男性視点にもとづくセックスとなっているのでなければ、なぜポルノ産業がそれを主として男性たちにセックスとして売り、知られているだけで年に一〇〇億ドルもの収益を生んでいるのか。なぜポルノグラフィが子どもの性売買当事者に、反抗的な妻やガールフレンドや娘たちに、医学生に、性犯罪者に……セックスを教える目的で使われるのか。

[MacKinnon, 1989, p. 139]

しかしポルノグラフィの価値観は性売買の価値観でもある。ポルノグラフィと性売買は切り分けられない。性を買われる女性たちは、ポルノグラフィが慣らしのために使われ、店舗で使われ、自身がその撮影に使われることについて証言しており、ポルノグラフィと性売買の密接な繋がりを示唆している（Everywoman, 1988）。ミミ・シルバートとアヤラ・パインズは調査の結果、インタビューをした性売買当事者の三八パーセントが一六歳未満の時にポルノグラフィで利用されていたと報告する（Silbert and Pines, 1984）。両名は直接ポルノグラフィについての質問をしたわけではなかったので、それをしていれば遥かに強い相関関係が表れていただろうと推測する。

ポルノグラフィと性売買が切り分けられないのは、前者が後者の表象だからでもある。ポルノグラフィは商業的な女性の性的利用を収録したものである。研究者兼活動家として反ポルノグラフィの取り組みに長く携わってきたダイアナ・ラッセルは、ポルノグラフィに使われる女性たちを性売買当事者と称するほうが誠実で現実に適っていると論じる。《モデル》《ポルノ女優》《スター》などの言葉を使えば、この「写真や動画に収められた女性たちは他の性売買当事者から」分けられるが、「彼女らは全ての性売買当事者と同様、自身の身体を搾取されることに対して金を支払われるのである」（Russell, 1993, p.18）。ラッセルはネバダ州を除くアメリカの全州で性売買が違法でありながら、ポルノグラフィが表現の自由として擁護されている「この上ない矛盾」について触れる。

カメラの前の性売買行為が私的に行なわれる同じ行為よりも受け入れやすいなどという道理があるだろうか。……この女性たちはセックスの演技をしているのではない。彼女たちは文字通りファックされ、縛られ、大の字の磔《はりつけ》にされ、顔と体に精液を出され、三人の男に肛門と口と膣を同時に犯され、尿をかけられるなどしている。

［*ibid.*, p.18］

ポルノグラフィのセックスは性売買のそれと同程度に「単なるセックス」からかけ離れている。マッキノンが論じるに、ポルノグラフィは男たちが性的に欲するものを映し出し、彼らがその全てを手にすることを許す。それは彼らの「セックスに関する真実」である。「ポルノグラフィは男たちが欲するものを示し、それを彼らに与える」。

ポルノグラフィが語るところによると、男たちが欲するのは女性が縛られ、女性が殴られ、女性が拷問され、女性が辱められ、女性が貶められ汚され、女性が殺されるさまである。あるいは公平を期してソフトコアも視野に入れると、女性が性的に利用でき、所有でき、彼らのためにそこにいて、連れ出されて利用されること、何なら少々縛られることを望むさまである。女性たちに対する侵害の一々が――レイプ、殴打、性売買、小児性虐待、性的ハラスメントが――、ポルノグラフィではセクシュアリティに変えられ、セクシーで楽しいものに変えられ、女性の本性の解放へと変えられる。

[MacKinnon, 1989, p.138]

マッキノンいわく、ポルノグラフィは「性的に利用されるモノとしての女性を構築し、その消費者を是が非でも女性を欲する者、是が非でも所有と残虐と非人間化を求める者へと構築する」(*ibid.*, p.139)。ポルノグラフィは支配的な男性至上主義の性的価値観を如実に体現する、とマッキノンはいう。

ポルノ作品のタイトルはその内容が女性憎悪的な性格を持つことをよく物語っている。人種差別的・性的憎悪はしばしば背徳的な興奮を誘う強い刺激剤として混ぜ込まれる。以下のタイトルはある研究者が六店舗から集めたもので、カバーに「有色人種」と銘打つ作品群からなる(Maynall and Russell, 1993, p.170)。アジア人女性に注目するタイトルはこうだった。

『ウー・ウー・ワンの猥談』
『残酷な邂逅』
『芸者の少女たち』
『芸者拷問』
『日本サディストの迷宮』
『メイ・リンの主人』
『東洋サディストのペット』

『サムライ奴隷少女』
『サイゴンの少女奴隷』
『ベトコン強姦集』
『チャイナタウンの鞭』

この六店舗にはユダヤ人女性への性暴力を描いた一一本のナチス的タイトルと、アラブ人女性を取り上げた以下四つの露骨に嗜虐的なタイトルがあった。

『縛られたハーレムの少女』
『ハーレム地獄』
『アラブのテロリストに強姦されて』
『シャイフの女中』

ただし、大部分のポルノグラフィはこのように露骨に暴力的ではない。いわゆるソフトコア・ポルノは性売買推進ロビイストから最も「単なるセックス」とみなされやすいジャンルである。『プレイボーイ』と『ペントハウス』はソフトコア・ポルノの中で最も入手が容易かつ合法のもので、その主たる理由は勃起したペニスと裸体の男性を載せないことにある。しかし両誌が女性憎悪的な態度を表象し、かつ助長していることを示せる証拠は複数ある。アンドレア・ドウォーキンとキャサリン・マッキノンは女性を「うさぎ」に見立てる『プレイボーイ』のイデオロギーを挙げ、この雑誌の性差別を明らかにする——女性は人間以下の動物に変えられるのだ、と。加えて『プレイボーイ』に載る女性たちは「服従と性的奴隷状態の姿勢で示される。女性たちがとらされる姿勢は、喉、肛門、ヴァギナをいつでも使える形にしておくことを目的としている」(Dworkin and MacKinnon, 1993, p.79)。『プレイボーイ』の漫画を詳しく検証すると、ソフトコア描写の背後にある女性への態度がみえてくる。ダイアナ・ラッセルの著書『ポルノグラフィに抗して』(一九九三年)は、主流ポルノグラフィの漫画を転載するが、そこにはレイプを楽しむ子どもたちや、性的ハラスメントを愛する会社員、障害を負う少女の襲い方を少年らに教える文言などが見て取れる。

ドウォーキンとマッキノンはソフトコアの性差別を示すべく、その創始者ヒュー・ヘフナーの行動を取り上げる。ヘフナーは『プレイボーイ』のために働く女性たちを昔から自身の性的満足のために利用してきた。性売買用にリンダ・ラヴレースの名を持っていたリンダ・マルチアーノは、ドウォーキンとマッキノンいわく、ヘフナーに「周旋され」、ヘフナーは「彼女を肛門から犯したうえ、犬と性交させようとした」(Dworkin and MacKinnon, 1993, p.80)。マルチアーノはこの女衒《ぜげん》と暮らした性奴隷制の状況について書き残したが、そこで彼女は銃口を頭に突きつけられながら操られていた(Lovelace, 1981)。『プレイボーイ』の見開きページ写真モデルだったドロシー・ストラットンは、夫に拷問され、レイプされ、のちに殺害されたが、当の夫はヘフナーに彼女の写真と利用権を売っていた。ヘフナーは彼女の死後、ストラットンがポルノグラフィに利用されることをいやがっていると知った。そこで彼はさらにストラットンがポーズをとっているビデオテープを販売したが、彼女の遺産はそれらのビデオによるストラットンの流通を防ぐことができなかった。ドウォーキンとマッキノンは、個人的に、もしくは雑誌内でヘフナーに利用された女性たちの大半が一八歳未満だったこと、ヘフナーに周旋された時のストラットンが未成年だったことを指摘する。

というわけで、ポルノグラフィのセックスは「単なるセックス」ではなく、他の形態の性売買のセックスと同様、女性の従属化と男性の支配を前提とし、そこから構築された特殊なタイプのセックスといえる。買虐者たちが女性を愛する平等主義者で、ポルノグラフィの影響を完全に免れ、女性抑圧と無縁の純粋なセックスの理想をとどめているとは、なかなか信じられない。というより驚きである。

性売買をめぐるフェミニズム理論内部の論争はポルノグラフィをめぐるそれの生き写しとなっている。それもそのはず、ポルノ制作の際に行なわれることはまさに性売買の行為、すなわち金銭めあての性行為だからである。ただしポルノグラフィをめぐるフェミニズム論争と性売買のそれには重要な違いもある。明らかな違いの一つとして、ポルノグラフィに反対するフェミニストのキャンペーンは直接的で力強い。いずれの国でも同じ強さを持つわけではないが、ここで触れたいのは英米の例で、そのキャンペーンは相当の影響力を持った。アメリカのフェミニスト・キャンペーン――「ポルノグラフィとメディアの暴力に反対する女性たちの会」や「ポルノグラフィに反対する女性たちの会」――と、イギリスのそれ――「女性への暴力に反対する女性たちの会」――は、一九七〇年代後期以降、多くのフェミニズム活動やフェミニズム理論を生み出した。が、それらのキャンペーンは近年まで、性売買を直接の標的とはしてこなかった。これはポルノグラフィ理論の重鎮がその問題を避けていたからではない。アンドレア・ドウォーキンは最も著名な反ポルノグラフィのフェミニズム理論家で、その著『ポルノグラフィ――女性を所有する男性』（一九八一年）と『右翼の女性たち』（一九八三年）で至極明瞭にポルノグラフィと性売買の繋がりに迫った。ドウォーキンは『ポルノグラフィ』で、この語は娼婦についての書き物であるポルネイアを意味すると解説している。よってその結び付きは無視しがたい。ポルノグラフィは性売買の表現であって逆ではないとみるのが妥当に思われるが、そうだとすれば、ポルノグラフィに反対する活動家たちが性売買を標的としないのは理解に苦しむ。

これはおそらく、女性たちが性売買よりもポルノグラフィによって自分が個人的に影響を受けている、と認識しやすいことによる。性売買やポルノグラフィの当事者である一部の女性たちは、私がこの職業を「選択」している、フェミニストが私たちを批判する権利はない、と訴えるが、利用される女性たちの現実を無視することに決めれば、女性たちはポルノグラフィと闘いつつ、そうした議論との対峙を避けられるのかもしれない。理由がどうあれ、ポルノグラフィに反対する大々的なキャンペーンは性売買に狙いを定めず、両者を結び付ける試みもほとんどなされてこなかった。

性売買とセクシュアリティの構築

フェミニズム研究が示すところでは、過去一世紀の女性たちは性売買のセックスにおける男性支配／女性服従モデルを離れ、より女性たちの快楽と自由に適うセクシュアリティへと性行為の力学を変えようとしていた（Bland, 1995）。一九世紀後期から二〇世紀初頭の力強いフェミニズム運動が高潮を迎えた時、男性の性虐待に反対するフェミニストの理論家と活動家たちは性交の意義に疑問を呈した。一部の者は性交を生殖目的のためだけに行なうべきだと論じた（Jeffreys,1985）。同じ時期、性科学に影響された大々的なセックス改革運動は男性支配／女性服従の性交こそがセックスを構成するものだと主張した（Jackson, 1984; 1994, Jeffreys, 1997）。しかし第一次大戦前のイギリスのフェミニストたちはなお、セックスとされる性交体験への強い不満を表明しようとした。セックス改革について論争の場を提供したフェミニズムの雑誌で、ある女性は「多くの女性たちが性行為に何の関心もないか、それを憎んでいる」ことに触れ、これは「男性が自分たちを見下し蔑《さげす》んでいる」という本能的な感覚、そして「自分でも自分を蔑んでいる」感覚に何らかの関係があるのかもしれないと論じた（Jeffreys, 1997, p.52より）。

性科学者や他のセックス関連アドバイスの専門家たちは、二〇世紀の全体にわたる（かつ今日にまで続く）大々的なキャンペーンを通して、女性たちの「性欲欠乏」「性交疼痛症《とうつう》」「性的感覚麻痺」を咎《とが》め、男性セクシュアリティの支配的形態に彼女らが適切に反応するよう仕込みを行なう必要があると考えたが、この事実そのものが、女性たちによる大きな抵抗が続いていたことを物語っている。拙著『アンチクライマックス』で詳述したが、性科学者らは世の既婚男性諸氏から女性たちの抵抗形態について聞き、怒りを燃やしていた。一九五〇年代の女性たちは、夫が自分の男らしさを誇示する行為に臨もうとしているあいだ、小説を読み続けるなり、足の爪にマニキュアを塗るなりしていたという（Jeffreys, 1990）。

女性のセクシュアリティに関するシェア・ハイトの有名な一九七七年の報告書は、その大きなサンプル集団をなす人々が自身の経験した性交のパターンに強い不満を抱いていることを伝えた。「ベッドシーン」がどう変わってほしいかと訊かれた女性たちは、男性が「竿と穴」にこだわらないでほしい、という要望を「何度も何度も」口にしていた。女性たちが望むのはより全身的な官能性だった。男性の考えるセックスは彼女らにとって、オルガスムに達した時でも大きな不満を残した。「この性交渉はまだ始まりでしかないんだと、ずっと感じていました。でもそれは私の望むところには近づきもしなかったんです」。別の女性もいう。「いつも彼氏に悪い気がしていました。彼にとってのそれは痒《かゆ》いところを掻く——鬱積を和らげる——ようなものだったのに対して、私はそれを至福だと考えていたので」(Hite, 1977, pp.530, 532)。ハイトの研究における女性たちは総じて、より多くの触れ合い、抱擁、必ずしもセックスに至らない身体的愛情を欲し、大多数は切実な思いを抱き、幾人かは泣きたい気分だと語った。それを男性から得られることはなく、ただ短い性交があるにすぎないからである。ハイトの研究では、性交のみで女性がオルガスムに至るのは稀であることも分かった。手で直接陰核を刺激することなく、性交だけで普段からオルガスムに至る女性は、サンプルのうちわずか三〇パーセントにとどまった。

性売買のセックスは、自覚的なフェミニストか否かによらず、セクシュアリティを変えたいと願う女性たちにとって深刻な障壁となる。アイリーン・マクレオドは一九八二年の性売買研究で、男性は自分の性的「欲求」に妻が奉仕したがらないことから性売買を利用しようと考える、と指摘した。ある買虐者は、性を買われる女性たちのもとを訪れるのは妻が性売買のセックスを与えてくれないからだと説明した。

もう少し冒険的になろうとは言いました。ですが嫁は戸惑ったようで。いくつかの提案は不快がられました。何冊か本も持ち帰って……友人からポルノ映画とプロジェクターも借りて見せたんです。それでようやくよがり狂うようになりました。

[*ibid.*, p.77]

オーラルセックスは妻がいやがる行為らしく、夫たちは性を買われる女性を利用してその口を使い、さらに自分が望み妻が拒むその他の行為もさせる。こうして、性売買の存在はそのセックスこそがセックスというものであり、自分は妻に対してであれ性売買当事者に対してであれ、それを求める権利があるという男たちの考えを強化する。性を買われる女性たちを利用できるがゆえに、男たちは対等な性関係を築いて性行為を交渉し、それを両者にとって心地よいものとするための努力を避けることができる。ある買虐者いわく、性売買のおかげで彼は「嫁の望みにしたがわない自由」を得た（*ibid.*, p.70）。マクレオドは性売買のセックスこそが現にセックスというものだと認める立場らしい。男たちがオーラルセックスを求めることについて彼女がいうには、妻たちは最終的にそれをするよう説き伏せられる。彼女らは最終的に男たちが性売買当事者のもとを訪れて求める全てのサービスを提供するようになり、かたや男たちが性売買当事者に求めることは時間をかけて変わっていく。

ここにみられるのは、性的に許容できることとして論じられている行為と、カップルが普段交わす行為とのタイムラグなのだろう。性売買当事者はその差を埋めることに没頭させられる。おそらく、年月が過ぎるにつれ、男たちが性売買当事者に最もしてほしいことも変わっていく。

[*ibid.*, p.80]

この見方から推察するに、男性による性売買での女性利用は、性売買のセックスをあらゆる女性たちに強い、男たちの「欲求」を絶えずセックスの本質と位置づける機能を持つ。そこには、「妻たち」がセックスに何を求めるか、フェミニストが思い描く「セックス」はどんなものか、といった考えは一切ない。

ある女性誌から得られた今日の事例はこの問題を浮き彫りにするのに役立つ。「妻が性売買当事者と出会う時」と題した記事の中で、夫が長年性売買当事者のもとを訪れていたと判明して離婚したギニーという女性は、性を買われていた女性のスーに会い、彼女に対して夫がしていたことを話し合う。ギニーは事実を知って愕然とした。夫に対して抱けるだろうと思っていた信頼を裏切られた気分だった。「私はお互いへの愛や敬意やその他のあれこれがあると思っていました。パートナーが自分の行動計画でその全てを壊そうとしている時に、その人を信頼する意味なんてあるでしょうか」(Bailey, 1995, p.32)。ギニーがこの対談でとりわけ悲しくなったのは、スーとの「セックス」で夫がしていたことの内容だった。

> ロバートはしばらくするとずいぶん大胆になりました。衣装を着せたがるんです。たぶん、実際にすること以上に、いけないことをしたんだという感覚を楽しんでいたのでしょう。……挿入セックスは時おりでした。あとは衣装を着て、いやらしい話をする。オーラルセックスも大好きでした。……彼が好んだのは変態セックスとか、高いヒールとか、網タイツとか、股下の開いた下着とか、厚化粧とか——そういうものです。
> [*ibid.*, p.30]

広報の仕事で成功してきたというギニーは、これに憤《いきどお》った。ロバートがスーに求めていた「セックス」は、まさに人の自尊心を損なう行為と思われたからである。

もう何と言えばいいやら、本当に胸が悪くなります。いや、もちろん私にそれを求めたことはありません。私は誰のためでも赤いガーターなんて着けたくありません。……それは貶めですよ。女性に対する貶めの態度です。穴開き下着を穿いた私なんて想像できますか――ハッ、……そういうふうに思われたくもありません。ありのままで受け入れてくれるんじゃなければもう結構です。

[*ibid.*]

この例から分かるように、女性を汚らわしく従属的な性的客体として表象するセックスを、ロバートは性を買われる女性から購入することができ、その力は対等な関係を育もうとするギニーの力に影を落とした。ギニーが尊厳と敬意と信頼を示す性行為と性感情を育もうと努める一方で、夫は性売買を通し、その努力をただ掘り崩すことができた。

性売買の「セックス」は、女性に対する性差別的な行動が職場や家庭や婚姻生活で認められなくなりつつある中、それが許される保護領域となるように思われる。一階級としての女性たちを考えると、性行為を変え、平等な人間存在としての敬意を男性に持たせ、ひいては従属的地位を脱するその力は、女性の平等性を認める責任から逃れおおせる男たちの力によって損なわれる。男性による性売買での女性利用は女性たちの地位向上努力を直接にさまたげる。性産業が形態を広げ、世界規模の組織化を進め、人々にますます受容されゆくにつれ、そうした状況改善をさまたげる影響力は飛躍的に強まると考えられる。

性売買のセックスは「単なるセックス」ではなく男性のセクシュアリティである。それはセックスならびにセックスの化身とみなされる女性たちへの侮蔑的態度を象徴する。性売買に対するフェミニストたちの異議申し立て努力を出迎える怒りの不協和音、性売買に異を唱えるフェミニストたちは「セックス反対派」に違いないという反応からは、性売買のセックスが男性至上主義のもとで理解されるセックスのモデルである事実、そして一部のリバタリアン・フェミニストでさえそれに代わるものを想像できない事実が見て取れる。よって、スティグマを除いても性売買に救いはない――そもそも「スティグマ」とみられる態度こそが性売買という現象を生むのだから。そうした態度に変化が訪れれば性売買は存続しえない。しかし強大な勢力をなす性産業がその経済力を通し、セクシュアリティと女性の地位の変更に真っ向から逆らう思想を広められる状況では、セックスと女性たちに対する態度も速やかには変わりそうにない。

第9章 男の性暴力としての性売買

性売買が性虐待だといえるのは、性売買当事者たちの被る無数の性行為が、他のいかなる状況でも、他のいかなる女性に対してなされた場合でも、攻撃的、あるいは少なくとも望まないもの、強いられたものと判断されるからである。

[Giobbe, 1991, p.159]

性売買は一般大衆からも社会学者や性科学者からも、逸脱した女性のセクシュアリティ、女性の選択や労働とみなされる傾向があった。男たち、すなわち性を買われる女性たちを利用する買虐者らには、ほとんど目が向けられてこなかった。私がここで示す分析は大きく異なる。私は、性売買がさまざまな形をとった男性による女性への性暴力であると論じる。女性たちの性売買が暴力から生じ、暴力へと至るという理解は多くの形で示されてきた。例えば多数の研究によると、性を買われる女性たちのうち、幼少期に性虐待を受けてきた人々は極めて大きな割合を占める（James and Meyerding, 1977; Farley and Hotaleng, 1995）。性を買われる女性たちがその仕事に関連して、高い率でレイプから殺人に至る暴力を被ることも記録されてきた。が、性を買われる女性たちの体表と体内におよぼされる行為はそれ自体が性暴力である、というフェミニズム的理解は、ようやく芽生え始めたばかりにすぎない。

過去四半世紀に、フェミニストの理論家と活動家たちは少しずつ、男性によるさまざまな女性への暴力を明らかにしてきた。その担い手たちは通常、一九世紀後期から二〇世紀初頭の先人らが同じ問題群の多くに対して行なってきた大々的なキャンペーンを知らなかった（Jeffreys, 1985; Jackson, 1994）。フェミニズム行動が最初に目を向けたのはレイプと「家庭内」暴力だった。子どもへの性虐待は、フェミニズムの性暴力分析を学んで自身の体験を語ろうと思い至った個々の女性被害者たちの勇気によって白日のもとに晒された（Armstrong, 1978）。近親性虐待を扱う最初のフェミニズム理論のアプローチはこの時期に発表された（Rush, 1980）。キャサリン・マッキノンの先駆的著作『働く女性への性的ハラスメント』（一九七九年）は同時期、職場でのハラスメント被害を性差別と捉える認識を広めた。一九八〇年代初頭には、ダイアナ・ラッセルの画期的調査『婚姻生活でのレイプ』（一九九〇年、初版一九八二年）を皮切りに、夫婦間レイプが吟味にかけられた。これらの虐待形態は異なる時期に明らかにされたが、その全てに関して研究が続けられ、暴力の連続体に関するリズ・ケリーの著作（Kelly, 1989）などで、各々の繋がりも認められた。その連続体に性売買を位置づける時である。本章では、フェミニズムが理解する女性への暴力から性売買を除外することの不合理を示し、その包摂を支持する既存のフェミニズム研究を確かめる。

定義

男性による女性虐待の暴力とセックスをどう定義するかという問いは、男性の暴力を扱うフェミニズム理論家のあいだで激しい論争の的だった。この論争はレイプをめぐって始まった。レイプを扱うフェミニズム理論家の多くは、それをセックスの犯罪ではなく暴力の犯罪と定義することを試みる。このアプローチの一例として、オーストラリアの犯罪学者パトリシア・イースティールによる著書『サバイバーたちの声』（一九九四年）がある。彼女は冒頭にてレイプ神話に反駁し、その「神話」の一つに「レイプは性行為である」という考えを含める。彼女は明言する。

> レイプは性行為ではない。レイプはセックスを武器として用いる暴力行為である。レイプは攻撃性と、権力を振るって相手を辱《はずかし》めたいという欲望を動機とする。妻への殴打に対し何らかの措置を講ずるには、それを家庭のプライバシーから引き剝がし、犯罪とする必要がある。それと同じように、レイプは性の領域から引き剝がし、しかるべきところに位置づけなければならない。それは女性への暴力という領域である。
> [Easteal, 1994, p.4]

イースティールはさらに、レイプを性行為とする見方は「おそらく最も行き渡った、根深く有害な神話の一つである」と主張する。このフェミニストによる再定義の狙いは、レイプが普通のセックスであり、ただ男性が行き過ぎた、あるいは行為後に女性の気が変わった時のそれを指すという、いまだ司法制度にも影響をおよぼしている男権的な見方を問い直すことにあった。レイプは暴力犯罪だという見方がとられてきたのは、性暴力犯罪が身体攻撃と定義され、他のそれと同等の真剣さで捉えられるようになれば、司法制度の中でも流されにくくなり、女性たちは積極的に被害を報告しだすだろうとの考えからでもあった（Fudge, 1989）。

キャサリン・マッキノンはこの、レイプは暴力であってセックスではないという定義に異を唱える立場の代表格となった。

> この分析の危うさと思えるもの、恣意的になりうるところは、これが暴力の問題であってセックスの問題ではないとする捉え方にある——そしてそれは現にそう捉えられている。レイプは暴力犯罪であってセクシュアリティではない。ハラスメントは権力の濫用であってセクシュアリティではない。ポルノグラフィは女性に対する暴力であって官能的ではない。
>
> [MacKinnon, 1987, p.85]

マッキノンは、フェミニストがこの区別を用いるのはセックス反対派とみられることを危惧しているからだと考える——この非難がフェミニストに対する強力な中傷となってきたことを思えば、その危惧も当然といえる（第3章を参照）。しかし彼女の見方では、レイプを被った女性たちはそれを性的なものとして体験しており、現に「レイプ被害者たちは一般にそれ以後、異性愛的なものの一切、あるいは性的なものの一切、あるいは男性一切に好意を抱けなくなる」（*ibid.*, p.87）。女性が性的に影響される以上、その虐待は当人にとって性的だったとみるよりない。レイプ犯にとってその虐待が性的なのは間違いなく、実際、彼らは往々にして自分が行なったことと完全に普通のセックスとを区別できない。マッキノンはいう。

> 性的と感じられるものがセックスでなければ、何がセックスなのか。支配と服従の行為が、暴力行為までをも含め、性的に興奮すること、セックスそのものとして体験されるなら、それこそがその正体である。……暴力はセックスとして実行されるならばセックスに違いない。 [*ibid.*, p.6]

暴力とセックスの区別は、暴力と無関係な健全で普通のセックスの領域があるという幻想を維持するために使われる、とマッキノンは論じる。しかし彼女がみるに、実のところそのような明確な区別はできない。セクシュアリティは政治的に構築され、「どこまでもジェンダー化されている」ため、男性至上主義の価値観に染まっていない純粋なセックスは存在しないからである（MacKinnon, 1989, p.198）。暴力とセックスの区別は真のセックスへの忠誠を誓い、それを神聖なものにとどめておく声明として用いられる。暴力とセックスが区別される理由についてマッキノンが示した説明は、性売買の虐待が日常的に不可視化もしくは無視される原因を理解するのに役立つ。性売買の「セックス」は男性至上主義のもとで普通のセックスと判断され、吹聴され、固定観念化しているものに極めて近い。それは相手の人格や意思を無視した男による快楽目的の女性身体利用であり、これを暴力的な行為に分類すれば、男性権力の性的基盤が根底から揺るがされることになる。よって、性売買は単に「セックス」に関わることとみなす必要がある。

マッキノンは、女性に対する暴力がことごとくエロス化される傾向にあることから、女性殴打をも性暴力の枠組みに含める。したがって、女性を殴る男性は性行為をしているのではない、という見方は誤っている。

> ペニスでの暴行と拳での暴行とで、含まれるセックスの度合いに大きな違いがあると言い切るのは至極難しく、特に加害者が男性の場合はそうである。女性ジェンダーの者としての女性たちが性的存在と定義され、暴力がエロス化されているのであれば、男性による女性への暴行は性的要素を伴う。
>
> [MacKinnon, 1987, p.92]

ただし、男性が女性におよぼすあらゆる形態の暴力や虐待を一律に性暴力の定義に含めるのは問題があるかもしれない。マッキノンは女性抑圧が構成される際にセクシュアリティが重要な位置を占める事実に光を当てており、その判断を私も共有する。しかし私はその目的へ向け、可能な時には、他の憎悪される集団にもおよびうる形の暴力と、特にその本質が性的で女性抑圧特有の質を伴う暴力を区別したい。例えばある男性は日常的に女性をけなし、女は運転ができない、数学ができない、などというかもしれない。これは性的侮辱というよりは、あらゆる被差別集団に向けられるたぐいの侮辱とみたほうが正しい。同じく、女性に対する暴力は時に、女性であることを理由に振るわれながらも特に性的ではない場合がある。性暴力の特異性を綿密に識別することには一定の意義があると思われる。私は性暴力の定義に、虐待する男性または虐待される女性のセクシュアリティに関係もしくは影響する暴力、あるいはどちらかのセクシュアリティとして経験される暴力という意味を持たせたい。

ジル・ラドフォードはアンソロジー『女性憎悪殺人《フェミサイド》——女性殺害の政治学』（一九九二年）で、《性暴力》という語が有用なのは「レイプが性的攻撃か暴力かをめぐる論争を超え」、両概念を結合できるからだと考える。「フェミサイド、すなわちミソジニーにもとづく男性の女性殺害」は性暴力の一種だと彼女は論じる。ラドフォードの見方では、この論争は「性的という語の狭い定義、つまり男性が性的快楽を求めているかどうかに依拠する定義」のせいで射程がかぎられている（Radford and Russell, 1992, p.3）。ラドフォードは「男性の権力欲・支配・統制に光を当てられる」という理由から《性暴力》という語を支持する。しかしながらこの解釈では、特に性的といえるものを指すことができなくなってしまう。フェミサイドには嬰児《えいじ》殺しなど、性的要素を含まないと思われる女性殺害行為も含まれる。女性だからという理由で犯される女性殺害が、必ずしも加害者や被害者にとってセックスの含みを持つとはかぎらない。

マッキノンは一九七〇年以降のフェミニストたちが明らかにしてきた「膨大な性虐待」の定義にはっきり性売買を含める点で稀な人物といえる。「レイプ、女性殴打、性的ハラスメント、小児性虐待、性売買、ポルノグラフィは、その真の範囲と相互連関において俯瞰された時、独自のパターンを形づくる——社会の中で女性たちの上に君臨する男性たちの権力である」（MacKinnon, 1987, p.5）。男性の暴力に関する最も繊細かつ徹底したフェミニズム分析ですら、大抵は性売買を完全に抜かしている。ジル・ラドフォードが指摘するように、「連続体の概念を用いると、強制または強要される異性愛経験の数々を突き止め、その対処を講じることができる」(Radford and Russell, 1992, p.4)。しかし例えばリズ・ケリーは、読まれるべくして読まれた著書『性暴力を生きのびる』の中で、とりわけ広汎な虐待的男性行為を性暴力の《連続体》に含めるが、性売買の暴力には触れない。が、ケリーの定義に性売買の虐待を除外する要素はなく、むしろそれに関係すると思われる要素は多数みられる。その性暴力の定義はこうである。

身体的・視覚的・発話的・性的行為のうち、女性や少女がその時もしくはその後に脅威、侵襲、または攻撃として経験し、当人を傷つけ貶める効果をおよぼすもの、あるいは当人から親密な接触を統御する力を奪うもの。

[Kelly, 1989, p.41]

従来の見解と違い、この定義は選択や同意の概念に言及しない。加えて、ここで理解される危害は犯行時ではなく事後に認識されるそれをも含む。この二点は性暴力理解に重要な層を付け加えるもので、性売買の暴力を範疇に含めるのに適している。多くのフェミニズム理論家が論じているように、性売買の慣行では「脅威、侵襲、または攻撃」とみられる行為を男たちが女性たちにおよぼす。右の定義で私の見解と違うのは、女性を傷つける、または貶める可能性のある「身体的・視覚的・発話的」行為を含めているところである。私見では、「性暴力」の定義は女性たちに向けられる暴力の多くが有する特に性的な要素を重視すべきだと考える。

驚くことに、ケリーの著書は『性暴力を生きのびる』と銘打ちながら、性売買とポルノグラフィが虐待される女性におよぼす暴力を、女性たちが生きのびなければならない暴力形態に含めない。性産業は性的ハラスメントが特に激しい労働形態として言及され、ポルノグラフィは女性に見せて教材とすれば性暴力の一種だとされるが、通常の性売買行為が構成する女性虐待は看過されている。しかし一九八〇年代初頭までのイギリスにおける反暴力フェミニズムの伝統では、性売買は男性による暴力の範疇に含まれていた。一九八〇年一一月にリーズで開かれた「全英・女性に対する性暴力会合」では、モリーン・オハラと私のそれぞれが性売買に関する論文を発表した。この会合はレイプ救援運動を通してレイプに集中していたフェミニストたちの注意を、認知度の薄い性暴力にも向けることをめざしたもので、その分析には性的通過儀礼、婦人科学、公然猥褻《わいせつ》、それに性売買も含まれていた(McNeil and Rhodes, 1985)。

ジル・ラドフォードは自身のいう「対女性テロの連続体」一覧から、特に標準的・一般的な性売買の暴力を除外するようである。女性に対し虐待的となる多種多様な行ないの中に、彼女は強制的な性売買しか含めない。一覧は以下の通りである。

レイプ、拷問、性奴隷制(特に性売買のそれ)、近親者や家族外の者による小児性虐待、身体的・感情的虐待、性的ハラスメント(電話・路上・職場・教室でのそれ)、生殖器破壊(陰核除去、女性器切除、陰部封鎖)、不必要な婦人科手術(必要のない子宮摘出)、異性愛強制、不妊化強制、母役割強制(避妊や中絶の犯罪化によるそれ)、精神外科手術、一部文化圏における女性の食事禁止、美容手術や他の美容化を名目とする身体損傷。

[Radford and Russell, 1992, p.15]

この一覧に標準的・一般的な性売買がないのは目立つ脱落というよりない。

フェミニズム的な性暴力の定義に性売買を含めにくい一因は、性暴力が社会統制システムの一環として行使されるという認識にある。フェミニズム理論家はしばしばケイト・ミレットの『性の政治学』（一九七五年）に依拠しつつ、女性抑圧は他の政治システムと同じく力によって世に敷かれると考え、この力の概念を拡張することで、男性が女性におよぼす多様な性暴力を範疇に含める。レイプ・性虐待・性的殺人・性的ハラスメントの行為と脅威は、女性たちの動きや振る舞い、さらにはその身なり・座り方・歩き方をも統制するものとみなされる。ベッツィ・スタンコの著書は、男性による暴力の脅威が、直接それを被った経験がなくとも、女性たちの生活を左右する実態を示した（Stanko, 1993）。しかしこの理解では、女性の動きを制約する目的もその効果もない娯楽的暴力の概念を充分に捉えられない。性売買の暴力は金銭関係の中で形づくられるため、女性たちに攻撃被害の可能性を危惧させる形での社会統制には結び付かないとも考えられる。攻撃は支払いによって統制される。聖アウグスティヌスやトマス・アクィナスのような男性の弁明者たち、および性を買われる女性たち自身の伝統的な性売買擁護では、男たちが制御の利かない衝動を犠牲者階級の性売買当事者に発散すれば、性を買われない女性たちは性暴力からの安心をより強く感じられるだろうということが論じられてきた。性を買われる女性たちの利用はカタルシスの一種と目されている。が、この考え方は性売買当事者の階級をただ切り捨てているにすぎない——彼女らは、こうした分析者たち自身が女性に対する非商業的な暴力と緊密に結び付いていると認めるであろう行為の、適切な標的とみなされている。

名付けの力

リズ・ケリーは著書『性暴力を生きのびる』の冒頭で、男性による女性への暴力を人々に重大なことと認識させるのが昔も今もいかに難しいかを語っている。

ラディカル・フェミニストが性暴力の驚くべき事件を挙げると、私たちは大勢の者からヒステリックとみられ、あまつさえ他のフェミニストたちからも、女性の被害者化に重きを置きすぎだとみなされる。大半の男性と多くの女性は、女性生活における性暴力の蔓延ぶりとその影響を認識したがらない。それが「流行病のような」率で起こり、女性たちの「基本的人権」を脅かしていると述べることも許されていない。〔Kelly, 1989, p.ix〕

現在認識されている形の性暴力――レイプ、小児性虐待――の蔓延ぶりが一部のフェミニストによって否定されるのであれば、性売買の虐待が真剣に受け取られないのも驚くにはあたらない。ほとんどのフェミニストはおそらく、性売買で女性に行なわれることを暴力と認めようとしてこなかった。リベラル・フェミニストたちは性暴力が一つの力として女性生活を覆っているという議論に最も強く反発してきた（Roiphe, 1993; Wolf, 1993）。しかしケリーが指摘するように、リベラルな民主主義の基本的前提とされる生命と自由の保護は、女性たちと少女たちにとって遠いところにある。彼女いわく、それがいまだ

「大きな懸念事項」になっていないという事実こそが、「ここで問題となる既得権益の存在を物語っている――男たちの権益である」(Kelly, 1989, p.x)。彼女の著作は、「女性生活における性暴力の蔓延と影響」を、より広く認識されやすいものとすることに目標を置く。そのためには「性暴力の範囲と射程を記録し続ける」ことが鍵となる(*ibid.*)。性売買の性暴力を記録する作業は、本章で示すように、急速に進みつつある。フェミニスト研究者が性暴力と捉えてきたものに性売買も含められることが待ち望まれる。

リズ・ケリーは『性暴力を生きのびる』を書くに当たって六〇名の女性に詳細な聞き取り調査を行ない、その生活における暴力の連続体を突き止めようとした。他の多くの反暴力フェミニスト研究者たちと並んで彼女が確かめたところによると、聞き取り協力者たちがみずからの経験を性暴力と名付けられるようになったのは、ひとえに奮闘を通してのことであり、しばしばメディア記事や他の女性との会話から気づきを得られたおかげだった。自身の経験を暴力と名付けられない時、女性たちは不安や苦悩を感じえても、みずからに降りかかったことを虐待として理解できる文脈に位置づけられない。ケリーが指摘するように、《殴打被害女性》《家庭内暴力》《性的ハラスメント》《性暴力》《近親性虐待サバイバー》などの言葉を考案し、女性たちが新たな形で自身の経験を理解する可能性を開いたのはフェミニストたちだった。名付けは「見えなかったものを見えるものへと変え、受け入れられていたものを受け入れられないものと捉え、自然化されていたものを問題だと訴えることからなる」(*ibid.*, p.139)。レイプ、近親者からの暴力、家庭内暴力を経験した聞き取り協力者の女性四五名のうち、六〇パーセントは「それらをそう捉えていなかった。ただし、家庭内暴力を経験した女性たちの半数は、虐待が続く中でその認識に至った」。女性たちにとって性暴力の定義は時間とともに変わることがあり、現に変わっているとケリーは指摘する（*ibid.*, pp.139, 140）。

アンソロジー『女性憎悪殺人《フェミサイド》——女性殺害の政治学』は、女性殺しを性暴力の一種として、その政治的重要性に対する認知度を高めることをめざす。ジル・ラドフォードとダイアナ・ラッセルは、この現象を言い表す言葉がなく、それが総じて至極不適切な《殺人》という語のもとに覆い隠されていたことから、フェミニストたちはこれまで集団抗議を組織できなかったと指摘する。両名は《女性憎悪殺人《フェミサイド》》を「相手が女性であるというだけの理由で男性が犯す女性殺害」と定義し、次のように述べる。

ジェンダー中立的な《殺人》という語の代わりとして、このような言葉が長らく必要とされていた。女性殺しを表す言葉の確立は、この女性に対する究極の暴力形態を認知するための重要な一歩となる。不正を名付けること、ひいてはそれについて考える手段を与えることは、通常、それに対抗する運動の立ち上げに先行する。

[Radford and Russell, 1992, p.xiv]

性売買を女性虐待と名付けるうえでの特別な障壁の一つは、それがただ無視され、他の男性による暴力と同じく自然な行為とみなされてきただけでなく、ことに中立的なもの、あるいは良いものとして積極的に名付け直されてきたことにある。性売買の虐待を労働や娯楽と名付ければ、女性たちがみずからの身に降りかかることを虐待と捉えるのはとりわけ困難になる。男性の暴力を詳しく理解することから始めないジャーナリストや研究者は、ストリップや台上ダンスの愉快な話を集めるが、そうしたことが可能なのは、性を買われる女性たちが性的ハラスメントについて語るすべを得られていないからでしかない（Anon, 1995を参照）。

ケリーの聞き取りで共通してみられたのは、女性たちが自身の被った虐待を「過小評価」することだった。彼女はこれが虐待処理の一つの方法だったと論じる。「過小評価」とは「みずからの経験を性暴力と定義しない」ことを指すが、その背景には「支配的となっている意味の影響」か、あるいは「自分のことを暴行された人間とみたくない／みられたくないという思い」が原因として横たわっている（Kelly, 1989, p.145）。ジュディス・ハーマンは著書『心的外傷と回復』で指摘する。「従来の社会的態度では、大半のレイプが侵害と認識されないのみならず、それが被害者に責のある同意にもとづいた性関係と解釈される」（Herman, 1994, p.67）。結果、そうした状況では「多くの女性たちが自身の経験を名付けることすら困難になりうる。意識覚醒は、ただレイプをその本当の名で呼ぶ作業から始まる」。ホイガルドとフィンスタッドは、オスロの路上で性を買われる女性たちの研究において、調査協力者たちが初めのうちは過小評価を行なっていたと説明する。長い時間をかけつつインタビュアーのことを知って信頼できるようになるまで、彼女らは自身の被る暴力について真剣に語ろうとしなかった。

ケリーの聞き取り協力者の一人は、性的ハラスメントを冗談とみなすことについて語った。「それが私なりの処理方法で、その状況を私の生活に立ち入らせないように解釈する方法だったんだと思います」（Kelly, 1989, p.146）。この手法が女性たちに有用だったのは、行動する必要性を取り除くからで、もし行動を起こそうものなら懲罰を受けることもありえた。また、同じ手法は女性が何らの行動も起こせない状況でも有用だった。この後者の「過小評価」はとりわけ性売買で有用性を発揮する。そこでは性的ハラスメントの受け入れが仕事となって女性にそのための金が支払われるが、無論、当の女性はそれを終わらせれば生活を続けることができない。殴打被害者の女性たちは、ケリーいわく、中和の手法を用いて自身の経験を過小評価する。時間が経つか、殴打者のもとを逃れるまで、彼女らは虐待の心理的影響を認識する余裕がない。性を買われる女性たちは、性売買から抜け出すまで同じ状況にあると考えられる。

ケリーの聞き取り調査に答えた一人は、仕事中に耐えていた性的ハラスメントについては過小評価するのが有効だったと振り返る。「男たちは馴れ馴れしく話しかけてきます。体に腕を回して押しかかってきます。私はいつもそれを仕事の一環と思って受け流すだけで、仕事を辞めるまで性的ハラスメントとは考えませんでした」(*ibid.*, p.151)。ケリーの結論によれば、女性たちが虐待経験を問題と捉えるための障壁をなくしていくために、フェミニストたちは「男性の規定するステレオタイプの構築、特にマスメディアでのそれをめぐるキャンペーン」に重きを置き、「フェミニズムにもとづく代替物を広い層に示す」取り組みを続ける必要がある(*ibid.*, p.157)。これは性売買に関しては特に困難を極める。公共圏には、性を買われる女性たちが自身の経験を虐待とみるためのきっかけになる声は、存在しないに等しいからである。それどころか、女性誌、新聞、ポルノグラフィ、その他のメディアには、彼女らがその身に行なわれることを「選択している」「楽しんでいる」あるいは恥じるべきだと語るけたたましい声が溢れている。性を買われる虐待に女性が気づくことは、夫婦間レイプや性的ハラスメントなどの虐待を名付けることと比べてすら、桁外れに難しい。ケリーいわく、多くの女性たちが経験を再定義できたのは、フェミニズムの観点を含む記事や番組や会話を通し、それまでと異なる理解の仕方を発見したからだった。しかしフェミニズムの観点や性売買当事者の権利の観点にもとづくと称する資料から性売買について学ぼうとした女性たちは、高い率で性売買の讃美を目にすることとなる。性的リベラリズムのフェミニズムは、性を買われる女性たちが虐待に気づくことをやさしくするどころか、むしろ難しくする。

トビー・サマーという筆名の性を買われていた女性は、虐待経験の名付けに抗いたがる心理的な圧力について、非常に説得力のあることを書いている。彼女が説明を試みるのは、性売買がいわば「みずからの身体を有する女性に関係」しつつ、同時にその身体が「女、娼婦、レズビアンを憎む男たち」に売られることだという点だった（Summer, 1993, p.233）。自分はずっとフェミニストだったわけではないが、ずっと「自由」になりたかった、と彼女はいう。そして「自由に近づいた」と感じられるのは、性売買での自立に関する「男の嘘」とでもいうものを信じる時だった。

私は身に起こることを（レイプでさえ）選択したんだ、この体に行なわれることを（それが意思に反していようと）気にしない、……悪心《おしん》‐疎外‐打撲‐侮辱‐性感染症……貧困‐中絶はどれもＥＳＴ〔自己啓発トレーニング〕でいうポジティブな態度と共存しうる、と自分に言い聞かせた。〔*ibid.*, p.233〕

本人いわく、彼女は自分に嘘をついていたのであって、それはそうすることで気分が良くなるからだった。嘘は「私の転落を別の何か、より人間的な何かへと変える試みだった」。彼女によれば、それは現実の名付け直しであって現実を変えることではなかった。そして彼女は性売買を抜け出して以降もこの嘘を吐き続けたが、そうしたところで、自分がなぜ「別の男とヤるのではなく蒸し暑い洗濯屋で時給一・〇〇ドル」の仕事をすることに決めたのかは説明できなかった（*ibid.*, p.233）。

性売買における不払い暴力

過去二〇年間に行なわれた研究の多くからは、性を買われる女性たちが高い率で買虐者によるレイプや殴打、および女衒《ぜげん》やパートナーによる殴打を被ることが明らかになった。彼女らは性売買の結果、または売春婦とみられる結果、殺害されることがあまりに多い。アンソロジー『セックス・ワーク』のある寄稿者は、一九八三年から八六年にシアトル一帯で殺された性売買当事者ならびにそうと推定される被害者の数を、八一名と見積もる（Summers, 1988, p.117）。これは性売買の営為に関係する暴力ではあるが、その営為を成り立たせる暴力ではない。その区別を付けるため、私はこれを「不払い暴力」と呼ぶことにする。性売買産業を代弁する擁護者たちは、こうした暴力を労働現場の危険要因とみなし、労働状況と性を買われる女性たちの地位を改めれば、また現在当事者に付与されている社会的スティグマをなくせば、この暴力を一掃できると考える傾向がある。

ホイガルドとフィンスタッドが聞き取りをした二六名の女性のうち、一九名は性売買で利用された結果、暴力を経験していた。しかし共通の経験が広くみられることは、彼女らにとって暴力が「陳腐化」し、「誘拐・監禁・レイプ・殺人脅迫がほとんど茶飯事のように」語れるものであることを意味していた（Hoigard and Finstad, 1992, p.62）。その一因は、彼女らの幼少時代が往々にして暴力的経験の連続で、それが当人たちの予期するところとなっていることにある。彼女らは「暴力を人生の一環として受け入れるよう社会化」されていた。

人生が他の面でも貶めや辱めや蔑みに満ちている場合、暴力は耐えがたいものや非日常とは映らない可能性がある。暴力は不快ではあるが劇的でも予想不可能でもない。人生はつまるところ薔薇《ばら》色ではないということである。[*ibid.*, p.63]

メリッサ・ファーリーとノーマ・ホタリングは、研究において回答者の五五パーセントが買虐者による攻撃を受けていたこと、うち一九パーセントは過去一週間に被害を受けていたことを突き止めた（Farley and Hotaling, 1995）。大半を占める八八パーセントは性売買で身体的脅威を経験したことがあり、三三パーセントは回答時までの過去一週間にそれを被っていた。レイプも横行している。回答者の六八パーセントは性売買の世界に入ってレイプされたことがあり、四六パーセントは買虐者を犯人に挙げた。四八パーセントは性を買われだして以降、五回以上のレイプを被っていた。さらに、回答者の四九パーセントは幼少期に保護者からひどい虐待を受けていた。性売買代替協議会のスーザン・ケイ・ハンターは自身の研究をもとに、性を買われる女性たちがおよそ週一回の頻度でレイプされていると報告する（Hunter, 1994）。

バーミンガムでアイリーン・マクレオドが行なった聞き取り調査でも、性を買われる女性たちは膨大な不払い暴力について証言した。マクレオドは述べる。「ほぼ例外なく、私が接触した性売買当事者たちは客から何らかの深刻な身体的暴力を受けていた」（McLeod, 1982, p.53）。暴力はセックスを目的に振るわれるとはかぎらなかったが、こうも指摘される。

性売買当事者は、男が「イケない」時には殴られることがあり、男が金を取り戻したがって彼女が手渡そうとしない時、あるいはそもそも男が金を払いたくない時には、どこかへ連れて行かれること、脅されることもある。

［*ibid.*, p.54］

マクレオドが突き止めたところでは、性を買われる女性たちは宿命論的な見方に至り、不払い暴力を「仕事に伴う危険要因の一つ」と考えていた。あるオーストラリアの研究では、女性たちの三分の一が何らかの性的でない暴力を被り、一一パーセントは七回以上それを経験していた。五分の一の女性たちは仕事中にレイプをされたことがあった（Perkins, 1994, p.172）。現在、シドニーで性売買店を営むある古参の女性オーナーは、性売買当事者が被る暴力に関して状況は改善していないとみる。「今のお客さんは昔よりも要求が多いですし、お金は抑えながらより変態的なセックスを求めますし、間違いなく、暴力的にもなっています」（*ibid.*, p.139）。

小児性虐待と性売買の結び付き

多くの研究者が性売買と男性の暴力の繋がりを理解するに至ったのは、性を買われる女性たちのうち、相当の割合が幼少期に性虐待を受けたと語っているからでもある。WHISPER（性売買システムに害され反旗を翻す女性たちの会）のエヴリナ・ジョッべは、口述史プロジェクトを通し、回答した女性の九〇パーセントが「幼少期に尋常でない量の身体的・性的虐待」を受けてきたことを明らかにした。「九〇パーセントは家族の中で殴打を被り、七四パーセントは一〇〜一四歳の時に性虐待を受けていた」。性虐待された女性たちのうち、九三パーセントは家族の者に虐げられていた（Giobbe, 1990, p.73）。ジョッベがいうように、性売買は「伝統家族の中で女性が被る不平等と性虐待の商品化であって、それ以下でもそれ以上でもない」（*ibid.*, p.80）。

ジュディス・ハーマンは小児性虐待に関する最初の著書で、小児性虐待が女性を性売買になじませる仕組みについて簡潔に触れた。「父親は事実上、無償で与えられるべき愛情や世話に対して娘に体での支払いを強いる。そうすることで彼は親子間の保護の紐帯《ちゅうたい》を壊し、娘に性売買の手ほどきをする」（Herman, 1981, p.4）。『心的外傷と回復』で、女性たちの幼少期と婚姻生活における虐待経験を拷問被害者のそれになぞらえる彼女は、性虐待を受けた子どもが「自分を娼婦かつ奴隷と定義する環境でみずからのアイデンティティを……築かなければ」ならないと論じる（Herman, 1994, p.100）。性を買われる者になる可能性は、そうした虐待の経験者ほど高く、これは彼女らがしばしば自分は「邪《よこしま》な」人間だという感覚を育てることに起因する。ハーマンの見方では、これは虐待を正当と認める意味体系をつくろうとする結果だという。子どもは自分の内なる邪さが原因だと考え、驚くことに、それによっていくらか変化への希望を抱けるようになる。

> 禁じられた性活動への参加は、虐待される子どもが抱く邪さの感覚を裏付けもする。……もしも当人が性的快感を経験したら、虐待者の特別な注目を浴びたら、褒美を期待したら、あるいは特権を得るために性関係を利用したら、それらの罪は当人の内なる邪さの証拠と解釈される。

［*ibid.*, p.104］

虐待者の犯行に関して自分に責任があると確信した子どもは、みずからを超自然的存在や非人間として描き始める。子どもたちは「魔女、吸血鬼、娼婦、犬、鼠、蛇」といった言葉を用い、虐待者はそれがお前の正体だと彼女らに言い聞かせる（*ibid.*, p.105）。この内なる邪さの感覚は子どもの人格構造の安定した一角となり、成人になっても残ることがある。加害者は侵害を正当化するために被害者をあばずれや娼婦と呼ぶので、結果「一部のサバイバーにとってこの不健全なアイデンティティ形成は性売買に足を踏み入れる原因となる」（*ibid.*, p.51）。

ダイアナ・ラッセルは南アフリカで行なった近親性虐待被害者への聞き取りを分析し、そうした虐待がいかに容易に子どもを性売買に慣れさせるかを示した（Russell, 1995）。彼女の分析は「娼婦をつくる」と題する。聞き取り調査に協力した二三歳の女性は「娼婦」を自認する。彼女は祖父による性的懐柔《グルーミング》を被った人物であり、ラッセルが指摘するように、その経験は一部の虐待被害者にとって性売買の「選択」がいかにまやかしめいているかを明らかにする。最も直接的な効果をおよぼした仕込みの過程は、祖父が彼女にセックスの見返りを支払っていたことである。「性的なことをしたら、彼はお菓子やチップスやアイスクリーム、あるいはお金をくれました。結果、私はそういうものが欲しい時に何をしなければならないかを知りました」（*ibid.*, p.80）。成長するにつれ、彼女は性行為への服従を通して欲しいものを得ることを学んだ。

私たちの関係が終わる三年ほど前から、これは自分が主導することだと感じ始めました。例えば彼が勃起したら「いいよ、早くしたい」とか「だめ、まだ準備できてないから。先にお店へ行きましょう」と言うんです。
[ibid., p.81]

虐待にはこのほかにも性売買の直接的な仕込みとなる要素があった。祖父は彼女に脚を開いて座り、ポルノ雑誌に載っている行為を演じるよう教えた。そうした仕込みは成人になった彼女の性生活に影響し、彼女はいまだ「男がセックスを求めてお金をくれる」ことを期待してしまう。ララというその女性は、自身の経験についてこう結論する。「自分のことを一言で言い表せと言われたら、『私は娼婦です』と言います。娼婦がどんなものかは分かりませんが、私の持っているイメージは、どこまでも利用できる女性というものです」(*ibid.*, pp.85-7)。結婚していなければ自分は性売買で生きていただろうと彼女は考える。

大勢の男とセックスをすることには何の戸惑いもありません。セックスは得意なんだから、無駄にする必要なんてあるのか、と。最大限多くの男にこれを提供してもいいんです。床上手《とこ》であることはいつでも私のアイデンティティでした。……取引の客はみんな把握しています。
[ibid., p.81]

自分は「このために生まれてきた」と彼女は感じている(*ibid.*, p.87)。

性売買は商業的な性暴力

過去一〇年に、フェミニストの活動家と研究者たちは、性売買と性暴力の関連について異なる見方をし始めた。性を買われる女性たちの圧倒的多数が幼少期の性虐待による慣らしを施されていること、性を買われる女性たちが買虐者による頻繁なレイプや暴力に苦しめられていることを指摘するにとどまらず、一部のフェミニストたちは性売買がそれ自体で性暴力になると主張しつつある。セシリー・ホイガルドとリヴ・フィンスタッドは研究を通し、性売買は「甚だしい暴力形態」をなすと結論した。「女性たちの感情生活の貧困化と破壊を鑑《かんが》みるに、客は性売買当事者に対し甚だしい暴力を行使していると述べるのが妥当だろう」(Hoigard and Finstad, 1992, p.115)。割れたあごは治るが、「自尊心を取り戻して感情生活をつくり直すのは遥かに難しい」。この気づきは両名にとって予想外だった。それは研究で得られた「新しい知見」であり、「最も重要な発見」だった。両名いわく、性売買については膨大な文献が存在するが、性売買は暴力であるという事実はそのどこにも書かれていれない。

この議論を最も力強く示したのが、エヴリナ・ジョッベの論文「性売買――レイプの権利を買う行為」である(Giobbe, 1991)。性売買に最も近い性暴力形態は、夫婦間レイプだと彼女は考える。ジョッベの見方では、性売買は雇用よりも婚姻に似ている。

労働契約と違い、伝統的婚姻と性売買はどちらも所有および女性身体の無条件な性的利用権を土台とする。事実、性的ハラスメントの関連法はこの性的利用権の想定から労働者を保護する。

[*ibid.*, p.143]

ジョッベは伝統的婚姻を個人の男性による長期の私的所有、性売買を大勢の男性による短期の公的女性所有と定義する。性売買は所有というより「レンタル」に近い（*ibid.*, p.144）。

彼女が論じるに、性売買では「女性や子どもに対する犯罪が営利事業となる」。犯罪の内訳をみると、男が幼い性売買当事者を利用すれば小児性虐待、性を買われる女性がサドマゾ的なセックスシーンに利用されれば女性殴打、「買虐者が『雇用』条件として性的要求にしたがうことを女性に強いれば」レイプや性的ハラスメントが生じる。ジョッベの分析によれば、貨幣の交換によってそこに含まれる行為の暴力が別のものへと変わることはない。「買虐者が女性や子どもに金を手渡し、こうした行ないにしたがわせることは、その男が小児性虐待やレイプや女性殴打におよぶ事実を変えはしない。それは単にそうした犯罪を性売買と定義し直すだけのことである」（*ibid.*, p.146）。

彼女は性売買が性虐待と不平等の商取引であると結論し、同じ点を明確化するために、フロリダ州の最高裁判所による依頼で同州の性売買に関し調査を行なったフィリッパ・レビンの報告を引用する。

性売買の存在を……心理社会的・社会経済的強要と見定める場合、性売買は現実的にも象徴的にも集団レイプの一種であるとして糾弾するのはレトリックの濫用にあたらない。

[*ibid.*, p.159 より]

ジョッベいわく、性売買が「性虐待だといえるのは、性売買当事者たちの被る無数の性行為が、他のいかなる状況でも、他のいかなる女性に対してなされた場合でも、攻撃的、あるいは少なくとも望まないもの、強いられたものと判断されるからである」(*ibid.*, p.159)。キャスリン・バリーは、性売買で男たちが買うセックスは「レイプで男たちが強いるセックス」と同じだとみる。「それは脱内実化したセックスであり、男の目には人間として存在していない女性たちの身体で演じられるセックスである」(Barry, 1995, p.37)。男たちは常にそこで統制権を握る。

性売買における性暴力の種類

性売買での女性利用に含まれる男たちの性行動はさまざまな形態の男の性暴力を内包する。性を買われる女性たちが被る基本的な男性の性行為を、私は「望まない性交」と呼びたい。この用語は異性愛関係で、女性がみずから望むことなく男性の要求にしたがった場合、ただし同意がなかったという自覚もない場合の性交経験を指して使われる。レイプは同意の不在を意味するので、女性は右の出来事をレイプとはいわない。この経験は性売買に大きく重なる。後者において女性たちは身体を利用されるが、それは生活が懸かっているために拒めないものであると同時に、そうでなければ耐えがたいものでもある。どちらの行ないでも、男性加害者は女性に対し、その人格を尊重することなく性行為をおよぼす。

夫婦間レイプに関するフェミニズム研究は、女性たちが夫やパートナーにそのような形で利用される隠された苦悩の世界を明るみに出した。ダイアナ・ラッセルの夫婦間レイプに関する研究は、性交への同意に関する女性たちの捉え方について啓蒙的な洞察を与えてくれる（Russell, 1990）。それによれば、回答者の一四パーセントは夫や元夫にレイプされたことがあると証言した（ここでのレイプは保守的な定義のもと、脅迫または力の行使を介した女性器・口・肛門への男性器挿入を指す）。これは警察の記録簿に書かれたレイプ犯の型に嵌まるレイプのみをそれと認め、結婚を理想化する層にとっては大きな数字に思えるかもしれない。しかし当面の目的に照らしてより目を引くのは、彼女のレイプ分類に収まらず、多くの司法機関やおそらく多くの当事者男女からも同意があったとみなされがちな性交への服従が広くみられることをこの研究が明らかにした点である。

婚姻・交際関係を築く点でも同意を与える点でも、女性たちは自由で平等な個人ではない（Jeffreys, 1993）。生まれた時から女性たちに作用し、婚姻生活や交際の中でも作用し続ける力は、ほとんど目に映らない。この力は経済的制約からなる部分もある。シア・ハイトによる男性のセクシュアリティの調査によれば、男たちは望まない女性に性交への服従を強いる手段を仲間内で共有しており、その一つに経済的脅迫がある（Hite, 1981）。強要を成り立たせるのは単なる不機嫌から身体的暴力、そして少女や女性に生涯にわたり働きかける諸力、すなわち女が価値を得るには男のもとに付いていなければならない、女は身体の十全性に関する権利をほとんど持たないと囁《ささや》きかける一切の諸力におよぶ。そうした諸力を構成するものの一つは巨大な産業を形づくる性科学、セックスセラピー、セックス助言文献であり、これらはいずれも、男性の性的欲望を満たそうという気になれない女性たちに罪悪感と至らなさの感覚を植え付ける。もう一つは幼少期の性虐待であり、少女たちはその仕込みによって、身体の性的利用だけにもとづく自尊心の概念を持たされる。もう一つは路上や職場でのハラスメント、もう一つは家庭や学校におけるより微妙なハラスメントで、少女はこれにより、自分が男子よりも重要でない者なのだと感じさせられる。女性という一階級全体の人々が、しばしば抵抗できる、あるいはしてよいという意識もなく、望まない、痛みを伴う、侮辱的ですらある身体利用を日常的に許すという現象は、力の働きを考えなければ理解できない。

ニコラ・ゲイビーはニュージーランドの研究で、「考えをはっきり表現できる、教育を受けた中産階級」の女性たちに聞き取りを行ない、男性とのセックスで「よくある」と思う経験について尋ねた。彼女の研究は右のような圧力の働きを確かめ、そうした女性たちが望まないセックスを断りにくく感じていることを明らかにした。ある女性は怒りが持つ支配作用を説明する。「クソアマと言われたり大きな音でドアを閉められたりといったことです。なのでいつも、セックスをしたくないからといって申し訳なく思っていないわけじゃないんだと伝えようとするのですが、通じたためしがありません」(Gavey, 1993, p.109)。別の女性はとにかく少しでも睡眠をとりたいという理由で要求を受け入れた。女性たちは拒絶をできなくするさまざまな圧力について語っている。ゲイビーはこの聞き取りを経て、女性たちは「同意と不同意を別の選択肢として捉えかねる時がある」と結論する (*ibid.*, p.116)。このような形で女性を利用する男たちは、性売買の女性利用をよしと考える者たちだろうと推測するのが妥当に思われる。

婚姻生活での望まない性交がどれだけの苦悩を生むかは、一九八九年の『ガーディアン』紙に載った匿名のライターによる記事がよく表している。

時おり私はベッドに寝そべり、その晩に泣いているであろう全ての女性たちに思いを馳せる。泣くのは自分が明日「それをしなくてはならない」と知っているから。自分に近づいてくる「そいつを感じる」から。自分の上でそいつがうなり声を上げているから。二〇年前の契《ちぎ》りで明け渡した自分の体がもはや自分のものではなく、取り戻すことも叶わないように思えるから。

〔Wilkinson and Kitzinger, 1993, p.307 より〕

のちにこの新聞にはこのライターに共感する女性たちからの手紙が殺到した。そこにつづられた諸例は、女性たちが総じてノーを言わなかった、あるいはそれが可能だと思えなかったため、見かけ上は同意があったように感じられるが、実際には相当の女性虐待があったことを示唆している。性売買における望まない性交は、多数の異なる男が関係する点で、交際におけるそれとは異なる。したがってそこでは違うレベルの苦悩が生じ、より強力な解離の手法が必要となる。

性的ハラスメント

性売買で金が支払われるもう一つの一般的な性暴力は性的ハラスメントである。これはフェミニズムを通してようやくその名称と認知可能な形態を得た虐待の一つに数えられる。キャサリン・マッキノンは、フェミニストたちが性的ハラスメントと定義し始めたものを、性差別の問題として定義しうる領域（法律や教育など）で法的に扱える対象とするうえで特に大きな役割を果たした。彼女は説明する。

性的ハラスメントの被害者には、その苦しみを言い表す名称と、それをジェンダーに結び付ける分析が与えられた。フォーラムが開かれ、被害者には証言する正当性、主張する資格、そして考えられる救済への道が与えられた。それ以前には、彼女らに降りかかったことは問題なしだった。今は違う。

[MacKinnon, 1987, p.104]

この時までは「危害に相当する事実は社会的に『存在』せず、形もなく、認識上のまとまりもなかった。ましてそれが法的主張になるなどありえなかった」(*ibid.*, p.106)。リズ・ケリーは聞き取り調査の際に性的ハラスメントと性的攻撃を区別するのは難しいことに気づいたと語る。彼女の定義では、性的ハラスメントは「視覚的・発話的・身体的な虐待形態のさまざまな組み合わせ」からなる一方、性的攻撃は「常に身体接触を伴う」(Kelly, 1989, p.103)。詳しくはこうである。

視覚的形態は、流し目を使う、脅す、凝視する、性的ジェスチャーを使う、などを含む。発話的形態は、口笛を吹く、当てこすりや噂を用いる、性的ジョークを口にする、言い寄る、露骨に脅しかける、など。身体的形態は、望まれない密着をする、触る、つねる、軽く叩く、故意に撫でまわす、摑む、などからなる。

[*ibid.*, p.103]

最もハラスメントが横行する場所は路上と職場だった。被害女性への効果として、これら全てのハラスメント形態は「侵襲的なものとして経験された。そこには女性たちが不適切だと思う親密さの想定が織り込まれ、女性たちは男性から性的客体として扱われた」(*ibid.*, p.103)。ケリーは女性たちが最もハラスメントを経験しやすい職場環境は最もセクシュアル化されたところであることを確かめた。性産業で働く女性たちは客の虐待的行動を伝える。

> クソ客に呼ばれるごとに一ポンドがほしいです。……ステージに歩み出る時は十中八九、汚くののしられることを予想します。寄せられる注目は基本的に敵意であって賞讃じゃありません。……どんな男連れが来ようと、その素性に関係なく、彼らはみんな驚くほど似通った振る舞いをして……心底吐き気のすることをあれこれ喋ります。女の子を捕まえて酒瓶を突っ込もうとしてくるなんてこともあるんです。[*ibid.*, p.105]

性を買われる女性たちの組合加入を推進する者たちは間違いなく、自分たちが改善したいのはまさにこうした問題、つまり性的ハラスメントで品位が損なわれた劣悪な労働環境なのだと説明するだろう。なるほど口も手も出さない品行方正な男客の前でストリップをするほうが苦痛は小さいかもしれない。が、ここに問題がある。ストリップの仕事は男たちが射精できるよう、性的客体になることにほかならない。仕事のどこまでが金を支払われる性的ハラスメントで、ゆえにハラスメントとならず、どこからが仕事既定から外れる許されない行為か、という線引きをするなら、両者に実質的な違いがあると信じなければならない。もちろん、女性たちは疑問の湧く区別を設けることに長《た》けている。マッキノンが言うように、女性たちは性的手ほどきと性的ハラスメント、ポルノグラフィと性愛文学、通常の性交とレイプのあいだに線を引くよう求められる。性産業では、金を支払われる性的「注目」と性的ハラスメントを区別しなければならない。問題は、そもそも性的客体になる仕事が許容できるという考え方にある。バーメイドの労働は古くからセクシュアル化されているため、独自の性的ハラスメント問題を生む。ケリーの研究に協力した女性たちによれば、客は性的な発言や言い寄りを自分の権利だと思っていた。

それがバーメイドの要《かなめ》をなすところ、あるいは少なくとも雇い主から与えられる印象です。……一部の人［客］は心底吐き気がする連中で、言ってくることは本当に、本当にひどいんですが、それは表に出さない約束で、ただ仕事をこなすんです。［*ibid.*, p.105］

少なくともバーテンの仕事は男性も行なうことができ、表向き性的なだけではない部分もあるので、仕事の脱セクシュアル化へ向けた取り組みも考えられる。脱セクシュアル化、つまり性的客体になることは仕事の一環ではないという主張は、ハラスメントをなくすのに役立つかもしれない。が、性産業の代理店が上をはだけたバーメイドやウェイトレスや小売スタッフを揃えて、そうした労働を再セクシュアル化すれば、女性労働の脱セクシュアル化は極めて困難な道のりになるだろう。

ケリーいわく、男たちは女性たちの仕事がセクシュアル化されている度合いや職場環境の性比によって、どれだけの性的ハラスメントが認められるかを感覚的に判断する。「ストリッパーに対して認められると男たちが判断する扱いは、バーメイドの扱いとしては認められず、後者に対して認められそうなことはオフィスでは通常認められない」（*ibid.*, p.105）。ただし、そうした微妙な違いを男たちが運用できると期待することはできそうにない。ストリッパーを鑑賞してオフィスに戻ってきた男たちが、秘書は積極的な性的客体でないと判断できるとは思えない。また、女性の視点からみれば、セクシュアル化が進んだ労働形態をこなしているからといって性的ハラスメントの苦痛が減るなどと信じられる理由はない。

性産業の諸領域において、女性たちに苦痛を与える性的ハラスメントは金の支払いにより普通化されている。性を買われる女性たちは一定量の実地の性的ハラスメントを仕事の一環として受け入れなければならない。視覚的ハラスメントもしかりで、彼女らは男たちが店舗や路上でこれから利用する女性を選ぶあいだ、支配的な男性のまなざしによって性的客体へと落とし込まれる。性を買われるフランス人女性の一人は、性売買店でこれを経験した結果、選ばれる感覚を振り返りつつ、「不快でヘドが出る。女性にとってはおぞましいこと」だと語っている（Jaget, 1980, p.75）。視覚的ハラスメントはストリップや台上ダンスで男たちが購入するものとなっている。発話的ハラスメントも性産業の一部門であるセックス電話サービスを通して購入できる。これらのセックス回線は「卑猥な通話」の行ないを制度化する。

性的ハラスメントを伴う電話についてのフェミニズム研究は極めて少ない。しかしそうした電話が極めて広く横行しているらしいことは分かっている（Sheffield, 1993）。あるアメリカの研究者は、サンプルとした女子学生の八三パーセントが「卑猥」な電話を受けたことがあると明らかにした（Kelly, 1989, p.83の引用より）。リズ・ケリーの報告によると、ブリティッシュ・テレコム〔イギリス最大の電信電話会社〕に寄せられる卑猥もしくは悪質な電話の苦情は年間三〇万件超にもなる。彼女の聞き取り協力者たちはそうした電話を受けて怒りや衝撃や恐怖を感じていた（*ibid.*, p.101）。ケリーによればさらに、苦悩や希死《きし》念慮《ねんりょ》を抱える人向けの電話サービスであるサマリタンズのイギリス支部は一九八〇年代初頭、卑猥な通話をしたがる男用に「コール・リタ」という特別サービスを導入した。当然これは良いことにならず、女性ボランティアたちはいまだ仕事の一環でそうした男からの電話を聞くよう求められている（*ibid.*, note 5, p.258）。明らかにサマリタンズはそうした電話を男性暴力の一種とは全く認識していない。でなければ女性ボランティアにそれを甘受するよう求めることはありえない。

種々の性暴力を一定の値段で男たちに販売する性産業は、性暴力の一掃をめざすフェミニストたちにとってますます大きな分厚い障壁となりつつある。望まない性交、あるいは望まない接触や視線や言葉を介した性的ハラスメントなどの行ないによる女性たちの苦悩と権利・機会の侵害にフェミニストたちが光を当てようとしているかたわら、性産業の諸部門はそれらの行ないを楽しくかつ許されることとして男たちに教え込んでいる。性産業が市場に流通させているのは、まさにフェミニストたちが路上や職場や寝室から一掃しようとしている暴力であり、従属化の行ないにほかならない。

性売買と性暴力の作用

レイプ、近親性虐待、性的ハラスメント、夫婦間レイプなど、諸々の性暴力が女性たちにおよぼす作用についてフェミニストたちが蓄積してきた研究は、性売買の作用についても有効に応用できる。フェミニストの精神分析医や心理学者たち、例えばジュディス・ハーマンなどは、男性主流文化の心理学者が他の拷問や投獄による病状として認める心的外傷後ストレス障害の概念を、近親性虐待や家庭内暴力の理解にも応用してきた（Herman, 1994）。ディー・グラハムは名著『生き残るために愛する』（一九九四年）で、人質《ひとじち》が拘束者と親密になる現象を分析するところから発達したストックホルム症候群の概念を用い、グラハムのいう「性的テロリズム」の恐怖や脅威を抱えて生きる全女性の状況を説明した。

エヴリナ・ジョッベはWHISPERの口述史プロジェクトで得られた知見のもと、性売買がその作用においてレイプと酷似すると論じる。この作用には屈辱を与えられた、貶められた、汚《けが》された、汚《けが》らわしいといった感覚が含まれる。性を買われる女性たちは男性と密接な関係を築くに際して同様の困難を経験していた。彼女らは男性への軽蔑や憎悪を抱くに至った。セクシュアリティへの悪影響、フラッシュバック、悪夢にも悩まされ、離れない恐怖と深い感情的痛苦はしばしば悲嘆の様相を呈した（Giobbe, 1991, p.155）。

強制収容所にいた人々が外へ出た時の感覚を想像するようです。……あるのは奥底に突き刺さる痛み、人としてのこの心、この体、この尊厳に対する攻撃です。性売買で奪われたものは取り戻せないと感じます。

[*ibid.*, p.156]

一部の女性たちはジョッベのいう「緋文字《ひもんじ》症候群」、すなわち人々、特に男性が「一目で自分を元性売買当事者だと見抜いてしまう」という思い込みに苦しんでいた（訳注1）（*ibid.*）。ジョッベが見出したもう一つの作用は自殺である。公立病院の数字によれば、全自殺被害者のうち一五パーセントは性売買当事者が占め、コールガールに関するある調査によれば、七五パーセントの当事者が自殺を企てていたという。

これらの作用を踏まえるに、性売買が被害者なき犯罪だという考えは支えられないと彼女は指摘する。

ジョッベの研究に協力した性を買われる女性たちは、自身を悩ませるダメージについて自身を責め、自分が「ちゃんとやれなかった」と考えていたが、これは殴打を被る妻たちが自身を苦しめる暴力のことで常に自身を責める現象と重なる。自分が無価値だという感覚は性売買において増強されるが、その原因は男たちによる女性の扱いにある。買虐者たちは自分が利用する女性を非人格として扱うことに徹しているので、行為を演じる女性たちが泣いていても気づきすらしない。ジョッベがみるに、この外傷に匹敵するものは深刻な性虐待・レイプ・殴打の被害者にみられるそれをおいてない。性売買を除き、「参加者」にこうも深甚な外傷作用をおよぼす状況や交流は、個人間のそれであろうと社会的なそれであろうと、あるいは労働関連のそれであろうと認められるはずがない。そこでジョッベは、こうした作用を踏まえるにつけても、性を買われる女性たちが被害者やサバイバーではなく完全な同意にもとづく参加者とみられるのは言語道断だと結論する。

男性による性売買での女性利用が性暴力であると示すための一つの方途として、フェミニストたちは目下、長期にわたる性売買虐待のダメージを心的外傷後ストレス障害と同定することを試みている。メリッサ・ファーリーとノーマ・ホタリングは一九九五年に北京で開かれた第四回世界女性会議のNGOフォーラムでこの主題の論文を発表した。両名は性売買に内在する害の証拠を示すことが研究の狙いだ

訳注1　「緋文字症候群」はナサニエル・ホーソーンの小説『緋文字』にちなみ、消せない烙印に悩まされることを意味する。

と説明する。

現在の心理学・医学文献では、自分の体をセックスのために売るという行為に内在する害についてはほとんど議論されていない。筆者らは性売買の経験を心的外傷ストレスの経験と捉える。……性売買の経験は繰り返し性的な攻撃を受け、支配・殴打・脅迫される経験である。

[Farley and Hotaling, 1995, p.1]

両名は性を買われる女性たちが人質や拷問の被害者と同様、多数のストレス要因に苛《さいな》まれて心的外傷後ストレス障害に至ると考える。

ファーリーとホタリングは一三〇名の性を買われる女性、トランスジェンダー、男性たちに聞き取りを行なった。すると五七パーセントの人々が幼少期に性虐待を受けていたことが判明したが、両名はこれが過小な数字であるとみる。回答者は何が虐待かをはっきり分かっていないこともあり、データを集めている最中に女衒《ぜげん》が付き添っていると苦悩を小さく見積もったからである。加えて、回答者たちは幼少期の性虐待を否定することもある。ファーリーとホタリングが明らかにしたところでは、性を買われる人一三〇名のうち四一パーセントが心的外傷後ストレス障害の診断基準を満たしていた。これはシェルターの殴打被害女性における四五〜八四パーセントという数字、それにベトナム帰還兵の一五パーセントという数字に比肩する。

ノルウェーの研究者、セシリー・ホイガルドとリヴ・フィンスタッドは、著書『裏通り』(一九九二年)

で、数年にわたる徹底した聞き取り調査をもとに、性を買われるオスロの女性たちが受けたダメージを克明に書き留める。両名はこの研究が性売買で使われる防衛機制とそうした手法の長期影響に注目した点で独特なものと考える。回答者のうち、公私における自己の分離を保つのが難しいと訴えなかったのは一、二名だけだった（Hoigard and Finstad, 1992, p.107）。女性たちは自身の性生活の崩壊を訴えた。それは単にセックスが退屈になったからということもある。ある女性は性売買をしながら性関係を求めた経験について振り返った。

自分がクソカスで気分が悪くなる。腹が立つやら苦々しいやら。あれはセックスじゃなくて何かひどいもの、おぞましいものだよ。やってる時に吐いたけど、ひどいとか考える間もなくただ込み上げてきた。生理的に。〔*ibid.*, p.109〕

他の女性たちはオルガスムに至れなくなって、なおその演技をしなくてはならないことについて語る。自分が硬く冷たくなった感覚を語る女性もいる。一人はこう言った。「私は客が使うただの性器です」。何も感じられなくなったと話す女性もいるが、それは支払いを伴わない「暴力」のせいとはかぎらず、むしろ「日々の決まった性売買行為」を原因とする（*ibid.*, p.112）。

長い引用の中で、二人の女性は性売買の外での生活を営むこと、例えば試験を受けたり会議で起立して意見を述べたりといったことが難しい、なぜなら仮面を外せば、自分は性を買われていた人間だったことに変わりないと感じるからだと語る。それは二重生活を送っている感覚だった。一人はいう。

いつもタンポンを使っているんです。生理じゃない時も。臭うんじゃないかと気になるので。人と密着するところには座りません。耳はぬるぬるが溢れ出しそうで怖いので一日に一〇回は洗います。

[*ibid*., p.113]

もう一人は感情的関係が衰えたと証言する。そうした関係を築こうとすると「自分が憎くてこの体が汚らしい」と思い始めるからだという（*ibid*., p.113）。ホイガルドとフィンスタッドは、回答者たちが自分の身体とセクシュアリティを蔑むようになったと言い、自分を汚物と思って吐くと語っていたことから、次のように結論する。

私たちは身体の中にある——常に。私たちは身体である。女性がみずからの性を売買する時、身体との関係に変化が生じる。それは腫れ物の中で人生を歩む感覚、あるいは吹き出物に頭から爪先まで覆われる感覚に近い。

[*ibid*., p.108]

解離

性を買われる女性たちが侵害から自己感覚を守るために用いる解離の手法は、性虐待を受ける子どもが用いる解離に酷似しており、この二つの経験が同様に虐待的であることをよく物語っている。ハーマンの指摘によれば、全ての子どもが解離しうるが、その能力を最も発達させるのは虐待される子どもたちだという。

ほとんどの児童虐待サバイバーはトランス状態になるのが得意だと語るが、一部の人々は一種の解離の技を育てる。彼女らは深刻な痛みを無視し、記憶を複雑な健忘の中に隠し、時間・場所・人物の感覚を変え、憑依《ひょうい》状態の幻覚を持ち込む。

〔Herman, 1994, p.100〕

ホイガルドとフィンスタッドは聞き取り協力者たちに自身が用いる防衛機制について詳しく尋ねた。両名が知りたかったのは「自分の性を売買する時、どのようにして自分自身の売買を避けるのか」であり、これは「世界中の性売買当事者にとって根本的な問い」と思われた（Hoigard and Finstad, 1992, p.64）。いわく、性を買われる女性たちは巧妙で複雑なシステムを編み出し、「本当の私、自己、人格を、客による侵略と破壊から」守っていた。両名が指摘するように、こうした機制を視野に入れる性売買の文献は非常に似通った手法を報告している（Jaget, 1980; McLeod, 1982）。女性たちが自分を断つ方法は、別のことを考える、アルコールやバリウム〔精神安定剤〕その他の薬を使うなど、人によって異なる。ある女性は説明した。「いやもう、全部うんざりだから。目と耳を閉じるんだよ。感覚に関係するものは全部断ち切る。それでも全然、ちっとも良くならないけど。好きな人を相手にするのとはそもそもからして違うから。ちゃんとした彼氏ができたらやめるつもり」（Hoigard and Finstad, 1992, p.65）。

ホイガルドとフィンスタッドや、当事者に寄り添った他の文献が記録するもう一つの自己防衛方法は、性売買以外で使う身体部位を残しておく、というものである。『裏通り』が指摘するように、性を買われる女性たちは男がデートで触ってよいとされる箇所についての伝統的な理解を反転させる。性器は許すが口は禁物というのもその一例となる。ある女性は言う。「首に抱きついてのキスはいやだから――忘れて」。もう一人も言う。「キスは耐えられないですね。……胸が悪くなります」(*ibid.*, p.66)。

他には、行為を可能なかぎり短く済ませる手もある。ホイガルドとフィンスタッドの説明によれば、「買虐者の持ち時間が減れば、それだけ侵略できる余地も減る」(*ibid.*, p.68)。聞き取り協力者の一人は性売買を早く済ませて乗り切る方法を語る。

> 一五分以上かかったら長いです。三〇分は極端に長いです。服は着たままそこに座って、片脚だけ下着を脱ぐ。これをセックスとは言いません。私は別のことを考えて、時間を過ごそうとしながら、早めるために少し呼吸のペースを上げるんです。
>
> [*ibid.*, p.69]

別の女性が言うように「長すぎると体がズキズキ痛む」。興奮を装うのは性売買を早める常套手段である。

性を買われる女性たちはウィッグや新しい名前などによって違う自己を装うさまざまな手法を使うこともあれば、行為後にシャワーで体を徹底的に洗い、「一般市民としての自己」を守ることもある(*ibid.*, p.70)。しかし懸念されることに、一部の女性たちに関しては防衛機制が現在崩壊しかかっているとの証拠もある。一例として薬物、特にクラック・コカインのための金を欲する女性たちがいる。制約がなくなると自己は性搾取される利用対象物へと落とされてしまう(Barry, 1995, p.44)。

全ての研究者が解離の手法を性売買の負の側面とみるわけではない。性売買研究で性暴力の観点を用いないアイリーン・マクレオドは、性を買われる女性たちが労働に関し統制権を有する証として解離を捉える。「性売買当事者はいくらかの点で自身の労働に関しそれなりの統制権を握っている」(McLeod, 1982, p.36)。彼女らは「独立した商人の精神」で「強い立場から交渉を行なう」。その統制権の証拠として、マクレオドは客をせかす、「自分のスイッチを切る」など、まさにホイガルドとフィンスタッドらが害の存在の証とみる手法を挙げる。こうした「防衛策」の使用をみれば、働く性売買当事者は「体と同様、感情的本質も意思に反して奪われる気はない」ことが分かる、と彼女はいう。しかしながら、労働を統制する性売買当事者の強さを示すとされるところの、スイッチを切る手法は、他の研究者が確かめた通り、彼女の回答者たちにも同じ負の作用をもたらしていた。マクレオドの聞き取り協力者の一人は述べる。「何も感じなくなります。ロボットです」(*ibid.*, pp.40, 58)。

性売買を男性の性暴力の一形態と捉えることは、性を買われる女性たちによるダメージについての証言を研究者が聞いて真剣に受け止め、その結果に光を投げかけるための条件となる。この捉え方は買春者たちを、単に自然に振る舞う男性としてではなく、加害者として可視化する。と同時に、性産業がつくり出す深刻な障壁により、女性に対する暴力をなくすというフェミニズムの目標達成が阻まれていることを明らかにする。性産業はこの暴力行使に金を投じるよう男たちをそそのかし、女性を普通の尊重に値しない性的客体かつ非人格として扱うことは認められるのだと教え込む。性売買を性暴力と定義することは、フェミニズムの人権理論・人権戦略という形で、世界の性売買に対抗するキャンペーンを打ち出すための有望な新アプローチを生む。

フェミニストの人権理論家たちは、次章でみるように、女性に対する男たちの暴力は女性たちの人権侵害だという認識を国際法に組み込もうと尽力している。

第10章

性暴力、フェミニズムの人権理論、性売買の除外

自分の体に居所を持たない者……。

［Lepa Mladjenovic, セルビア人フェミニストの反戦活動家が戦時レイプの作用を語った言葉。Copelon, 1995, p.202 より］

一九九三年一〇月、国際連合総会は「女性に対する暴力の撤廃に関する宣言」の採択を決議した（United Nations, 1996）。この宣言は女性に対する暴力を人権侵害と認めさせようとしてきたフェミニスト活動家たちの決然たる努力の成果である。その女性に対する暴力の一般的定義は、性売買を含めるのによく適している。

女性に対する肉体的、精神的、性的または心理的損害または苦痛が結果的に生じるか、もしくは生じるであろう性に基づくあらゆる暴力行為を意味し、公的または私的生活のいずれで起こるもの

であっても、かかる行為を行うという脅迫、強制又は恣意的な自由の剥奪を含む。 [*ibid.*, p.475]

しかしこの宣言で女性に対する暴力と理解される行為の一覧は「自由」性売買を除外する。含まれるのは「女性の人身売買および強制売春」にかぎられる。キャスリン・バリーが指摘するように、あらゆる形態の性搾取が宣言に含まれないのは「見落としではない」(Barry, 1995)。バリーは起草に関わった人々との対話をもとに、性売買は最終決定において文書から除外されたと結論する。本章の狙いは、女性に対する暴力と闘うフェミニズムの人権理論・人権活動に性売買を含める適切さと重要さを明らかにすることである。しかしその前に、フェミニズムの理論と活動で争われている点、すなわち、人権はそもそもフェミニストにとって有用な道具なのかという論争を考えてみたい。私は人権を用いる言語がいくらかの場面で有用だと考えるが、本章で示すように、この立場は人権概念の利点のみならず陥穽《かんせい》をも含めた理解を確固たる土台とする必要がある。

権利への疑念

権利への疑念はフェミニズムと無関係な多くの出典にみられる。ジェレミー・ウォルドロンの説明によれば、二〇世紀末にはそれまでよりも遥かに真剣に権利が受け止められるようになったが、激しい論争はなお続いている。批判者たちは次のような点に懸念を抱く。

こうした理論の抽象的普遍性、権利の個人主義、権利と共同体の要求との緊張関係、政治理論における社会契約モデルの使用、権利の主張における絶対主義ならびに過度な単純化とみえるもの、政治的議論における理性の利用と濫用および先験主義〔知識は理性のみから演繹できる、との考え方〕、問題含みの自然法概念。

〔Waldron, 1987, p.3〕

フェミニストを含む多くの政治的な活動家や理論家が権利に向ける懐疑は、マルクスの「ユダヤ人問題に寄せて」の考え方を土台とする。マルクスが論じるに、権利概念が表現するのは普遍的な人間本性の原理を象徴するものとされた有産資本家の諸個人の利益にほかならない。その利益には国家の規制や社会福祉の義務を逃れる有産階級の自由も含まれ、その目的は制約なき個人利益の追求を可能とすることにある。そうした利益から自由権・財産権・個人の安全権が発生する。

人権に関する文献の一部は、権利が社会主義者のあらゆる関心事に対立するという見方を肯定する。アーウィン・コトラーは論集『二一世紀の人権』に「人権と現代の革命工具」と題する情熱的な章を寄せた（Cotler, 1993）。国際人権運動とでもいうべきものは新たな解放運動であり、人々を他の諸々と並んで社会主義から解放すると彼は考え、ベルリンの壁崩壊を喜ばしそうに語る。人権運動が形づくった人権革命を通し、東欧の「人民の力」は「国家と政党」に打ち勝った、と。

してみればこれは人民の、力なき者たちの力の年であり、革命の、「武力も虚偽もなき」柔らかな革命の年だった。……そして最も重要なことに、この革命を繋ぎ留めていたのは——かつ駆り立ていたのは――人権という一つの概念の力であり、この概念は私たちの時代における「世俗の宗教」として現れたものである。そこにおいて、国際人権法――人権の国際化と国際法の人道化――は「人権」革命の革命的変化をもたらす主体となった。

[Cotler, 1991, p.9]

しかしコトラーが考えるような権利は万人の食卓にパンをもたらすものではなく、多くの場合、パンはすぐに消えていく。抽象的な個人の権利よりも社会正義を重視する者にとって、この絶対的な反共産主義の信念に心から入れ込む態度は共有しがたい。

社会主義の伝統に則るフェミニストたちが権利の議論を用いることに懐疑的だったのは意外ではない。その一人はイギリスのフェミニスト法学者キャロル・スマートで、彼女は権利概念の欠陥が多すぎるため、これを社会正義の目的に用いることはできないと考える。スマートいわく、女性もしくは力を持たない他の集団が「父権的判例の上に築かれた」法律に頼ると、自身らに敵対しうる権力を呼び出すことになる（Smart, 1989, p.138）。彼女は例として、イギリスの性差別法と人種関係法を挙げる。どちらも、この法律は自分たちを守るためにつくられたと信じる人々を害する形で、力ある者たち（男性またはイギリス白人）の権利要求に利用されうる。彼女の考えでは、平等な権利を求める初期フェミニストたちの闘いが正当だったのは法的に押し付けられた障害物に抗《あらが》っていたからであるが、いまや法律は女性に認めない権利を男性にも与えない。

私は権利のレトリックが使い尽くされ、有害にすらなっているかもしれないと述べたい。これは特に、女性たちの求める権利が（抽象的な意味で）男性との平等な権利を打ち立てるためのものではなく、対応する男権のない「特別」な権利（例えば女性の選択権）である場合にいえる。［*ibid.*, p.139］

しかし権利の観点から議論することはフェミニストにとって魅力がある、と彼女はいう。権利は利益を向上させるための「政治的言語」を形づくるからである。権利は民間に理解され受容されているので、「ある争点が権利の問題だと主張すればそれに正当性を与えられる」。権利の語りを通せば主張を労働組合や議会やメディアに取り上げさせることができる。「権利に反対するのは美徳に反対するのに負けず劣らず難しい」ので、その語りは反論を潰《つぶ》せる（*ibid.*, p.142）。

スマートは権利の使用に反対する理由として、「権利は複雑な権力関係を単純化する」と指摘する。その結果、権利の獲得は「権力差が『解消』されたこと」の表れだという誤った考えが生じうる（*ibid.*, p.144）。彼女によれば、法的権利は問題を解消するのではなく、それを法的解決が可能とみなされるものへと「置換」する。権利の使用に伴うもう一つの問題は、権利と権利が衝突しうることである。これは男性暴力から女性と子どもを守るなど、女性たちにとって決定的に重要ないくつかの領域に見て取れる。「子や妻は虐待されない権利を持つ一方、夫は夫で法律に支えられた権利を持つ。例えば『彼の《じぶん》』家に暮らす権利、『彼の《じぶん》』子どもの面倒をみる権利など……」（*ibid.*, p.145）。権利が力ある者に専有され、弱い者に対して利用される事態は、フェミニストにとって大きな懸念事項となる問題に違いない。一例は欧州連合の「子どもの権利条約」で、「これは現在、独身男性の親権を非嫡出子にまで拡張するために利用されている」（*ibid.*）。独身の父親は「家族生活の権利」を利用して子どもに対する権利を主張していた。

権利の使用が逆効果になりうることを示す好例として、ジュディ・ファッジはカナダの新たな権利憲章とそれによる性暴力関連法への影響を挙げる。憲章は概略的な形であれ平等な権利を支持するものであったため、フェミニストたちはこれに期待を寄せているようだった。が、彼女らを驚かせたのは、男性たちがこの憲章の平等規定を用い、フェミニストらの尽力で導入された新たな性暴力関連法の条項を出し抜けることが判明した時だった。男性の被告人らは、女性の犯罪者や男児に対して平等に適用されない法律は差別的だと論じ、性暴力に関する新刑法の二箇条に異議を申し立てることに成功した。くだんの箇条が扱っていたのは、「男性」による一四歳以下の女性または「義理の娘、養子の娘、被後見人の女性」との性交だった(Fudge, 1989, p.451)。ここから分かるのは、法制定前に不平等な位置にいる力ない集団の人々を守る点で、抽象的な平等権は効力を持たないという事実である。フェミニズムに影響された性暴力関連法はこの点を踏まえていたが、形式的な平等概念に依拠する憲章はそれができていなかった。

エリザベス・キングドンの著書『権利は何が間違っているのか』は、彼女のエッセイを集成したもので、権利概念がイギリスの政治的討論の場で勢力を強めつつあった時代に書かれた。例えばある種の権利宣言を求める声がある。キングドンは法律と権利使用の双方に関するフェミニズムのアプローチを批判する。マルクス主義による法律へのアプローチと、キャサリン・マッキノンに関係するフェミニズムのアプローチを、彼女は「本質主義的」と咎め、「ここでいう本質主義とは、法的関係が経済的関係に落とし込めると主張する一種の還元主義」、あるいはフェミニズム法理論の場合、法的関係を男女の権力関係に落とし込めるとするそれだと述べる（Kingdon, 1991, p.46）。他方、権利も本質主義的であり、なんとなればそれは本質主義的な理論、大抵は「自然」法と生得的権利の概念に依拠するからだという。ポストモダンその他のフェミニスト界隈では、好かない思想をことごとく「本質主義的」と咎めることが流行なので、この言葉は完全に意味を失い、「私はそれに賛同しない」という主張の省略語となった。それは相手を萎縮させて議論を制圧するために使われる言葉でしかない。当然ながら、権利が「自然」な何かに依拠しなければならないなどということはなく、アトラクタ・イングラムはその点を著書『権利の政治理論』（一九九四年）で説明しようと試みる。権利は共同体が原初状態のうちに価値観を探し求めた結果ではなく、価値観について決定を下した結果の産物でありうる。

フェミニズムの権利使用をめぐるキングドンの主たる懸念は、衝突する権利の問題にある。彼女はいう。「女性には生殖の権利があるとフェミニストが主張するなら、同じ権利を男性が主張してはならないとする明確な理由はなく、伝統的なリベラルの平等思想に立つと、その主張に反対するのは難しい」（Kingdon, 1991, p.79）。フェミニストは権利の議論を用いるべきでなく、より女性たちの政治的状況に適った議論を用いたほうがよい、と彼女は示唆する。

私はやはり「女性の権利」を能力、力量、有能性の観点から再概念化する道を推したい。公式の権利宣言にはフェミニストからみて長所と短所が含まれる可能性があり、その同定を手助けすることが政治的な仕事における私なりの習慣だからである。

［*ibid.*, p.131］

彼女はこの作業の実例を示す。権利宣言をめぐる論争が起こっていたスコットランドで、ある女性団体は権利という言葉の使用を避けつつ俎上の問題に取り組む介入を選んだ。この女性たちは平等性監査や積極的差別是正措置など、スコットランドにおける女性たちの政治的地位を改善する一一点の奨励プログラムを提出した。権利への言及はなかったということで、キングドンは「権利言説を用いずともフェミニズムの法政治は文書化できる」と述べる（*ibid.*, p.152）。

スマートやキングドンのようなフェミニストの法理論家による批判は、必ずしも権利が法律を支える主たる力となっていない枠組みにも当てはまる。両名はいずれもイギリス人で、イギリスには権利宣言がない。アメリカのフェミニズム理論家たちは、権利概念を土台とする法制度との関わり方を決めなければならないという、より厄介な課題を抱えている。キングドンは記す。

> 権利を用いるか否かの決定は……その形をとるキャンペーンの成功・失敗可能性を測る計算にもとづかなければならない。……フェミニズム政治の地平を選ぶことは常に可能とはかぎらない。……アメリカの政治的風土はイギリスとは異なり、その一因はイギリスに権利の観点から書かれた憲法典が存在しないことにある。……こうした理由から、イギリスのフェミニストたちはアメリカのフェミニストたちよりも権利言説を放棄しやすい立場にある。
> [*ibid.*, p.130]

キングドンは結論として、「フェミニズムの法政治が権利に訴えるべきかどうかを、個々のケースで事前に判断できるよう、単一の原則」を打ち立てることは不可能だと論じる（*ibid.*, p.149）。権利使用の効果は状況による。

国際人権法の使用に期待するフェミニストたちの熱意は、脱構築主義者からも批判されだした。人権は西洋イデオロギーが植民地支配を通し、それが容易に適用されそうにない文化圏に押し付けてきたものであるため、その概念は偽りの普遍主義を生むものとみなされている。ラディカ・クマラスワミは南アジアの女性たちに関する文脈から、この普遍主義の問題を考える。彼女がめざすのは、西洋が思想的に優れているとする「東洋学の罠」と、その逆に東洋の共同体主義を尊ぶ感傷的な見方のどちらでもない道を探し出すことだった。

> 世界を二極的なカテゴリーに分かつのはたやすい。西洋は女性の権利に関して進歩的で、東洋は野蛮かつ後進的である。東洋視点からこの議論を反転させると、区別は認めるが、東洋のほうが優れており、より共同体志向で、より自己中心的でなく、この「敵対的」な権利概念が占める場所はない、という見方になる。
>
> [Coomaraswamy, 1994, p.40]

クマラスワミは、フェミニズムの人権運動が内包する「啓蒙的」な人間観、すなわち「権利と理性的主体性を与えられた個人としての自由で自立的な女性」観は支持するという。しかし彼女の考えでは、世界人権宣言に含まれる価値観が真に普遍的だと想定するのは誤りで、そうだとすると「世界の半分以上の人々が嘲笑の的」になってしまう（*ibid.*, pp.40, 41）。スリランカでは「権利言説ならびにその力を与えられた個人の概念が、共同体主義的な家族の概念と衝突する。後者は権利言説よりも遥かに強力なイデオロギーで、おそらく女性の権利活動家が面する最も厄介な障害物である」（*ibid.*, p.52）。興味深いことに、クマラスワミは植民地時代の属人法とともにスリランカへ入ってきた私的領域の概念が女性の権利のさまたげになっていると結論する。

セリナ・ロマニーは、フェミニズムの人権法批判が「対話を重ね、文化多様性のフィルターを前にフェミニズムの反服従論を押し通す必要がある」と力説する（Romany, 1994, p.106）。しかしそのような取り組みは「相対主義的な無気力を脱し」なければならない。「相対主義的な諦め」は現状を強化しかねないからである。彼女によれば、女性たちは「男性的価値観の覇権に対する異議申し立て」がつぶされる危険を鑑み、伝統にどれだけの権威を認めるかをよく検討しなければならない（*ibid.*, p.107）。

スマート、キングドン、ファッジらはこのように、権利は力ある者たちがない者たちに敵対する形で流用しうるとして警戒を呼び掛けるが、権利の議論に触れ始めたばかりの抑圧される有権者たちにとって、権利の解体はそれを使用する試みほど緊急性を持たないと思われる。黒人法理論家のパトリシア・ウィリアムズはこの議論を示す。

> 「権利」はほとんどの黒人にとって非常に新鮮な味わいがある。それを唱えると、今でも甘美なエンパワメントの効果が得られる。それは、現時点では……再建を考えることが非常に難しい自己の証にして、贈り物である。権利は可視性と不可視性、包摂と排除、権力と無力の魔法の杖にあたる。
>
> 〔Charlesworth, 1994, p.61 より〕

フェミニズムからの権利批判は、総じて国際人権法の利用と反《そ》りが合わないように思える。国際法は特に権利を土台とする点で国内司法とは大きく異なる。権利を避ける言語は曖昧で役立たずになりやすい。また、フェミニズムの批判が国際法に該当しにくいと思われる要因はもう一つある。メルボルン大学法学院で一九九六年に開かれたフェミニズムと国際法に関する会合において、著名なフェミニストの法理論家であるヒラリー・チャールズワースやクリスティン・チンキンらはこう論じた——権利の言語だけが妥当性を持ちえる以上、国際法を女性たちのために用いることをめざす人々にとって選択肢はない（非政府組織に属する聴衆の女性たちはこの主張を裏づけるように、我々には権利の言語を用いる以外に選択肢はないと語った）。喫緊の行動が要されている時、活動家たちは権利の言語を用いなければならない。それだけが政治的被拘留者などの問題に関し法的対処を促せる有効な言語だからである。例えば世界人権宣言を議論に援用するとしたら、権利の言語を用いるしかない。フェミニストが権利の語りを用いるのは適切かどうか、という議論は学術的なものであり、渦巻く男性中心の実践政治にはほとんど応用できない。

私はこの考え方に強く共感する。そして、国際法においては女性を国連の権利枠組みに収め、女性に対する男性暴力を国際的に許容できないものとすることをめざすのが妥当であると論じたい。ただし、この議論はさらに掘り下げる必要がある。ここで挙げるフェミニストの国際法理論家たちは、権利概念を用いるべきか否かという問題に拘泥《こうでい》しない。権利がどのように理解され、いかに女性たちを排除してきたか、という点については厳しい批判を展開するが、彼女らは産湯《うぶゆ》と一緒に赤子を捨てることはしない。めざすのは男性暴力を権利概念の中心問題とすることである。エリザベス・フリードマンは女性の人権運動の台頭を振り返りつつ、なぜ権利の言語を用いることが女性たちにとって重要と思われるのかを説明する。いわく、その言語は女性問題を主流文化の行動計画に含め、政治的要求に正当性を与え、大半の政府に受け入れられて条約原案を形づくった（Friedman, 1995, p.19）。セリナ・ロマニーが論じるに、人権の言説は「国家の法律やその脱落が、重要な基本的概念としての礼節と市民権に反している時、国際法の枠組みでこれを糾弾する強力な道具」になる（Romany, 1994, p.85）。

国際的人権の概念に対するフェミニズムからの批判

人権概念を良き道具として用いることに取り組みながらも、フェミニストの法理論家たちはその男権的・個人主義的起源をはっきり意識し、その払拭をめざしている。彼女らは人権概念を拡張・改変して、女性たちにとっての問題をそこに含めようと努めてきた。この展開は比較的近年に始まる。批判的議論の大半が書かれだしたのは一九八〇年代中期のことで、この時、既にリベラリズムとリベラルな国家に対する強い批判を形成していたフェミニズムの政治理論と法理論は、この新たな権利理解を人権の領域に導入し始めた（Pateman, 1988; MacKinnon, 1989 を参照）。フェミニストの理論家たちは、人権法があからさまにキャサリン・マッキノンのいう男性視点の法律であることを明らかにした。これは言語の使われ方においても明らかなことで、女性は除外されている。人権は文書類の中で古来「人《マン》の権利」と記述されてきた。一九八九年の「子どもの権利条約」を除き、主要な人権文書は男権的言語で書かれ、男性に適用されるものと解釈されてきた。この男権バイアスはアフリカ統一機構が採択した一九八一年のバンジュール憲章こと、「人及び人民の権利に関するアフリカ憲章」にも見て取れる（Wright,1993）。女性の権利に特化した条約、「女性に対するあらゆる形態の差別の撤廃に関する条約」の存在自体、人権法が女性問題を扱い損ねてきたことの明瞭な表れにほかならない。

フェミニストの法理論家たちは、権利保護の対象とされてきた有産階級の個人らが男性と決まっていたことを指摘する。人権概念の起源は市民的リバタリアニズムにあり、その文献を著《あらわ》したロック、ホッブズ、ミルなどは、私的問題とされていた領域に対する国家の甚だしい干渉から男性市民を守ることに関心を向けていた（Abella, 1993）。国家の役割は、ある者が他の者の権利を侵した時にのみ要される。個人は国家の不当な干渉から守られなければならない。西洋リベラリズムの権利概念は男性の利益にしたがって形成されたもので、その男性らが築きたかったのは「消極的自由」、すなわち国家や「他の者からの干渉を受けずに、自分ができることをし、なれるものになる権利」だった（Romany, 1994, p.96）。

そこで理の当然として、人権概念はフェミニズム理論家がいうところの公／私の区別を強調し、重要とされることに関し男権的な視点を採用する。国際的次元ではこの傾向が国内法以上に顕著であるが、それも道理で、国際法は公共空間の最高の行為者である諸国家の関係を統御する規則体系として発達し、今なお国家を中心に据える（Donna Sullivan, 1995）。ロマニーが述べるように、国際社会は「リベラルな人間主義《ヒューマニズム》の価値観に沿って法律を整備する肥大したリベラル国家」を代理する。事実、国際規範は家族制度の保護を国家に求め、家族におけるプライバシーの権利を神聖視する（Romany, 1994, p.87）。例えば世界人権宣言の第十六条は述べる。「家庭は、社会の自然かつ基礎的な集団単位であって、社会及び国の保護を受ける権利を有する」（Rao, 1993, p.73）。同じ公式化はこれ以降の人権文書、例えば「市民的及び政治的権利に関する国際規約」（一九六六年）の第二十三条や「経済的、社会的及び文化的権利に関する国際規約」（一九六六年）の第十条にもみられる。アラティ・ラオは指摘する。

国家は法的に承認された異性愛家族単位の維持に努める役割を負うという、この公式の認識、および国家権力の配備に関する公式の要請は驚かされるところが少なくない。真っ先に家族と同一視される人物、すなわち女性は、人権文書や人権言説で概念的に中心から外されているのだから。

［*ibid.*, p.74］

この国家による「家族」保護という点から危ぶまれるのは、女性による「家族への不満やそこからの離別が概念的に問題含みとされる」事態である（*ibid.*）。キャサリン・マッキノンが説くように、プライバシー関連の法律は「私的領域における既存の権力および資源の配置」を保護するために設けられている。

［「プライバシー」の概念は］女性殴打・夫婦間レイプ・女性搾取労働の現場を覆い隠し、女性たちのアイデンティティ・自律性・自己管理・自己定義を奪い去る中枢機構を残し、男性至上主義の発揮と行使に繋がる主要活動を守ってきた。

［MacKinnon, 1987, p.101］

プライバシーの権利とは、男性が「一人一人の女性を抑圧する際に『放っておかれる』」権利、「男を別の男の寝室に入れない」権利をいう（*ibid.*, p.102）。

ヒラリー・チャールズワースが論じるに、西洋的な公/私の区別は公的な国際法の中核をなす原理であり、いまだ西洋的な価値観と構造に大きく影響されている。したがって国際法はこの区別のイデオロギーを先進地域から発展途上地域へ輸出する媒体となっている。この区別に対するフェミニズムからの懸念は二つあると彼女はいう。一つはそれが職業や投票などの公的領域から女性たちを排除するために使われてきたという問題、もう一つは法律の対象とされてきたものと無規制のままにされてきたものの問題である。女性および家族の領域とされるものに関し法律が存在しないことは、統制の不在や中立性の表れというよりも、むしろ女性とその役割が軽んじられている証となる。この区別は国際法にも反映されており、国連憲章は国際法という(公的)領分を国内司法という(私的)領域から分かつ。国家が取りしきる法律は「私的」行動の中から責任追及できるものを選《よ》り分ける。チャールズワースいわく、「権利は男性らがわが身に起こりうると危惧することを基準に定義される」。私的領域の規制がないということは自主規制を認める結果となり、「それは必然的に男性支配へと変換される」(Charlesworth, 1994, p.71)。

チャールズワースは認知された年代順に三世代の権利を分け、それらが公/私の区別に縛られていた実態を明らかにする。第一世代の権利は「市民的及び政治的権利に関する国際規約」で打ち出された。これらの権利は公共生活で男性たちを政府の侵害から守ることを企図している。それをはっきり示すのが生命権に関する同規約の第六条で、これは公的機関の行動による生命の奪取に関する条文として意図され、解釈されている。が、それは女性たちが最も命を脅かされやすい状況——下手な中絶、嬰児殺し、栄養不良、医療への繋がりにくさ、女性に対する暴力の横行——から、女性たちを守らない。これらの権利のいくつかはとりわけ女性に不利益となる形で男性を保護する。一例はプライバシーの権利で、これは家庭内における男性の権力を保護する。もう一つは表現の自由の権利で、この概念は男たちによるポルノグラフィの生産と利用を擁護するために使われてきた——ポルノグラフィが女性に対する暴力を促すなど、女性たちに悪影響をおよぼすことは広く認められているにもかかわらず（MacKinnon, 1994b）。

第二世代の権利は社会的・経済的・文化的権利である。これらはいまだに公／私の区別を内包し、有効な権力は国家にのみ存するとの想定を置く。例えば労働条件が検討される際には、これらの権利は公的領域の労働に適用されるものと解される。同一賃金の概念は公的領域にしか適用されず、女性たちの家庭内労働は無視される（Waring, 1988）。それどころか、文化的・宗教的権利の概念は女性器破壊のような伝統や慣習を守ることで女性抑圧を保護することさえある。

第三世代の権利は集合的・集団的権利である。これらは途上国により、西洋的な個人主義の概念を問い直すものとして広められてきた。哲学的基盤は個人よりも共同体を重視する姿勢にある。しかし例えば開発の権利は男性の経済的支配を支え、自決の権利は女性抑圧を認めるために使用されうる。一例としてチャールズワースが挙げるのは一九七九年のソビエト侵攻後にアメリカがアフガニスタンの抵抗運動を熱烈に後押しした問題で、この時、難民キャンプの少女たちは教育を受けられない状態だったにもかかわらず、女性たちの地位は全く顧みられなかった。結果、タリバンはアフガニスタンの大部分を統治し、女性たちは規定の服装をしていないことや独立運動を企てたことを理由に苛烈な暴力を被るなど、人権の危機に立たされた。

人権イデオロギーのもう一つの問題は、その土台をなす平等性の概念が女性たちにとって深刻な欠点を抱えていることにある。平等性概念の背後には男性規範があるため、シェリー・ライトが指摘する通り、母の役割と子育ては周縁化され、特別な措置を要する（Wright, 1993）。平等性の原則にもとづき人権の概念に女性を含めようと努めるフェミニストたちは、一見したところ二つの方向性しか選べない。リベラル・フェミニストのアプローチは、女性と男性の同一性を強調するものだった。このアプローチの難点は男性規範を受け入れ、妊娠や母性といった女性経験と男性経験の重要な物質的差異を否定することにある。代わりのアプローチは女性と男性の差異を強調するものだが、これは女性を男性と異なる者かつ男性よりも資源を割くに値しない者と位置づけ、女性の権利を周縁化しかねないという問題を抱える。

第三の可能性もあるが、それは人権言説の背後にあるイデオロギーと衝突するため、一筋縄ではいかない。新たなアプローチは、マリリン・ウェアリングの言葉を借りれば、「女性は女性ゆえに社会的従属化、組織的虐待、および社会的な力・資源・敬意の剝奪を被る」という事実を認識するものでなければならない。「社会的不平等がある以上、女性は男性と同じ立場にない。両者が同じものとして扱われることはありえないのである」（Waring, 1997, p.139）。

男女間の構造的な力の不均衡、抑圧が生む差異を認めるこのアプローチを、マッキノンは「権勢アプローチ」と呼び、男性規範を受け入れる「差異アプローチ」に対置させる。

権勢アプローチの観点からみると、差異アプローチは各性別の地位に関し、男性至上主義の観点を取り入れていることがはっきりする。単に現状を「標準」とすることで、それは暗に、かつ無批判に、男性至上主義のもとにある秩序を認める。その意味で、差異アプローチは女性の声で唱えうるものでこそあれ男権的である。権勢アプローチは女性が男性に従属しているという観点から社会の不平等をみる点でフェミニズム的である。

[MacKinnon, 1987, p.43]

キャスリン・マホーニーにならえば、「同一性と差異ではなく、社会的につくられた有利と不利の点から平等を捉えること」が必要とされている（Mahoney, 1994, p.441）。そして彼女が説明する通り、「女性たちに負わされた二級的な市民権こそが男性との差異を維持するものである以上、彼女らを社会的に有利な地位の男性らと『同じ』にせよという要求は意味をなさない」（*ibid.*, p.442）。

マホーニーはカナダにこうした考えを広めるうえで大きな役割を担った。現行の法律は女性たちが被《こうむ》る危害に対処する点で不充分であり、その原因は当の法律が「男性に定義され、男性の問題理解や危害概念に立脚している」からだと彼女は論じる。これはとりわけ性暴力や生殖に関わる問題において明瞭であり、「性的ハラスメント、性売買、性的攻撃、生殖の選択、ポルノグラフィの法的扱いは、性の平等をめぐる争点として捉えられることも問われることもない。比較対象となる男性には同様の不利や必要性がないからである」。同一性と差異のモデルにおける問題は、マホーニーいわく、平等が存在して規範をなしているという想定、そして自律的個人が散発的に差別を被るという想定にある。組織的かつ持続的な不利は考慮されない。この「アリストテレス的モデルは、教育機関・労働現場・職業・家族・福祉制度における組織的差別を問題提起することも改善することも、さらには同定することもできない」（*ibid.*, p.442）。このモデルはそうした公共生活の領域が既に健全で、女性たちはそこへ参加するために男性と同じだけの機会を得られればよい、と想定する。カナダの法律にはフェミニズム活動の結果として前進がみられた。カナダの新しい試みでは不利の観点から、つまりある行ないが既に不利な人々をさらに不利な立場へ追いやるかをもとに差別を判定する。

シャーロット・バンチは問う。「なぜ女性たちの自尊心を傷つけるあまたの生活経験が人権問題と理解されてこなかったのか」。彼女によれば、それは人権が主流の定義において「基本的にこの概念を考えた男性たちにとって最大の脅威となる侵害に関わるもの」とされてきたからである。女性たちは人権概念を変え、「私たちの人間の尊厳、あるいは生命、自由および身体の安全に対する権利を根本的に脅かす地位剥奪や侵害に対処する」ものへと改めることをめざしている(Bunch, 1995, pp.11, 13)。人権運動を進めた資産家の男性たちは既に家長となった。男性らが躍起になって守ろうとする私的領域で女性たちの権利が否定されるかぎり、彼女らは民主主義からも締め出される。

人権と女性に対する侵害

フェミニストの人権理論家たちは権利概念の男性バイアスを徹底批判してきたが、それはほかでもなく、この概念を女性たちの助けとなるよう効果的に用いる方法を模索してのことだった。とりわけ男性暴力と闘う中、特に鋭い一部の批判者らは人権アプローチが有用な道具になりうるとみる。フェミニストの人権理論家による最も革新的で情熱的な興味深い著作の多くはこの課題に向き合ってきた。女性に対する暴力の問いは、人権の概念が形成され追求されてきた基盤、すなわち国際法を今の形にした平等性のモデルと公／私の区別を変化させずにはおかない。人権の言語は女性に対する暴力を、人権共同体が真剣に受け止めるべき問題として力強く定義することを可能とする。ロマニーはそうした暴力が「重要な基本的概念としての礼節と市民権に反して」おり、「生命、尊厳、および人格の十全性を攻撃する」ものであると述べる（Romany, 1994, p.85）。こうした議論は、女性に対する暴力を「私的」領域から掬《すく》い上げ、「家庭内」の諍《いさか》いと軽視されてきたそれを、男性らがみずからの損害を語るために使ってきた用語へと変える。

夫の暴力はリベラルのイデオロギーにおいて非政治的な私的領域と定義されるところで起こり、そこは国家の規制を受けざるべき領域とされているため、国内司法が当の暴力を真剣に扱うことは稀だった。ヒラリー・チャールズワースがいうように、「女性に対する暴力は……逸脱した『私的』行動と理解される」が、実際のそれは「女性の従属化という普遍的構造の一部」をなす（Charlesworth, 1995, p.107）。この問題は国際法にもおよんでいる。人権法は男性の利益を守るのみで女性のそれを暴力から守らない、という実態を示すべく、フェミニズム理論家たちは夫の暴力を、人権文書や人権討論で真剣に扱われる拷問と比較してきた。キャサリン・マッキノンは拷問と性《セックス》にもとづく不平等がどちらも重大な人権侵害と認められることを指摘したうえで、ならばなぜこれらの侵害が組み合わさり、レイプ・女性殴打・ポルノグラフィなどの形になると、何の侵害も認められなくなるのか、と問う（MacKinnon, 1993）。拷問は公的世界で、国家の命令により行なわれるものと考えられている。それは人権侵害を国家による男性特権への攻撃として捉える伝統的理解に適う。「拷問は政治的動機を伴うものであって私的ではないとみなされる。国家が関わるからである」（*ibid.*, p.25）。しかしマッキノンが指摘するには、関係の中で男性から女性に行なわれることが、一般に理解される拷問ほど深刻な暴力形態にならないとはいいがたい。

女性殴打も政治的動機を伴う、と彼女はいう。それは組織的かつ集団的であり、共同体生活の質と権力配分を決定する。暴力が政治的と認められるのは「男性が他の男性を支配・傷害・利用する時」のみであり、被害者は「尊厳に値する人物、すなわち男性が尊厳に値すると決めた何らかの基盤（政治的イデオロギーなど）にもとづきそう評価する人物」でなければならない（*ibid.*, p.26）。他方、女性に対する暴虐は国家の行動を伴わず、国際法は国家の行動のみを統制するものと考えられている。しかしマッキノンは夫の暴力にも国家は関わっていると言い、「虐待の隠蔽・正当化・合法化は公的に行なわれる」と指摘する（*ibid.*, p.29）。女性に対する暴力を黙認している点で、国家には責任があるとみなせる。この考え方により、フェミニズム理論家たちは女性に対する男性暴力を人権文書のもとで訴訟対象になりうる行為と認め、これと真剣に向き合うことを要求できるようになった。

近年の人権文書で用いられている拷問の定義は、女性に対する暴力を容易に含められる。ロンダ・コペロンはこの定義を「極度の身体的・精神的苦痛を故意に加え、情報を引き出すとともに懲罰、脅迫、差別、被害者の人格抹消、あるいはその個人的能力の毀損におよぶ行為」とする（Copelon, 1995, p.201）。彼女によれば、夫の暴力とレイプには意図的な目的があり、それは「女性個人や女性集団を劣等的・従属的な立場の階級にとどめる」ことだと彼女はいう（Copelon, 1994b, p.130）。真実を引き出すという点から夫の暴力と拷問を比較した彼女の分析は特に説得力がある。

［夫の暴力にもやはり］質問・糾弾・侮辱・命令がある。今日はどこにいたのか。誰と一緒にいたの

か。誰が訪ねてきたのか。働きに出たいとはどういうことか。なぜコーヒーが冷えているのか、家が散らかっているのか、これが移動しているのか。お前はバカだ、ブスだ、ババアだ、……。

[*ibid.*, p.131]

コペロンは家庭に働く権力構造、殴打被害女性に苦しみを強いる権力構造を「パラレル国家」と呼ぶ。このパラレル国家は国民国家の目的を阻害せず、むしろ維持するものなので、国家権力の脅威ともみなされず、存続を許されている。女性殴打は「社会的ライセンス、男らしさの義務と象徴であり、文化に深く浸透して広く行なわれ、無視され、法的裁きを常に、あるいはほぼ免れる」(*ibid.*, p.132)。

なぜ性売買は除外されてきたのか

女性に対する暴力を女性の人権侵害と捉えるに際し、一部のフェミニズム理論家は慎重にその範疇から性売買を除外してきた。フェミニズムの権利論にポルノグラフィを含めたキャスリン・マホーニーの重要な理論構築はその一例となる。彼女は人権侵害とみなされるべき女性に対する男性暴力の包括的一覧を示すが、そこにもこの大きな脱落がある。

女性や子どもに対する性暴力の形をとった甚だしい人権侵害は文化や国境を越える。性的攻撃、性的ハラスメント、妻殴打、近親性虐待、夫婦間レイプ、それに強制性売買は、国際連合の全加盟国において深刻な社会問題となっている――これらの諸国は国連への加盟により、人格の不可侵性と性の平等の原則に同意しているにもかかわらず。

[Mahoney, 1993, p.757]

ここに含まれるのが「強制性売買」であることは、この一覧にない「自由」性売買がそれから区別されていることを示唆する。マホーニーはポルノグラフィが「性的貶め、サディズム、および女性侵害を、男性向けの正当な気持ちよい『娯楽』として」表現する点で女性の人権侵害であると論じ、大きな反響を呼んだ（*ibid.*）。その説得力に富む徹底したポルノグラフィ分析から性売買が抜け落ちていることには困惑せざるを得ない。ポルノグラフィは多くのフェミニストにより、性売買で行なわれることの一部を表象したものと捉えられているからである。

ポルノグラフィに関するマホーニーの見方は何の問題もなく性売買に当てはめられる。ポルノグラフィはリベラルの理論で表現の自由とされるが、その現実の価値は、それがもたらす現実の害の観点から適切に評価されてこなかった、と彼女は説く。続けて論じるには、「正当な言論を守りつつ、同時に女性の身体的安全と平等権をも守る適正なアプローチのためには、害にもとづく平等性分析が要される」。そしてそのような分析にしたがえば、ポルノグラフィのための生産は一階級としての女性たちから権利を奪い、男性たちに権利を与える結果となる。ポルノグラフィの害を見据える彼女の姿勢を思うと、この害にもとづくアプローチから性売買が除外されていることは奇妙に感じられる。

ポルノグラフィは男性を性的に刺激して「もてなす」ために女性を従属させ害する。ポルノグラフィにおいて女性の従属化が描かれ、現に行なわれることは、女性たち全体の従属化を招来し悪化させるため、ポルノグラフィは全女性に損害を与える独自の効力を持つ。女性たちが十全な権利保持者と認められるのであれば、女性の人権保護と女性に対する暴力の一掃へ向けた前進を遂げるべく、ポルノグラフィにおける女性搾取を制限する必要がある。

[*ibid.*, p.759]

彼女はポルノグラフィの教育効果を問題視するが、性売買にも間違いなく教育効果はある。彼女はポルノグラフィにおける女性の搾取と従属化に反対するが、ならば——実質的な侵害は撮影されることにしかない、と考えるのでもないかぎり——なぜそこに含まれる性売買の行為がそれ自体で侵害的だとみなされないのかは見当が付かない。

興味深いことに、キャスリン・マホーニーは近年になって、自身の思想と活動の中心にあった強制性売買と自由性売買の区別を取り下げた。現在の彼女は女性人身取引反対連合の理事であり、同組織はいわゆる「自由」性売買を他のあらゆる性搾取カテゴリーの行為と一体化する。マホーニーは強制／自由の区別が人身取引の反対活動で有用だとは思われないと語った。彼女の見方では、レイプの場合と同様、人身取引を終わらせる取り組みにおいて強制力の使用を証明するのは困難であり、右の区別を廃することだけが有効な運動の進め方となりうる（個人コミュニケーションより）。

男性暴力の定義から性売買を除くことを選ぶもう一人の反暴力・権利論者は、ジョアン・フィッツパトリックである。論文「女性に対する暴力との闘いにおける国際人権規範の使用」で、彼女は女性に対する暴力と闘うために既存の国際人権条約を用いる方法を検討する（Fitzpatrick, 1994）。彼女はそうした暴力を七つの領域に分けるが、これは家庭内暴力とレイプ、女性器破壊、警察や治安部隊による暴力（被拘留者女性の拷問も含む）、女性に対する戦時暴力、女性の難民や亡命希望者に対する暴力、職場での女性に対する暴力（性的ハラスメントを含む）からなる。第七のカテゴリーは性売買やポルノグラフィとも関わる暴力であるが、性売買をそれ自体で性暴力とする定義を明確に欠いている。

レイプ被害を記述するためにフェミニストの人権理論家が用いる熱の入った力強い言語と概念は、性売買被害の記述にも見事に適用できそうに思われる。例えばロンダ・コペロンはレイプが「女性の身体・自律性・十全性・自己・安全・自尊心および共同体における地位に敵対する」と述べる（Copelon, 1995, p.201）。

［レイプは］心身の十全性に対する重大な侵害である。いかなるレイプも、女性をひどく衰弱させ、その身体から疎外し、世界におけるその安心感を破壊する可能性を有している。いかなるレイプも男性支配と女性蔑視の表現であり、女性たちを恐怖させ従属させる媒体となる。

［*ibid*., p.208］

拷問を免れる人権という周知の概念は、戦時レイプとの闘いにも使えるとコペロンは論じる。戦時レイプは近年の諸条約が拷問の定義に織り込んだ要素を内包している（*ibid*., p.201）。彼女いわく、この現代的な理解に則る拷問では、貶めが手段か目的もしくはその双方となる。性売買はこの定義に当てはまるか。タイの性売買店におけるビルマ人女性の性売買を例にとれば、この定義によく当てはまる（Human Rights Watch/Asia, 1994）。店舗の女性たちは多数の男に奉仕させられるせいで擦り剝きに苦しむうえ、それを事実上の奴隷制状態で行なう。コペロンはレイプを最も「ありふれた恐ろしく効果的な女性への拷問形態」の一つと定義する。彼女が引用するセルビア人フェミニストの反戦活動家、レパ・ムラジェノヴィッチいわく、レイプによって女性たちは「自分の体に居所を持たない者」となる（Copelon, 1995, p.202）。この言葉はとりわけ性売買によく当てはまる。それを耐え抜くために女性は身体を抜け、解離する経験を繰り返すからである。

コペロンは戦時の「強制性売買」を人道に対する罪とみるべきことを主張する。さらにいわく、戦時レイプを認識することは女性に対する暴力ないし「ジェンダー暴力」を人権侵害と捉える第一歩であるが、次の一歩は公／私の区別を破り、私的関係や婚姻生活におけるレイプに狙いを定めることからなる。「市民生活における集団レイプは反復的で愉楽的で公的な性格を戦時レイプと同じくする」（*ibid.*, p.208）。性を買われる女性たちが性売買店で被る虐待の多く――例えばモロッコの「屠殺場」性売買店で、あるフランス人女性は九分に一人の割合で一日一五時間にわたり客に利用されたという――は、その力学において集団レイプとほとんど変わるところがない（Jaget, 1980, p.63）。ビジネスマンの一行が性を買われる女性たちを利用し、女性身体の共有を通して商談をまとめるといった、リンダ・ラヴレーズが記すような行ない（Lovelace, 1981）は、虐待者の男性らに他の集団レイプと同様の喜びをもたらすと考えられる。

コペロンは他のフェミニスト権利論者と同じく、《ジェンダー》という語を不明瞭な形で用いる。ホロコーストについて彼女は「ジェンダー迫害、すなわち女性のレイプや強制性売買ならびにゲイの根絶」と説明する（Copelon, 1995, p.206）。男性暴力は男性が行ない、父親レイプは父親が行なうように、「ジェンダー迫害」という表現は「ジェンダー」がそれを行なうかのような含みがある。実際には、ジェンダーとは男性と女性に期待される政治的に構築された行動の差異であり、それが迫害を行なうわけではない——人間の行為主体だけが迫害を行なう。右の表現は、ジェンダーにもとづく迫害を指す狙いがあるとも考えられるが、それもやはり誤解を招く。女性たちは服従や自傷といった抑圧行動を示すせいで迫害されるのではなく、ただ女性であるがゆえに、そして極めて多くの場合、従属を拒むがゆえに迫害される。女性の迫害は「ジェンダー」という語で掻き消さず、明確に名付けなくてはならない。同じく、ゲイ男性の根絶を「ジェンダー迫害」と称するのも有用ではない。攻撃されるのはゲイ男性の「ジェンダー」ではなく彼ら自身である。女性、レズビアン、ゲイ男性の迫害は実のところ一つの源泉、すなわち男性至上主義を維持する必要性と、その編制原理である強制的異性愛の規範から生じている可能性もあるが、これらの相異なる迫害形態は別個に認識される必要がある。コペロンは人道に対する罪の概念が「ジェンダー」を含む形に拡張されるべきだと論じる。私はむしろ、含めるべきは男性による女性の従属化に起因する犯罪の概念だと提唱したい。《ジェンダー》は曖昧すぎる言葉であり、現実の人間の行ないと苦しみを覆い隠す。

フェミニストの権利論者たちは、暴力的男性によって女性におよぼされる苦しみや、それを乗り切るために女性たちが用いる手法について優れた説明を示し、そうした暴力は人権侵害であるとの考え方を打ち立ててきた。そうした説明の多くは性売買にも該当する。コペロンは殴られる妻が夫婦間レイプを乗り切る方法について説明する。「彼女はただ自分の呼吸にのみ集中し、事が過ぎるのを待つ。ジムは痛みが足りないかと言って彼女を強く殴ったが、モリーは黙ったまま考えていた。『彼は私の体を乗っ取ろうとしている、けれどここの心までは乗っ取らせない』」（Copelon, 1994b, p.119）。ここに書かれた解離の例は、性を買われる女性たちが買虐者たちをさばくためにしなければならないと語るところの精神と身体の分割に酷似している。コペロンは男性の暴力が女性の従属化を維持する実態にも触れるが、これも性売買で女性たちに行なわれることと明確に重なる。「暴力は女性の依存状態、および女性を『他者』や召使いや財産の一種とする非人間化によって促されると同時に、それを保ち続ける。暴力を通して、男たちは女性の価値低下と非人間化を追求し、確認する」(*ibid.*, p.121)。無論、性売買も女性を「『他者』や召使いや財産の一種」とする非人間化によって促されると同時に、それを保ち続けるものとみなせる。

軍事性奴隷制

軍事性奴隷制に対するフェミニスト権利論者のアプローチは、女性に対する性暴力から性売買を除外する判断の問題を鋭く浮き彫りにする。軍事性奴隷制はフェミニストの法理論家にとって喫緊の問題となっている。というのも「慰安婦」として日本軍の虐待を生きのびた女性たちのために公正な処置を求めなければならないからである。この女性たちは高齢で、賠償はすぐにも求められている。より時代が下ったボスニアのレイプ収容所における女性虐待は、そうした侵害の処罰と阻止へ向けた道を探らなければならないという切迫感を強めた。この女性たちのレイプと拷問に関する記述を読むと、私はいつでも、借金や義務や代わりの生活手段の欠如によって世界各国の性売買店に閉じ込められた女性たちや少女たちの境遇が重なり胸が痛む。特に衝撃的なのはフィリピンの米軍による性売買で利用され虐待された若い女性たちの経験との重なりである(Sturdevant and Stoltzfus, 1992)。しかし人権コミュニティに属する者の多くは、この「自由」と形容される後者の性売買形態と「強制」のそれを区別しようとする。そして明確な区別を付けるために、《レイプ》や《軍事性奴隷制》といった用語は通常、戦時暴力の一環である性売買を指して使われる。

キャサリン・マッキノンはこの明確な区別に逆らい、繋がりを強調する。

収容所で行なわれることは集団レイプかつ連続レイプであり、性売買と区別がつかない。性売買は非戦時における日常生活の一部であるが、それはこの戦争で女性たちに行なわれたこととほぼ変わらない。性を買われる女性たちの日常生活は戦時も非戦時も連続レイプからなる。レイプと死の収容所にみられる性売買店さながらの構造は、いわゆる平時の性売買店に重なる。閉じ込められた女性たちがレイプ目的で男から男へと回されるのである。〔MacKinnon, 1994a, p.191〕

マッキノンは通常の平時における性売買とレイプ収容所の性売買を結ぶ相互関係を入念に照らし出す。いわく、一部の収容所は「いわゆる平時の性売買店と同じように構成され」、設置に選ばれるのは「戦前に性売買店だった場所ということも」あった（*ibid.*, p.187）。この軍事性売買を組織化して堪能していた男たちは、戦前の性売買店で女性利用を学んでいた。彼らにはモデルがあった。加えて男たちを駆り立てたものに、近年のユーゴスラビアで進んでいたポルノグラフィの増殖がある。

共産主義の崩壊とともに、ポルノグラフィが――権力を握るセルビア人の強い管理下にあったポルノグラフィが——旧ユーゴスラビアに氾濫したことで、女性の拷問と殺害から性的快楽を得たがる男性集団が生まれた。〔*ibid.*, p.192〕

さらに、セルビア人はレイプを素材に自前のポルノグラフィを制作し、プロパガンダ目的に利用した。彼らはテレビで「現実のレイプの記録」を放映し、「被害者の民族性を示しつつ加害者を摩り替え、イスラム教徒とクロアチア人に対するセルビア人の反感を掻き立てた」（*ibid.*, p.192 および Nenadic, 1996）。「平和維持軍」も平時と戦時の性売買を区別できてはいなかった。国連平和維持軍の駐留を契機に「性売買店やマッサージパーラーや覗き見ショーの開業、および地元のポルノ映画製作を通して女性と少女の人身取引が増加した」（MacKinnon, 1994a, p.192）。のみならず、国連の男性人員は機会を提供されればレイプ収容所で女性たちを利用したとも伝えられる。

ウスティニア・ドルゴポルは文章と講演を通し、フィリピンと朝鮮出身の「慰安婦」に行なわれたことを強く訴える。彼女は政府役員と軍事性奴隷制被害者への聞き取りを行なうべく、国際法律家委員会によってフィリピン・日本・大韓民国・朝鮮民主主義人民共和国に派遣された調査団のメンバーだった。ドルゴポルは軍事性奴隷制の問題に的を絞るよう慎重を期しているが、その議論と概念はさまざまな形の性売買に当てはまるものと思える。例えば彼女はこう述べる。「戦時集団レイプは女性が持つ人間性の究極的な否定にほかならない。それは女性を客体化し、男性兵士が管理する財産品目へと変えてしまう」（Dolgopol, 1996, p.227）。

日本軍が自身らの組織化した女性虐待を単なる性売買の一種とみていたことは明白に思える。「慰安婦」利用の発達に関する一つの説明としては、一八七二年以来、日本には公認性売買のシステム〔公娼制〕が存在し、軍用のそれと同じ形で女性たちが集められていた、ということがいえる。女性たちは貧しく、しばしば家族の借金を返済するために性売買店主へと売られていた。ドルゴポルが説明するように、「慰安婦」のルートも似ていた。彼女らも貧しい家庭の出身だった。

一部の女性たちは大きな都市の街道で攫《さら》われ、他の女性たちは村や家の襲撃時に連れて行かれた。また、朝鮮では地区の役人に渡航を強いられた女性たちもいる。役人らは看護の仕事や日本での工場労働を求める女性たちを探していると称する人員募集者と繋がっていることが珍しくなかった。少女や若い女性たちは良い給料を約束され、これで家族の経済状況を支えられると信じ込まされていた。

〔*ibid.*, p.231〕

性売買とのもう一つの繋がりは、日本軍が軍用性売買店の設置によって占領地での性暴行を抑えようとした事実にある。これは男性による性売買での女性利用を正当化する昔ながらの言い分、つまり、性売買は淑女をレイプから守るという言い分に重なる。日本軍は上海や南京で行なわれる無差別レイプによって悪評が広まることを懸念していた。

日本軍に虐待された女性たちへの影響は、性売買による共通の影響として知られだしていることと多くの部分で一致するように思える。ドルゴポルいわく、「この少女や若い女性たちは、女性が被りうる最悪の恐怖に曝された」（*ibid.*, p.231）。しかし現在の世界における店舗性売買で何百万人もの女性や少女たちが被る経験は、これと大きく異なるものではない。ドルゴポルはいう。

人間存在としての自己認識は打ち砕かれた。多くは幼少期に夢見ていた生活を築けなくなった。多くの少女や女性たちは他の人々を信用することができなくなった。この女性たちはみずからに対して行なわれた犯罪の代償を支払わされた。[*ibid.*, p.231]

彼女らは病気を移され、出産能力を失い、あるいはレイプによって望まぬ子を産み落とした。「子どもがどうみられるかを知りながら、かつ自分に責任が降りかかることで自分と子どもの将来がどうなるかを気に病みながら、なお彼女らは出産を余儀なくされた」(*ibid.*, p.238)。多くの女性は羞恥から人との関わりを避け、孤独生活を送った。

多くの女性たちにとって、自身の痛みをありのままに受け止めるのは極めて困難だった。自分の経験に圧倒されることがあまりに恐ろしい。……彼女らは性的な意味で自身を女性と捉えることができず、みずからの身体を受け入れられないでいる。多くの女性たちは麻痺の感覚を語り、他の女性たちは不幸にもみずからの体を慊悪するに至った。[*ibid.*]

これは性を買われる女性たちの経験と何も違わない。

ドルゴポルは軍事性奴隷制で女性たちに行なわれたことを性売買ではなくレイプとみるべきだと考え

る。したがって彼女は朝鮮人サバイバーたちの弁護士らが、強制労働に関する条約のもと、国際労働機関に訴えを起こすという戦略に対しては批判的な姿勢をとる。見たところ、戦中の日本に適用されたこの条約は、一八～四五歳の男性の利用しか強制労働と認めていないようだった。一方、弁護士たちからすると、日本は明らかに条約違反をしていたのでこの戦略は有効と思われ、現にそのおかげで被害者が存命で利益を享受できるうちに迅速かつ実際的な解決を図っていく道が開かれた。が、被害者たちは戦略について意見を聞かれなかった。ドルゴポルはこの戦略が彼女らの経験の本当の恐怖を覆い隠すと考える。

合法化された性売買をめぐる論争はさておき、やはり女性たちを強制的に連れ去って実質的なレイプ収容所に閉じ込める行ないをいささかなりとも容認しうる議論を示すことには倫理的葛藤がある。私見では、女性たちが「サービス」を行なったという議論は、彼女らに起こったことが一定のレベルでは許容できると示唆するに等しい。これが強制されたサービスだったのだと唱えれば、起こった出来事はレイプだったという点を否定することになる。国内法の文脈であれば、レイプ被害者は強制されたサービスを加害者のために行なったなどと論じることは考えにくいだろう。国内法の文脈でそうした議論の提起が認められないのであれば、そして、他の方法による補償を成り立たせるよう国内法に求めるのであれば、当然、国際レベルでも同じことが求められるべきである。

[*ibid.*, p.4]

しかし目下、性売買の擁護者たちはまさにその議論を用い、性売買はサービス労働であって他のいかなるそれとも変わらないと唱える。したがってその分析が優勢となれば、「慰安婦」に起きたことも強制労働の一種にすぎないとするのが正しい結論になってしまう。ドルゴポルは合法化された性売買をめぐる論争に引き込まれることを危惧するが、彼女はすでにその論争に関わっている。無論、彼女はこの女性たちの体表と体内で行なわれたことを「労働」とは考えないが、それをレイプと呼んで性売買から区別する処理は満足な保護手段にならない可能性がある。なぜ一部のフェミニスト人権活動家は、「軍事性奴隷制」に徹底的な批判を向けつつ、性売買については一切の判断を避けるなどということができるのか。一つの説明としては、軍事性奴隷制には国家が関与している、ということがあるのかもしれない。国家は個々の男たちの行動よりも遥かにたやすく標的にでき、賠償も求めやすい。しかし間違った区別は忌むべきものである。性売買とレイプや他の性暴力形態のあいだには繋がりが見出される必要がある。

前途

フェミニストが女性に対する暴力と闘うために人権という装置を用いる一つの方途としては、既存の人権文書の拡張によって、生存権をはじめ、既に認められている権利の範囲に当の暴力〔からの保護〕を含めるよう求めることが挙げられる。例えばケネス・ロスは、「市民的及び政治的権利に関する国際規約」の条文を新たに解釈することが家庭内暴力を処理する最良の方法になりうると論じる（Roth, 1994）。

彼の見方では、この規約は「女性に対するあらゆる形態の差別の撤廃に関する条約」よりも人権保障の道具として優れている。生命権に関する第六条、「残虐な、非人道的な、もしくは品位を傷つける取扱い」に関する第七条、人格の安全権に関する第九条は、家庭内暴力に対して用いるのに最適だと彼は論じる。

ロスはさらに、差別の禁止が女性に対する暴力を処理する良いアプローチになると考える。それにもとづけば、男性に対する暴力を積極的に取り締まろうとする国家が、女性に対する暴力を放置することは差別的とみなされうる。場合によってはこのアプローチが功を奏することもあり、例えば男性パートナーを殺した女性と女性パートナーを殺した男性に違う判決が下された時などがそれにあたる。ここには深刻な矛盾があり、それは差別として扱いうる。しかし多くの状況では、女性に降りかかることは男性に降りかかることと厳密には重ならない。例えば、映画『基本的本能』〔邦題『氷の微笑』〕などのメッセージに反し、男性は女性の「ストーカー行為」によって命を脅かされないのが普通で、反ストーキング法の保護を必要としない可能性がある。そして性売買は女性から男性に対して同じ形ではなされない虐待形態の典型例となる。差別の例を探すのは難しく、ロスのように男性規範の基準から出発するアプローチの不充分さがここに表れている。オーストラリアの司法官エリザベス・エヴァットは「暴力問題を差別と私的権利の領域から掬い上げ、公明正大に主流の人権推進計画に収める必要があることは明確である」と注意を促す（Fitzpatrick, 1994, p.560 より）。

性売買を含め、女性に対する暴力の諸種については、それらを違法化する新たな条約の採択に明らかな分《ぶ》があると思われる。女性に対する暴力の一掃を願う法理論家の中には、毎年集まる国連機関の人権委員会〔現・人権理事会〕が、身体の十全性に関する女性の権利と生命権を認めることに積極的ではないとの理由から、独立した条約が必要だと論じる者たちもいる。アンドリュー・バーンズが論じるに、女性たちは重大かつ独特な脅威によってこれらの権利を奪われているにもかかわらず、人権委員会はそれを認識できていない（Byrnes, 1992）。

よって私はこう考える――性暴力や性売買と闘う一つの手段として人権の言語を用いる価値はある。が、正当性の根拠を権利概念に置かない他の言語と戦略を用いることができる場合は、それも望ましい。というのも私はフェミニストの権利批判者による数々の警告にも説得力を感じるからである。国際的な舞台では、人権が共通概念として使用され理解されている。男性暴力が真剣に受け止められるのであれば、男性らが主としてわが身におよびうる被害を同定するために設計した、尊厳や尊重や十全性といった力強い言語と概念を用い、そのうえで女性たちもこれらの重要な特質を認められるに値し、それらを欲していると示すことで、一種の攪乱《かくらん》を起こすのがよい。性売買はまさにこの言語に適合する。それは選択を絶対視せず、不安定で不明瞭な区別を設けまいとするフェミニストの法理論家たちによって、より慎重に吟味される必要がある。「強制」性売買と「自由」性売買の区別は、女性人身取引と闘うフェミニズム活動を惑わせ、新たな国連条約の展望をも損なう。この区別を維持しようとする関心は、虐待者ではなく虐待される女性たちの状況に注意を集中させる。終章では、女性人身取引の一掃を願う人々が注意の矛先を変え、買虐者たちの行為を女性の人権侵害として犯罪化する必要性に目を向けねばならないことを論じる。

第11章 人身取引、性売買、人権

性搾取とはある人間の尊厳、平等、自律、心身の幸福の権利を無効化するセクシュアリティの悪用を通し、人（々）が性的満足もしくは経済的な利益や向上に浴する行ないを指す。

［Barry, 1995, p.326 より、性搾取禁止条約案］

女性人身取引はいまや、女性の人権に関心を寄せる研究者や活動家のコミュニティで激しい国際論争の的となっている。国際法には既に女性人身取引と性売買を扱う条約、一九四九年の「人身売買及び他人の売春からの搾取の禁止に関する条約」が存在する。これは第1章でみたフェミニストや廃止論者による国際連盟を通した努力の成果である。目下、性売買の肯定派と反対派は一九四九年条約に代わるより効果的な文書の起草をめぐってイデオロギー闘争を続けている。そうした団体の一つ、女性人身取引反対連合（ＣＡＴＷ）は、反暴力フェミニストの見解を代表し、一九四九年条約に代えて、男性による性売買での女性利用を女性の人権侵害と定義する新条約の制定をめざす。ＣＡＴＷの条約案は性売買での女性利用から利益を得る全ての者を処罰すると同時に、性を買われる女性たちの活動を非犯罪化することを試みる。

全く違う立場をとるのが、女性人身取引反対世界同盟（GAATW）である。一九九四年にタイの会議で立ち上げられたこの団体は、あらゆる目的によるあらゆる人々――男性、女性、子ども――の人身取引を違法化する条約を求める。GAATWは強制を伴う「人身取引」と、女性の「労働」や「自己決定」になりうる「自由」性売買を区別する。その立場は性売買当事者の権利運動における性売買肯定イデオロギーを体現する。このイデオロギー闘争は本書の主題、つまり性売買の肯定派と反対派が続けてきた論戦をなぞり、それを国際的な舞台に載せている。が、人身取引に関する議論を詳しく検証する前に、性売買のグローバル化が今日内包するものと、その原因・形態・範囲をみておくのがよいだろう。

今日の女性人身取引

人身取引は、その女性たちや子どもたちの生活におよぶ過酷な影響が知られだした結果、人権団体とフェミニスト活動家たちの大きな関心事となりつつある。第一次大戦前にはいわゆる白人奴隷貿易の存在そのものが疑われる余地もあったが、今日世界規模で行なわれる人身取引に疑いが向けられる可能性は低い。しかし女性人身取引の形態は国際連盟の調査が明らかにした状況とは大きく異なっている。キャスリン・バリーは性売買が国際的に「産業化」したと論じる（Barry, 1995）。これは第二次大戦以来のいくつかの展開に関わりがあり、それらは性売買目的の人身取引に取り込まれる女性たちの供給と、そうした女性たちを利用する男性らの需要規模の双方に影響をおよぼした。

女性の供給は、不安定化する経済開発を背景とする大量移民によって大幅に膨れ上がった。ネレケ・ファン・デル・フルーテンがいうには、世界規模の女性人身取引は「第三世界と産業化した諸国の構造的不平等の観点から分析される必要がある」(van der Vleuten, 1991, p.5)。彼女によれば、これは世界経済の国際化が進んだ結果であり、その中で第三世界の地域コミュニティは産業化した世界の一角に組み込まれ、産業化した国々の社会変化に左右されだした。第三世界の人々は伝統的な資源だった土地や有償労働や他の収入源を失い、町外れにスラムができると恒久的なサブ・プロレタリアート〔プロレタリアートの下層に置かれた人々〕が現れた一方、児童労働も増えた。最大の煽りを受けたのは女性や少女たちである。伝統のもと、あるいは男性の支えを失ったことにより、彼女らは子どもと家族の面倒を見なければならない。労働市場での位置づけゆえに、女性たちは至極脆弱な立場にある。地方から都市への移住はこの少女や女性たちが生きのびる数少ない道の一つに思われる。

供給を生むもう一つの要因は戦争である。帝国主義の統治から解放された国々では内戦が広がった。例えばビルマではカレン族難民の女性や少女らがタイでの性売買を目的とする人身取引に巻き込まれやすくなっている(Karen Women's Organisation, 1994, p.10)。もう一つの要因は社会主義国家や旧社会主義国家で新たに市場経済が発達したことである。結果、貧困が広がり古い生活様式が廃れた影響で性売買が劇的に広がった。ベトナムで経済改革が始まったのち、高度に組織化された人身取引ネットワークが発達し、同国の性売買に女性や少女を送り込むようになった(Centre for Family and Women's Studies, Hanoi, 1994, p.23)。例えばホーチミン市で性を買われる女性の数は一万人から五万人へと増えた(Santos,

1995）。ヨーロッパでも共産主義の崩壊に伴って「職業的犯罪組織」が誕生し、ロシア、ポーランド、ブルガリア、ルーマニア、旧ユーゴスラビア、チェコスロバキア共和国の女性たちを人身取引し始めた（Foundation Against Trafficking in Women, 1994, p.2）。女性供給を生むこれら全ての要因の根底には、女性たちの地位の低さがある。バングラデシュなど、女性の地位が下落している国々では例外なく問題が深刻化している（Arn O Salish Kendar, 1994, p.8）。

軍人向け性売買とセックス観光は世界中で性売買による女性利用の需要を高めた。サイゴン、タイ、フィリピンでは、大きな米軍の存在を受けて大規模な性産業が発達した（Enloe, 1983; Sturdevant and Stoltzfus, 1992）。その影響で地方の性売買も増えた。かつてはなかった新たな現象として発達したのがセックス観光である。富と娯楽、コミュニケーションと海外旅行の容易さ、性を買われる外国人女性をエキゾチックで魅力ある存在として構築するポルノグラフィ、そしてセックス観光を外貨獲得手段として育てる貧困国の意図的政策が、この現象に寄与した（Truong, 1990）。西洋人男性が自国の女性解放運動による女性たちの地位の変化に面して憤《いきどお》った末に、外国人女性を性売買やメールオーダー花嫁購入で利用したいと欲望を逞しくした可能性も考えられる。イギリス人セックス観光客への聞き取り調査で、ジュリア・オコンネル・デビッドソンが明らかにしたところでは、「聞き取りを行なったほぼ全てのセックス観光客は、性的接触を拒む白人女性たちの力について憎々しげに語っていた」（Davidson, 1994, p.12）。

補完的な商取引はメールオーダー花嫁という形に発達し、特にフィリピン、タイ、スリランカ、韓国のアジア人女性がその中心を占めた。フィリピンでは一九八八〜八九年に、婚約者や配偶者として日本、台湾、オーストラリア、ドイツ、イギリス、アメリカに渡る女性の数が九四パーセントの増加をみせた。一九八〇年代後期から九〇年代には、ケーブルテレビ、電話ポルノ、家庭用ビデオと家庭用パソコンを通したポルノグラフィの拡散と多様化が進み、性売買が正当化されていった。世界セックス案内——世界各国の女性や少女をどこでどのように買うかを男たちに教える情報源、買虐者たちによる女性や幼い少女の利用に関する会話、インターネットを介して男が中継中の女性に脱衣や性行為の演技を求めることができる相互的ポルノグラフィ、それにメールオーダー花嫁の購入やセックス観光の専門サイト——の形を取ったインターネットでの女性人身取引が、性産業の組織化と世界的展開を後押しした(Hughes, 1996)。

例として二つの地域、ヨーロッパとアジアにおける人身取引の規模と状況をみれば、これを減らすためにどのような方法が最も効果的かを検討する助けになるだろう。アジアの女性たちは人身取引でアジア諸国間のみならず、ヨーロッパにも送られる。オランダはヨーロッパの中でも人身取引の主要目的地とされる国の一つであり、おそらくはそれゆえに、同国の人権活動家たちはとりわけそれと闘うための行動に注力してきた。ネレケ・ファン・デル・フルーテンは、オランダの性売買店に来て働かされる非ヨーロッパ人の女性が増えていると説明する(van der Vleuten, 1991, p.3)。オランダでは性を買われる女性のうち、非ヨーロッパ人の割合が通常三〇~四〇パーセントを占め、一部の地域では少なくとも六〇パーセントに達する。性を買われる女性の数は、オランダ人と外国人を合わせて二万人と推定される。アムステルダムで性売買に利用される飾り窓の半分は非ヨーロッパ人の女性に貸し出されており、同市で性を買われるラテンアメリカ人女性は三〇〇〇人を数える。ファン・デル・フルーテンいわく、性売買は変貌を遂げ、国際的性格を帯びた。今日のそれは大規模で高度に産業化している。「従来、オランダの性売買は地域的な小規模のビジネスといえるものだった。しかし今日では大企業が立ち上げられ、国際ネットワークと繋がった周旋業者が完全な統制権を握っている」（*ibid.*, p.3）。性売買経済は真剣な調査を要する分野であるが、目下、グローバルな性産業の構成と収益に関する情報は乏しい。

オランダの性産業はヨーロッパのセックス市場における一角をなす。女性たちの大部分はヨーロッパ各国の性売買店やセックス・クラブを転々とする。外国人女性は性売買の序列で最下層を占める。彼女らは不衛生な環境で働き、文化的・社会的に孤立させられる。多くは未登録移民の立場であり、移動の自由もない。保健サービスには繋がれず、経済的理由からコンドームなしで働く女性も多い。オランダ政府の報告書は、多くの女性たちが「犯罪的環境」にいると説明する。「女性たちは偽《にせ》の口実で勧誘され」、「強引に性売買をさせられたあげく、そこに囚われる」（*ibid.*, p.4）。

西洋の人権組織、ヒューマン・ライツ・ウォッチ／アジアは、女性人身取引に関する二つの研究を公刊したが、これはアジアにおける人身取引の仕組みを詳述している点で有用である（Human Rights Watch/Asia, 1994, 1995）。『現代型の奴隷制』はビルマ人女性のタイへの人身取引を、『営利目的のレイプ』はネパール人女性のインドへの人身取引を扱う。種々の非政府組織は性を買われる女性たちがムンバイで一〇万人を数え、その半数がネパール人からなると見積もる。ムンバイの店舗性売買のうち、五分の一を担うのは一八歳未満の少女と考えられ、その半数はＨＩＶウイルスに感染している可能性がある（*ibid.*, 1995, p.1）。ネパール人少女の需要、特に色白な肌とモンゴロイドの特徴を具える少女のそれは高まり続けている。インド医療研究委員会は、インドで性を買われる女性たちが約一〇〇万人にのぼり、そのうち二〇万人ほどがネパール人であろうと試算する。しかし国内で性を買われる女性たちの支援に携わる有志団体は、一九九二年に性売買店のスタッフが八〇〇万人超、コールガールが七五〇万人を数えたと推定する（*ibid.*, p.1）。ネパール人少女の年齢は下がり続けており、その一因はＨＩＶウイルスへのおそれから男たちが「清潔」な女性を求めることにある。起用年齢の平均は現在一〇〜一四歳なので、一部の少女は一〇歳未満ということになる。タイでは性を買われる女性の数が八〇〜二〇〇万人で、うち二万人はビルマ人と推定される。

ヒューマン・ライツ・ウォッチ／アジアの報告書によれば、男性による性売買での女性利用は、ＨＩＶ感染ゆえにしばしば女性たちの死刑宣告となる。性を買われる女性たちはエイズの元凶どころかそれを移される側である。男性から女性への感染は逆よりも遥かに起こりやすい。インドやタイの人身取引被害女性は、ＨＩＶの感染経路について何らかの知識を持っていたとしてもコンドームの使用を求めることができず、大抵は知識自体を持たない。店のオーナーは滅多にコンドームを支給せず、支給したとしても、性を買われる女性たちがそれを使いたがらない買虐者を拒むことは許されない。先にオランダの例でみたように、人身取引される女性たちは性を買われる地元の女性たちよりも劣悪な状況に置かれるものと決まっている。したがって彼女らの感染リスクは圧倒的に高い。

医療研究者たちの仮説では、少女の生殖管は粘膜が薄いのでウイルス防御の力が弱く、若い女性は免疫機能を持つ粘液の分泌が少ないとされる（*ibid.*, 1995, p.66）。人身取引された女性に対する男性の虐待は女性器の摩擦によって擦り傷を形成する。感染率は買虐者の数に比例し、それによって女性器がどれだけ摩耗するかに左右される。女性たちは通常、傷が癒えるまで時間を置くことができない。負傷自体が

ＨＩＶ感染のリスクを高める。さらにコンドームの使用も摩擦の問題を悪化させる。閉鎖的なタイの性売買店では、幼く「清潔」な処女として囲われたビルマ人女性の大半が、勤めだしておよそ六カ月のうちにウイルスを拾う（*ibid.*, 1994, p.128）。ヒューマン・ライツ・ウォッチ／アジアの聞き取り協力者で、ＨＩＶテストを受けたビルマ人の女性と少女一九名のうち、一四名はウイルスに感染していた。タイで性を買われる人身取引被害者ではない女性と比べた時、その感染率は約三倍に達していた。

タイやインドでは、人身取引と性売買一般が、警察や移民局や他の役人の共謀という形で国家の支援を受けている。性売買店を利用する警官は、違法な操業を認める代わりに店主から賄賂《わいろ》を受け取る。性売買店の強制捜査を行なって人身取引被害女性を逮捕するのはこの警官らであり、彼らは通常、さらなる賄賂を受け取ったのち、女性たちを店舗へと送り返す。警官たちは国境を超えた女性人身取引を行なう女衒《ぜげん》であることも珍しくない。このように女性の人権侵害が全面的に容認される状況では、当の虐待に光を当て、これを真剣に受け止めるよう政府に求める試みも阻まれる。

インドやタイの人身取引被害女性たちは、主として借金による拘束を通し囚われの身となるが、これは慣習国際法の枠組みでも人権侵害および奴隷制に類する行為とみなされている。借金拘束は被害者の家族、「友人」、あるいはその他、移送費用の返済を求める者が人身取引業者や性売買店の所有者から金を受け取った時点で発生する。被害者は借金返済のために働くよう命じられるが、通常、借金がどれだけの額なのか、自分がどれだけ稼いでいるのか、返済のためにどれだけのあいだ働かねばならないのかを知らない。この策略では、数カ月の働きで返済されているかもしれない費用が、被害者を何年ものあいだ性売買店に囲っておくための口実として用いられることも珍しくない。時に女性や少女たちは単に誘拐され売却される。

誘拐者に三万五〇〇〇バーツで売られた……シャン州出身の一〇歳の少女は、処女を五〇〇〇バーツ（二〇〇ドル）で買った外人《ファラン》（西洋人）の相手をさせられたと語る。あまりの痛みに彼女は気を失い、のちに店舗のオーナーから棒で殴られた。

[ibid., p.65]

人身取引された女性たちは店主によって避妊を強制されるが、通常そこでは西洋の女性健康活動家たちが健康にとって危険と考えるデポ - プロベザのような化学的避妊薬の注射やピル投与が、一切の医学的監督なしに行なわれる。女性や少女は避妊薬を選べず、その効果も理解していない。少なくとも一つの事例では、性売買店のオーナーがピルの服用に関し不適切な指示を与えたうえで少女らの月経を止め、仕事を中断する口実を与えまいとした。ある一二歳の少女はピルを飲まされて「間もなく出血しだしたが、店のオーナーは彼女を医者のもとへ連れて行かなかった」（*ibid.*, p.69）。

国によっては、セックス観光や地方性売買の形をとった深刻な性搾取問題が軍人向け性売買の影響で悪化した一方、人身取引の主要目的地とはなっていない場合もある。フィリピンはその典型例で、人身取引に関するかぎり同国は受入国《うけいれ》としてよりも送出国《おくりだし》として大きな地位を占める。もっとも、フィリピンにはなお問題意識を持つ女性たちが数多くいて、女性教育開発生産性研究機構（ＷＥＤＰＲＯ）や女性人身取引反対連合アジア／太平洋支部に属し、国内の性売買における男性らのフィリピン人女性利用がもたらす悲惨な悪影響を緩和しようとしている。ＷＥＤＰＲＯのアイダ・サントスが述べるように、性を買われる女性たちは「バーやナイトクラブ、マッサージパーラー、カラオケ店、飲み屋、その他、食堂やレストラン等の看板を掲げる施設に属する者と、『街娼』や『立ちんぼ』として路上にいる者に分かれる」（Santos, 1995, p.12）。

店舗性売買はフィリピンにも存在するが、隠されているので調査は難しい。性売買店は置屋《カーサ》と呼ばれ、女性たちは借金拘束の状態にある。サントスはわずか一五歳にして「早くも病気に罹《かか》った」少女の例を挙げるが、彼女は「継父にレイプされたのち、母親によってわずか五〇〇〇ペソ——公立学校教師の月給とほぼ同額——で売られた」。店舗性売買の惨状を示すべく、サントスはWEDPROが聞き取りを行なった女性の例も挙げるが、彼女は「バケツ一杯の水を貰った見返りに文無しの客をとっていた」（*ibid.*, p.13）。

サントスは他のアジア諸国における性売買の規模について概算を示す（Santos, 1992）。韓国であれば、性を買われる女性は米軍基地周辺のバーに雇われた登録者が一万八〇〇〇人、未登録者がおよそ九〇〇〇人と見積もられる。インドネシアでは未登録の女性を含め、おおよそ五〇万人と試算される。人身取引でパキスタンに送られるバングラデシュの若い女性や子どもは一月あたり二〇〇〜三〇〇人と試算される。日本では六万五〇〇〇〜七万人のフィリピン人が働き、その八〇パーセント超が「接待業者」と称されるが、これは性売買で利用される人々を表す婉曲語である。こうしたフィリピン人女性の「接待業者」たちは「精神疾患を抱えて」帰国すると伝えられるが、「原因は彼女らが置かれる悲惨な環境にあり、一定数の女性はレイプや他の性虐待を報告している」（Santos, 1995, p.25）。フィリピンでは、性を買われる女性たちの総数は控えめな試算で五〇万人とされる。オーストラリア人の男たちはフィリピンのセックス観光の主催者かつ買虐者として特に大きな位置を占める。例えばオーストラリア人の事業主らはアンヘレス市でセックス観光を提供するホテルやバーの買収を進めてきた（Distor and Hunt, 1996）。同市ではクラーク空軍基地をもてなす性売買産業が発達したが、オーストラリア人の干渉さえなければそれは劇的に縮小しえた。

性売買のグローバル化に関する説明は経済に焦点を置きがちで、事実、経済開発の影響によって困窮した女性や子どもたちは大きな重圧によって性売買へと向かわされる。しかし経済だけでは充分な説明にならない。西洋諸国の貧困はこれほど苛烈ではないが、そこでも性売買は栄えており、世界の性売買システムに組み込まれながら変貌を遂げている。フェミニズムの分析では、男性至上主義の基盤となる男らしさの維持が、経済的な諸力と掛け合わさってグローバルな性売買を構築する実態に光が当てられる。シンシア・エンローは軍人向け性売買での女性利用が虐待者の男らしさを構築するさまについて記す。

> これらさまざまな男たちには一様でない男らしさがありうる。沖縄、韓国、フィリピンの女性たちは、何をすればアメリカ人男性がセックスの最中に男らしさを感じられるのかを学習しなければならなかったと語る。それは韓国人・日本人・フィリピン人の性的パートナーに男らしさを感じさせるための手法として学習していたことと必ずしも同じではなかった。……観光客、植民地官僚、国際的技術官僚とビジネスマン、それに兵士は、セクシュアル化された男らしさを世界に広める立役者であり続けた。
>
> [Enloe, 1992, p.25]

アイダ・サントスは経済的議論が端的に言って不充分だと説く。

これまでに行なわれたあらゆる研究において、性売買は貧困の文脈から分析されてきた。……フィリピンの、あるいは世界の父権制文化は、婚内・婚外を問わず自身の性的欲求を存分に表現することを権利として認識・標榜し、その行使を絶対的に正当——さらには適切（！）——と考える男たちを生み出した。 [Santos, 1992, p.39]

軍人向け性売買は「人種差別・性差別・帝国主義」が「高次の統合」へと至った産物と考えられる。それをよく表すのがフィリピンのオロンガポで売られている人気のTシャツで、そこにはこう書かれている。「米《こめ》で充電する小さな小麦色の淫行マシン」。サントスはこれを「考えられるかぎり最悪の人種差別的混合物」と評する（*ibid.*, p.40）。

一九四九年条約

女性人身取引問題の規模と形態が変化した結果、一九四九年の「人身売買及び他人の売春からの搾取の禁止に関する条約」の有効性は再考に付されることとなった。条約への署名は第二次大戦によって先延ばしにされた。フェミニストや廃絶主義者は各国政府に粘り強く署名を求めてきたが、署名・批准した国は少数にかぎられる。同条約を批准《ひじゅん》したのはわずか六七カ国で、「経済的、社会的及び文化的権利に関する国際規約」の一二六カ国、「市民的及び政治的権利に関する国際規約」の一二五カ国という数字と大きな開きがある。低い批准率は条約の効力や重視され具合にも影響してきた。女性の権利に関わる他の諸条約に積極的に署名してきたオーストラリア、スウェーデン、オランダ、イギリスなどの国々が、ことこの条約に関し署名・批准を拒んでいることは無視できない。アメリカはもとより女性に関する条約全体をないがしろにしている。署名の少なさに加え、この条約は他の諸条約に比べて監視や施行手続きの面でも物足りなさがある。

一九四九年条約は人身取引に関するそれまでの合意や条約をまとめ上げ、その欠落を補っている。締約国は性売買を目的に女性を周旋する者、他者に性を売らせて利益を得る者を罰することに合意する。この条約のうち、今日の論争に照らして最も評価が分かれるのは、性を買われる人物の同意がある場合でもそうした行為が処罰される点である。「強制」性売買と「自由」性売買の区別はない。性売買店を経営ないし管理する者、「他の者の売春のために」建物を貸与または賃貸する者も処罰の対象となる。条約の第六条は性売買の国家規制を禁じるべく、性を買われる女性たちに登録や特別書類の所持を命じる諸法の廃止を求める。

この条約がなくそうとしているのは性売買そのものではなく性売買からの搾取であるが、条約推進者の多くはまさに性売買をなくすことに目標を置いていた。彼女らは性売買目的の人身取引をする者や性売買から利益を得る者の全てを処罰対象とすることが性売買の削減へ向けた最良の方法だと考えていたが、それは女性たちを処罰しないことが何よりも重要だったからである。反性売買の思いは序文にはっきり表れている。いわく、「売春及びこれに伴う悪弊である売春を目的とする人身売買は、人としての尊厳及び価値に反するものであり、かつ、個人、家族及び社会の福祉をそこなう」（*The Shield*, October 1950, p.7）。これは反性売買条約であり、女性が性売買に流れる経路ならびにそれを促す商業的勢力を断ち切ることで性売買を打倒しようと企てるものだった。

人身取引に関する性売買肯定派の立場

性売買推進ロビーは一九四九年条約を実用的でないとみなし、新しい反人身取引条約に置き換えることを求めているが、それは単に同条約が性売買に反するからである。バンコクに拠点を置く女性人身取引反対世界同盟の思想と実践は、オランダの活動家やフェミニスト人権弁護士らが育てた理論的観点に依拠する。ユトレヒトのネレケ・ファン・デル・フルーテンによれば、オランダは「同意があった場合においても」という文言を理由に、一九四九年条約に署名しなかった（van der Vleuten, 1991）。彼女がみるオランダ政府は、そのアプローチにおいて常にリバタリアンの立場をとり、同意を重視する姿勢で固まっている。当時の政府は、性売買からの搾取が強要を含んでいた時にのみ、刑法を適用すべきだと考えていた。その見方では、一九四九年条約は道徳の促進をめざすものと映った。オランダはその後、ヨーロッパにおける「性革命」の中心地となった。街道の飾り窓における公共の性売買は同国のリベラルな風景の一部と化し、薬物使用に関するリベラルな風潮と共存することになった。したがって性売買に関し極度にリベラルな立場をとる活動団体が同国に現れるのも不思議ではない。オランダの政府と人権活動家や人権学者は、人身取引と性売買に関し細かく足並みを揃えた立場を築き上げ、それが国際人権コミュニティにおいても相当の影響力を持っている。

この立場は一九九四年一一月にユトレヒトとマーストリヒトで開催された人身取引対策の会合でも擁護された。解説者は「性を売る権利」が認められなければならないと論じた。ユトレヒト大学のイボンヌ・クラークは説明した。「性を売る行為を禁じれば、個人の自己決定の原則を侵害することになるでしょう。また、性売買当事者は自分を他者の搾取にゆだねる権利があり、そうするだけの充分な理由があるとも考えられます」（Klerk, 1995, p.16）。性売買に関わる権利問題は性を買われる者の侵害ではなく「性を売る権利」だという議論は、性売買肯定派の資料にたびたび見られる。これは衝突する権利問題の一例で、権利アプローチの有効性を問う批判者に注目されてきた。この見方は、性売買が人権侵害だという考えと相容れないように思われる。「性を売る権利」の議論に則《のっと》ると、買虐者は女性の助力者であり、みずからの性を売るその権利行使を助ける者だとみなされなければならないだろう。しかし性を買われる女性たちを利用する男は女性の人権を侵害する虐待者だと考える立場からすれば、女性の「性を売る権利」を掲げたところで虐待が帳消しにはならない。人権侵害は二者の存在を条件とし、被害者がみずから虐待を求めたとしても侵害が親切へと変じることはない。反性売買条約を求めるフェミニストたちはこの「権利」の妥当性を認めない。キャスリン・バリーは一九九二年に「性搾取、暴力、および性売買に関する国際専門家会議」の最終報告書、すなわちペンシルベニア州報告書を上梓《じょうし》した。この報告書は述べる。「『性を売る権利』は存在するか。否、明らかに性売買は権利としては存在しえない。それはもとより性売買当事者女性の人間の尊厳、身体の十全性、および心身の幸福に関する確固たる人権を否定しているからである」(UNESCO, 1992, p.6)。

これは基本的人権文書である世界人権宣言の第三十条に織り込まれている。

この宣言のいかなる規定も、いずれかの国、集団又は個人に対して、この宣言に掲げる権利及び自由の破壊を目的とする活動に従事し、又はそのような目的を有する行為を行う権利を認めるものと解釈してはならない。 [*ibid.*]

「性を売る権利」は「性を買われる女性および究極的には全女性の双方に係る他のあらゆる女性の人権保護」を無効化するものと解釈できる(*ibid.*, p.6)。ペンシルベニア州報告書いわく、人権は普遍的かつ不可侵なので、「個人選択の手段に矮小化することはできない。個人選択は他者への加害を遂行ないし煽動する、あるいは自身を加害する権利をも含みうるものであり、現にそうなっているからである」(*ibid.*)。「性を売る権利」が打ち立てられると、性売買で女性を利用する一部男性の権利や、その利用から収益を得る他の者たちの権利——おそらく性売買肯定派に真の原動力を与えている利益——は、みずからの人権を侵害させる女性の権利へと摩り替えられる。男たちの女性利用権は広報戦略の中で女性の権利の装いに隠される必要がある。体を売ることが常に女性の有する最後の手段とみなされ、その本性の端的な表れと思われている社会において、「性を売る権利」は現状に異を突き付ける要求とはならない。「性を売る権利」は脅かされてるどころか、大半の国々において昔も今も国家権力により守られてきた。

オランダのロビー団体は「性を売る権利」を引き続き保護したいと願い、性売買に問題はないと考えるため、人身取引の再定義において性売買への言及を完全に排そうとする。例えばオランダ人権諮問《しもん》委員会は、より広い人身取引の定義が必要だと考える。「人身取引の概念を性売買に限定することは理に適わない」と委員会は述べつつ、一方で性売買を「普通の仕事」と認める（Klerk, 1995, p.17）。なくすべきは「意に反することを人々にさせる強要」であり、その内容はさまざまでありうるという。もっとも、イボンヌ・クラークはこの議論を支持しつつも、人身取引の九九パーセントが女性を狙ったもので、その圧倒的大半が性売買を目的にしていると述べる。このほかに、オランダのロビー団体が定義を広げることの利点として挙げるのは、現在カバーされていない人身取引、例えばダンサーやポルノモデル、奉公人、メールオーダー花嫁のような、性産業に属する他の人々のそれをカバーできるという点である。

ユトレヒトに拠点を置く女性人身取引反対財団も、人身取引を人権侵害とみなす一方、性売買を単なる職業とみなしたうえで、この両者を明確に区別する。同団体が好む人身取引の定義は、特に性売買に言及することなく、経済的利益を求めて強制的に人々を国境移動させるあらゆる行為を包含するそれである。その人身取引の定義は次の通りである。

> 強要、詐欺、物理的搾取、身体的・心理的・感情的虐待を伴う「周旋行為」のうち、人身取引犯罪をなすもので、その目的は結婚、家庭内労働や産業労働、性売買などに分かれる。
>
> [Lap-Chew, 1995a, p.2]

この財団は実践的にも理論的にも、性売買に対し何らかの敵意を抱いているようにみられることを警戒している。そして一九四九年条約の核をなしていた性売買目的の人身取引に対する批判を、同団体は消し去った。財団による人身取引の定義は明確な強制力が働いていることを条件とし、あらゆる目的のそれを含む。

性売買以外の目的による女性・男性・子どもの人身取引もそれ自体としては深刻な犯罪であり、適切な人権装置が対処のために必要とされている。例えばバングラデシュでは、女性・男性・子どもが性奴隷制のみならず強制労働や臓器売買のために人身取引されている。一九九三年のとある新聞記事は、四九名の人々が救助された事件について次のように報じた。

> 中年の男女がムンバイやマドラスの病院に連れて行かれる。血液、骨、肝臓、眼球、皮膚、毛髪はこれらの病院に売られる。若い少女たちはパキスタンやインドの性売買店に売られる。
>
> [UBINIG, 1995, p.33]

性売買目的の人身取引犯罪を明確に名指そうとするのは、このような種類の異なる人身取引の深刻さを理解していないからではない。意図するのは、この性別を軸とする権力関係に根差し、性暴力犯罪として特異な結果をもたらす犯行を可視化し、具体的な標的とすることにある。

幼い少女たちはバングラデシュの人身取引で最も価値のある運搬品とされる。彼女らは何よりも偽装結婚を通し、個人の奴隷として売られることが多く、極貧の家族は娘を養う金も婚資に当てる金もないため、この結婚を認める。少女たちの消息は以後、途絶えることが珍しくない。インドで個人に性奴隷として売られた少女たちは、ほかに当てもなく、しばしば性売買店に行き着く。

ここではバングラデシュの少女たちが、いわゆる夫のもと、奴隷のような人間以下の生活を強いられる。……通常この少女たちは家から追い出され、やがて他の者らによって商品にされる。かくして彼女の所有権は次々に譲渡される。……彼女は生活費を稼ぐ最後の手段として性売買店に向かわなければならない。

［Association for Community Development, 1995, p.15］

女性人身取引反対財団は「自由」な人身取引を「強制」されるそれから切り分けようとするが、そのアプローチを用いるならば、右のような状況に置かれた女性たちが自由な「選択」を行なっていると論じることもできそうに思われる。ここには分かりやすい強制力が存在しない——ただし、ほかの選択肢もない。

女性人身取引反対財団は、「人身取引を……性売買の問題から切り離して論じる」姿勢が適切である根拠として、性売買を正当な労働とみるべきだと論じる。「今日言及されるのは『商業的セックスワーカー』である以上、性売買を女性に対する暴力の問題ではなく労働問題と位置づけることを検討するのが有意義に思われる」（Lap-Chew, 1995a, p.2）。財団は性売買を専門職にすべきだと考える。

セックスワーカーが「専門的」になれば、それだけ彼女は自分を大事にするようになる。自分が「合法的」ないし「正当」だという意識も強まり、虐待や搾取を報告することへのためらいも減り、健康や他の自己管理を求める積極性も高まり、自分の労働に対する一定の専門職意識も育てられる。これが性売買を正当な労働形態と認める論拠にならないだろうか。[ibid., p.3]

こうした議論のもとでは、男性による性売買での女性虐待に反対する活動家たちは、性を買われる女性たちの生活をより困難にしようとする者たちにほかならないとみなされうる。性搾取をする者たちではなくフェミニストの反性売買活動家こそが諸悪の根源であり、性売買に関するスティグマを生んでいる、さらには性を買われる女性たちの自己充実感と健康や幸福の追求をさまたげていると目されかねない。

CATWを代表するジャニス・レイモンドは、「人身取引」を性売買から切り離そうとするこのような企てをはっきりしりぞける。彼女が指摘するに、こうした区別は許容可能な女性搾取を設けるために使われるものであり、CATWは「この区別が『救うに値する被害者』――すなわち子どもや、あからさまに強要されたことを証明できる女性たち――だけの救済策を生む」のではないかと懸念している。「彼女らは生きのび、強要を証明する手立てを持っていなければならない」。というわけで右の区別は「明白かつ証明可能な強要を含まない性搾取の行ないを正当化する」(Raymond, 1995, p.2)。レイモンドの見方では、人身取引を性売買から切り分けるのは妥当といいがたい。「性売買は無論、性的人身取引の目的であり、女性や子どもの人身取引を生む土壌をなす」からである。彼女が論じるように、性売買が社会に受け入れられているかぎり、性的人身取引やセックス観光はそれに伴って必然的に行なわれる。

ファン・デル・フルーテンは「自由」性売買から人身取引を分けるうえでの難点の一つを挙げる。「実際のところ、国内の女性人身取引と国際的なそれは切り離されたプロセスではなく、互いに絡み合っている可能性もある」。タイの地方では少女たちが国際人身取引のために直接集められる。

> 第三世界諸国の状況だけで女性人身取引を説明することはできない。「需要」側、つまり行き先の国々の状況も極めて重要である。それは西洋諸国の性売買にみられる変化、周旋業者の態度、および氾濫する外国人女性一般と外国人性売買当事者の表象からなる。
> [*ibid.*, pp.10-11]

国外から人身取引されてくる女性と国内の女性が同じ性売買店の奴隷制環境に置かれる中、人身取引と性売買を切り分けるのは難しい。

新たな人身取引条約を求めるロビイストらによれば、「性売買を目的とする」という文言を抜きにして人身取引を定義することには、法的手続きを容易にするというさらなる利点がある。その新定義は人身取引の目的が性売買にあると証明する負担を軽減する。イボンヌ・クラークによれば、「性売買を目的に」という言葉を除き去れば、被害者にとって法的手続きが楽になるはずで、なんとなれば性売買が目的だと証明しなければならない場合、「彼［ママ］は忘れてしまいたい恐ろしい出来事の全てを思い出すよう求められる」うえ、被害者の出身国はその所在を知って「彼」に偏見を向けるかもしれないからだという（Klerk, 1995, p.18-19）。興味深いことに、クラークは論文の中で男性代名詞を使っており、これはそうした言語上の性差別バイアスを問うてきたフェミニズムの進展を顧みれば後退に思える。性売買に関する文章で男性代名詞を用いることはとりわけ不適切な選択に思われ、シュールな響きを添えている。この議論は、詳細を思い出すのがそうまでつらいという以上、性売買目的の人身取引が絨毯《じゅうたん》づくりを目的とする人身取引とは何らかの面で違うかもしれないと認めているように思われる。
人身取引と性売買に関してCATWと立場を異にする人々でも、性売買には独自の要素があるという認識のもと、その概念を完全に捨て去った人身取引条約には賛同しないことがある。リーズベス・ラインザードは「廃絶主義者」を批判したのちにこう述べる。

強制性売買の要素を完全に除き去った構想は誤ったリベラリズムにもとづいており、特に性産業の労働に関係する恥辱・屈辱・身体的危険の現実と関連性を無視している。[Lijnzaad, 1995, p.24]

明らかに彼女は性売買がほかと同じただの仕事であるとは考えていない。もう一人のオランダのフェミニスト研究者は、この新しい分析がフェミニズムを丸ごと蚊帳《かや》の外へ追いやることに危惧を表明している。オランダの女性人身取引に関する公共政策を扱った論文で、ジョイス・アウトショーンは「全ての関係者が性売買を労働と位置づけることに大なり小なり賛同するに至った」と述べる（Outshoorn, 1996, p.16）。人身取引の定義が広げられて性売買との紐付けが消し去られる中、「古いフェミニズムの認識は無効化」してしまった。この見方に則ると、男性の性的支配はなぜか完全に構図から抜け落ちてしまう。

この紐付けは女性たちが男性のセックスを目的に人身取引されるという認識、したがって二つの問題はいずれも性的支配に関わるという認識を維持することに役立ってきた。したがって男性のセクシュアリティは常にこのフェミニストたちにとって争点だった。問題はこのプロセスで何が失われたかである。

[ibid., p.16]

性売買と国際人権コミュニティ

一九八〇年代後期まで、国際人権コミュニティは確かに性売買が特定の基本的人権、すなわち尊厳の権利や人格の十全性に関する権利に反すると考えていたように思われる――その理解を条約に反映する意欲はなかったにせよ。国連の報告者J・フェルナンド＝ローレントによる一九八三年の報告書は、性売買が奴隷制の一種であると述べ、各国の当局が性を買われる女性たちの団体も含む社会組織との連携をめざすよう促した。「ただしそれらの組織が性売買を職業と認識することを求めていない場合にかぎる」と（Haveman, 1995, p.140）。一九八六年にユネスコが主宰した性売買と性搾取の原因に関する専門家会議では、結論として次の表明が示された。

> 我々は伝統的な性売買の理解から決別すべく、強制性売買と自発的性売買の区別をしりぞける。ゆえに我々は性売買を職業と認めない。客が購入する「セックス」のためには女性身体が男性に利用される道具とならなければならない。……これは女性の尊厳に対する攻撃であり、性暴力の一形態となる。
>
> [UNESCO, 1992, p.33]

しかし、この共通理解は変わり始めた。一つの要因はエイズの流行にあったかもしれない。オーストラリアの判事エリザベス・エヴァットは、一九四四年にオランダの会合で、「オーストラリアではやや緩慢ながら性売買の容認が進んでいるのが分かります」と好意的に述べ、それは性を買われる女性や男性の周縁化と闘うことが安全な性教育のために必要と考えられているからだと論じた（Evatt, 1995, p.95）。なるほど一部の西洋諸国では性売買の容認がエイズ予防の成功に不可欠と論じられてきたが、性を買われる女性たちを受け入れることと虐待者の行動をよしとすることとは違う。

重要な人権団体が性売買推進ロビーの影響下で性売買に関する立場を変えている実態は、反奴隷制インターナショナル（ASI）をみるとよく分かる。一九六〇年代から七〇年代にかけ、当時の名でいう反奴隷制協会では、パトリック・モンゴメリーが理事長を務めていた。彼はジョセフィン・バトラー協会と関わりがあり、その強い反性売買の立場にも与《くみ》していた。彼の働きかけを受け、奴隷制作業部会は一九七四年、女性人身取引は奴隷制の一形態であると認めた（van der Vleuten, 1991）。ところが一九九〇年代に入ると、ASIの立場は新たな女性理事長レズリー・ロジャースのもと、モンゴメリーであれば受け入れがたいと思ったに違いないものへと変貌した。一九九五年にASIが発表した立場表明は、「国際行動計画において性売買を商業的セックスワークと再定義する」と題していた。

ASIは性売買を商業的セックスワークとする定義が、性サービスを売る女性や男性の福祉を高める点で、純粋な廃絶主義アプローチよりも有望であると考える。労働条件の観点から商業的セックスを労働とみなせば、当事者は全労働者の保護をめざす既存の諸制度――必要な時には強制労働の人員や移民労働者を守り、万人を暴力から、女性を差別から守る諸制度――のもとに包摂され保

護される。 [ASI, 1995]

ロジャースは性売買を商業的セックスワークと再定義することが人身取引への対処で不可欠だと考える。なぜというに、奴隷制としての人身取引に挑むには、奴隷状態で行なわれる労働が通常の労働契約の対象とされなければならないからだという(個人コミュニケーション、一九九五年八月)。

ロジャースは一九九四年一一月、オランダで開かれた「人身取引との闘い」という会合に、数少ない非オランダ人の一人として参加した。そしてロンドンに拠点を置く彼女の組織はいまやオランダの立場を採用している。人身取引問題に取り組み始めた人権団体が、性売買の問題と向き合うために不可欠な性暴力の理解を有していないことは由々《ゆゆ》しき事態といえよう。そうした団体は普通、性売買が子どもにとって危害になると認めるが、他方で成人女性におよぶ性売買の危害を認識できないのは、レイプや性虐待やポルノグラフィと闘うフェミニズムの理論と活動に明るくないことの表れとみるよりない。

反奴隷制インターナショナルは児童性売買と闘うべく、国際組織「アジア観光での児童性売買をなくす会」などの団体と熱心な連携活動を行なっており、くだんの性売買を強制力の証拠の有無によらず奴隷制と捉える。が、ASIの一九九三年一〇月のニュースレターは、人権一般に関しては認めない文化相対主義の議論を性売買に関して用いる。「事実、世界の一部地域では性売買当事者であることが卑賤《ひせん》な職業ではなく正当な労働選択とみられている」(ASI, October 1993, p.4)。「ASIの使命は二つの領域、児童性売買(一八歳以下のそれ)と強制性売買にかぎられる」。これらの不正はいずれも性売買当事者が「雇用法や刑法によって明確に守られていない」かぎり、防ぐことが難しい。性売買を人権侵害と定めれば、「膨大な女性たちが今よりもなお社会的に周縁化される」だろう――。このような性売買に関する立場は、人権の普遍性に関する強い立場と矛盾しているように思われる。あらゆる人権と基本的自由の「普遍的性質は問うまでもない」というウィーン人権宣言（一九九三年）の一節を引用しつつ、ＡＳＩはニュースレターで述べる。「我々がさまざまな慣習を文化相対的なものと考えるならば、奴隷制は決して廃絶されない」（ASI, June 1993, p.1）。しかしどうやら、性売買における女性の性虐待はこの原則の例外となるらしい。

ヒューマン・ライツ・ウォッチ／アジアもやはり、性売買については一切の立場を示したくない様子である。ネパール人女性の人身取引に関する研究を紐解くと、性売買を差し置いて人身取引だけを問題とするアプローチには二つの欠陥があると分かる。一つは『営利目的のレイプ』という表題が示している。この感情に訴える題は、女性たちの行き着く性売買を読者がとりわけ侵害的と感じるだろうという期待のもと、効果を託されている。問題の地域では絨毯産業のための人身取引も横行しているが、それは同程度に極悪とは映らないだろう。すなわち著者らは人身取引だけを問題として抜き出しているが、性売買の「労働」に何か独自の要素があることを認めているように窺える。このアプローチのもう一つの問題は、人身取引の到着地点である性売買店にはインド人女性もいるという点である。彼女らが人身取引の被害者なのかどうかは論じられていないが、ネパール人女性たちと同じく極度の虐待環境に苦しんでいることは疑えない。著者らは性売買を差し置き人身取引の糾弾のみに的を絞ることに矛盾を感じていたと思われる。繋がりは明らかなのだから。ネパール人女性の人身取引に関する研究の結論部分で、ヒューマン・ライツ・ウォッチ／アジアはこう述べる。

インドの性売買店はネパール人の少女や女性を求め、その需要がネパールからの人身取引を駆り立てる。需要の背景にはエイズへの恐怖と消費者の嗜好があり、インド警察の積極的サポートがこの取引を成り立たせる。したがってこの需要を抑えるためにインドが早急《さっきゅう》な措置をとることが必要とされている。

[Human Rights Watch/Asia, 1995, p.86]

この結論は、二度の世界大戦の合間に国際連盟の人身取引委員会が至ったそれ――性売買と闘い男たちの需要を抑えることなしに人身取引をなくすことはできない、という結論――に重なる。しかしヒューマン・ライツ・ウォッチ／アジアは性売買に関する発言に際し、極めて慎重な態度をとる。インドの性売買関連法が差別的であるとして改正を求めながらも、同団体は「性売買そのものに関し一切の立場をとらない」と述べる（Human Rights Watch/Asia, 1995, p.154）。しかし思うに、人権団体はそろそろ性売買に関し立場を示さなくてはならない。人身取引と性売買が切り離せないことを知りながら、前者だけを扱う姿勢は議論の力を損なう。

一九九五年、北京で第四回国連女性会議が開かれたが、その最終報告書に載った人身取引と性売買に関する立場をみると、リバタリアン的なオランダの立場がいかに影響力を強めたかが分かる。オランダの女性人身取引反対財団で調整役を務めるリン・ラップ＝チュウは明らかにその影響力を認めている。彼女は自身の組織が属する女性人身取引反対世界連合（ＧＡＡＴＷ）が勝利を収めたと考える。右の会議の行動綱領で最終的に採択された定式では、「強制」性売買と「自由」性売買が区別される。ラップ＝チュウいわく、「性売買当事者団体のメンバーに支えられた」GAATWは「人身取引をより広い人権の文脈に位置づけ、対処すべき問題として性売買に注目することを避けるよう試みた」(Lap-Chew, 1995, p.2)。

行動綱領の言葉はしかし、性売買目的の人身取引にとりわけ大きな懸念を寄せる。「性取引を目的とする女性と少女の人身取引を効果的に抑え込むことは喫緊の国際的課題である」(Lap-Chew, 1995, p.5)。人身取引が強制力の結果でなければならないとする定義はない。しかし強制と自由の区別は、女性に対する暴力の定義にみられる「女性人身取引と強制性売買」などの文言に表れている。とはいえ、この文書の根底にある主張は、人身取引が男女双方に係るあらゆる目的のそれであり、性売買とは完全に別個の行ないであるというGAATWの立場とは異なるように思える。女性に対する暴力のセクションは、それが「女性たちの人権と基本的自由の享受を侵害し、妨害し、無効化する」ことを概括したうえで、「人身取引」を女性や子どもに係る問題とし、特に性的な暴力形態の一覧にこれを含める——「性虐待、性奴隷制と性搾取、女性と子どもの国際人身取引、強制性売買、性的ハラスメント」と(*ibid.*)。ぎこちない折衷を行なった印象はあるが、ここでは人身取引が性売買と結び付いているという認識、そして性売買には性暴力に関係する独自の要素があるという認識が勝っている。しかし、反性売買の立場が国際会議や国際文書の中で完全に潰されないためには、より精力的なキャンペーンが必要となる。

人身取引に関する反性売買の立場

西洋の非政府組織はアジアの性売買に対し、性的リベラリズムの観点からアプローチする。これらの諸団体は強制力を伴う「人身取引」と「自由」な性売買を区別すべしとする圧力を感じている可能性もある。アジアのフェミニズム系非政府組織は必ずしもこの立場をとらない。理由の一つは性的リベラリズムが最も有力な性の哲学となっていないことにあり、もう一つは性売買に流れる女性たちの明白で苛烈な貧困状況を思えば、アジア文化圏のいかなる女性に関しても、そう安易に「選択」の議論を唱えられないことにある。独立した「セックスワーカー」の事業主は、みたところアジアにそう多くはいない。

人身取引に関する反性売買の立場は、例えばフィリピンなどで優勢であり、フェミニストたちは軍人向け性売買の歴史や現代のセックス観光が女性被害者やフィリピンの女性たち全体の地位におよぼす影響に強い懸念を寄せている。反性売買活動家は《売春婦》に代えて《性を買われる女性》という語を使う。これは考え抜かれた政治的決定であり、女性たちが性売買で利用されることに関し選択肢を欠くという事実を浮き彫りにする狙いがある。これを用いるのは「政治的文脈を示す」ためである。

女性たちの圧倒的大半は不正な社会経済構造に取り込まれ、貧困と性売買に追いやられる。用語に関していえば、この語は最も政治性が強く、既存の社会経済構造と政策に対し直接の批判を突き付ける。 [Santos, 1995, p.14]

WEDPROのアイダ・サントスは、GAATWなどがとる性売買肯定の立場を「北側の一部先進国」に由来する、「南側ではほとんど支持者がいない」哲学と評し、「強制」性売買と「自発的」性売買を分かつその考え方はアジアに適合しないと論じる。サントスによれば、この立場は「女性の性的客体化」を後押しするものにほかならない。性売買を「なくせない社会慣行」として受け入れる者は、こう認めることになる。

セックスは強要、商品化、果ては誘惑も含め、獲得の手段を問わず男性の権利であり、女性や子ども、さらには男性の身体も、買い手がいて売り手がいる以上、パッケージ化され商品として売られるべきである。

[*ibid.*, p.38]

彼女の見方では、「大量の人々が物質的欠乏と政治的周縁化」に悩まされるアジアの状況で、「自発的」性売買という概念を用いるのは適切ではない。アジアにおいて「『自発的』性売買という論点は不要に思われる」（*ibid.*）。

フィリピンを拠点とするCATWアジア／太平洋支部は、女性を利用し、女性から利益を得る男たちを視野に入れつつ性売買を論じる言語、学術的・政治的議論の大半がそうであるように性売買の原因かつ元凶として女性たちに焦点を絞る過ちを避ける言語を育ててきた。チャット・ガルシアは説明する。「売春といって思い浮かぶのは女性であり、絶えず記述・分析・非難・「救済」の対象となるのも女性たちである。しかし性売買は女性に関する行ないではない。それはみずからの体を売る女性個人たちの物語ではない」（Garcia, 1994, p.2）。このバイアスを避けるため、新たな言語は性売買の三つの構成要素、「店、買う者、買われる者」を強調する。

古い考えに囚われた者や性売買推進ロビーは足並みを揃えて買われる者に焦点を絞るが、検証されるべきは店と買う者たちであって、この二者こそが女性や子どもの取引を成り立たせ、そこから利益を得ている。

[*ibid.*, p.3]

チャット・ガルシアいわく、性売買は「高度に体系化された、高収益をもたらす多国籍の数十億ドル産業」であり、人身取引や観光業やポルノグラフィと国際的な結び付きを形成しているうえ、しばしば地元警察の後援を受ける犯罪シンジケートによって組織化されている。性を買われる女性の《買われる》という語は、「選択」の議論による誤導を防ぐ。ガルシアが論じるに、この場合、性売買の世界に入る女性たちの「選択」は重要ではない。みずからの性を売ろうとする女性たちの積極性が性売買を生んでいるのではないからである。性を買われる女性たちの需要を生むのは悪徳商人と買虐者たちであり、性を売ることに「積極的」な者がいなければ彼らはいつでも力ずくで女性たちを獲得する。

この産業はそれ自体の需要と、男性客のいわゆる欲求によって回っている。攫われ、騙され、性売買に売られる女性や子どもたちの広く知られたおぞましい話の数々を聞けば、この業界があらゆる手段を使って女性たちを補充していることがはっきり分かってくる。

[*ibid.*]

アジアの性売買では「強制」による人身取引と「自由」な性売買の区別がつかなくなる。金があれば家族が助かるという理由で女性たちが「積極的に」売られて性売買をさせられるという状況は、タイでは珍しくないが、この場合、西洋的に理解される「強制力」は働いていない。また、レイプ裁判の時と同じく、強制力は法廷で証明することが難しい。ビルマの状況は複雑で、性売買から救助され本国へ送還されたビルマ人女性が性売買をしにタイへ戻ってしまうことが珍しくない。これはビルマで彼女らがキズモノとみなされ、家族に歓迎されるともかぎらないため、まともな未来が期待できないことによる。彼女らが性売買に戻ることは「強制」とみなされるのか。「強制」と「自由」の区別にもとづく法制度はほとんど女性たちの助けにならない。区別を立てず、女性たちが性を買われる背景には常に何らかの強要が――ある場合には極めて残忍な強要が、ある場合にはより分かりにくい強要が――働いているとみるアプローチのほうが有効かつ現実的に違いない。自由意志を表せることに依拠する西洋流の自由市場個人主義は、オスロやニューヨークの女性たちもさることながら、アジアの女性たちが置かれた状況にはなお合わない。

性搾取禁止条約

反性売買フェミニズムの立場は、あらゆる形態の性売買に対処する新条約案という成果を生んだ。一九四九年条約は未熟で物足りないものとみなされている。ペンシルベニア州報告書の解釈では、同条約は暗に一部の性売買を「自発的」と認めており、「強要を生むとの理由から女衒《ぜげん》行為、周旋行為、性売買店」に狙いを定めることで、強要された性売買と「自発的」な性売買の区別を匂わせている(UNESCO, 1992, p.1)。報告書いわく、このような焦点の置き方は、女衒による搾取がなければ性売買は自由選択された行為だとほのめかす。処罰される犯罪は性売買の搾取であって性売買行為そのものではない。よって同条約は実質的に買虐者を非犯罪化し、買われる女性の性搾取を合法化する。同条約は性売買が強制力や人身取引を介さずとも人権そのものを侵害する実態を曇らせ、さらには性売買が社会における女性の従属化全体に関わっていることも不問に付している。

一九九一年に女性人身取引反対連合とユネスコが主宰した「性搾取・暴力・性売買に関する国際専門家会議」では、新たな条約の起草が求められた。これは性搾取禁止条約と称される。(訳注1) フェミニストの人権理論家たちは、女性に対する暴力を罰することに特化した条約の必要性を訴えてきたが、本条約はこの要望に応える。これ以外の対策論では性売買が除外されてきたが、この条約案は人身取引と性売買の双方を関心事項の中心に据える。性搾取はこう定義される。

ある人間の尊厳、平等、自律、心身の幸福の権利を無効化するセクシュアリティの悪用を通し、人(々)が性的満足もしくは経済的な利益や向上に浴する行ないを指す。

[Barry, 1995, p.326]

ここには女児殺し、嫁殺し、寡婦殺し、女性殴打、ポルノグラフィ、性売買、性器切除、女性隔離、結婚持参金や婚資、強制断種や強制妊娠、性的ハラスメント、レイプ、近親性虐待、性虐待、人身取引、

訳注1　性搾取禁止条約案の全文はキャスリン・バリー著/井上太一訳『セクシュアリティの性売買――世界に広がる女性搾取』(人文書院、二〇二四年)の補遺に収録。

一時的結婚、出生前性別決定、その他が含まれる。性売買は「女性身体を売買、交換される商品とする利用で、常に金銭を目的とするとは限らない」ものと定義され、「不定期の性売買、路上性売買、社会文化的慣習により認可された性売買、性売買店、軍人向け性売買、開発地域の性売買、ポルノグラフィ、セックス観光、メールオーダー花嫁市場」を含む（*ibid.*, p.327）。新条約は女衒行為、周旋行為、性売買店に関する一九四九年条約の第一条、二条を取り入れるが、重要な新しい項目として、買虐者を罰し、性を買われる女性の処罰一切を認めない箇条を含む。加えて、性搾取の促進者かつ実行者とみられる「ポルノグラフィの制作者、販売者および配給者」の処罰も織り込んである。

新条約はペンシルベニア州報告書で分析された性売買の原因を仔細に検討する。第七条は女性たちを性搾取へと追い込む経済開発政策をしりぞけ、女性の経済発展を促す。また、同条はセックス観光を送出国と受入国の双方で禁じ、性搾取を促進する社会的・文化的パターンを変えるための教育プログラムを求める。第八条、九条は、反人身取引の条約や合意において二〇世紀初頭から求められていた種々の措置、すなわち移民や移住民の女性・児童保護、人身取引の危険性を周知する広報活動、通過地点の監視などを盛り込む。パスポートや旅行書類の保持は権利として保障され、旅行の自由も保護される。第十一条は、戦時下の性搾取から女性を守るために規定や観察団を設けることについて記す。第十二条、十三条は女性の脱性売買を支援し、教育プログラムを通して他の生活手段を、また仕事・シェルター・その他の社会サービスや保健サービスを提供することに目標を置く。

この条約案は性売買推進ロビーの激しい反発を受けている。条約草稿の哲学は性売買肯定論者の著物で誤った解釈や紹介をされている。ネレケ・ファン・デル・フルーテンは二つの立場、廃絶主義者と非犯罪化論者を説明する。廃絶主義者は性売買を「道徳的不正かつ家族破壊の元凶」とみる者たち、とされる。その立場は「性売買当事者や人身取引される女性を単に被害者と定義し、彼女らにスティグマを貼る」点で性売買当事者にとって有害だという（van der Vleuten, 1991, p.21）。ファン・デル・フルーテンが賛同する対極の立場は非犯罪化のそれであり、性売買の合法化を要求する。二つの立場を説明したこの記述は、CATWのような団体のフェミニズム政治を完全に無視している。なるほどCATWは男性による性売買での女性虐待をなくそうとしているが、同時に、虐待される女性の非犯罪化をもめざしている。フェミニズムの反暴力政治をもととするこのような反性売買の立場は、オランダの性売買推進活動家たちがCATWと紐づけているところの古いキリスト教的保守主義とはほとんど重なるところがない。反性売買フェミニストたちが目標とするのは暴力を終わらせることであって、しばしば男性権力の玉座となり、広く男性暴力の温床となっている家族を支えることではない。にもかかわらず、リーズベス・ラインザードも廃絶主義の立場は「道徳主義的な含み」があり、非現実的で「気まぐれ」だとみなす（Lijnzaad, 1995, p.130）。

ファン・デル・フルーテンは反性売買の立場を支配的かつ文化帝国主義的とみて糾弾する。いわく、女性人身取引に対する国際コミュニティの立場は「性売買に関し廃絶主義的かつ西洋的な態度に支配されている。性売買は生存戦略ではなく倫理問題と考えられている」（van der Vleuten, 1991, p.34）。実際のところ、文化帝国主義なのは性的リバタリアンの立場だといってよい。性産業は女性たちに健全で程よい仕事を提供している、と考える性的リバタリアンの立場は、一九六〇年代に起きた性革命の産物であり、それは殊《こと》に西洋的な事件だった。この西洋の性革命は、女性解放は男性のための良き性的客体を演じることにあるという考え、そして解放は実のところセックスの中にこそあるという考えを、女性たちに売り込んだ（Jeffreys, 1990）。数世紀にわたりスペインとカトリック教会の統治下にあったフィリピンなどの国では、道徳主義的なアプローチが支配的であり、西洋流の性革命は起こらなかった。オランダ勢力が代表する性的リベラリズムは明らかに輸入された哲学である。性を買われることは女性の自己実現だといった性的リバタリアンの議論は異質な文化的・経済的文脈で育ったものであり、アジア諸国の人権活動家たちにとって一般的な考え方ではない。

加害者を処罰する

条約案のうち、最も議論を呼ぶのは、それ以前の人身取引条約で提案されていなかった買虐者処罰の項目であろうと思われる。性売買が女性の人権侵害と認識されるのであれば、買虐者処罰の発想は完全に理に適う。加害者、侵害者は罰則の対象とされなければならない。興味深いことに、この発想はスカンジナビア半島でいくらか認められだしている様子がある。一九九四年にオランダの会議で、スヴェン＝アクセル・マンソンはそれを思わせることを発表で語った。マンソンはこの会議が性売買における男性の役割、特に買虐者のそれに触れようともしなかったことを批判する。彼はいう。「女性人身取引は男性集団の感情的・性的需要がなければ存在しえない」（Mansson, 1995, p.120）。需要側に関する研究は非常に乏しく、買虐者の役割は滅多に問われない。「性売買の理解へ向けた中核的課題の一つは、何が購入されるのかを扱うこと、つまり男たちの動機とセクシュアリティの欲求を扱うことでなければならない」(*ibid.*)。

マンソンの説明によれば、性売買推進ロビーはドイツやオランダに比べ、スウェーデンでは影響力が小さい。例えば、スウェーデンでは「男性の役割に関する作業部会」が、買虐者は「もはや自身の行動に関する責任逃れを許されない」と論じている(*ibid.*, p.122)。同会は性サービスの購買を禁じる法律を提案した。目的は性購買へ向かいうる者を思いとどまらせ、需要を減らすことで性を買われる女性の数を減らし、「ひいては性売買が当事者におよぼす甚大な人間的苦痛と社会的損害」を減らすことにある。このような法律は男性の女性利用を認めてきた道徳のダブルスタンダードに焦点を当て、世論を導く点で有用な効果が期待できる。

> 男性に性購買者としての素因を植え付ける性的社会化の要素に注意が向けられなければならない。……客の処罰化に託された中核的メッセージは次の通りである——社会はもはや性売買がいつでも男性に許してきた人間的・社会的責任の回避を許さない。
> [*ibid.*, p.122]

マンソンは男性たちが性売買におけるみずからの役割に責任を負うことを求める。男性たちの性売買需要を減らすためには、真剣な教育によって男らしさの構築を問い直す必要がある。そのような教育は「少年を男性に、少女を女性にする社会学習のプロセスに影響を与え、それを変化させる」ものでなければならない。性売買が許されない以上、「国際的な性売買推進ロビーが性売買を合法化しようとするこれ以上のあらゆる企て」は阻止される必要がある、と彼は論じる(*ibid.*, p.123)。

男性の需要を糾弾することは、人身取引の有無によらず、性売買における女性虐待と闘うあらゆる戦略に欠かせない。女性人身取引を禁じる条約が、男性による性売買での女性虐待を射程に含めないのであれば、有効性は知れている。性売買目的の女性人身取引は、人身取引の大部分を占めており、その目的が損傷の性質に影響する以上、特別な罰則を必要とする。「強制」と「自由」の区別は廃されなければならない。「強制」人身取引だけを違法化しようとすると、「同意」をめぐる難しい司法判断が必要となり、人身取引と闘うことはほとんど不可能になるからである。性売買が人身取引を生むのであって逆ではない。性を買われる女性たちを利用したがる男性らの需要が放置されるのであれば、その需要を満たすために人身取引をも含む手段が講じられるのである。

結論

性売買を一般化する

本書の執筆動機は性売買の思想、すなわち性売買での女性虐待を考えつく買虐者たちの頭にある思想、ならびに性売買肯定派の活動家や理論家たちが唱えるところの、性売買は単なる労働でありセックスであり選択であるという思想の双方を問うことにあった。私が示したのはいささか異なる性売買の思想である。すなわち、性売買は男性の性暴力の一種であり、女性の人権侵害である。洋の東西を問わず、相手が小児か成人かを問わず、場所が高級店舗か路地かを問わず、男性の性売買行動は虐待的であると述べることで、私は一般化を行なっている。このような一般的理解の創出は近年、フェミニズム理論家たちのあいだで論争を呼んでいる。

一九八〇年代に、一部のフェミニズム理論家はポスト構造主義と呼ばれる男性的なブルジョア理論の体系を取り入れた(その多くはゲイ男性の成果による)。彼女らは女性たちの経験の多様性を認識するフェミニズム的観点に手を加え、女性たちの置かれた条件について「一般化」を行なうことは常に誤りであり、おそらくは男性たちの行動についてそれをすることも誤りだという思想を生み出した。リンダ・ニコルソンは啓蒙主義の確実性を批判する男性思想家たちの考えを取り入れ、フェミニズム理論を攻撃してきた人物の一人に数えられる。彼女によれば、一九六〇年代後期から八〇年代中期までのフェミニズム理論はいずれも「北米と西欧の白人中産階級女性の観点を反映する傾向にあった」(Nicholson, 1990, p.1)。その研究は「かぎられた観点にもとづき誤った一般化を行なう」がゆえの限界を抱えていた。ニコルソンいわく、一般化は実のところフェミニズム理論家たちの最も深刻な過ちだった。

> フェミニストの学者たちは学術研究全体にみられる問題含みの一般化傾向を踏襲しただけでなく、さらに驚くことに、自身の仕事と最も近い距離にある特定の思想流派の首をかしげたくなる特異な一般化の企てを繰り返す傾向がある。
>
> [*ibid.*]

一般化はセクシュアリティに関するフェミニストたち特有の問題だったと、キャサリン・マッキノンの著作を批判する中でフレイザーとニコルソンは論じる。

> 一般化された社会理論を構築することは、自身の社会で支配的となっている繋がりやバラつきを他の社会に投影し、それによって双方の重要な特徴を歪める危険性がある。社会理論家はセクシュアリティや生殖や母親役割の一般的意義を想定する前に、まずそれらのカテゴリーの系譜を構築するのがよいだろう。
>
> [Yeatman, 1990, p.291 より]

これは要するに、セクシュアリティの「系譜」を構築すれば文化相対主義的な行動観が育てられる、ということを述べているように思われる——性売買における男性の行動は、ある文化圏では虐待的だが、他の文化圏では無害である、というように。

ポストモダン・フェミニストの思想家たちによる、確実なもの一切を避けようとする姿勢は、あらゆる「真実」の概念を疑問に付し、あらゆるカテゴリー化を「本質主義」と断じたこの時代の男性的理論を追う流行から生まれた。元となった著作を書いた男性の巨匠たちは、解放の哲学を必要とする被抑圧者の地位を共有していなかった。そして無論、解放の哲学は人格と「抑圧」のカテゴリーが実存として認識された時にのみ構想されうる。新たなポスト構造主義のイデオロギーは、極端化した場合、あらゆる政治的な理論や行動をほぼ不可能とする。ポスト構造主義フェミニストたちはもちろん、確実なものがありえないという不可能性を一般化することは気にしなかった。不確実さの一般化ではなく、確実さの一般化こそが問題とみなされた。

一九九〇年代にラディカル・フェミニストの理論家たちはポストモダン・「フェミニズム」を徹底的に批判した。オーストラリアのカーチャ・ミハイロビッチは、ポストモダニズムが「その先人らに劣らず男性主義的」だと指摘する（Mikhailovitch, 1996, p.344）。哲学には「真実」を疑う強固な男性的伝統があったと彼女はいう。ポストモダニズムの転回はその最新版にすぎない。彼女は「『真実』は種々様々、ゆえに真実はない」というニーチェの言葉や、「我々は我々が考えるものである。我々の全ては我々の思考から生じる。この思考によって我々は世界を形づくる」というブッダの言葉を引用する（*ibid.*, p.345）。

一般化を行なうことは妥当か、という問いは、フェミニストが性売買を理論化する際の悩みとなっている。アジア諸国における性売買での女性虐待に反対するフェミニストの理論家や活動家は、総じて一般化を危惧している。一部の者は東洋と西洋の性売買を区別することが重要だと考える。性売買について考える際の言語は、こうした背景の違いによって大きく異なる。西洋の性売買推進団体に属する女性たちが性売買を「選択」や「労働」や「セックス」として語るのに対し、性を買われるフィリピンの女性たちや彼女らの連帯者・代弁者たちは、その経験を搾取と捉え、それが単なる労働であるという考えや当事者が選択肢を持つという考え、そして無論、男性に利用されることが当人のセクシュアリティに関係しているなどという考えを受け付けない。

サンドラ・スターデバントとブレンダ・シュトルツファスは、フィリピン・韓国・沖縄の性売買における米軍の女性虐待を力強く糾弾した著作『愉《たの》しい時を過ごそう』（一九九二年）で、このせめぎ合う議論にみられる悩ましい矛盾を強く意識している。両名はあるフィリピンの活動家がアメリカの会合で発した言葉を引用する。

> ブレンダ、合衆国に戻ったら現地の女性運動に頭を抱えますよ。彼女らは性売買が自由選択でありうるか否かといったことばかりを論じているんです。私たちのような第三世界の国から来た女たちはこの争いに心底うんざりしています。性売買をめぐる私たちの問題は違うものですから。
>
> [Sturdevant and Stoltzfus, 1992, p.300]

両名は性売買肯定派が性売買の一般化について提起する難題をかわすべく、東洋と西洋の性売買の違いを強調する。「第三世界の国々で性を買われる女性たちの声は、産業化した国々における性売買当事者たちの声とは違うかもしれない。両者の声とめざすところは大きく異なる可能性がある」。

スターデバントとシュトルツファスは、純粋に西洋的な論争とみえるものの両陣営から距離を置く。すなわち、両名はキャスリン・バリーのような反性売買の理論家たちによる議論にも、性売買を肯定する「選択」活動家たちのそれにも反論する。いわく、バリーは「自身の研究にもとづく分析をあらゆる形態の性労働に当てはめようとし、そこに性売買当事者団体の声と争点を含めない」(*ibid.*)。しかし、例えばWHISPERなどの団体がCOYOTEと決定的に違う見解を持つ中、性売買当事者団体の声を含めることは容易な解決にならない。誰を信じるかについては、何らかの原則にもとづく判断が要される。スターデバントとシュトルツファスは、西洋の性売買推進団体も一般化を行なっていると批判する。それらの団体は「自身らの経験を性を買われる女性全ての経験へと一般化する過ちを犯し、第三世界の国々で性を買われる女性たちや、産業化した国々の移住民女性として働く彼女たちの問題を取り上げてこなかった」(*ibid.*)。性を買われる東洋出身女性たちの観点は、このように一般化された性売買肯定の立場にとってアキレス腱になりうる、と両名は指摘し、第二回娼婦会議で「売春婦にならない選択の権利」を語った移住民フィリピン人女性の言葉を引用する(*ibid.*, p.94)。

とすると、矛盾を解消するには東洋と西洋の性売買の違いを強調し、一般化を行なわないと決めればよいのだろうか。軍事向け性売買やセックス観光がそうであるように、東洋における虐待加害者たち、買虐者たちは、西洋出身者のこともある。西洋的な期待を抱く西洋人男性らは、人種差別も相まって、甚だしい残虐行為におよびうる。『愉しい時を過ごそう』の中で鮮烈に描かれる虐待加害者たちはアメリカ軍人である。この男たちは女性の商業的利用を学習した結果、帰国後にアメリカで性を買われる女性たちの客層となる可能性が高い。こうしたことからすると、アメリカでの性売買をフィリピンでのそれから区別することは難しい。フィリピンの女性たちはアメリカの買虐者たちから受ける暴力的な虐待について証言している。例えば評判の「三穴」行為があり、これは一人の女性を性的に利用できる三つの便利な穴を持つ物体として扱うことを指す。バーの女性たちは三穴嬢としてアメリカ人に宣伝された。この行為の残虐さを語るマデラインは、アメリカ人に連れ添ったのは妊娠して金が必要だったからだと説明する。「『彼は私がいやだと思うことをしたがりました。三穴とか』。彼女は格闘した。『彼が締め付けてきたんです。私は力を失ってきました。息をするのもしんどかった』」(*ibid.*, pp.61-2)。彼女はホテルの従業員が格闘の音を聞いたために救助された。もう一人のアメリカ人も同じように振る舞った。「彼は私をひっくり返して肛門に挿入してきました。その時は気を失いました。それに格闘もしました。……以前バーでレスリングに参加したことがあったんです」(*ibid.*, p.62)。アメリカ人らはバーの女性たちにボクシングやレスリングをさせるよう店に要求した。彼らは女性たちが互いを傷つけあうさまを見世物として愉しんでいた。

別の女性リタは、アメリカ人との最初の性売買を振り返るが、それは一四歳の処女の時だった。「本心からいやでしたが、彼は無理やりしてきました。とても痛かったです。服を脱がされそうになりましたが、私は脱がされまいとしました。服は血まみれになりました」。彼女の三人目のアメリカ人も同じように振る舞った。「彼は既に私とセックスをしたことがありました。ペニスは大きすぎて入りません。泣きましたよ。……そしたら彼は私の頭を枕に押し付けて叫べないようにしました。……あらゆることをされて、私は泣いていました」（*ibid.*, p.80）。

三〇歳のグレンダはアメリカ人に利用された経験を振り返る。「フェラチオや三穴なんて知りませんでした。……私が泣いたのはアナルセックスです」。再び「三穴」を使われた時も同じく苦痛だった。「最初にフェラチオをした時は外に射精させました。それがご法度《はっと》なんて知らなかったので。それからは小さなタオルを持参するようにしました」（*ibid.*, pp.121, 122）。グレンダはそれに加え、アメリカ人の客を喜ばせるためにフロアショーもさせられた。

> フロアショーをするのは三人だけでした。全裸になって、膣に卵を入れるんです。……中に殻の破片が残っていることに気づきませんでした。……テーブルの下でフェラチオをして稼ぎを増やしました。一人終えたらすぐ次という調子で、同時に五人の男にテーブルの下でフェラチオをするんです。 〔*ibid.*, p.122〕

グレンダが思うに、アメリカ人はフィリピンの女性たちを豚とみなしていた。「フロアショーをしながらアメリカ人に感じていたのは、残忍そうな人たちだということでした。フィリピン人を尊重する気はないようでした——私たちを豚とみているようで」（*ibid.*, p.124）。同書で証言する他の女性たちも、アメリカ人の態度に関し同じ結論に至るべくして至っている。これら全ては「自由」な性売買に分類されるだろう。女性たちは自身に行なわれることを「選択」したのだから。加害者たちはアメリカでも性売買で女性たちを虐待するだろうが、その場合、これとアメリカの性売買にどのような一般化しがたい違いがあるだろうか。一四歳からそれ以下の幼い女性たちはますます西洋諸国の性売買で利用されつつある。雑誌『極東経済レビュー』のある記事は、性売買で利用される一八歳未満の子どもが、アメリカで三〇万人、インドで四五万人、タイで一〇万人を数えると見積もる。こうした概算を行なうのは非常に難しいが、子ども利用は西洋でも東洋に劣らず広がっている感がある。行なわれることに大きな違いがあるとは思えず、降りかかる暴力は同様に残忍となりうる。

区別を設けるフェミニストたちは、貧しい国々の女性たちが遥かに「選択肢」を欠くと考えるがゆえにそうしている可能性もある。フィリピンの女性たちは明らかにアメリカやオーストラリアやノルウェーの女性たちよりも経済的に数段劣悪な立場にある。が、経済的欠乏は西洋諸国でも女性たちが性売買へ流れる主たる動機に違いなく、ゆえに区別を設けることは困難で、相対的な貧困に依拠するほかない。

性売買の一般化に反対する方針は、性売買を理論化するヨーロッパの学者たちのあいだで現在流行となっているが、時あたかもEUでは性売買の合法化が白熱する争点となっている。『性売買を再考する』と題した一九九七年のイギリスの論集は、性売買が多様な形態に分かれ、そのいくつかのみが抑圧的になりうると認識することにこそ、「再考」の狙いがあると述べる。グラハム・スキャンブラーとアネット・スキャンブラーは序論において説明する。

無論、薬物でハイになった一五歳の家なし少女が路上で商売を持ちかけているさまを見て……楽天的になれる者はいないだろう。しかし女性のセックスワークそれ自体と、父権的な社会制度やイデオロギーならびに資本主義的経済関係を特徴とする社会での女性のセックスワークは区別する必要がある。この二つが混同されることはあまりに多い。いかに直感に反しているように思えようと、女性のセックスワークと男性による女性利用や女性虐待の繋がりは偶然的であって必然的ではない。

[Scambler and Scambler, 1997, p.xv]

両名の考えでは、父権的な偏見と差別によってこの職業に課される不利が克服されれば、性売買は「健全」になりうる。したがって解決策は性を買われる女性たちを「エンパワー」することである。男たちの手とペニスは相変わらず性を買われる女性たちの体表と体内にあるが、それに対する感じ方はすっかり変わる。女性たちが新たな優しい性産業をきらうのであれば、それは本人らの問題となる。しかし、この楽観的でリベラルなパターナリズムに説得力を感じる者は多くない。

イギリスの路上性売買で行なわれていることに対峙した二人のイギリス人研究者は衝撃を受けたが、それはスターデバントとシュトルツファスがフィリピンの米軍基地周辺で行なわれる性売買に胸を悪くしたのと同じことだった。ニール・マッケガニーとマリナ・バーナードは、安全なセックスを促す観点からグラスゴーの路上性売買を調査した。両名が述べるように、現在、性売買研究の多くはエイズ予防団体の資金によって行なわれている。しかし両名は路上の女性たちに行なわれていることを知り、それが彼女らの生活や関係にどう影響しているかを知った結果、コンドーム使用だけでなく遥かに広い領域を研究対象とする必要があった。その共著『路上のセックスワーク』は、女性たちの恐ろしい経験を描き出す。ただし、諸言を書いているのは性売買肯定派の活動家プリシラ・アレキサンダーで、彼女は

「女性たちがまず顧客との交渉でどう状況管理を行なうかを明晰に説明しているところが印象に残った」と語る（McKeganey and Barnard, 1996, p.x）。が、調査を行なった二人の知見は実のところ、このあまりにも肯定的な見方からかけ離れている。ある夜、両名は性を買われる女性たちが客をとる横町へ向かった。暴力を逃れてきた女性たちや男に傷つけられた女性たちを通り過ぎ、両名は性売買行為の現場を目の当たりにした。

性売買当事者であることは何を伴うか、という現実がはっきり目に映ったのは、この時が初めてだった――女性がたった一人、膝立ちになって客のペニスを口に咥えていたのである。なぜかは説明しがたいが、その現実は信じがたいほど衝撃的だった。そして痛感したのは、立ちはだかる客を前に女性たちがいかに危うい立場にあるかということだった。

[*ibid*., p.11]

性を買われる女性たちとその「労働」について話をしながら両名は気づいた。「客との関わりを論じる際の定例の語り口は、ある意味、彼女らが行なう労働の実態をゆがめていた」（*ibid*., p.12）。マッケガニーとバーナードは正直だったので、自分たちが衝撃を受けたと認めた。性売買を研究する者の多くは、他の人間が痰壺《たんつぼ》にされるさまを見た時の己《おの》が偏見を乗り越えようとしているかのような文章を書く。それらの人々は断固中立的な立場をとる。しかし実のところ、研究者たちが著す性売買肯定論の著作は、性売買に関わる女性たちが自分たちとはどこか異なる者で、より開かれた態度でいるか、より感性が鈍いに違いないと示唆している。この研究者たちは十中八九、自分が性売買の「労働」に携わるさまなど思い描くこともできないからである。性売買の虐待を認識できないことは、「異なる」者に対する頑《かたく》ななパターナリズムの表れとも考えられ、繋がりを発見するフェミニズムの取り組みとは明らかに対極にある。

路上性売買の虐待を認知している者は、環境改善によって性売買の基本行為を普通の労働に変えればよいと論じるかもしれない。こうした見方は店舗性売買のサバイバーたちによる証言を顧みるかぎり支えられない。マリアンヌ・ウッドはメルボルンでそのような性売買に関わっていた人生経験をもとに小説を書いた。性売買店で男たちに利用されることの現実について、彼女は美化された説明で省かれる詳細を語る。

マッサージの最中、彼は足を開いて臀部を持ち上げる。これは厄介な相手。性器と肛門のにおいが漂う。私が彼をひっくり返すと、彼は私に手を添わし始めた。楽しそうにするのは並大抵のことじゃない。吐息のにおいもする。……続いて彼は胸に手を這わせる。ダメと言っても彼はやめない。目は時おりベッドの上にあるポルノビデオに向く。[Wood, 1995, p.140]

ウッドの小説の主人公は言う。「消毒液のデトールを使っても、においを消したり記憶を拭い去ったりはできない。これは単なる仕事以上のものなのだから」(*ibid.*, p.110)。マッサージ台にもたれかかってフェラチオを行なえるようになれば、路地で膝立ちになるよりはいささか楽に思えるだろう。が、経験の本質は変わらず、ダメージと苦痛の度合いが変わるにすぎない。他の人権侵害でも苛烈さが変わることはあり、例えば政治犯が拷問を受けるか受けないかといった違いはありうるが、いずれにせよ人権侵害が侵害であることに変わりはない。

性売買で虐待された経験を持つアンドレア・ドウォーキンは、区別を設けることの無意味さを力強く論じる。

> 性売買の渦中にいる女性やいた女性の観点からすれば、プラザホテルで行なわれることとそれより劣る場所で行なわれることのあいだに部外者が設ける区別などは意味をなさない。それらは相容れない認識であり、相容れない前提にもとづいている。いやまさか、状況は関係あるだろう、と思うかもしれない。が、違う。それは関係ない。ここで問題にしているのは口と女性器と直腸の利用なのだから。状況がどうだろうと性売買の本質は和らぎも変わりもしない。〔Dworkin, 1997, p.141〕

性を買われる女性に行なわれることは場所によらず同じだと彼女は言う。それは「口と女性器と直腸が、普通はペニスで、時には手で、時には物で貫かれる」経験であって、「一人の男が済めば次へ、また次へ、また次へ、また次へと続いていく。これがその本質である」(*ibid.*, p.140)。

「強制」と「自由」、大人と子ども、東洋と西洋の区別をつけたがる性売買肯定派の活動家や理論家たちの方針は、男性による性売買での女性虐待に健全で穏当な形態がありうるという思想を強化するだけに終わる。このような区別を設ければ、虐待者の男たちはまたも不可視化される。買虐者は区別をめぐって思い悩みはしない。その性売買虐待はますます一般化しつつある。西洋人のセックス観光客は東洋で大人の性売買当事者も子どもの性売買当事者も利用し、その犠牲者たちが「強制」されているのか「自由」の身なのかをろくに考えもしない。女性たちと子どもたちはともに人身取引され、同じ性売買店に囲われる。西洋の買虐者たちは路上で十代の若い少女たちを利用することも、性売買店で人身取引されたアジアの女性たちを利用することもできるだろう。男たちが国境を越え、女性や子どもや他の男性を性売買で虐待する行ないは、そうした虐待が自然で不可避で正当だという思想から生まれる。これに対し、女性の人権侵害を危惧する者たちは、より強固な思想を打ち立てることが重要な課題となる――性売買は男たちによる蛮行の一つであり、それはどこでどのように行なわれようと女性たちの人権侵害にほかならないのだと。

緒言参考文献

Agustin, Laura. (2001). Sex Workers and Violence Against Women: Utopic Visions or Battle of the Sexes? *Development*, 44, 3 September, pp. 107-110.

Agustin, Laura. (2004). 'Daring Border-Crossers: A different vision of migrant women.' In Day, Sophie and Ward, Helen (Eds.) (2004) *Sex Work, Mobility and Health in Europe*. London: Kegan Paul, pp. 86-94.

Agustin, Laura. (2006). The disappearing of a migration category: migrants who sell sex. *Journal of Ethnic and Migration Studies*, 32, (Jan 2006), pp. 29-48.

Alvarez, M.J. (2003). El 90% de las 50,000 mujeres que se prostituyen en Madrid son inmigrantes. 30 de Octubre. www.abc.es/madrid/noticia.asp

American Psychological Association. (2007). *Report of the APA Task Force on the Sexualization of Girls*. Washington, D.C.: American Psychological Association.

Barry, Kathleen. (1995). *The Prostitution of Sexuality*. New York: NYU Press.

Belleau, Marie-Claire. (2003). Mail-Order Brides in a Global World. *Albany Law Review*, 67, pp. 595-607.

Cologne fills tax gap. (2006, 15 December). 'Cologne fills tax gap with levy on prostitutes.' Today. *Reuters*.com/news/articlenews.

Day, Sophie and Ward, Helen. (Eds.). (2004). *Sex Work, Mobility and Health in Europe*. London: Kegan Paul.

Dickson, Sandra. (2004). *Sex in the City. Mapping Commercial Sex Across London.* London: The Poppy Project, Eaves Housing for Women.

Ekberg, Gunilla. (2004). The Swedish law that prohibits the purchase of sexual services: Best practices for prevention of prostitution and trafficking in human beings. *Violence Against Women*, 10 (10), pp.1187-1218.

Farley, Melissa. (2004). "Bad for the Body, Bad for the Heart": Prostitution Harms Women Even if Legalized or Decriminalized. *Violence Against Women*, 10 (10), pp. 1087-1125.

Farley, Melissa. (Ed.). (2003). *Prostitution, Trafficking, and Traumatic Stress*. Binghamton, New York: Haworth Maltreatment and Trauma Press, pp. 33-74.

Farr, Kathryn. (2005). *Sex Trafficking. The Global Market in Women and Children*. New York: Worth Publishers.

Hurt, Michael. (2005, 27 May). Sex business lives on despite crackdown. *The Korea Herald*.

IBISWorld. (2007). *Sexual Services in Australia*. Q9528. IBISWorld Pty Ltd.

Jeffreys, Sheila. (2008). Keeping women down and out: the strip club boom and the reinforcement of male dominance. *Signs*. Forthcoming.

Jeffreys, Sheila. (2006). "The Traffic in Women: Human Rights Violation or Migration for Work?" In Agrawal, Anuja (Ed.). *Migrant Women and Work*. New Delhi, Thousand Oak, California, London: Sage Publications.

Jeffreys, Sheila. (2004). 'Prostitution as a harmful cultural practice.' In Stark, Christine and Whisnant, Rebecca (Eds.). *Not For Sale. Feminists Resisting Prostitution and Pornography*. North Melbourne: Spinifex Press, pp. 386-399.

Jeffreys, Sheila. (2003). The Legalisation of Prostitution: A failed social experiment. Talk given at the Swedish Mission side event at the Commission on the Status of Women, United Nations, New York 5/03/03.

Lim, Lin Lean. (Ed.). (1998). *The Sex Sector. The economic and social bases of prostitution in Southeast Asia*. Geneva: International Labour Office.

Monzini, Paola. (2005). *Sex traffic: prostitution, crime, and exploitation*. Translated by Patrick Camiller. London and New

York: Zed Press.
Poulin, Richard. (2005). *La Mondialisation des Industries du Sexe*. Paris: Imago.
Shared Hope International. (2007). Demand. A Comparative Examination of Sex Tourism and Trafficking in Jamaica, Japan, the Netherlands, and the United States. Vancouver, WA: Shared Hope International.
Sullivan, Mary. (2007). *Making Sex Work: A failed experiment with legalised prostitution*. North Melbourne: Spinifex Press.
United Nations. (2000). Protocol to Prevent, Suppress and Punish Trafficking in Persons, especially Women and Children, Supplementing the United Nations Convention Against Transnational Organized Crime: http://www.untreaty.un.org/English/notpubl/18-12-a.E.doc

邦訳のあるもの

Lim ed., 1998 ―― リン・リーン・リム編著／津田守他訳『セックス「産業」――東南アジアにおける売買春の背景』日本労働研究機構、一九九九年

参考文献

ABC Radio National. (1996, February 11). You Can Touch Me. I'm Part of the Union, *Radio Eye*.

Abella, Rosalie. (1993). From Civil Liberties to Human Rights: Acknowledging the Differences. In Mahoney and Mahoney (1993).

Abelove, H. *et al*. (1993). *The Lesbian and Gay Studies Reader*. New York: Routledge.

Abramson, Jeffrey. (Ed.). (1996). *Postmortem: The O.J. Simpson Case*. New York: Basic Books.

Acton, William. (1987a/1870). Prostitution Considered in its Social and Sanitary Aspects. In Jeffreys (1987).

Acton, William. (1987b/1875). The Functions and Disorders of the Reproductive Organs. In Jeffreys (1987).

Adkins, Lisa, and Vicki Merchant. (Eds.). 1996. *Sexualizing the Social: Power and the Organization of Sexuality*. Basingstoke, Hants: Macmillan.

Alexander, Priscilla. (1988a). Prostitution: A Difficult Issue for Feminists. In Delacoste and Alexander (1988).

Alexander, Priscilla. (1988b). Why This Book? In Delacoste and Alexander (1988).

Allen, Sheila, and Diana Leonard. (1996). From Sexual Divisions to Sexualities: Changing Sociological Agendas. In Weeks and Holland (1996).

Altman, Dennis. (1994). *Power and Community: Organizational and Cultural Responses to AIDS*. London: Taylor and Francis.

Anon. (n.d., a). *In the Grip of the White Slave Trader*. London: M.A.P.

Anon. (n.d., b). (c.1912–14) *Pitfalls for Women*. London: Success Publishing Company.

Anon. (1995, May 21). Dances with Wolves, *Sunday Age*, Melbourne.

Anthony, Jane. (1986, January–February). Prostitution as Choice, *Ms*, 86–7.

Anti-Slavery International. (1993, June and October). *Newsletter*. London: Anti-Slavery International.

Anti-Slavery International. (1995). *Redefining Prostitution as Commercial Sex Work on the International Agenda*. London: Anti-Slavery International.

Armstrong, Louise. (1978). *Kiss Daddy Goodnight: A Speak-Out on Incest*. New York: Pocket Books, Simon and Schuster.

Armstrong, Louise. (1994). *Rocking the Cradle of Sexual Politics: What Happened When Women Said Incest*. Reading, Massachusetts: Addison-Wesley.

Ashby, Dame Margery Corbett. (1968). Fifty Years of Women's Suffrage, *The Shield*. London: Josephine Butler Society.

Association for Community Development. (1995). *International Migration of Women: A Study on Causes and Consequences*. Rajshari, Bangladesh: ACD.

Bailey, Eleanor. (1995, December). Emotional Issues: When Wife Meets Prostitute, *Marie Claire, 4*.

Barnett, Ola W., and Alyce D.LaViolette. (1993). *It Could Happen to Anyone*. Newbury Park, California: Sage.

Barry, Kathleen. (1979). *Female Sexual Slavery*. Englewood Cliffs, New Jersey: Prentice-Hall.

Barry, Kathleen. (1995). *The Prostitution of Sexuality*. New York: NYU Press.

Bart, Pauline, and Eileen Moran. (Eds.). (1993). *Violence Against Women: The Bloody Footprints*. Newbury Park, California: Sage.

Basserman, Lujo. (1967). *The Oldest Profession: A History of Prostitution*. London: Arthur Barker.

Bell, Alan P., and Martin S.Weinberg. (1978). *Homosexualities: A Study of Diversity among Men and Women*. New York: Simon and Schuster.

Bell, Diane, and Renate Klein. (Eds.). (1996). *Radically Speaking: Feminism Reclaimed*. Melbourne: Spinifex Press;

London: Zed Books.

Bell, Laurie. (Ed.). (1987a). *Good Girls, Bad Girls: Sex Trade Workers and Feminists Face to Face*. Toronto: Women's Press.

Bell, Laurie. (1987b). Realistic Feminists: An Interview with Valerie Scott, Peggy Miller, and Ryan Hotchkiss of the Canadian Organization for the Rights of Prostitutes (CORP). In Bell (1987a).

Bell, Shannon. (1994). *Reading, Writing and Rewriting the Prostitute Body*. Bloomington, Indiana: Indiana University Press.

Benjamin, Harry, and R.E.L.Masters. (1965). *Prostitution and Sexual Morality*. London: Souvenir Press.

Billington-Greig, Teresa. (1913, June). The Truth about White Slavery, *Englishwoman's Review, 14*.

Blake, Elissa. (1996, February 21). What They Do in Men's Clubs … And Why Business is Booming, *Age*, Melbourne.

Bland, Lucy. (1995). *Banishing the Beast: English Feminism and Sexual Morality, 1885–1914*. London: Penguin.

Bloch, Iwan. (1919/1908). *The Sexual Life of Our Time*. London: William Heinemann.

Boyle, Nina. (1931). What is Slavery? An Appeal to Women, *The Shield, 7*, 3rd series.

Brecher, Bob. (1987). Surrogacy, Liberal Individualism, and the Moral Climate. In Evans (1987).

Brecher, Bob. (1990). The Kidney Trade: or, The Customer is Always Wrong, *Journal of Medical Ethics, 16*, 120–3.

Brecher, Edward. (1972). *The Sex Researchers*. London: Panther.

Brownmiller, Susan. (1975). *Against Our Will: Men, Women and Rape*. London: Seeker and Warburg.

Bristow, Edward. (1982). *Prostitution and Prejudice: The Jewish Fight Against White Slavery, 1870–1939*. Oxford: Clarendon Press.

British Commonwealth League. (1925–38). *Conference Reports*.

Bullough, Vern, and Bonnie Bullough. (1987/1978). *Women and Prostitution: A Social History*. New York: Prometheus Books.

Bunch, Charlotte. (1995). Transforming Human Rights from a Feminist Perspective. In Peters and Wolper (1995).

Butler, Josephine E. (1881). *A Call to Action. Being a Letter to the Ladies of Birmingham. Supplementary to an Address Given in Birmingham. November*. Birmingham: Hudson and Son.

Butler, Judith. (1990). Gender Trouble, Feminist Theory, and Psychoanalytic Discourse. In Nicholson (1990a).

Byrnes, Andrew. (1992). Women, Feminism and International Human Rights Law—Methodological Myopia, Fundamental Flaws or Meaningful Marginalisation?, *Australian Year Book of International Law, 12*.

Caine, Barbara, and Rosemary Pringle. (Eds.). 1995. *Transitions: New Australian Feminisms*. St Leonards, New South Wales: Allen and Unwin.

Califia, Pat. (1981). Feminism and Sadomasochism, *Heresies, 12*.

Califia, Pat. (1982). A Personal View. In Samois (1982).

Califia, Pat. (1988). *Sapphistry: The Book of Lesbian Sexuality*. Tallahassee, Florida: Naiad.

Califia, Pat. (1989). *Macho Sluts*. Boston: Alyson Publications.

Califia, Pat. (1994). *Public Sex: The Culture of Radical Sex*. Pittsburgh: Cleis Press.

Calkin, Jeremy. (1994, September 10). The Third Sex, *Age*, Melbourne. Reprinted from *The Independent on Sunday*.

Caprio, Frank. (1963). *The Sexually Adequate Female*. New York: Citadel Press.

Caputi, Jane. (1993). The Sexual Politics of Murder. In Bart and Moran (1993).

Carole. (1988a). Interview with Barbara. In Delacoste and Alexander (1988).

Carole. (1988b). Interview with Debra. In Delacoste and Alexander (1988).

Catterall, Dr R.D. (1968). Prostitution and the Venereal Diseases (10th Alison Neilans Memorial Lecture), *The Shield*.

Centre for Family and Women's Studies, Hanoi. (1994). Country Report: Vietnam. In *Foundation for Women*, Thailand (1994).

Charlesworth, Hilary. (1994). What Are "Women's International Human Rights?". In Cook (1994a).

Charlesworth, Hilary. (1995). Human Rights as Men's Rights. In Peters and Wolper (1995).

Chester, Phyllis. (1990). Mothers on Trial: Custody and the "Baby M" Case. In Leidholdt and Raymond (1990).

Comfort, Alex. (1979/1973). *The Joy of Sex.* London: Quartet.

Comfort, Alex. (Ed.). (1984/1977). *More Joy of Sex: A Lovemaker's Companion.* London: Quartet.

Connell, Robert. (1995). *Masculinities.* St Leonards, New South Wales: Allen and Unwin.

Cook, Rebecca J. (Ed.). (1994a). *Human Rights of Women: National and International Perspectives.* Philadelphia: University of Pennsylvania Press.

Cook, Rebecca J. (1994b). Women's International Human Rights Law: The Way Forward. In Cook (1994a).

Cooke, Amber. (1987). Sex Trade Workers and Feminists: Myths and Illusions. In Bell (1987a).

Coomaraswamy, Radhika. (1994). To Bellow like a Cow: Women, Ethnicity, and the Discourse of Rights. In Cook (1994a).

Copelon, Rhonda. (1994a). Surfacing Gender: Reconceptualizing Crimes against Women in Time of War. In Stiglmayer (1994).

Copelon, Rhonda. (1994b). Intimate Terror: Understanding Domestic Violence as Torture. In Cook (1994a).

Copelon, Rhonda. (1995). Gendered War Crimes: Reconceptualising Rape in Time of War. In Peters and Wolper (1995).

Corbin, Alain. (1990). *Women For Hire: Prostitution and Sexuality in France after 1850.* Cambridge, Massachusetts: Harvard University Press.

Cotler, Irwin. (1993). Human Rights as the Modern Tool of Revolution. In Mahoney and Mahoney (1993).

Coveney, Lal, *et al.* (1984). *The Sexuality Papers.* London: Hutchinson.

Crowdy, Rachel. (1949). Past Achievements: The Present Task. In International Bureau for the Suppression of the Traffic in Women and Children, *Traffic in Women and Children.* London.

Cullen, Bernard. (1987). The Right to Work. In Evans (1987)

Daly, Mary. (1979/1978). *Gyn/Ecology: The Metaethics of Radical Feminism.* London: Women's Press.

Daly, Mary. (1984). *Pure Lust: Elemental Feminist Philosophy*. London: Women's Press.

Davidson, Julia O'Connell. (1994, July 8–10). British Sex Tourists in Thailand. Paper presented to the Women's Studies Network Annual Conference, Portsmouth. Reprinted in M.Maynard and J.Purvis. (Eds.). (1995). *(Hetero)Sexual Politics*, London: Taylor and Francis.

Davidson, Julia O'Connell. 1996. Prostitution and the Contours of Control. In Weeks and Holland (1996).

Davis, Kathy. (1995). *Reshaping the Female Body: The Dilemma of Cosmetic Surgery*. New York: Routledge.

Davis, Kingsley. (1937). The Sociology of Prostitution, *American Sociological Review, II,* 744–55.

Davis, Nanette J. (Ed.). (1993). *Prostitution: An International Handbook on Trends, Problems, and Policies.* Westport, Connecticut: Greenwood Press.

Day, Sophie, and Helen Ward. (1996). The Praed Street Project: A Cohort of Prostitute Women in London. In Jackson and Scott (1996).

de Beauvoir, Simone. (1972/1953). *The Second Sex*. London: Penguin.

Delacoste, Frederique, and Priscilla Alexander. (Eds.). (1988). *Sex Work: Writings by Women in the Sex Industry.* London: Women's Press.

Delphy, Christine. (1993). Rethinking Sex and Gender. *Women's Studies International Forum, 16* (1), 1–9.

Delphy, Christine, and Diana Leonard. (1992). *Familiar Exploitation*. Cambridge: Polity Press.

Denfeld, Rene. (1995). *The New Victorians: A Young Woman's Challenge to the Old Feminist Order*. St Leonards, New South Wales: Allen and Unwin.

Deutchman, Iva. (Forthcoming). It's (Not) Just the Victim in Me: Sexuality and Power in the 1990s, *Women and Politics*.

Distor, Emere, and Dee Hunt. (Eds.). (1996). *Confronting Sexual Exploitation: Campaign Against Sex Tourism and Trafficking in Filipino Women*. Justice Place, 84 Park Road, Woolloongabba, Qld, 4102: Centre for Philippine Concerns.

Dolgopol, Ustinia. (1995). Women's Voices, Women's Pain, *Human Rights Quarterly, 17* (1), 127–54.

Dolgopol, Ustinia. (1996). Pragmatism, International Law and Women's Bodies. *Australian Feminist Studies, II* (24).

Duberman, Martin *et al*. (Eds.). (1991). *Hidden from History*. London: Penguin.

Duggan, Lisa, and Nan D.Hunter. (1995). *Sex Wars: Sexual Dissent and Political Culture*. New York and London: Routledge.

Dumble, Lynette. (1995, October 6). When Dismissal Amounts to Scandal: The Medical Response to Silicone Implant-Related Disorders. Plenary address to the North American Congress on Women's Health Issues, Galverston, Texas.

Dworkin, Andrea. (1981). *Pornography: Men Possessing Women*. New York: Perigree.

Dworkin, Andrea. (1983). *Right-Wing Women: The Politics of Domesticated Females*. London: Women's Press.

Dworkin, Andrea. (1987). *Intercourse*. London: Seeker and Warburg.

Dworkin, Andrea. (1988). *Letters from a War Zone*. London: Seeker and Warburg.

Dworkin, Andrea. (1997). *Life and Death*. New York: Free Press.

Dworkin, Andrea, and Catharine MacKinnon. (1993). Questions and Answers. In Russell (1993).

Dworkin, Ronald. (1977). *Taking Rights Seriously*. London: Duckworth.

Easteal, Patricia. (1994). *Voices of the Survivors*. Melbourne: Spinifex Press.

Edelstein, Judy. (1988). In the Massage Parlor. In Delacoste and Alexander (1988).

Ellis, Henry Havelock. (1946/1937). *Sex in Relation to Society*. London: W. M. Heinemann.

Enloe, Cynthia. (1983). *Does Khaki Become You? The Militarisation of Women's Lives*. London: Pluto Press.

Enloe, Cynthia. (1992). It Takes Two. In Sturdevant and Stoltzfus (1992).

Evans, David T. (1993). *Sexual Citizenship: The Material Construction of Sexualities*. London: Routledge.

Evans, J.D.G. (1987). *Moral Philosophy and Contemporary Problems*. Cambridge: Cambridge University Press.

Evatt, Elizabeth. (1995). Women in Australia. In Klap *et al*. (1995).

Everywoman. (1988). *Pornography and Sexual Violence: Evidence of Harm*. London: Everywoman Ltd.

Faderman, Lillian. (1985). *Surpassing the Love of Men*. London: Women's Press.

Farley, Melissa, and Hotaling, Norma. (1995, September 4). *Prostitution, Violence and Posttraumatic Stress Disorder*. NGO Forum, Fourth World Conference on Women Beijing.

Faust, Beatrice. (1994). *Backlash? Balderdash!* Sydney: University of New South Wales Press.

Fitzpatrick, Joan. (1994). The Use of International Human Rights Norms to Combat Violence Against Women. In Cook (1994a).

Flexner, Abraham. (1964/1914). *Prostitution in Europe*. Montclair, New Jersey: Patterson Smith.

Forel, August. (n.d., c.1910). *The Sexual Question: A Scientific, Psychological, Hygienic and Sociological Study*. New York: Rebman Company.

Foucault, Michel (1978). *The History of Sexuality, 1*. London: Allen Lane.

Foundation Against Trafficking in Women. (1994). Country Report: Netherlands/Central and Eastern Europe. In *Foundation for Women*, Thailand, (1994).

Foundation for Women, Thailand. (1994, October 17–21). *International Workshop on International Migration and Traffic in Women*. Chiangmai. Foundation for Women, Thailand; Women's Study Centre, Chiangmai; Women and Autonomy Centre, Leider University.

Friedman, Elisabeth. (1995). Women's Human Rights: The Emergence of a Movement. In Peters and Wolper (1995).

Friedman, Milton, and Rose Friedman. 1980. *Free to Choose: A Personal Statement*. New York and London: Harcourt Brace Jovanovich.

Fudge, Judy. (1989). The Effect of Entrenching a Bill of Rights upon Political Discourse: Feminist Demands and Sexual Violence in Canada, *International Journal of the Sociology of Law, 17*, 445–63.

Fryer, Peter. (1988). *Black People in the British Empire: An Introduction*. London: Pluto Press.

Gagnon, John H., and William Simon. (1974). *Sexual Conduct*. London: Hutchinson.

Garcia, Chat. (1994, October 6–7). Sex Trade: A Multinational Industry. Paper presented to a conference on Stopping Violence Against Filipino Women: A Government and Community Responsibility, Melbourne.

Garner, Helen. (1995). *The First Stone: Some Questions about Sex and Power*. Sydney: Picador.

Gavey, Nicola. (1993). Technologies and Effects of Heterosexual Coercion. In Wilkinson and Kitzinger (1993).

Gerrull, Sally-Anne, and Boronia Halstead. (1992). *Sex Industry and Public Policy*. Canberra: Australian Institute of Criminology.

Gibson, Barbara. (1996). *Male Order: Life Stories from Boys Who Sell Sex*. London: Cassell.

Giddens, Anthony. (1992). *The Transformation of Intimacy: Sexuality, Love and Eroticism in Modern Societies*. Cambridge: Polity Press.

Giobbe, Evelina. (1990). Confronting the Liberal Lies about Prostitution. In Leidholdt and Raymond (1990).

Giobbe, Evelina. (1991). Prostitution: Buying the Right to Rape. In Ann Wolpert Burgess (Ed.). *Rape and Sexual Assault III. A Research Handbook*. New York: Garland Publishing, Inc.

Giobbe, Evelina. (1992). Juvenile Prostitution: Profile of Recruitment. In Ann Wolpert Burgess (Ed.). *Child Trauma: Issues and Research*. New York: Garland Publishing, Inc.

Glover, Edward. (1943). The Medical Arguments (With Special Reference to Pathology). In International Bureau for the Suppression of the Traffic in Women and Children (1943).

Glover, Edward. (1969/1943). *The Psychopathology of Prostitution*. London: Institute for the Study and Treatment of Delinquency.

Goffman, Erving. (1974/1963). *Stigma: Notes on the Management of Spoiled Identity*. Harmondsworth, Middlesex: Pelican.

Goodley, Steven. (1994). A Male Sex Worker's View. In Perkins *et al*. (1994).

Graham, D.L.R., with E.Rawlings, and R.Rigsby. (1994). *Loving to Survive: Sexual Terror, Men's Violence, and Women's Lives.* New York: NYU Press.

Grauerholz, Elizabeth, and Mary A.Koraliwski. (Eds.). (1991). *Sexual Coercion: A Sourcebook on Its Nature, Causes, and Prevention.* Lexington, Massachusetts: Lexington Books.

Greenwald, Harold. (1964/1958). *The Call Girl.* New York: Ballantine Books.

Halberstam, Judith. (1994). F2M: The Making of Female Masculinity. In Laura Doan (Ed.). *The Lesbian Postmodern.* New York: Columbia University Press.

Hall, Gladys Mary. (1933). *Prostitution: A Survey and a Challenge.* London: Williams and Norgate.

Harding, Sandra. (1987). The Instability of the Anaytical Categories of Feminist Theory. In Sandra Harding and Jean F.O'Barr, *Sex and Scientific Inquiry.* Chicago: University of Chicago Press.

Harding, Sandra. (1991). *Whose Science? Whose Knowledge? Thinking from Women's Lives.* Milton Keynes: Open University Press.

Harding, Sandra, and Merrill B.Hintikka. (Eds.). (1983). *Discovering Reality: Feminist Perspectives on Epistemology, Metaphysics, Methodology, and Philosophy of Science.* Boston: D.Reidel Publishing Co.

Hartley, Nina. (1988). Confessions of a Feminist Porno Star. In Delacoste and Alexander (1988).

Hartsock, Nancy. (1983). The Feminist Standpoint: Developing the Ground for a Specifically Feminist Historical Materialism. In Harding and Hintikka (1983).

Hatty, Suzanne. (1992). The Desired Object: Prostitution in Canada, United States and Australia. In Gerrull and Halstead (1992).

Haveman, Roelof. (1995). Traffic in Persons as a Problem. In Klap *et al.* (1995).

Hauptmann, Emily. (1996). *Putting Choice Before Democracy: A Critique of Rational Choice Theory.* Albany, New York: State University of New York.

Hawthorne, Susan. (1991). What do Lesbians Want? Towards a Feminist Sexual Ethics, *Journal of Australian Lesbian Feminist Studies, 1* (2).

Heidenry, John. (1997). *What Wild Ecstasy: The Rise and Fall of the Sexual Revolution.* Melbourne: William Heinemann Australia.

Heise, Lori L. (1995). Freedom Close to Home: The Impact of Violence Against Women on Reproductive Rights. In Peters and Wolper (1995).

Henriques, Fernando. (1965/1962). *The Pretence of Love: Prostitution and Society, 1: Primitive, Classical and Oriental.* London: Panther.

Henriques, Fernando. (1968). *Modern Sexuality, III of Prostitution and Society.* London: MacGibbon and Kee.

Henley, Nancy. (1977). *Body Politics: Sex, Power and Nonverbal Communication.* Englewood Cliffs, New Jersey: Prentice-Hall.

Henslin, James M. (Ed.). (1971). *Studies in the Sociology of Sex.* New York: Appleton-Century-Crofts.

Henslin, James M., and Edward Sagarin. (1971). Towards a Sociology of Sex. In Henslin (1971).

Herman, Judith Lewis. 1981. *Father-Daughter Incest.* Cambridge, Massachusetts: Harvard University Press.

Herman, Judith Lewis. 1994. *Trauma and Recovery: From Domestic Abuse to Political Terror.* London: Pandora.

Hester, Marianne, Liz Kelly, and Jill Radford. (Eds.). 1996. *Women, Violence and Male Power.* Buckingham: Open University Press.

Hite, Shere. (1977). *The Hite Report: A Nationwide Study of Female Sexuality.* Sydney: Summit Books, Paul Hamlyn.

Hite, Shere. (1981). *The Hite Report on Male Sexuality.* London: Macdonald.

Hoagland, Sarah Lucia, and Julie Penelope. (Eds.). (1988). *For Lesbians Only.* London: Onlywomen Press.

Hochschild, Arlie. (1983). *The Managed Heart: Commercialization of Human Feeling.* Berkeley: University of California Press.

Hoffman, Barry. (1994). Editorial Meanderings, *Gauntlet* (Springfield, Pennsylvania), *1*.

Hogan, Christopher J. 1996. What We Write About When We Write About Porn. In Michael Bronski (Ed.). *Taking Liberties: Gay Men's Essays on Politics, Culture and Sex*. New York: Masquerade Books.

Hoigard, Cecilie, and Liv Finstad. (1992). *Backstreets: Prostitution, Money and Love*. Cambridge: Polity Press.

Hoigard, Cecilie, and Liv Finstad. (1993). Prostitution in Norway. In Davis (1993).

hooks, bell. 1994. *Outlaw Culture: Resisting Representations*. New York and London: Routledge.

Howard, Rhoda. (1993). Health Costs of Social Degradation and Female Self-Mutilation in North America. In Mahoney and Mahoney (1993).

Hughes, Donna. (1996). Sex Tours via the Internet, *Agenda: Empowering Women for Gender Equity*, *28*, 71–6.

Human Rights Watch/Asia. (1994). *A Modern Form of Slavery*. New York: Human Rights Watch.

Human Rights Watch/Asia. (1995). *Rape for Profit*. New York: Human Rights Watch.

Hunt, Mary. (1990, Spring). The De-eroticization of Women's Liberation: Social Purity Movements and the Revolutionary Feminism of Sheila Jeffreys, *Feminist Review, 4*.

Hunter, Andrew. (1992). The Development of Theoretical Approaches to Sex Work in Australian Sex-Worker Rights Groups. In Gerrull and Halstead (1992).

Hunter, Susan Kay. (1994). Prostitution is Cruelty and Abuse to Women and Children. *Michigan Journal of Gender and Law, 1*, 1–14.

Ingram, Attracta. (1994). *A Political Theory of Rights*. Oxford: Clarendon Press.

International Bureau for the Suppression of the Traffic in Women and Children. (1930, 1937). *Congress Reports*. London: International Bureau.

International Bureau for the Suppression of the Traffic in Women and Children. (1943, October). *The Abolition of Tolerated Houses*. Lectures nos 22–3.

Isherwood, Charles. (1996). *Wonder Bread and Ecstasy: The Life and Death of Joey Stefano*. Los Angeles: Alyson Publications.

Jackson, Margaret. (1984). Sexology and the Universalization of Male Sexuality. In Coveney *et al*. (1984).

Jackson, Margaret. (1994). *The Real Facts of Life: feminism and the Politics of Sexuality, c.1850–1940*. London: Taylor and Francis.

Jackson, Stevi. (1978). *On the Social Construction of Female Sexuality*. London: Women's Research and Resources Centre Publications.

Jackson, Stevi. (1996a). Heterosexuality and Feminist Theory. In Richardson (1996).

Jackson, Stevi. (1996b). Heterosexuality as a Problem for Feminist Theory. In Adkins and Merchant (1996).

Jackson, Stevi, and Sue Scott. (Eds.). 1996. *Feminism and Sexuality: A Reader*. Edinburgh: Edinburgh University Press.

Jacobs, Janet Liebman. (1994). *Victimized Daughters: Incest and the Development of the Female Self*. New York: Routledge.

Jaget, Claude. (Ed.). (1980). *Prostitutes Our Life*. Bristol: Falling Wall Press.

Jaggar, Alison M. (1988/1983). *Feminist Politics and Human Nature*. Totowa, New Jersey: Rowman and Littlefield.

James, J., and J.Meyerding. (1977). Early Sexual Experiences and Prostitution, *American Journal of Psychiatry, 134,* 1381–5.

James, Jackie. (1996). Excuse Me, Madam, Are You Looking for a Good Time? In Nicola Godwin, Belinda Hollows and Sheridan Nye (Eds.) *Assaults on Convention: Essays on Lesbian Transgressors*. London: Cassell.

Jaschok, Maria. (1988). *Concubines and Bondservants: The Social History of a Chinese Custom*. London: Zed Books.

Jeffreys, Sheila. (1982). The Sexual Abuse of Children in the Home. In Scarlet Friedman and Elizabeth Sarah (Eds.) *On the Problem of Men*. London: Women's Press.

Jeffreys, Sheila. (1985). Prostitution. In McNeil and Rhodes (1985).

Jeffreys, Sheila. (Ed.). (1987). *The Sexuality Debates.* London: Routledge.

Jeffreys, Sheila. (1991/1990). *Anticlimax: A Feminist Perspective on the Sexual Revolution.* London: Women's Press; New York: NYU Press.

Jeffreys, Sheila. (1993a). *The Lesbian Heresy: A Feminist Perspective on the Lesbian Sexual Revolution.* Melbourne: Spinifex; (1994) London: Women's Press; (1995) Munich: Frauenoffensive; (1996) Valencia: Caixsa, University of Valencia.

Jeffreys, Sheila. (1993b). Consent and the Politics of Sexuality, *Current Issues in Criminal Justice* (Australian Institute of Criminology, Sydney), 173–83.

Jeffreys, Sheila. (1994). The Queer Disappearance of Lesbians, *Women's Studies International Forum, 17* (5), 459–72.

Jeffreys, Sheila. (1995). Women and Sexuality. In June Purvis (Ed.). *Women in Britain, 1870–1945.* London: University College Press.

Jeffreys, Sheila. (1997/1985). *The Spinster and Her Enemies: Feminism and Sexuality, 1880–1930.* Melbourne: Spinifex.

Jeness, Valerie. (1993). *Making It Work: The Prostitutes' Rights Movement in Perspective.* New York: Aldine De Gruyter.

Jones, Ann. (1994). *Next Time She'll Be Dead: Battering and How to Stop It.* Boston: Beacon Press.

Juno, Andrea. (1991a). Interview with Susie Bright, *Angry Women. RE/SEARCH, 13.* San Francisco: Re/Search Publications.

Juno, Andrea. (1991b). Interview with Annie Sprinkle, *Angry Women. RE/SEARCH, 13.* San Francisco: Re/Search Publications.

Kappeler, Susanne. (1990). Liberals, Libertarianism, and the Liberal Arts Establishment. In Leidholdt and Raymond (1990).

Kappeler, Susanne. (1995). *The Will to Violence: The Politics of Personal Behaviour.* Melbourne: Spinifex.

Karen Women's Organisation. (1994). Country Report: Burma (Karen). In *Foundation for Women*, Thailand (1994).
Kelly, Liz. (1989/1988). *Surviving Sexual Violence*. Cambridge: Polity Press.
Kelly, Liz, Sheila Burton, and Linda Regan. (1996). Beyond Victim or Survivor: Sexual Violence, Identity and Feminist Theory and Practice. In Adkins and Merchant (1996).
Kendar, Arn O Salish. (1994). Country Report: Bangladesh. In *Foundation for Women*, Thailand (1994).
Kerr, Joanna. (Ed.). (1993). *Ours By Right: Women's Rights as Human Rights*. London: Zed Books.
Keuls, Eva. (1993/1986). *The Reign of the Phallus: Sexual Politics in Ancient Athens*. Berkeley: University of California Press.
King, Amanda. (1994). Speaking the Ineffable: New Directions in Performance Art. Linda Sproul's Liaten and Barbara Campbell's Backwash, *Artlink: Australian Contemporary Art Quarterly, 14* (1).
Kingdon, Elizabeth. (1991). *What's Wrong with Rights? Problems for Feminist Politics of Law*. Edinburgh: Edinburgh University Press.
Kinsey, Alfred C., Wardell B.Pomeroy, and Clyde E.Martin. (1949). *Sexual Behaviour in the Human Male*. Philadelphia and London: W.B.Saunders Co.
Kirp, David L., Mark G.Yudof, and Marlene Strong Franks. (1986). *Gender Justice*. Chicago: University of Chicago Press.
Klap, Marieke, Yvonne Klerk, and Jacqueline Smith. (Eds.). (1995). *Combatting Traffic in Persons*. SIM Special No 17. Studie—en Informatiecentrum Mensenrechten, Janskerhof 16, 3512 BM, Utrecht.
Klein, Renate. (1996). (Dead) Bodies Floating in Cyberspace: Postmodernism and the Dismemberment of Women. In Bell and Klein (1996).
Klerk, Yvonne. (1995). Definition of ‧ Traffic in Persons'. In Klap *et al*. (1995).
Kronhausen, Dr Eberhard, and Dr Phyllis Kronhausen. (Eds.). (1967). *"My Secret Life", by Walter*. London: Polybooks.
Krum, Sharon. (1996 February 24–25). Cervix with a Smile, *Weekend Australian Magazine*.

Lahey, Kathleen A. (1990). Women and Civil Liberties. In Leidholdt and Raymond (1990).

Lap-Chew, Lin. (1995a, March). Letter to the Special Rapporteur, *Foundation Against Trafficking in Women: News Bulletin, 2.* Utrecht: Foundation Against Trafficking in Women.

Lap-Chew, Lin. (1995b, November). The Significance of the Women's Conference in Beijing for Work on the Issue of Trafficking in Women, *Foundation Against Trafficking in Women: News Bulletin, 4.* Utrecht: Foundation Against Trafficking in Women.

League of Nations. (1921). *International Conference on Traffic in Women and Children: Provisional Verbatim Report.* Geneva: League of Nations.

League of Nations. (1922–36). Minutes of Advisory Committee on the Traffic in Women and Children. Geneva: League of Nations.

League of Nations. (1927). *Report of the Special Body of Experts on the Traffic in Women and Children.* C.52.M.52.1927. IV. Geneva: League of Nations.

League of Nations. (1933). *Commission of Enquiry into Traffic in Women and Children in the East.* Report to the Council. C. 26.M26. Geneva: League of Nations.

League of Nations. (1939). Advisory Committee on Social Questions. *Enquiry into Measures for the Rehabilitation of Prostitutes.* Parts 1–4. Geneva: League of Nations.

League of Nations. (1943). Advisory Committee on Social Questions. *Prevention of Prostitution.* C.26.M.26. Geneva: League of Nations.

Leidholdt, Dorchen, and Janice G.Raymond. (Eds.). (1990). *The Sexual Liberals and the Attack on Feminism.* New York: Pergamon Press.

Leigh, Carol. (1994). Thanks, Ma. In Sappington and Stallings (1994).

Lerner, Gerda. (1987). *The Creation of Patriarchy.* New York: Oxford University Press.

Liazos, Alexander. (1972). The Poverty of Sociology of Deviance: Nuts, Sluts, and Perverts, *Social Problems, 20,* 103–20.
Lijnzaad, Liesbeth. (1995). Women of No Consequence: The Inadequacy of the International Protection against Trafficking. In Klap *et al*. (1995).
Lovelace, Linda. (1981). *Ordeal: An Autobiography.* London:W. H. Allen.
Lumby, Catharine. (1997). *Bad Girls: The Media, Sex and Feminism in the 90s.* St Leonards, NSW: Allen and Unwin.
Macik, Donna. (n.d.) *A Qualitative Study of the Victorian Sex Industry.* Melbourne: ACV.
MacKinnon, Catharine A. (1979). *The Sexual Harassment of Working Women: A Case of Sex Discrimination.* New Haven: Yale University Press.
MacKinnon, Catharine A. (1987). *Feminism Unmodified.* Cambridge, Massachusetts: Harvard University Press.
MacKinnon, Catharine A. (1989). *Towards a feminist Theory of the State.* Cambridge, Massachusetts: Harvard University Press.
MacKinnon, Catharine A. (1993). On Torture: A Feminist Perspective on Human Rights. In Mahoney and Mahoney (1993).
MacKinnon, Catharine A. (1994a). Rape, Genocide, and Women's Human Rights. In Stiglmayer (1994).
MacKinnon, Catharine A. (1994b). *Only Words.* London: HarperCollins.
McKeganey, Neil, and Marian Barnard. (1996). *Sex Work on the Streets: Prostitutes and Their Clients.* Buckingham: Open University Press.
McLeod, Eileen. (1982). *Women Working: Prostitution Now.* London: Croom Helm.
McLintock, Anne. (1992). Gonad the Barbarian and the Venus Flytrap. In Segal and McIntosh (1992).
McNeil, Sandra, and Dusty Rhodes. (Eds.). (1985). *Women Against Violence Against Women.* London: Onlywomen Press.
Mahoney, Kathleen. (1993). Destruction of Women's Rights through Mass Media Proliferation of Pornography. In

Mahoney and Mahoney (1993).

Mahoney, Kathleen. (1994). Canadian Approaches to Equality Rights and Gender Equity in the Courts. In Cook (1994a).

Mahoney, Kathleen and Paul Mahoney. (1993). *Human Rights in the Twenty-First Century: A Global Challenge*. Dordrecht, Boston, London: Martinus Nijhoff.

Mansson, Sven-Axel. (1995). International Prostitution and Traffic in Persons from a Swedish Perspective. In Klap *et al*. (1995).

Marcus, Steven. (1970/1964). *The Other Victorians: A Study of Sexuality and Pornography in Mid-Nineteenth Century England*. London: Book Club Associates with Weidenfeld and Nicolson.

Masters, William H., and Virginia E.Johnson. (1970). *Human Sexual Inadequacy*. Boston: Bantam Books.

Maynall, Alice, and Diana E.H.Russell. (1993). Racism in Pornography. In Russell (1993).

Mies, Maria, Veronica Bennholdt-Thomsen, and Claudia von Werlhof. (1988). *Women: The Last Colony*. London: Zed Books.

Mikhailovitch, Katja. (1996). Post-modernism and its "Contribution" to Ending Violence Against Women. In Bell and Klein (1996).

Miller, Carol. (1994). "Geneva the Key to Equality": Interwar Feminists and the League of Nations, *Women's History Review, 3* (2).

Miller, Elaine, and Lynn Harne. (Eds.). (1996). *All the Rage*. London: Women's Press.

Miller, Jo Ann. (1991). Prostitution in Contemporary American Society. In Elizabeth Grauerholz and Mary A.Koraliwski (Eds.). (1991).

Millett, Kate. (1972). *Sexual Politics*. London: Abacus, Sphere Books.

Millett, Kate. (1975/1971). *The Prostitution Papers*. St Albans, Herts: Paladin Books.

Miner, Maude E. (1916). *The Slavery of Prostitution: A Plea for Emancipation*. New York: Macmillan Co.

Morgan, Peggy. (1988). Living on the Edge. In Delacoste and Alexander (1988).
Nenadic, Natalie. (1996). Femicide: A Framework for Understanding Genocide. In Bell and Klein (1996).
Nestle, Joan. (1988). *A Restricted Country*. London: Sheba.
Nicholson, Linda J. (Ed.). (1990a). *Feminism/Postmodernism*. New York: Routledge.
Nicholson, Linda J. (1990b). Introduction. In Nicholson (1990a).
Nozick, Robert. (1974). *Anarchy, State and Utopia*. Oxford: Blackwell.
O'Neill, Maggie. (1996). Researching Prostitution and Violence: Towards a Feminist Praxis. In Hester *et al*. (1996).
Outshoorn, Joyce. (1996, March 29–April 3). Dealing in Sex: The Trafficking of Women in the Netherlands. Paper presented to the European Centre for Political Research Joint Sessions of Workshops, Oslo.
Overall, Christine. (1992, Summer). What's Wrong with Prostitution? Evaluating Sex Work, *Signs*, 705–24.
Parker, Tony. (1970/1969). *The Twisting Lane: Some Sex Offenders*. London: Panther.
Pateman, Carole. (1988). *The Sexual Contract*. Cambridge: Polity Press.
Patterson, Orlando. (1982). *Slavery and Social Death. Cambridge,* Massachusetts: Harvard University Press.
Pearl, Cyril. (1980/1955). *The Girl with the Swansdown Seat: An Informal Report on Some Aspects of Mid-Victorian Morality*. London: Robin Clark.
Pearsall, Ronald. (1971/1969). *The Worm in the Bud: The World of Victorian Sexuality*. London: Penguin.
Penelope, Julia, and Susan Wolfe. (Eds.). (1993). *Lesbian Culture: An Anthology*. Freedom, California: Crossing Press.
Perkins, Roberta. (1994). Female Prostitution. In Perkins *et al*. (1994).
Perkins, Roberta, and Gary Bennett. (1985). *Being a Prostitute*. St Leonards, New South Wales: Allen and Unwin.
Perkins, Roberta Sharp Prestage, Rachel Garrett, and Francis Lovejoy. (Eds.). 1994. *Sex Work and Sex Workers in Australia*. Sydney: University of New South Wales Press.
Person, Ethel Spector. (1980). Sexuality as the Mainstay of Identity: Psychoanalytic Perspectives. In Catharine R.Stimpson

and Ethel Spector Person (1980).

Peters, Julie, and Andrea Wolper. (Eds.). (1995). *Women's Rights, Human Rights: International Feminist Perspectives.* New York: Routledge.

Pheterson, Gail. (Ed.). (1989a). *A Vindication of the Rights of Whores.* Seattle: Seal Press.

Pheterson, Gail. (1989b). Not Repeating History. In Pheterson (1989a).

Pheterson, Gail. (1996). *The Prostitution Prism.* Amsterdam: Amsterdam University Press:

Plummer, Ken. (1975). *Sexual Stigma: An Interactionist Account.* London: Routledge and Kegan Paul.

Plummer, Ken. (1996). Intimate Citizenship and the Culture of Sexual Storytelling. In Weeks and Holland (1996).

Plummer, Ken and Roberta Perkins. (1994). Introduction. In Perkins *et al*. (1994).

Prestage, Garrett. (1994). Male and Transsexual Prostitution. In Perkins *et al*. (1994).

Radford, Jill, and Diana E.H.Russell. (Eds.). (1992). *Femicide: The Politics of Woman Killing.* Buckingham: Open University Press.

Radicalesbians. (1988). The Woman Identified Woman. In Sarah Lucia Hoagland and Julia Penelope.

Rao, Arati. (1993). Right in the Home: Feminist Theoretical Perspective on International Human Rights, *National Law School Journal, 1*, Special Issue: Feminism and the Law, 62–81. National Law School of India University, Nagarbhavi, Bangalore (1982).

Raymond, Janice G. (1990). Sexual and Reproductive Liberalism. In Leidholdt and Raymond (1990).

Raymond, Janice G. (1994a). *Women as Wombs.* Melbourne: Spinifex Press.

Raymond, Janice G. (1994b/1982). *The Transsexual Empire.* London: Women's Press; (1994) New York: Teachers' College Press.

Raymond, Janice G. (1995). *Report to the Special Rapporteur on Violence Against Women. The United Nations, Geneva, Switzerland.* North Amherst, Massachusetts: Coalition Against Trafficking in Women.

Rawls, John. (1973/1972). *A Theory of Justice*. Oxford: Oxford University Press.

Rich, Adrienne. (1984). Compulsory Heterosexuality and Lesbian Existence. In Ann Snitow (1984).

Richardson, Diane (Ed.). (1996). *Theorizing Heterosexuality*. Buckingham: Open University Press.

Roberts, Nickie. (1992). *Whores in History*. London: HarperCollins.

Rodmell, Sue. (1981). Men, Women and Sexuality: A Feminist Critique of the Sociology of Deviance, *Women's Studies International Quarterly, 4* (2), 143–55.

Roiphe, Katie. (1993). *The Morning After: Sex, Fear and Feminism on Campus*. Boston, New York, Toronto, London: Little, Brown and Co.

Romany, Celina. (1994). State Responsibility Goes Private: A Feminist Critique of the Public/Private Distinction in International Human Rights Law. In Cook (1994a).

Roth, Kenneth. (1994). Domestic Violence as an International Human Rights Issue. In Cook (1994a).

Rubin, Gayle. (1982). A Personal History of the Lesbian S/M Community and Movement in San Francisco. In Samois (1982).

Rubin, Gayle. (1984). Thinking Sex. In Carole Vance (1984).

Rubin, Gayle. (1993). Thinking Sex. In H.Abelove *et al*. (1993).

Rush, Florence. (1980). *The Best Kept Secret: Sexual Abuse of Children*. New York: McGraw-Hill.

Russell, Bertrand. (1972/1929). *Marriage and Morals*. London: Allen and Unwin.

Russell, Diana. (1975). *The Politics of Rape*. New York: Stein and Day.

Russell, Diana. (1990). *Rape in Marriage*. Bloomington: Indiana University Press.

Russell, Diana. (1993a). *Against Pornography: The Evidence of Harm*. Berkeley, California: Russell Publications.

Russell, Diana. (Ed.). (1993b). *Making Violence Sexy: Feminist Views on Pornography*. Buckingham: Open University Press.

Russell, Diana. (1995, March). The Making of a Whore, *Violence Against Women, 1*, 77–98.

Ryan, William. (1971). *Blaming the Victim*. New York: Pantheon Books.

St James, Margo. (1989). Preface. In Pheterson (1989a).

Samois. (Eds.). (1982). *Coming to Power: Writings and Graphics on Lesbian S/M*. Boston: Alyson Publications.

Santos, Aida F. (1992). Gathering the Dust: The Bases Issue in the Philippines. In Sturdevant and Stoltzfus (1992).

Santos, Aida F. (1995, May). Picking Up the Pieces of Women's Lives: Prostitution and Sexual Exploitation in Asia-Pacific. Paper submitted to WHO, May.

Sappington, Rodney, and Tyler Stallings. (Eds.). (1994). *Uncontrollable Bodies: Testimonies of Identity and Culture*. Seattle: Bay Press.

Scambler, Graham, and Annette Scambler. (Eds.). (1997). *Rethinking Prostitution: Purchasing Sex in the 1990s*. London: Routledge.

Schneider, Elizabeth M. (1996). What Happened to Public Education about Domestic Violence? In Jeffrey Abramson (1996).

Segal, Lynne, and Mary McIntosh. (Eds.). (1992). *Sex Exposed: Sexuality and the Pornography Debate*. London: Virago.

Sheffield, Carole J. (1993). The Invisible Intruder: Women's Experiences of Obscene Phone Calls. In Bart and Moran (1993).

The Shield: Journal of the Association for Moral and Social Hygiene. 1918–68. London: AMSH.

Shrage, Laurie. (1994). *Moral Dilemmas of Feminism: Prostitution, Adultery and Abortion*. London: Routledge.

Silbert, Mimi, and Ayala Pines. (1984). Pornography and Sexual Abuse of Children. In Russell (1993).

Sinclair, Amanda. (1994). *Trials at the Top: Chief Executives Talk about Men, Women and the Australian Executive Culture*. Melbourne: Australian Centre, University of Melbourne.

Smart, Carol. (1989). *Feminism and the Power of Law*. London and New York: Routledge.

Snell, Cudore L. (1995). *Young Men in the Street: Help-Seeking Behaviour of Young Male Prostitutes.* Westport, Connecticut: Praeger.

Snitow, Ann. (Ed.). (1984). *Desire: The Politics of Female Sexuality.* London: Virago.

Stanko, Betsy. (1993). Ordinary Fear: Women, Violence, and Personal Safety. In Bart and Moran (1993).

Sternberg, David. (1983). Prostitutes as Victimizers. In Donal E.J. Macnamara and Andrew Karmen (1983).

Stiglmayer, Alexandra. (Ed.). (1994). *Mass Rape: The War Against Women in Bosnia-Herzegovina.* Lincoln: University of Nebraska Press.

Stimpson, Catharine R., and Ethel Spencer Parsons. (Eds.). (1980). *Women, Sex and Sexuality.* Chicago: University of Chicago Press.

Stoltenberg, John. (1990). *Refusing to be a Man.* London: Fontana.

Stretton, Hugh, and Lionel Orchard. (1994). *Public Goods, Public Enterprise, Public Choice: Theoretical Foundations of the Contemporary Attack on Government.* Basingstoke: Macmillan.

Sturdevant, Saundra Pollock, and Brenda Stoltzfus. (1992). *Let the Good Times Roll: Prostitution and the U.S. Military in Asia.* New York: New Press.

Stychin, Carl F. (1995). *Law's Desire: Sexuality and the Limits of Justice.* London and New York: Routledge.

Sullivan, Barbara. (1992). Feminist Approaches to the Sex Industry. In Gerrull and Halstead (1992).

Sullivan, Barbara. (1994). Feminism and Female Prostitution. In Perkins *et al.* (1994).

Sullivan, Barbara. (1995). Rethinking Prostitution. In Caine and Pringle (1995).

Sullivan, Donna. (1995). The Public/Private Distinction in International Human Rights Law. In Peters and Wolper (1995).

Summer, Toby. (1993). A Working-class Dyke Speaks Out Against Buying Women for Sex. In Penelope and Wolfe (1993).

Summers, Rosie. (1988). Prostitution. In Delacoste and Alexander (1988).

Sumner, Colin. (1994). *The Sociology of Deviance: An Obituary*. Buckingham: Open University Press.

Sundahl, Debbie. (1988). Stripper. In Delacoste and Alexander (1988).

Sykes, Gresham M., and David Matza. (1957, December). Techniques of Neutralization: A Theory of Delinquency, *American Sociological Review, 22*, 664–70.

Szasz, Thomas. (1980). *Sex: Facts, Frauds and Follies*. Oxford: Basil Blackwell.

Truong, Thanh-Dan. (1990). *Sex, Money and Morality: Prostitution and Tourism in Southeast Asia*. London: Zed Books.

Truong, Thanh-Dan. (1996). Serving the Tourist Market: Female Labour in International Tourism. In Jackson and Scott (1996).

UBINIG. (1995). *Trafficking in Women and Children: The Case of Bangladesh*. Pamphlet produced for Fourth World Conference on Women. Dhaka, Bangladesh: Narigrantha Prabartana (The Feminist Bookstore).

Ullerstam, Lars. (1964). *The Erotic Minorities*. New York: Grove Press.

UNESCO and Coalition Against Trafficking in Women. (1992). *The Penn State Report: International Meeting of Experts on Sexual Exploitation, Violence and Prostitution*. State College, Pennsylvannia.

United Nations. (1996). *The United Nations and the Advancement of Women 1945–46*. New York: United Nations Department of Public Information.

Valentino, Margaret, and Mavis Johnson. (1980). On the Game and On the Move. In Jaget (1980).

Vance, Carole (Ed.). (1984). *Pleasure and Danger: Exploring Female Sexuality*. London: Routledge Kegan Paul.

van der Vleuten, Nelleke. (1991). *Survey on "Traffic in Women": Policies and Policy—Research in an International Context*. Vena Working Paper No 91/1, Research and Documentation Centre. Leiden: Women and Autonomy Centre, Leiden University.

Vatikiotis, Michael, Sachiko Sakamadi, and Gary Silverman. (1995, December 14). On the Margin: Organized Crime

Profits from the Flesh Trade, *Far Eastern Economic Review.*

Vigilance Record: Journal of the National Vigilance Association. 1910–12. London.

Waldron, Jeremy. (Ed.). (1984). *Theories of Rights.* Oxford: Oxford University Press.

Waldron, Jeremy. (Ed.). (1987). *Nonsense upon Stilts: Bentham, Burke and Marx on the Rights of Man.* London and New York: Methuen.

Waring, Marilyn. (1988). *Counting for Nothing: What Men Value and What Women are Worth.* Wellington: Allen and Unwin.

Waring, Marilyn. (1997). *Three Masquerades.* Auckland: Auckland University Press.

Weeks, Jeffrey. (1981). *Sex, Politics and Society.* London: Longman.

Weeks, Jeffrey. (1985). *Sexuality and its Discontents.* London: Routledge Kegan Paul.

Weeks, Jeffrey. (1991). Inverts, Perverts and Mary-Annes: Male Prostitution and the Regulation of Homosexuality in England in the Nineteenth and early Twentieth Century. In Martin Duberman *et al.* (1991).

Weeks, Jeffrey and Janet Holland. (Eds.). (1996). *Sexual Cultures: Communities, Values and Intimacy.* Basingstoke: MacMillan Press.

West, D.J. (in association with Buz de Villiers). (1992). *Male Prostitution: Gay Sex Services in London.* London: Duckworth.

Wijers, Marjan. (1995). Supporting Victims of Trafficking. In Klap *et al.* (1995).

Wilkinson, Sue, and Celia Kitzinger. (Eds.). (1993). *Heterosexuality: A Feminist and Psychology Reader.* London: Sage.

Williams, Linda. (1989). *Hard Core: Power, Pleasure, and the "Frenzy of the Visible".* Berkeley: University of California Press.

Williams, Linda. (1992). Pornographies On/scene. Or Diff'rent Strokes for Diff'rent Folks. In Segal and McIntosh. (1992).

Wilson, Elizabeth. (1983). *What Is to be Done about Violence against Women?* Harmondsworth: Penguin.

Wittig, Monique. (1992). *The Straight Mind and Other Essays*. Boston: Beacon Press.

Wolf, Naomi. (1993). *Fire with Fire: The New Female Power and How It Will Change the 21st Century*. New York: Random House.

Wood, Marianne. (1995). *Just a Prostitute*. St Lucia: University of Queensland Press.

Working Girl. (1995, Spring). Melbourne: Prostitutes Collective of Victoria.

Wright, Shelley. (1993). Human Rights and Women's Rights: An Analysis of the United Nations CEDAW. In Mahoney and Mahoney (1993).

Yeatman, Anna. (1990). A Feminist Theory of Social Differentiation. In Nicholson (1990a).

Young, Wayland. (1968/1965). *Eros Denied*. London: Corgi Books.

邦訳一覧

Barry, 1979 ―― キャスリン・バリー著／田中和子訳『性の植民地――女の性は奪われている』時事通信社、一九八四年

Barry, 1995 ―― キャスリン・バリー著／井上太一訳『セクシュアリティの性売買――世界に広がる女性搾取』人文書院、二〇二四年

Bell, 1994 ―― シャノン・ベル著／山本民雄、宮下嶺夫、越智道雄訳『売春という思想（クリティーク叢書 19）』青弓社、二〇〇一年

Brownmiller, 1975 ―― S・ブラウンミラー著／幾島幸子訳『レイプ・踏みにじられた意思』勁草書房、二〇〇〇年

Califia, 1988 ―― パット・カリフィア著／原美奈子訳『サフィストリー――レスビアン・セクシャリティの手びき（ゲイ&レズビアン・シリーズ 4）』太陽社、一九九三年

Califia, 1994 ―― パット・カリフィア著／東玲子訳『パブリック・セックス――挑発するラディカルな性』青土社、一九九八年

Comfort, 1979/1973 ―― アレックス・カンフォート著／安田一郎、青木日出夫訳『ジョイ・オブ・セックス――完全版』河出書房新社、二〇〇三年

Comfort ed., 1984/1977 ―― アレックス・コンフォート著／奈良林祥監訳『モア・ジョイ・オブ・セックス』スコラ、一九八一年

Connell, 1995 ―― レイウィン・コンネル著／伊藤公雄訳『マスキュリニティーズ――男性性の社会科学』新曜社、二〇二二年

de Beauvoir, 1972/1953 ――― シモーヌ・ド・ボーヴォワール著／『第二の性』を原文で読み直す会訳『第二の性 決定版』河出書房新社、二〇二三年

Delacoste and Alexander eds., 1988 ――― フレデリック・デラコステ、プリシラ・アレキサンダー編『セックス・ワーク――性産業に携る女性たちの声』パンドラ、一九九三年

Dworkin, 1981 ――― アンドレア・ドウォーキン著／寺沢みづほ訳『ポルノグラフィ――女を所有する男たち』青土社、一九九一年

Dworkin, 1987 ――― アンドレア・ドウォーキン著／寺沢みづほ訳『インターコース――性的行為の政治学 新版』青土社、一九九八年

Dworkin, 1997 ――― アンドレア・ドウォーキン著／寺沢みづほ訳『女たちの生と死』青土社、一九九八年

Dworkin, 1977 ――― ロナルド・ドゥウォーキン著／木下毅、小林公、野坂泰司共訳『権利論 増補版』木鐸社、二〇〇三年

Enloe, 1983 ――― シンシア・エンロー著／佐藤文香監訳『〈家父長制〉は無敵じゃない――日常からさぐるフェミニストの国際政治』岩波書店、二〇二〇年

Foucault, 1978 ――― ミシェル・フーコー著／渡辺守章訳『性の歴史 1』新潮社、一九八六年

Friedman and Friedman, 1980 ――― M・フリードマン＋R・フリードマン著／西山千明訳『選択の自由――自立社会への挑戦 新装版』日本経済新聞出版社、二〇一二年

Fryer, 1988 ――― ピーター・フライヤー著／日野壽憲訳『大英帝国の黒人』本の泉社、二〇〇七年

Garner, 1995 ――― ヘレン・ガーナー著／加藤めぐみ訳『グリーフ――ある殺人事件裁判の物語（オーストラリア現代文学傑作選）』現代企画室、二〇一八年

Giddens, Anthony. 1992 ――― アンソニー・ギデンズ著／松尾精文、松川昭子訳『親密性の変容――近代社会におけるセクシュアリティ、愛情、エロティシズム』而立書房、一九九五年

Goffman, 1974/1963 ――― アーヴィング・ゴッフマン著／石黒毅訳『スティグマの社会学――烙印を押されたアイデン

ティティ 改訂版』せりか書房、二〇〇一年
Herman, 1981 ――ジュディス・L・ハーマン著／斎藤学訳『父－娘近親姦――「家族」の闇を照らす』誠信書房、二〇〇〇年
Herman, 1994 ――ジュディス・L・ハーマン著／中井久夫、阿部大樹訳『心的外傷と回復 増補新版』みすず書房、二〇二三年
Hite, 1981 ――シェアー・ハイト著／中尾千鶴監訳『ハイト・リポート 男性版』中央公論社、一九八二年
Hochschild, 1983 ――A・R・ホックシールド著／石川准、室伏亜希訳『管理される心――感情が商品になるとき』世界思想社、二〇〇〇年
Keuls, 1993/1986 ――エヴァ・C・クールズ著／中務哲郎ほか訳『ファロスの王国――古代ギリシアの性の政治学』岩波書店、一九八九年
Lerner, 1987 ――ゲルダ・ラーナー著／奥田暁子訳『男性支配の起源と歴史』三一書房、一九九六年
Lim ed., 1998 ――リン・リーン・リム編著／津田守他訳『セックス「産業」――東南アジアにおける売買春の背景』日本労働研究機構、一九九九年
MacKinnon, 1987 ――キャサリン・A・マッキノン著／奥田暁子ほか訳『フェミニズムと表現の自由』明石書店、一九九三年
MacKinnon, 1994b ――キャサリン・A・マッキノン著／柿木和代訳『ポルノグラフィ――「平等権」と「表現の自由」の間で』明石書店、一九九五年
Marcus, 1970/1964 ――スティーヴン・マーカス著／金塚貞文訳『もう一つのヴィクトリア時代――性と享楽の英国裏面史（中公文庫）』中央公論社、一九九二年
Masters and Johnson, 1970 ――W・H・マスターズ＋V・E・ジョンソン著／謝国権訳『人間の性不全――マスターズ報告 2』池田書店、一九八〇年
Millett, 1972 ――ケイト・ミレット著／藤枝澪子ほか共訳『性の政治学』ドメス出版、一九八五年

Nozick, 1974——ロバート・ノージック著／嶋津格訳『アナーキー・国家・ユートピア——国家の正当性とその限界』木鐸社、一九九二年
Pateman, 1988——キャロル・ペイトマン著／中村敏子訳『社会契約と性契約——近代国家はいかに成立したのか』岩波書店、二〇一七年
Patterson, 1982——オルランド・パターソン著／奥田暁子訳『世界の奴隷制の歴史（世界人権問題叢書 41）』明石書店、二〇〇一年
Rawls, 1973/1972——ジョン・ロールズ著／川本隆史、福間聡、神島裕子訳『正義論 改訂版』紀伊國屋書店、二〇一〇年
Russell, 1972/1929——ラッセル著／安藤貞雄訳『結婚論』岩波書店、一九九六年
Stoltenberg, 1990——J・ストルテンバーグ著／蔦森樹 監修、鈴木淑美訳『男であることを拒否する』勁草書房、二〇〇二年
Truong, 1990——タン・ダム・トゥルン著／田中紀子、山下明子訳『売春・性労働の社会構造と国際経済』明石書店、一九九三年

訳者解題

本書は「セックスワーク」の擁護言説を批判的に検証し、性売買を女性に対する男性の暴力かつ人権侵害と捉え直すラディカル・フェミニズムの古典、Sheila Jeffreys, *The Idea of Prostitution* (North Melbourne, Vic: Spinifex Press, 1997) の全訳である。金銭と引き換えに他者の性的利用権を買うという行為は、男性が経済的優位に任せて女性を搾取する形態を主とするため、従来、フェミニズムにおいて批判の対象とされてきたが、近年では買われる人々の「主体性」を再評価するという名目のもと、性売買を一人前の労働である「セックスワーク」とみて擁護する言説――以下、セックスワーク論――が、とりわけアカデミックなジェンダー論やその影響を受けた社会正義論の主流となりつつある。本書はそのような風潮にいち早く異を唱え、フェミニズムがこれまでに積み重ねてきた膨大な成果に照らして、性売買の本質はやはり暴力にほかならないことを再確認した文献といえる。原著は一九九七年に刊行されたのち、二〇〇八年に緒言を加えた新版へと改訂された。英米圏における性売買の批判書ではほぼ必ず参照されている文献であり、この主題について考えるうえでの必読書であることが窺い知れる。

著者シーラ・ジェフリーズはイギリス生まれのラディカル・フェミニストであり、一九九一年からオーストラリアのメルボルン大学で政治学の教育に携わるかたわら、九四年には女性人身取引反対連合 (C

ATW）のオーストラリア支部を立ち上げ、イギリスに帰国するまでの二〇年以上にわたりその代表を務めた。とりわけセクシュアリティの思想史・政治史に造詣《ぞうけい》が深く、初期代表作『アンチクライマックス』や数年前に邦訳された『美とミソジニー』をはじめ、一九六〇年代に始まった「性革命」とその影響に関する重要文献を多数発表している。本書『性売買の思想』を書いた動機について、著者は性産業のサバイバーであるローズ・ハンターとの対談で語っている。[1] それによると、本書の執筆はメルボルン大学に赴任《ふにん》したジェフリーズが、性売買を合法化した現地の状況に衝撃を受け、CATWオーストラリア支部の創設とともに取り組んだもう一つのプロジェクトだった。オーストラリアでは二〇世紀後期から徐々に各州で性売買の合法化が進められ、ジェフリーズの暮らしていたビクトリア州でも一九八四年と九四年に性売買を公認する州法が敷かれた。近所にも性売買店が立ち並び、電話帳にすら性売買の広告が載り、フェミニストたちは総じて「セックスワーク」を正当な労働と認めている状況の中、ジェフリーズは「やるべきことが山積している」と確信したという。そこで手がけたのは、性売買を正当化する「思想」がいかにして構築されたのかを確かめ、しかるべき批判を行なうことだった。その成果が本書である。

セクシュアリティの歴史を探求してきた著者は、本書の分析においてもその博識を遺憾《いかん》なく発揮し、性産業の代弁者や性にまつわる諸学の男性権威らがつくり上げたセックスワーク論のいびつな成り立ちを解き明かす。いまや進歩的な人権擁護論とすら認識されている言説が、実のところ抑圧階級のバイアスに染まったまことしやかな神話や疑似《ぎじ》科学、あるいは賛否の分かれるポストモダン系の理論に支えられている事実は、その自明視されている正統性を揺さぶらずにおかない。と同時に、著者は性売買を「選択」や「労働」や「セックス」と位置づけるくだんの言説を吟味する過程で、フェミニズムはそもそもそれらの概念をどのようなものとして理解してきたのかを振り返り、その理論的蓄積がいかにしてもセックスワーク論に行き着かないこと、ひいてはセックスワーク論が女性解放に反する父権的リベラリズムの産物であることを明らかにする。したがってその分析はおのずとフェミニズム理論の全体を総点検し、フェミニズムの一貫性を再確認する作業となる。性売買の構造を考えるにあたり、著者は女性殴打・被害者非難・美容行為・生殖搾取・感情労働・性的ハラスメントなど、種々の女性抑圧に関するフェミニストたちのこれまでの洞察をも参照するが、そのアプローチは性売買が単一の現象として存在しているのではなく、多岐を極める父権的暴力の文脈上に、それらと連続したものとして存在することを思い出させてくれる。セクシュアリティの思想史とフェミニズムの歴史の双方を振り返り、リベラルな装いをまとった性搾取の擁護言説を批判する本書は、フェミニズムがその本来の目的である女性解放へと立ち返るための書、フェミニズムの再生の書であるといっても過言ではないだろう。

廃絶主義とセックスワーク論

性売買に対するフェミニストたちのアプローチは、本書にも書かれているように、従来、一貫性を有していた。フェミニストたちは性を買う男たち——買虐者《ばいぎゃくしゃ》——の行動や、当事者女性を抑圧する女衒《ぜげん》

(1) Nordic Model Now! "The Idea of Prostitution: Q&A with Sheila Jeffreys and Rose Hunter," August 1, 2023, https://nordicmodelnow.org/2023/08/01/the-idea-of-prostitution-qa-with-sheila-jeffreys-and-rose-hunter/（二〇二四年一〇月三一日アクセス）。

行為、人身取引、警察の暴力に抗議しつつ、同時に女性たちの性売買脱却や脱却後の生活を支援していた。当事者を抑圧することなく性売買に反対する、という考え方がその揺るぎない指針だったといえる。ラディカル・フェミニズムの基礎を築いたケイト・ミレットは、早くも一九七〇年代の著書『性売買記録集』で、「女性の性売買は女性たちの経済的立場、ならびに父権制社会の性別役割条件付けシステムが女性たちにおよぼす心理的ダメージに根差すこと」を指摘し[2]、「被害者である性売買当事者が、彼女を被害者化する制度を差し置いて非難される」状況に異を唱えた[3]。ミレットは性売買当事者の取り締まりによって警察が利益を得る状況を正すべく、性売買の非犯罪化を唱えたが、その主張は性を買う行為の容認を意味しなかった。「私たちの法倫理が、みずからを客体として売りに出すよう（経済的・心理的に）強いられる人々を罪に問いながら、人格保有者を客体として買う行為を許している状況はさらなる皮肉である」[4]。同じく、フェミニスト現象学者のサンドラ・バートキーは、著書『女らしさと支配』で性売買の非犯罪化を主張したが、それは「制度としての性売買を認めることも、性売買当事者が生じない社会をめざすフェミニズムの構想を捨て去ることも意味しない」と述べている[5]。

キャスリン・バリーはこうした理念を定式化し、一九九四年の著書『セクシュアリティの性売買』で、性を買われる人々の非犯罪化と買い手の犯罪化を柱とする廃絶主義の構想を打ち出した。一九七〇年代の著書で性売買の非犯罪化を唱えたバリーは、そのモデルが「暗に女性身体を買う男たちの非犯罪化をも意味してしまった」ことに自己批判を加える。「無条件の非犯罪化を唱えることの過ちは、性売買当事者とともに客をも非犯罪化し、直接の性搾取加害者にあたる後者を事実上是認する点にある」。よって、非犯罪化のモデルは修正を要した。

性売買当事者女性は非犯罪化されるだけでなく、客による性搾取の被害者と認知されなければならない……。客が法的に特定され、制裁され、罰金を科され、女性身体を買った者としておおやけに周知されるようになれば、彼らの買うセックスは女性の同意があろうとなかろうと攻撃行為であり女性の侵害であると認知される。客の処罰は全ての性売買を違法とするが、性売買当事者を犯罪者にしない。……これは性売買と他の女性の性搾取形態を切り分けないフェミニズム的人権アプローチである。[6]

バリーの構想はスウェーデン、ノルウェー、アイスランドなどの北欧諸国に導入されたことから北欧モデルと呼ばれ、二〇二三年までに九つの国と地域でこれが実現された。おかげでこれらの社会では、他者の性を買う行為が——日本のように当然の習慣や娯楽としてではなく——人権侵害の犯罪として正

---

(2) Kate Millett, *Prostitution Papers*, London: Paladin, 1975, p.50.
(3) *Ibid.*, p.49
(4) *Ibid.*, p.50
(5) Sandra Lee Bartky, *Femininity and Domination: Studies in the Phenomenology of Oppression*, New York: Routledge, 1991, p.50
(6) キャスリン・バリー著／井上太一訳『セクシュアリティの性売買—世界に広がる女性搾取』人文書院、二〇二四年、三五八頁。

しく認知されつつある。国家や警察の体制が旧態依然としていることから、北欧モデルを敷いた国々でも性を買われる人々が当局に抑圧される問題は残っているが、それは北欧モデル自体の欠陥というより、むしろ北欧モデルの考え方がいまだ充分に政策に反映されていないことの表れといったほうが正しいだろう。当然ながら廃絶主義者は誰一人として、買われる人々を抑圧する政策のあり方をよしとしない。

一方、旧来の非犯罪化モデルから枝分かれしたもう一つの立場は、性売買を完全に合法の活動と認め、客や女衒も含む全関係者を非犯罪化するセックスワーク論へと行き着いた。現状、体を売ることで生活するほかない人々や「性サービス」の提供に生き甲斐を見出す人々もいるのだから、性売買を正当な労働である「セックスワーク」と位置づけ直し、当事者の労働権獲得と安全な労働環境整備を進めていこうという考え方である。性売買に関する一切の法規制は「セックスワーカー」の権利を制限するので廃さなければならず、性売買の現場で起こる諸問題には労働法で対処すればよい。廃絶主義は違法の非公式な性売買を増やすことで、当事者を現在以上の危険にさらす結果となりうるので望ましくない。性売買はあらずもがなの営みどころか、古い性道徳に逆らうセクシュアリティの表現であり、性規範の攪乱、性の解放である——。

このように聞かされると、それはそれでもっともらしく思えるかもしれない。が、セックスワーク論にはミレットらが論じてきた構造理解の視点が欠けている。すなわち、そこでは多くの女性たちが経済条件や就労における選択肢の欠如によって性売買に追いやられていること、あるいはみずからの性的価値を商品化するよう絶えず社会的条件付けの圧力を受けていることなどが顧みられていない。性売買のほかに生活手段を持たない人々がいるのであれば、そうした人々が他の形で生きていけるよう選択肢を増やそうと考えるのが社会正義の筋であろうが、セックスワーク論は代わりに、性売買はそれ自体で既に立派な労働なのだと唱える。これは変革のための理論というより現状肯定の論理であり、当事者を搾取環境の中にとどめる効果しか持たない。事実、セックスワーク論者はしばしば「どんな労働にも搾取はある」と開き直り、性売買の搾取性を容認する。加えて、セックスワーク論は性売買を正当な労働の図式に収める都合上、従来のフェミニズムにおいて異論の余地なく批判の対象とされていた買虐者や女衒の行為をも免罪する。買虐者は正当な対価で「サービス」を購入する「顧客」、女衒は性売買を差配する「マネージャー」となる。性を買う行為や他人に性を売らせて金を儲ける行為は、付随するさまざまな仕打ちとは別にそれ自体が暴力であるという認識は、そこにはない。

このような枠組みがいかにして形成されたかは本書が詳しく論じているので、ここでは繰り返さないが、重要なのはセックスワーク論が正義の主張として権威を獲得し、一九九〇年代以降の「第三波」と呼ばれるフェミニズムにおいて主流の立場にまで至ったことである。ネオリベラルな資本主義社会ではフェミニズムでさえも性の商品化に対する問題意識を失い、個人の選択らしきものを無批判に肯定する傾向へと流れてしまう、という見方も可能だろう。またそれ以前に、社会正義の商品化に伴って変革のための理論が内実を失い、虚飾だけの体制順応的な空論へと堕してしまった流れに現在の趨勢《すうせい》を位置づけることもできる(7)。「気鋭の哲学者」と称されるアミア・スリニヴァサンの著書『セックスする権利』を紐解けば、今日の主流フェミニズム理論が現状批判の精神を完全に失ったことが窺い知れる。

部分的なものであれ完全なものであれ、セックスワークの犯罪化によって売買春が実際になくなったことはない。セックスワークはいかなる法制度のもとでもさかんになされていた。……女性が生活費を払い子どもに食べ物を与えなければならず、セックスワークのほうがほかの選択肢よりも稼ぎがよくて、女性の従属がエロス化されているかぎり、売買春は存在する。この意味でセックスワークの犯罪化は象徴の次元での廃止である。つまり、売買春を法律上では消し去るけれども現実世界では消し去らない。(8)

諦観と冷笑に満ちたこのような言論が優勢を占める中、なおも闘争を呼びかける反性売買の主張はいまや少数派となっている。日本に輸入されたフェミニズム関連書籍を振り返ってみても、近年の文献はセックスワーク論の立場をとるものがほとんどを占め、その中で廃絶主義は悪しき思想として切り捨てられている。『セックスする権利』のほか、『ホワイト・フェミニズムを解体する』『トランスジェンダー問題』『フェミニズム大図鑑』等々の話題作もその例に漏れない。国内のフェミニズム関係者を振り返ってみても、とりわけソーシャルメディアで人気を集めるアカデミシャンなどはおおよそセックスワーク論を支持し、関連する著書や記事を発表している。したがって皮肉にも、フェミニズムやジェンダー論を学ぶ人々ほど性売買に疑問を抱くことが難しくなっている、というのが現在の状況である。(9)

しかし、性売買の世界にいる人々、いた人々は、その過酷な現実を訴え続けてきた。実名での告発には危険と困難が伴うことから、文献の数はかぎられているが、インターネット空間を探せば、性売買の暗部を伝える当事者の証言はいくらでも見つかる。そしてセックスワーク論者が北欧モデルに警鐘を鳴らすかたわら、ニュースでは性売買の現場で繰り返されている妊娠被害や女性殺害などの情報が流れてくる。よしんば――ありえそうにない仮定だが――「最悪」の事態を防ぐ改善を施せたとしても、他者の性的利用権を買う行為そのものの加害性・侵襲性はいささかも薄れない。外部者がことさらに「哀れな被害者」像を量産して賞翫物《しょうがんぶつ》にする問題はあるが、そのような同情仕草に陥らない形で、現に存在する搾取の実態と向き合うことは必要なはずである。いま求められているのは、性売買にまつわる被害と加害を正しく捉えるための言語、そしてその隠蔽に使われるレトリックを拭い去るための分析だろう。ラディカル・フェミニズムの伝統が築き上げてきた廃絶主義アプローチは、その面で当事者運動の大きな力になると思われる。性産業サバイバーのローズ・ハンターは、本書『性売買の思想』を紐解いたことが「人生を変える読書体験だった」と語る。[10] 同じく、反性売買の活動に取り組む元当事者のジェネヴィーヴ・ギルバートは、本書と出会ったことで「突如、私は性産業の深甚な非人間化作用を理解し

（7） 批判理論家のジョン・サンボンマツは、大学の産業化と学問の商品化がポストモダニズムの背景にあると分析し、これに影響された社会正義の諸理論は虚飾だらけで現状変革の力を持たない「バロック理論」だと痛烈に批判する。John Sanbonmatsu, *The Postmodern Prince: Critical Theory, Left Strategy, And The Making Of A New Political Subject*, New York: Monthly Review Press, 2003 を参照。

（8） アミア・スリニヴァサン著／山田文訳『セックスする権利』勁草書房、二〇二三年、二一七～八頁。

（9） ジェンダー論全体をフェミニズム理論に含めることには異議があるに違いないが、世間一般の認識でも書店や図書館の分類棚でも両者はそれほど区別されていないので、ここではジェンダー論の文献もフェミニズム「関連」書籍に含めた。

（10） Nordic Model Now! 2023.

た。全てが腑に落ちた。シーラは『ラディカル』なフェミニズム観に立ち、女性抑圧の根源を分析していた」と振り返る。(11) 反性売買論の基本書であるという点もさることながら、何よりもこれが当事者の人々の力になっているという事実こそが、この論争を呼ぶであろう書籍の翻訳へと訳者を導いた最大の決め手だった。

ジェフリーズとトランスジェンダー

訳者は本書の出版意義を疑わないが、気がかりな点がなかったわけではない。著者ジェフリーズは「トランス排除的ラディカル・フェミニスト」（TERF）の代表格として、トランス擁護コミュニティから問題視されている。知らない人々は首をかしげるであろうが、今日、反性売買を唱える者、中でもラディカル・フェミニストは、トランス差別的であると糾弾されることが珍しくない。他方、トランス擁護は往々にしてセックスワーク論と一体のものとして語られる。なぜそのようなことになっているのか。トランス擁護コミュニティでは、トランスジェンダー当事者の多くが性別二元論社会の中で就労機会を奪われ、性売買で生計を立てていかざるを得ない状況にあるため、その生活手段である性売買を廃絶するのではなく、むしろ「セックスワーク」と位置づけて労働条件の改善をめざすことが正義とされてきたからである。例えばトランス擁護運動のバイブルとされる『トランスジェンダー問題』の著者ショーン・フェイは次のように述べる。

社会にはトランスのセックスワーカーが存在しており、この社会では生きていくためにお金が必要で、セックスワークはこうした社会で周縁化された人たちが利用できる限られた選択肢の1つである。そのため、顧客が非難されようと犯罪化されようと、トランスのセックスワーカーたちは依然として性《セックス》を売る必要があるのである。……というわけで、あらゆる形態のセックスワークの完全な非犯罪化……が、トランスの権利運動の中心的な教養でなければならない(12)。

日本のトランス擁護コミュニティで広く読まれた周司あきらと高井ゆと里の共著『トランスジェンダー入門』も、フェイの著作を踏襲しつつ、「トランスだけでないセックスワーカー〔トランスも非トランスも含むセックスワーカー〕が労働者として当たり前の権利と交渉力を獲得し、安全に仕事を続けたり辞めたりできる環境を作ることは……全ての人の経済的な困窮を解決することと合わせて急務」だと論じる(13)。このような思想のもと、トランス擁護論とセックスワーク論は強く結び付き、対照的に性売買の廃絶を唱える立場はトランス差別と結び付けられるようになった。

　しかし私見では、ラディカル・フェミニズムの権利と解放を真剣に考える人々こそ、安易な派閥思考

---

(11) Caroline Norma and Melinda Tankard Reist ed., *Prostitution Narratives: Stories of Survival in the Sex Trade*, North Melbourne, Vic.: Spinifex Press, 2016, p.177.

(12) ショーン・フェイ著／高井ゆと里訳『トランスジェンダー問題——議論は正義のために』明石書店、二〇二二年、二一三〜四頁。

(13) 周司あきら、高井ゆと里著『トランスジェンダー入門』集英社、二〇二三年、一〇五頁。

を脱し、ラディカル・フェミニズムの反性売買論に向き合うべきである。本書はトランス擁護運動の根幹にあるクイア理論の問題を検証しているが、他方でトランス当事者が経験する性売買被害も克明に分析している。トランス当事者の多くが性売買で生きていくしかないのだとすれば、それは深刻な就労差別の表れに違いなく、その差別が存続することを前提に「セックスワーク」の改善を図るのではなく、元凶である就労差別そのものの克服をめざすのが解放運動のあるべき姿だろう[14]。フェイの著作は刑務所の問題を扱うくだりで「時間をかけて、刑務所が必要なくなる社会を建て上げていくこと」を理想に据えるが[15]、その遠大な展望と近視眼的なセックスワーク論は奇妙な不整合をきたしているように思われる。

あいにく、セックスワーク論と結び付いたトランス擁護の議論は性売買を美化し、その暴力性を矮小化する傾向を帯びる。フェイは女衒を「マネージャー」と呼び、その著作を翻訳した高井は買虐者(john)を「客」でも「買春者」でもなく「顧客」と呼ぶ[16]。こうした言語操作は認知を歪める点で、集団リンチを「いじめ」、ハラスメントを「いたずら」、レイプを「性行為」、家庭内暴力を「夫婦喧嘩」と言い換えるのに等しい。フェイの著作も周司と高井のそれも、「セックスワーク」の現場はトランス当事者が他のトランスジェンダーの人々と出会う場になると述べるが[17]、性売買の世界を除いて仲間と繋がる場が得られない人々の状況を問題視せず、その出会いを素朴な美談とするアプローチには疑問を禁じ得ない。一方で「セックスワーク」を「お金が必要」ゆえに行なう「周縁化された人たち」の「限られた選択肢」としながら――それはもはや必要悪のことを指しているとしか思えないが――、他方で後付けのようにそこにも「利点[18]」があるとする語りは、セックスワーク論を支えるための強引な辻褄合わせをしているようにすら映る。フェイはさらに、北欧モデルを敷いた国で性を買われる人々の境遇が悪化したと論じるが、そこで挙げられる例はいずれも買虐者や警察が起こしている問題であり、北欧モデル以前から続いているそうした事件の原因を北欧モデルに帰すことは、これまた現実の歪曲ないし矮小化となる。買い手を不可視化した「セックスワーク」という概念の有害さをこれ以上に物語る例もない。(19)このような思考は、性売買にまつわる被害をなくしていくための実効性ある解決策から、私たちを一層遠ざける結果となるだろう。

周司と高井はフェミニズムとトランス擁護運動の共通目標として、「身体の自律性を持つこと。身体

(14) ただし、男性中心社会はトランス差別の是正を図るうえでも、往々にして男性特権を維持したまま、女性に不利益を課す措置をとる。トランス擁護運動はそうした傾向に異を唱え、女性ではなく男性のパイ――その過剰に与えられている機会や権利――を女性やトランス当事者に再分配するよう求めていく必要がある。

(15) フェイ、二〇二二、二六六頁。

(16) なお、高井の注釈によれば、johnという言葉が使われるのは「ありふれた男性の名前である」おかげで「顧客のプライバシーを守ることもできるから」だとされるが(フェイ、二〇二二、二一三頁)、この解説は非常に疑わしい。管見のかぎり、顧客のプライバシーを守る意図からあえてjohnという言葉が使われている用例は見たことがない。ジェフリーズも本書で述べているように、johnはむしろ買い手に対する軽蔑を込めた語と解するのが妥当であり、そうでなければ反性売買フェミニストがこの言葉を用いる理由が説明できない。

(17) フェイ、二〇二二、二一二頁および周司&高井、二〇二三、一〇四頁。

(18) フェイ、二〇二二、二一二頁。

(19) 映画『ぜんぶ売女よりマシ』も、政府当局による性売買当事者の抑圧を北欧モデルの問題に帰している点で同じ過ちを犯している。

の統合性を侵害されないこと」「性と生殖について自己決定権を持つこと」「女らしさ、男らしさを押し付けられないこと」などを挙げるが、性売買はまさに買虐者の行為によって、買われる人々の身体の自律性と統合性を侵し、彼女らの性と生殖についての自己決定権を奪い、女らしさの強要と男らしさの再生産を繰り返す。それは不可避の条件であって、そのような侵害・簒奪・規範の強化なしに性売買は成り立ちえない。右に列挙された諸目標を真摯に達成しようとするのであれば、現在のトランス擁護運動には軌道修正が求められているように思えてならない。父権的序列社会の中でともに抑圧される女性とトランス当事者、双方の尊厳回復と権利確立に必要とされているのは、男権擁護のイデオロギーにすぎないセックスワーク論ではなく、ラディカル・フェミニズムの廃絶主義であると訳者は考える。

訳語について

性売買を語る言葉は、この搾取の存続を望む男たちによって考案され占有されてきた。抑圧者の言語体系にしたがっているかぎり、私たちは抑圧の現実を正しく捉え、語ることができない。抑圧に抵抗しようとする者はかれらの言葉をしりぞけ、みずからの言葉を持つ必要がある。性売買の擁護言説を解体する本書の訳出において、言葉の問題に行き当たることは必然だった。加害を不可視化せず、被害を矮小化せず、その他、搾取の主体を利する一切の欺瞞と美化と歪曲を廃して性売買を語るには、どのような言葉を用いればよいか。答は一朝一夕にみつかるものではない。加えて本書を手がける訳者には非当事者かつ男性ゆえの認識の制約がある。

そこで、性売買批判の鍵となる二つの言葉、当事者を指す語と加害者を指す語の検討に際しては、この問題に関し多くの貴重な文章を発表されているサバイバーの爪半月氏に相談を請い、妥当な表現をめぐって意見交換を重ねることとなった[20]。本訳書の冒頭には訳語解説を設けたが、今後、より良い言葉の可能性を探るためにも、それらの訳語に行き着くまでの試行錯誤の過程を書き残しておきたい。

当事者を指す語として一般に用いられる prostitute については、従来のさまざまな侮蔑語に代わる言葉として反性売買フェミニストたちが考案した「性売買当事者」を用いるのが妥当と思われた。一方、本書では買い手を可視化する意図からフィリピンの女性たちが考案した prostituted woman という表現が用いられている。直訳すると「性売買される女性」であるため、訳語としては第一に「性売買被害女性」が考えられる。しかし、被害者のアイデンティティを付与されることに抵抗を覚える当事者がいることは無視できない。本書はそのように「被害者」の概念を悪しきものとして忌避する傾向自体が反動的なリベラル・フェミニストたちによってつくられたことを論じているが、そのイデオロギーが一向に克服されていない現状において、性売買の当事者を「被害女性」と言い表すことに危うさがあることは否めない。加えて「性売買被害女性」という表現は、性売買自体が被害と認識されていない状況にあっては、当事者のうち特定の被害に遭った一部の女性のみを指す言葉と誤解されかねない。

訳語の相談で prostituted woman という表現を伝えた時、爪半月氏が真っ先に示された言葉は「被搾

---

(20) 爪半月氏の連載記事「棚卸日記」は以下で閲覧可能。https://www.lovepiececlub.com/author/tanaoroshi.html（二〇二四年一一月一〇日アクセス）。

取女性」だった。これは性売買を搾取そのものとして経験していた当事者の認識を表している点で、間違いなく一つの《答》であると思われた。訳語として考えなければならないことがあるとすれば、性売買を限定的に意味するprostitutedと、広い意味を持つ「搾取」をどのように対応させればよいかであるが、解説を施せばこの点は解決できると思われる。「被買春女性」という表現もあるが、これは訳語解説でも述べたように、「春」という婉曲語の問題を残すため、おそらく最善とはいえない。その後、「性売買」の字義を反映した「性を買われる女性」という表現が浮上した。やや冗長であるが、意味は明瞭であり、当事者に固定的なアイデンティティを付与する効果が薄い点は有用であると考えられる。その後、爪半月氏の協力によって関係者の意見も仰いだ結果、このたびは翻訳書という体裁であることも鑑《かんが》み、解説を要さない「性を買われる女性」が暫定的な訳語となった。しかしいずれは、性売買を論じる文脈で「被搾取女性」といえば、解説を要するまでもなく性売買の当事者を指すという共通了解が形づくられることを願いたい。

他方、性の買い手を指すjohnは「買春者」が定訳であり、性売買を批判する文脈でこの語を用いる際のジレンマを考えるにつけても、やはり「春」の字を用いない代替表現を模索する必要があった。稀に「性買者」という表現も使われるが、これは漢字語としての語順が気になる。韓国では性を買う行為に「性購買」という語が当てられているが、「ペイレイプ（支払いレイプ）」とすら称される行為の加害性に比してニュートラルにすぎる表現という印象がぬぐえない。無理に漢字熟語を用いる方針にこだわらず、「性を買う男」「性の買い手」という表現を用いることも考えたが、その後、性購買を意味する「買虐《ばいぎゃく》」、その実行者を指す「買虐者」という表現を発見した。(21) これは訳者の独創ではない。むしろ「買虐」という言葉は、性売買そのものが虐待にほかならないことを伝え続けてきた当事者の人々の証言と向かい合う中で行き着いた解釈であり、いわば当事者の人々から与えられた表現だと感じている。この語の是非について著者にも問い合わせたところ、妥当であるとの返答を得られたため、訳語としての使用が決定した。ただし、この語にも注意すべき点はある。爪半月氏から指摘されたのは、社会から精神的・経済的虐待をされ尽くしてきた女性たちは性売買を虐待と認知できず、社会よりは優しいと感じてしまう、その残酷さをこの言葉が内包しきれるか、という点だった。これは看過できない問題だったため、本書では性を買う行為に対する世の認識を変えていく試みとして買い手を「買虐者」と名指しながらも、買われる女性を「被買虐女性」とはしなかった。買われる人々の経験とアイデンティティをどのような言葉で語るかは、当事者たち自身の決定にゆだねたいと思ってのことである。

何重もの不正に塗り固められたこの社会の中、被抑圧者の境遇を的確に言い表せる表現は容易には見つからない。が、それでも私たちは不完全な言語体系の中から少しでも現実に即した表現を紡ぎ出し、抑圧を語っていく必要がある。本書もまた、そのような試みの一つにほかならない。リズ・ケリーの言葉を借りてジェフリーズが論じるように、それは「見えなかったものを見えるものへと変え、受け入れられていたものを受け入れられないものと捉え、自然化されていたものを問題だと訴える」ための名づけ直しのプロセスである。葛藤に満ちた試みであるが、解放の目標が達成されるまで、言葉を模索する努力は続くだろう。

(21)　なお、「カイギャク」という読み方は「諧謔」との混同が起こるので避けたほうがよいと思われる。

＊　＊　＊

この訳書を仕上げるまでには多くの人の力を借りたが、本書の性質上、ここに氏名を載せることは控えたい。本書の作成に関わった人々、訳者を支えてくださった人々の全てに厚くお礼申し上げる。そして、性売買と女性たちの境遇に関し、計り知れない認識を訳者に与えてくれた市井の当事者たちに、本書を捧げたい。

井上太一

二〇二四年一一月

[著者紹介]

シーラ・ジェフリーズ（Sheila Jeffreys）

イギリス出身のフェミニスト。1973年以来フェミニズム活動を続け、1991年、豪・メルボルン大学の政治学部に就任。のちに女性人身取引反対連合（CATW）のオーストラリア支部を立ち上げる。フェミニズム史やセクシュアリティの思想史をテーマとした著述活動を続けており、代表作として *The Spinster and Her Enemies* (1985)、*Anticlimax* (1990)、*The Industrial Vagina* (1990)、*The Lesbian Revolution* (2018) などがある。

[訳者紹介]

井上太一（いのうえ・たいち）

翻訳家・執筆家。著書に『動物倫理の最前線』（人文書院、2022年）、『今日からはじめるビーガン生活』（亜紀書房、2023年）、『動物たちの収容所群島』（あけび書房、2023年）、訳書にデビッド・A・ナイバート『動物・人間・暴虐史』（新評論、2016年）、サラット・コリング『抵抗する動物たち』（青土社、2023年）、キャスリン・バリー『セクシュアリティの性売買』（人文書院、2024年）など。

ホームページ：「ペンと非暴力」https://vegan-translator.themedia.jp/

researchmap：https://researchmap.jp/vegan-oohime

性売買《せいばいばい》の思想《しそう》

2025年3月30日　初版第1刷発行　　定価 4,200円＋税

著　者　シーラ・ジェフリーズ
訳　者　井上太一
発行者　高須次郎
発行所　緑風出版 ©
〒113-0033　東京都文京区本郷 2-17-5　ツイン壱岐坂
［電話］03-3812-9420　［FAX］03-3812-7262
［E-mail］info@ryokufu.com
［郵便振替］00100-9-30776
［URL］http://www.ryokufu.com/

装　幀　斎藤あかね
制　作　i-Media　　印　刷　中央精版印刷
製　本　中央精版印刷　　用　紙　中央精版印刷

〈検印廃止〉乱丁・落丁は送料小社負担でお取り替えします。
Printed in Japan　　ISBN978-4-8461-2503-5　C0036

ビーガン食の栄養ガイド
パメラ・ファーガソン著、井上太一訳

四六判上製
二〇四頁
二二〇〇円

本書は、ビーガン生活を送っている人々、あるいはこれを始めようとしている人々を対象に、ビーガンの食事とその栄養学を解説した手引き書である。さらにビーガン食が体調を崩し、健康に悪いとの誤解に平易な言葉で反駁する。

ビーガンという生き方
マーク・ホーソーン著、井上太一訳

四六判並製
二〇八頁
二二〇〇円

肉・乳・卵・蜂蜜などを摂取せず、絹・革・毛皮・羊毛などを身につけず、動物実験を経た化粧品を避け、企業や研究による動物搾取に反対する。健康志向の生活スタイルとしてではなく、運動としてビーガニズムを紐解く。

動物の権利・人間の不正
――道徳哲学入門
トム・レーガン著、井上太一訳

四六判上製
二四四頁
二五〇〇円

動物の権利否定派は肯定派について、不合理・感情的・反科学・人間嫌いなどと分析して論じることが多い。しかし本書は、その否定派の議論に一つ一つ反駁する。動物の権利の問題について、道徳哲学から説き起こした入門書。

牛乳をめぐる10の神話
エリーズ・ドゥソルニエ著、井上太一訳

四六判上製
二一六頁
二二〇〇円

「牛乳は医者や栄養士のあいだで論争の的になりました。非常によい飲みものと思われていた時代もありましたが、研究の結果、牛乳のすすめは再考を迫られました」（ベンジャミン・スポック医学博士）。明かされる驚くべき真実！

捏造されるエコテロリスト
ジョン・ソレンソン著、井上太一訳

四六判上製
四六八頁
三二〇〇円

本書は米国、英国やカナダで起きている、国家と企業による市民運動・社会運動の弾圧、とりわけ、環境保護運動や動物擁護運動を「エコテロリズム」なる汚名を着せて迫害するという近年の現象について、批判的見地から考察する。